财政学

Finance science

（第四版）

主　编　杨明洪

副主编　段海英　邓菊秋

四川大学出版社

责任编辑:曾春宁
责任校对:蒋姗姗
封面设计:米茄设计工作室
责任印制:王　炜

图书在版编目(CIP)数据

财政学 / 杨明洪主编. —4 版. —成都：四川大学出版社，2016.11
ISBN 978－7－5690－0210－2

Ⅰ.①财… Ⅱ.①杨… Ⅲ.①财政学－高等学校－教材 Ⅳ.①F810

中国版本图书馆 CIP 数据核字（2016）第 302273 号

书名　财政学（第四版）

主　　编　杨明洪
出　　版　四川大学出版社
地　　址　成都市一环路南一段 24 号 (610065)
发　　行　四川大学出版社
书　　号　ISBN 978－7－5690－0210－2
印　　刷　成都国图广告印务有限公司
成品尺寸　170 mm×230 mm
印　　张　27
字　　数　486 千字
版　　次　2018 年 1 月第 4 版
印　　次　2019 年 11 月第 2 次印刷
定　　价　45.00 元

◆读者邮购本书,请与本社发行科联系。
电话:(028)85408408/(028)85401670/
(028)85408023　邮政编码:610065
◆本社图书如有印装质量问题,请寄回出版社调换。
◆网址:http://press.scu.edu.cn

修订说明

本教材第三版是2010年出版的，到目前已经有6个年头，期间包括财政改革在内的中国经济改革渐次深入推进，很多新知新说需要及时补充进去。同时，本教材在使用过程中，担任一线课堂教学的老师提出不少宝贵意见和建议，同学们也提出了他们的宝贵意见和建议。

本次修订采取了交叉修订的办法，由杨明洪修订第十二、十三章，段海英修订第一、二、三、四、十一章，邓菊秋修订第五、六、七、八章，王强修订第九章，敬景程修订第十章，赵颖岚修订第十四章。由杨明洪任主编，段海英、邓菊秋任副主编。

在修订过程中，我们仍然保持原有框架体系不变，坚持理论与实践相结合，对原有一些不符合改革精神的提法、概念和相关内容进行了删节，更新提法、概念和相关内容；数据更新到2014年，个别数据更新到2015年。

本书大体代表了我们对财政学一些基本范畴和框架的理解，修订过程中也吸纳了国内兄弟院校编印的财政学教材。在此表示感谢。

由于修订时间较紧，加之我们水平有限，对国家经济改革特别是财政税收相关改革理解不深，本教材难免有很多问题，恳请读者和授课教师提出宝贵意见，以便我们修订、完善。

编 者

2016 年 7 月 18 日

总 序

高等学校经济学类专业核心课程系列教材，是根据教育部确定的面向21世纪经济学类专业核心课程，为适应国内高等学校经济学类专业大学本科教学的需要而编著的。面向21世纪大学本科经济学类专业的核心课程共8门：政治经济学、西方经济学、计量经济学、国际经济学、货币银行学、财政学、会计学、统计学。

当前，伴随人类进入21世纪，中国加快了加入WTO的步伐，中国经济正快速同国际经济接轨，中国高等教育为融入国际社会，改革迫在眉睫。为了同世界高等教育接轨，国内不少高校开始部分试用引进国外著名高校的经济学类大学原版教材，也有不少国内高校开始研究与借鉴国外高校经济学类经典教材来更新和补充国内高校经济学类教材的内容。我们组织面向21世纪经济学类专业核心课程系列教材的编著，也是当前国内高校经济学类专业大学本科核心课程教材改革的重要组成部分。

在高等学校经济学类专业核心课程系列教材的编著中，我们注意力争做到以下几点：

第一，本核心课程系列教材在大学经济学类专业本科教学中的地位与作用。8门核心课程都是国家教育部规定的经济类专业大学本科生的基础必修课程，要求经济学类专业的大学本科生通过这8门课程的学习，达到基本掌握经济学类专业的基础理论与研究方法，为进入高年级阶段的专业学习奠定深厚的理论基础。

第二，从实际出发，密切联系我国国情。编著中始终坚持以邓小平的建设有中国特色的社会主义市场经济理论为指导，以培养能从事中国社会主义市场经济建设的高素质的经济管理人才为目标。

第三，教材内容要面向21世纪高等教育。要求编著中坚持改革、发展的原则，教材内容既要有一定的稳定性，又要有一定的前瞻性，要充分体现21世纪世界高等教育改革、发展的趋势。

第四，本核心课程系列教材的编著力争博采众长。要在充分借鉴国内外同类优秀教材经验的基础上，全面、系统地层现当代国内外著名高校经济类专业本科生必修的经济学基础理论与研究方法，在编著中既要坚持基础必修课程的性质和特点，保证各门教材中基础理论的完整性，同时也强调理论叙述的通俗性与行文的简洁性，以满足国内高校经济类专业大学本科教学的需要。

为了不断提高和保证本套国内高等学校经济学类专业核心课程系列教材的质量水平，我们恳请使用本套系列教材的教师、学生与读者不吝批评斧正，以便再版时修改完善。

李天德
2001年8月18日

目 录

1. **导 论** …………………………………… (1)
1.1 社会公共需要、公共物品与公共部门 …………………………………… (1)
1.1.1 社会公共需要 ………………… (1)
1.1.2 公共物品 ……………………… (2)
1.1.3 公共部门 ……………………… (7)
1.1.4 公共部门的活动范围 ………… (9)
1.1.5 公共部门的活动方式 ………… (11)
1.2 财政概念及财政学 ………………… (12)
1.2.1 财政概念辨析 ………………… (12)
1.2.2 财政学 ………………………… (14)
1.3 市场失灵与政府失灵 ……………… (15)
1.3.1 市场失灵 ……………………… (15)
1.3.2 政府失灵 ……………………… (17)

2. **财政的职能** ………………………………… (19)
2.1 财政的职能 ………………………… (19)
2.1.1 财政的资源配置职能 ………… (20)
2.1.2 财政的收入分配职能 ………… (23)

2.1.3 财政的经济稳定与发展职能 …………………………………（26）
2.1.4 财政职能与公平效率准则 ……………………………………（29）
2.2 中央与地方政府的财政关系 ……………………………………（31）
2.2.1 设立地方政府的必要性 ………………………………………（32）
2.2.2 中央与地方政府的利益关系 …………………………………（33）
2.2.3 财政分权理论 …………………………………………………（33）
2.2.4 中央与地方政府间财政职能的分工 …………………………（35）
2.2.5 规范中央与地方政府的财政关系 ……………………………（38）
2.3 政府与国有企业的财政关系 ……………………………………（39）
2.3.1 国有企业的角色定位 …………………………………………（39）
2.3.2 政府对国有企业的多重身份 …………………………………（40）
2.3.3 政府与国有企业分配关系演变的历史 ………………………（42）
2.3.4 进一步规范政府与国有企业的分配关系 ……………………（44）

3. **西方财政理论** ……………………………………………………（47）
3.1 传统财政思想与理论 ……………………………………………（47）
3.1.1 概述 ……………………………………………………………（47）
3.1.2 古典经济学派的财政思想 ……………………………………（48）
3.1.3 历史学派的财政思想 …………………………………………（50）
3.1.4 新古典学派的财政思想 ………………………………………（52）
3.2 现代西方财政理论的发展 ………………………………………（54）
3.2.1 概 述 …………………………………………………………（54）
3.2.2 凯恩斯主义的财政理论 ………………………………………（56）
3.2.3 新古典综合学派的财政理论 …………………………………（57）
3.2.4 供给学派的财政税收理论 ……………………………………（59）
3.2.5 新政治经济学派的财政理论 …………………………………（61）
3.3 财政学与公共经济学 ……………………………………………（63）
3.3.1 公共经济学的兴起 ……………………………………………（63）
3.3.2 公共经济学的基本内容 ………………………………………（65）

4. 财 政 支 出 …………………………………………………………………… (67)
4.1 财政支出的原则 ……………………………………………………… (67)
4.1.1 财政支出的概念 ………………………………………………… (67)
4.1.2 财政支出的原则 ………………………………………………… (68)
4.2 财政支出分类 ………………………………………………………… (69)
4.2.1 按是否与商品和服务相交换为标准的分类 ………………… (69)
4.2.2 按政府职权分类 ………………………………………………… (70)
4.2.3 按财政支出产生收益的时间分类 …………………………… (70)
4.2.4 按支出功能和经济性质分类 ………………………………… (71)
4.3 财政支出规模 ………………………………………………………… (74)
4.3.1 财政支出绝对规模 ……………………………………………… (74)
4.3.2 财政支出相对规模 ……………………………………………… (76)
4.3.3 公共预算支出增长趋势理论 ………………………………… (77)
4.3.4 影响财政支出规模的因素 …………………………………… (79)
4.4 财政支出结构 ………………………………………………………… (81)
4.4.1 衡量财政支出结构 ……………………………………………… (81)
4.4.2 从政府职能实现的角度分析财政支出结构 ………………… (81)
4.4.3 从政府职权分类的角度分析财政支出结构 ………………… (85)
4.5 财政支出效率 ………………………………………………………… (87)
4.5.1 财政支出效率的概念 …………………………………………… (87)
4.5.2 成本—收益分析法 ……………………………………………… (88)
4.5.3 最低费用选择法 ………………………………………………… (91)
4.5.4 公共定价法 ……………………………………………………… (91)

5. 政府购买性支出 ……………………………………………………………… (95)
5.1 投资性支出 …………………………………………………………… (95)
5.1.1 财政投资的性质 ………………………………………………… (95)
5.1.2 财政投资的形式 ………………………………………………… (97)
5.1.3 财政投资的范围 ………………………………………………… (100)
5.2 社会消费性支出 ……………………………………………………… (105)
5.2.1 公共服务支出 …………………………………………………… (106)

5.2.2 民生支出 …… (110)
5.2.3 经济事务支出 …… (120)
5.3 政府采购 …… (126)
5.3.1 政府采购的特点 …… (126)
5.3.2 实施政府采购制度的背景 …… (127)
5.3.3 政府采购的程序与方式 …… (128)
5.3.4 政府采购的原则 …… (131)
5.3.5 政府采购制度在我国的实践和评价 …… (132)
5.3.6 政府采购制与保护民族产业 …… (134)
5.4 国库集中收付制度 …… (134)
5.4.1 国库集中收付制度的基本涵义和特点 …… (134)
5.4.2 国库集中收付制度建立的历史背景 …… (136)
5.4.3 国库集中收付制度的运作体系 …… (137)
5.4.4 我国国库收付制度的初步建立 …… (142)
5.4.5 我国国库集中收付制度的完善 …… (145)

6. **政府转移性支出** …… (148)
6.1 社会保障支出 …… (148)
6.1.1 社会保障支出的涵义 …… (148)
6.1.2 我国的社会保障制度 …… (151)
6.1.3 社会保障支出的涵义 …… (154)
6.1.4 社会保障支出的内容 …… (154)
6.2 财政补贴 …… (160)
6.2.1 财政补贴的界定 …… (160)
6.2.2 财政补贴的分类 …… (160)
6.2.3 财政补贴的作用 …… (162)
6.2.4 我国的财政补贴 …… (163)
6.3 捐赠与债务支出 …… (166)
6.3.1 捐赠支出 …… (166)
6.3.2 债务支出 …… (168)

6.4 税式支出 …………………………………………………………… (168)
6.4.1 税式支出的涵义 ……………………………………………… (168)
6.4.2 税式支出的分类 ……………………………………………… (169)
6.4.3 税式支出的形式 ……………………………………………… (169)
6.4.4 税式支出的预算控制 ………………………………………… (172)

7. **财 政 收 入** ……………………………………………………… (173)
7.1 财政收入的概念及其分类 ……………………………………… (173)
7.1.1 财政收入的概念 ……………………………………………… (173)
7.1.2 财政收入的分类 ……………………………………………… (175)
7.2 财政收入的规模及影响因素 …………………………………… (176)
7.2.1 财政收入规模的变动趋势 …………………………………… (176)
7.2.2 影响财政收入规模的因素 …………………………………… (182)
7.3 财政收入的结构 ………………………………………………… (190)
7.3.1 衡量财政收入结构是否合理的标准 ………………………… (190)
7.3.2 财政收入的价值构成 ………………………………………… (191)
7.3.3 财政收入的所有制构成 ……………………………………… (192)
7.3.4 财政收入的生产部门构成 …………………………………… (195)
7.3.5 中央和地方财政收入结构 …………………………………… (198)
7.4 非税收入 ………………………………………………………… (200)
7.4.1 非税收入的概念及特点 ……………………………………… (200)
7.4.2 我国非税收入的构成与规模 ………………………………… (203)
7.4.3 我国非税收入的历史沿革 …………………………………… (205)

8. **税 收 原 理** ……………………………………………………… (208)
8.1 税收的概念及特征 ……………………………………………… (208)
8.1.1 税收概念 ……………………………………………………… (208)
8.1.2 税收的基本特征 ……………………………………………… (210)
8.2 税收术语及分类 ………………………………………………… (211)
8.2.1 税收术语 ……………………………………………………… (211)
8.2.2 税收分类 ……………………………………………………… (213)

8.3 税收原则 …………………………………………………………………… (215)
8.3.1 公平原则 ……………………………………………………………… (216)
8.3.2 效率原则 ……………………………………………………………… (217)
8.3.3 适度原则 ……………………………………………………………… (219)
8.3.4 法治原则 ……………………………………………………………… (220)
8.4 税负转嫁与归宿 ………………………………………………………… (221)
8.4.1 税负转嫁与归宿的概念 ……………………………………………… (221)
8.4.2 税负转嫁与归宿的形式及条件 ……………………………………… (221)
8.5 税收的经济效应 ………………………………………………………… (224)
8.5.1 对消费的收入效应与替代效应 ……………………………………… (224)
8.5.2 税收对劳动供给的影响 ……………………………………………… (227)
8.5.3 税收对储蓄的影响 …………………………………………………… (229)
8.5.4 税收中性 ……………………………………………………………… (230)
8.6 国际税收 ………………………………………………………………… (231)
8.6.1 国际税收的涵义 ……………………………………………………… (231)
8.6.2 税收管辖权 …………………………………………………………… (232)
8.6.3 国际重复征税 ………………………………………………………… (238)
8.6.4 国际税收协定 ………………………………………………………… (242)

9. 税 收 制 度 …………………………………………………………………… (245)
9.1 我国税收制度的演变 …………………………………………………… (245)
9.1.1 税收制度概述 ………………………………………………………… (245)
9.1.2 我国税制的历史演进 ………………………………………………… (248)
9.2 商品课税 ………………………………………………………………… (261)
9.2.1 商品课税的特征和功能 ……………………………………………… (261)
9.2.2 我国现行商品课税的主要税种 ……………………………………… (262)
9.3 所得课税 ………………………………………………………………… (270)
9.3.1 所得课税的特征和功能 ……………………………………………… (270)
9.3.2 我国现行所得课税的主要税种 ……………………………………… (272)
9.4 资源税与财产税 ………………………………………………………… (278)
9.4.1 资源税 ………………………………………………………………… (278)

9.4.2 财产税 …………………………………………………………… (281)
9.5 环境保护税 ……………………………………………………………… (283)
9.5.1 环境保护税的理论依据 ………………………………………… (283)
9.5.2 环境保护税的税制设计 ………………………………………… (285)
9.5.3 我国环境保护税的主要内容 …………………………………… (287)

10. 国 债 …………………………………………………………………… (296)
10.1 国家信用………………………………………………………………… (296)
10.1.1 国家信用的概念…………………………………………………… (296)
10.1.2 国家信用的产生和发展…………………………………………… (297)
10.1.3 国家信用的基本形式……………………………………………… (298)
10.2 国债概述………………………………………………………………… (299)
10.2.1 国债的涵义………………………………………………………… (299)
10.2.2 国债的功能………………………………………………………… (300)
10.2.3 国债的种类………………………………………………………… (302)
10.2.4 国债的结构………………………………………………………… (303)
10.2.5 国债发行与还本付息……………………………………………… (305)
10.2.6 国债市场…………………………………………………………… (306)
10.2.7 中国国债管理阶段………………………………………………… (307)
10.2.8 国债的经济效应分析——李嘉图等价定理……………………… (311)
10.3 国债负担与国债适度规模……………………………………………… (313)
10.3.1 国债的负担………………………………………………………… (313)
10.3.2 国债的适度规模…………………………………………………… (313)
10.3.3 政府直接隐性债务和或有债务…………………………………… (317)
10.3.4 中国地方政府债务………………………………………………… (317)
10.4 外债……………………………………………………………………… (320)
10.4.1 外债的涵义………………………………………………………… (320)
10.4.2 外债的功能………………………………………………………… (321)
10.4.3 外债的种类与结构………………………………………………… (321)
10.4.4 外债的负担与限度………………………………………………… (322)

11. 政府预算 …………………………………………………………… (324)
11.1 政府预算概述……………………………………………………… (324)
11.1.1 政府预算的概念……………………………………………… (324)
11.1.2 政府预算的原则……………………………………………… (325)
11.1.3 政府预算的功能……………………………………………… (327)
11.1.4 政府预算的类别……………………………………………… (328)
11.1.5 预算年度……………………………………………………… (331)
11.2 我国政府预算体系………………………………………………… (332)
11.2.1 一般公共预算………………………………………………… (332)
11.2.2 政府性基金预算……………………………………………… (333)
11.2.3 国有资本经营预算…………………………………………… (333)
11.2.4 社会保险基金预算…………………………………………… (333)
11.3 我国政府预算管理的职权和程序………………………………… (334)
11.3.1 政府预算管理职权…………………………………………… (334)
11.3.2 政府预算管理程序…………………………………………… (336)
11.4 我国预算管理制度的改革和建设………………………………… (338)
11.4.1 我国预算管理制度的演进…………………………………… (338)
11.4.2 我国预算管理工作改革方向………………………………… (339)

12. 财 政 体 制 …………………………………………………………… (343)
12.1 财政体制的概念与类型…………………………………………… (343)
12.1.1 财政体制的概念和实质……………………………………… (343)
12.1.2 财政体制的类型……………………………………………… (344)
12.1.3 财政体制的内容……………………………………………… (345)
12.2 分税制财政体制…………………………………………………… (347)
12.2.1 分税制的内涵与特征………………………………………… (347)
12.2.2 中国分税制财政体制改革…………………………………… (349)
12.2.3 政府间转移支付制度………………………………………… (355)
12.2.4 分税制财政体制的成效与问题……………………………… (358)
12.2.5 近期分税制财政体制改革的思路…………………………… (360)

13. 财 政 平 衡 …………………………………………………………………… (363)
13.1 财政收支的矛盾与平衡……………………………………………………… (363)
13.1.1 财政平衡……………………………………………………………… (363)
13.1.2 财政平衡的计算口径………………………………………………… (364)
13.1.3 财政收支的基本状态………………………………………………… (365)
13.1.4 财政收支的矛盾 …………………………………………………… (367)
13.1.5 中国财政收支的平衡状态…………………………………………… (367)
13.2 财政平衡的特征……………………………………………………………… (369)
13.2.1 财政周期平衡………………………………………………………… (369)
13.2.2 财政动态平衡………………………………………………………… (370)
13.2.3 财政整体平衡………………………………………………………… (371)
13.2.4 财政综合平衡………………………………………………………… (371)
13.3 财政赤字……………………………………………………………………… (375)
13.3.1 财政赤字的分类 …………………………………………………… (375)
13.3.2 预算结余和赤字的处理……………………………………………… (376)
13.3.3 财政赤字的经济影响………………………………………………… (378)
13.3.4 中国财政赤字的成因与治理………………………………………… (381)
13.3.5 西方经济学家对财政赤字的不同论点……………………………… (383)
13.4 财政平衡理论的发展………………………………………………………… (384)
13.4.1 财政平衡思想与实践的发展………………………………………… (384)
13.4.2 不同的财政平衡理论………………………………………………… (385)
13.4.3 中国的财政平衡学说………………………………………………… (388)

14. 财 政 政 策 …………………………………………………………………… (390)
14.1 财政政策概述………………………………………………………………… (390)
14.1.1 财政政策的涵义 …………………………………………………… (390)
14.1.2 财政政策的功能 …………………………………………………… (391)
14.1.3 财政政策的主体……………………………………………………… (392)
14.1.4 财政政策的目标 …………………………………………………… (393)
14.1.5 财政政策的工具 …………………………………………………… (394)
14.1.6 财政政策的类型 …………………………………………………… (396)

14.2 财政政策的传导机制和效应…………………………………………………… (399)
14.2.1 财政政策的传导机制………………………………………………… (399)
14.2.2 财政政策效应及评价标准…………………………………………… (400)
14.2.3 财政政策效应的偏差………………………………………………… (401)
14.2.4 财政乘数……………………………………………………………… (402)
14.3 财政政策与货币政策的协调配合…………………………………………… (404)
14.3.1 财政政策与货币政策的政策体系…………………………………… (404)
14.3.2 财政政策与货币政策的时滞………………………………………… (406)
14.3.3 财政政策与货币政策的配合………………………………………… (407)
14.3.4 开放经济条件下的财政政策与货币政策的配合…………………… (411)

主要参考文献………………………………………………………………………… (415)

1. 导 论

1.1 社会公共需要、公共物品与公共部门

1.1.1 社会公共需要

人类的需要尽管五花八门，但从最终需要来看无非有两类需要：一类是私人个别需要，一类是社会公共需要。

私人个别需要，是指通过市场提供私人产品满足的需要。

区别于私人个别需要，社会公共需要是社会成员在生产、生活和工作中的共同需要。社会公共需要与社会公共利益相关，是集体的社会性需要，涵盖的范围很广，主要包括社会公众对国防、安全和秩序、司法、一般公共服务、公民基本权利保障、水旱灾害防治、生态环境保护等需要。在现代社会中，主要由市场提供私人物品满足私人个别需要，社会的公共需要则主要由国家机关和公共部门提供公共物品来满足。

与私人个别需要相比，社会公共需要具有以下特征：

第一，社会成员拥有的共同性。社会公共需要不是私人个别需要的加总，而是必须由政府集中组织和执行社会职能以维持社会经济生活正常运转的需要，是社会公众的共同需要。

第二，社会成员在需要得以满足时所得与付出的不对称性。社会成员在满足社会公共需要时也要付出代价（如交税或付费），但每个社会成员的付出与其所得可能是不对称的，有人付费少甚至不用付费就可以使其需要得以满足。

第三，满足需要的物质消耗性。满足社会公共需要必须消耗一定的社会财富。满足公共需要的物质手段，只能来自社会产品的剩余部分，通过政府收税或收费形式获取资金用于支持国家机关和公共部门提供公共物品。

目前，中国民众对社会公共需求的层次与经济发展阶段相适应，主要围绕国防、社会治安、基础教育、卫生等需要。这些需要与人们的生活息息相关，或者是保障人们生活，或者是提高人们生活水平，被统称为民生需要。从这一层面上看，我国当前的“民生需要”即中国现阶段的“社会公共需要”，是处于社会主义初级阶段中的我国居民在当前生产、生活和工作中的共同需要。

1.1.2 公共物品

供给与需要相对应。根据供给主体和供给渠道的不同，满足人类需要的各式各样的产品也可以分为两大类：公共产品和私人产品。

私人物品是指由市场供给的、用来满足个人需要的、具有竞争性和排他性的商品和服务。

公共物品的定义有多个版本，目前常用的定义是：公共物品为主要由以政府为代表的公共部门供给的、用来满足社会公共需要的、具有非竞争性和非排他性的商品和服务。学术界公认，公共物品的经典定义由萨缪尔森在于1954年提出：“每个人对这种物品的消费都不会导致其他人对该物品消费的减少。”随后，他不断对公共物品的定义进行调整。在最初强调非竞争性之后，他又指出非排他性是判断公共物品的主要标准。萨缪尔森在他绝笔之作——《经济学》第十九版里对此定义进行了修正：公共物品是指那种不论个人是否愿意消费，都能使整个社会每一成员获益的物品。[①] 这一定义高度浓缩了公共物品的特性，言简意赅。

经济学家概括了公共物品的三个基本特征：效用的不可分割性[②]、消费的非竞争性、受益的非排他性。这三个特征中的核心特征是非排他性和非竞争性，效用的不可分割性是其自然延伸。因此，区分公共物品与私人物品集中在两个基本标准的对比上：一是排他性和非排他性；二是竞争性和非竞争性。

私人物品具有排他性和竞争性。消费的竞争性是指消费者在消费某物品从中获益时，会影响其他消费者消费该物品以从中受益，也就是说，增加一个消费者，需要减少任何其他消费者对这种商品或服务的消费。排他性是指消费者在付费得到某种商品的消费权之后，其他人就不能享用此种商品和服务带来的利益，也就是说，能阻止其他消费者对该物品的消费。下面用葱油饼为例说明私人物品具有的排他性和竞争性。由于葱油饼可以被分割成若干单位在人们之间进行分配，具有效用的可分割性，不仅如此，葱油饼还具有竞争性和排他性。假设某个小区门口一烤饼店老板每天要卖一定数量的葱油饼。小王某一天买走了 10 个，其他消费者在这个烤饼店能消费的葱油饼总数就会减少 10 个，葱油饼因而具有竞争性。由于这 10 个葱油饼卖给了小王，小王通过付费的形式获取了这 10 个葱油饼的消费权，其他人不能通过付费给烤饼店老板的方式取得早已卖给小王的这 10 个葱油饼。若顾客确实想买，则只能从烤饼店剩余的葱油饼中挑选或者请小王转卖。由此可推断，葱油饼具有排他性。

公共物品具有消费的非竞争性和受益的非排他性。非竞争性是指某一个人或厂商对某种物品的享用，并不排斥其他人或厂商同时享用，也不会因此减少其他人或厂商享用的数量或质量，受益对象之间不存在利益冲突。非竞争性的另一种表述方式是：当一种物品在增加一个消费者时，其他人消费该种产品的额外成本为零，即增加消费者的边际成本为零。非排他性是指一旦某特定的物品被提供出来，便不太可能排除任何人对它的消费。换言之，技术上没有办法将拒绝为之付费的个人或厂商排除在物品的受益范围之外，即或有可能技术上排他，但排他的成本过高因而不值得这样操作。非排他性包含以下三层含义：第一，一个人在消费某种物品时，无法排除他人也同时消费这类产品；第二，

① 萨缪尔森. 经济学（第十九版）上册［M］. 北京：商务印书馆，2012：454.

② 效用的不可分割性是指物品或服务是向整个社会提供的，具有共同受益或联合消费的特点，其效用为整个社会的成员所共享，不可分别享用或限定享用。

任何个人或厂商都不能用拒绝付费的方式，将不喜欢的物品排除在其享用品范围之外；第三，不论个人或厂商是否为某种物品付费，都能从该种物品的提供中得到利益，任何人都可以在相同数量上或在相同程度上消费该物品。除了国防以外，天气预报也被认为是典型的公共物品。公共物品的非排他性可能带来"免费搭车者"（free-rider），即一些得到利益但避免付费的人。这是因为公共物品提供者不能阻止不付费者消费该物品，有人因而可以免费达到享用公共物品的目的。其结果是这种物品在市场机制的调节下不会被生产或供给不足，即使买者对于物品的集体评价（社会收益）要大于提供它的成本。

当一种物品同时具备效用的不可分割性、消费的非竞争性和受益的非排他性时，即为纯公共物品。纯公共物品（pure public goods）最经典的例子就是国防。政府为了保卫国家不受外来侵略者的入侵，在国防方面投入了大量的资金，提供了潜艇、巡航导弹和坦克等，建立了良好的防备系统。需指出的是，作为公共产品现象的有形物质并不能成为公共产品区别于私人产品的依据。国防的公共物品属性不是表现在潜艇、导弹等有形物质上，而是从通过政府保护本国社会的安全，使之不受其他独立社会的暴行与侵略这一本质需要来表现的，这种属性才可以成为国防区别于私人保安等的依据。由此可见，国防在三个属性方面满足纯公共物品的一切要求。首先，国防的效用是不能分割的，具有效用的不可分割性。其次，一个人享受国防保护的同时也不妨碍其他人享受国防提供的保护，即便增加了消费者，也不会增加国防提供者和原受益者的成本，因而具有消费的非竞争性。最后，国防具有非排他性，即使低收入者没有支付一点税收或者费用，也能像该国所有其他居民一样获得军队提供的安全保护，具有受益的非排他性。非排他性同时也意味着，要阻止任何人消费这种物品，要么代价非常大，要么就是不可能。很难想象一旦战争爆发，入侵的敌人对居民楼进行扫荡，解放军战士只保护当年缴纳了个人所得税的人家而放弃保护低收入人家安全的极端情形会发生。这种不可能发生的现象也从另一个角度说明国防是非排他的。

简而言之，公共物品和私人物品的差异表现在两方面：第一，竞争性与非竞争性。两个人不能同时消费一块葱油饼，我吃的那块你就不能吃。但你对军队提供的安全保障的消费一点也不会减少我对同样服务的消费。第二，排他性和非排他性。我可以很容易地不让你消费我买的葱油饼，但不让你享受国防的利益几乎是不可能的。

关于公共物品，需要注意以下几个问题。第一。虽然每个人消费的公共物品数量相同，但这并不意味着人们的受益程度是完全相同的，也不是每个人对这种物品的消费评价都一致，不同的人对于某种公共物品的价值是正值还是负值的看法可能不尽相同。比如，某国建立了弹道导弹防御系统，对于那些认为该系统能增加安全性的公民来说，该系统的价值为正；对于那些认为会导致军备竞赛升级降低国家安全的公民来说，该系统的价值为负。不过，不管个人对公共物品的消费评价如何，一旦该公共物品被提供，每个人只能选择消费，且消费的数量是相同的。第二，公共物品的纯度取决于市场条件、技术状况和法律安排。比如，一条免费的等级公路，平时行驶在上面的车辆很少，满足非竞争性和非排他性；但当节假日车辆数量增加时，这条公路变得拥挤，常常由量变引起质变造成堵车。拥挤发生后公路在消费上非竞争性的标准不再满足。再比如，信号灯导航的灯塔是典型的公共物品；但如果改革信号发射装置，导致过往船只不购买特殊的接收器就不能获得灯塔信号，这种技术条件发生变化使得灯塔具有了排他性。所以，最好把“公共性”看作一个“度”的问题。完全满足非竞争性和非排他性的物品是纯粹的公共物品，但随着市场条件和技术条件的变化，公共物品的纯度会发生改变。

如果说纯粹的公共物品和私人物品是两个极端情况，则大多数物品是非纯公共物品（impure public goods，又被称为准公共物品、混合产品）。这些物品不同时具备非排他性和非竞争性，只具有公共物品的某个核心特征。具体而言，这些物品要么具有竞争性和非排他性，要么具有非竞争性和排他性，或者非竞争性和非排他性的满足程度是不完备的。

在所有的准公共物品中，有一类公共物品的特点是消费上具有非竞争性，但是可以较轻易地做到排他，有学者将这类物品形象地称为俱乐部物品（club goods）或价格排他的公共物品（price-excludable public goods）。比如，一条收费的高速公路，在不过分拥挤的条件下，多一辆车通行，不会影响其他车辆的正常通行，其边际成本为零，具有非竞争性；但由于可以设置收费站，可以将不为之付费的车排除在高速公路外，具有排他性。有线电视信号、水、电、煤、公用电话、公交车等公共事业物品多属于这类准公共物品。

有一类公共物品与俱乐部物品刚好相反，即在消费上具有竞争性，但是却无法有效地排他，有学者将这类物品称为公共资源（common resource）。比如，农民对地表水（如四川的都江堰和新疆的坎儿井自流灌溉系统）的利用。

地表水是不排他的，因为几乎不可能对农民收取灌溉费，大家都可使用；但利用地表水又具有竞争性，尤其是用水者所处的位置有上游和下游之分时，这种竞争性更为明显。一些具有共同产权的草地、渔场、清洁的空气、水、石油矿藏、公海中的鱼等都属于公共资源。当消费者的数目增加到某一个值，准公共物品到达“拥挤点”后，就会出现边际成本为正的情况，每增加一个人将减少原有消费者的效用。1968年，英国学者哈丁（Hardin）发表了《公地的悲剧》这篇文章，指出公地作为一项资源或财产有许多拥有者，他们中的每一个都有使用权，但没有权利阻止其他人使用，每个当事人都知道资源将由于过度使用而枯竭，但每个人对阻止事态的继续恶化都感到无能为力，而且都抱着“及时捞一把”的心态加剧事态的恶化。由于每一个人都倾向于过度使用，从而造成资源的枯竭。这是公共资源因产权难以界定而被过度使用或侵占的结果。

简而言之，俱乐部物品和公共资源统称为准公共物品，表现为具有不充分的非竞争性和不充分的非排他性，这种特征往往是由过分拥挤和外部效应两种不同情况引起的。前一种情况以桥梁为例，若在桥梁上通行的车辆已经接近或是超过合理的负荷，则增加通行车辆不仅造成拥堵，还产生了现场指挥交通的交警人员的数量增加，边际成本上升。后一种情况以一座收费花园为例，花园即使设置围墙，也不能排除路人闻到花香并享受洁净的空气，无法将不为之付费的人排除在外。

为更好地理解公共物品的特性，我们需要了解公共物品的需求曲线和均衡价格。公共物品的市场需求曲线与个人需求曲线不同。由于公共物品具有非排他性和非竞争性，所有个人对公共物品消费的数量是相同的，社会愿意支付的价格等于所有个人愿意支付的价格的总和。所以，与私人产品的市场需求曲线是将同一市场的所有个人需求曲线水平相加得出不同，公共物品的市场需求曲线是将个人需求曲线垂直相加求得。如图1－1所示，d_1、d_2、d_3是公共物品的个人需求曲线，D是公共物品的市场需求曲线，由个人需求曲线垂直相加求得。公共物品的市场供给曲线可以由生产公共物品的边际成本曲线即S曲线表示，公共物品的需求曲线和供给曲线的交点决定公共物品的均衡产量和均衡价格。

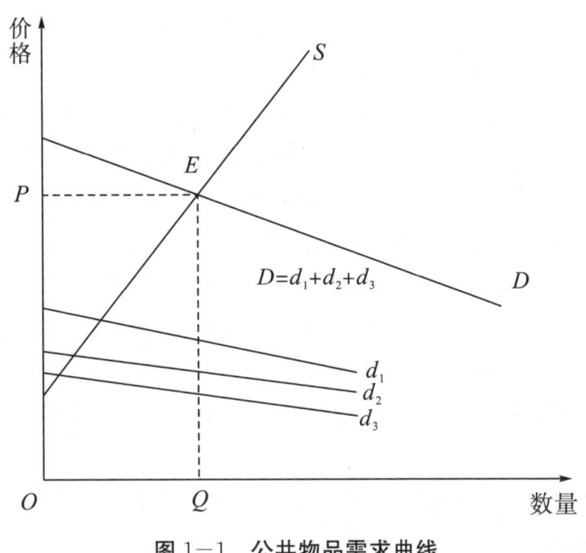

图 1—1　公共物品需求曲线

有学者认为，公共物品的市场均衡分析并没有实际应用意义。因为上图成立的假设条件之一是消费者能够准确地说明他对公共物品的支付意愿和需求量的关系，而这一假设显然不符合事实。事实上，公共物品的消费者无法准确说出自己对公共物品的需求价格，而且都想免费搭车享用公共物品。因此，公共物品的市场均衡是一个特殊问题，不可能通过市场上的个人决策方式来决定，必须寻求决定公共物品提供的特殊方式。

1.1.3　公共部门

公共部门是指被国家授予公共权力，并以社会的公共利益为组织目标，管理各项社会公共事务，向全体社会成员提供法定服务的政府组织。广义的公共部门包括政府、公共企业、非营利性组织、国际组织等。狭义的公共部门是政府部门，即以财政拨款为经费来源，免费或部分免费地向社会提供公共物品的单位的总称。本书的公共部门主要指政府部门。

公共部门与私人部门相对应，私人部门（企业、个人）提供私人产品，它是通过市场机制来实现的；公共部门提供公共产品，它是通过政府的一系列制度安排来实现的。

为什么公共产品不能由私人部门提供而只能由公共部门提供?这是由市场运行机制与政府运行机制的差异决定的。

市场通过买卖提供产品和服务，而买卖要求利益边界的精确性。由于公共产品具有非排他性和非竞争性，社会公众对它的消费是公共的或集合的，如果由私人部门通过市场提供，则几乎每个消费者都不会出钱而等着他人出钱，自己顺便享用它带来的利益，也就是说，利益边界的精确性差，从而出现“搭便车”的现象。在这种情况下，只有通过政府来提供公共产品。政府主要是通过无偿征税来提供公共产品的。显然，征税是可以精确计算的，如按率征收或定额征收，而公共产品的享用一般不可以分割，无法定量化，因而每个人的纳税额与他对公共产品的享用量是不对称的，不能说纳多少税就享用多少公共产品。

以上分析说明，市场只适于提供私人产品，对提供公共产品是失效的，它只能由政府来提供。

提供公共物品和私人物品的方式有多种。私人物品不一定只由私人部门提供，政府也可提供具有竞争性和排他性的物品，这类物品被称为公共提供的私人物品（publicly provided private goods）①，医疗服务和住房就是典型。我国基本医疗服务和保障性住房主要由政府提供，而其他形式的医疗服务和住房主要由私人部门提供。与此相对应，公共物品也可由私人提供，如私人捐助的希望小学、个人出资捐赠提供的公共花园、受到英国国民信托（NT）保护的信托财产、国际的多边援助、私人自愿提供的慈善事业等。有些公共物品（或准公共物品）的私人提供可以通过明晰经济资源的产权关系、拍卖使用资源的许可证、成立管理机构等方法来解决。比如，被污染湖泊的清淤治理，由于无法向过往公众收费，尽管有预算资金支持，但可使用的治理金额有限，清淤治理进展缓慢；但如果政府允许项目方对使用了水域的船只和垂钓者收费，治理的资金充足了，清淤就会高效得多。多数情况下，准公共物品是通过混合方式提供的。比如，“安全保障”这种服务可以通过政府提供的警察获得，也可通过社区保安、坚固门锁等私人提供的方式获得。随着时间的推移，公共提供和私人提供这两种方式的组合会发生很大变化。

从各国的实践来看，准公共物品的有效提供主要有如下几种方式：A. 政

① 哈维·罗森，特德·盖亚. 财政学（第十版）[M]. 北京：中国人民大学出版社，2015：49.

府授权经营。对于具有规模经济效益的自然垄断行业，政府部门通过公开招标形式选择民间企业，以签订合同的方式委托中标的民间企业去经营，同时通过价格管制禁止中标企业制定垄断价格。B. 政府参股。对于那些初始投资量较大的基础设施项目，如高速公路、桥梁、铁路、港口、机场等，由政府通过控股参与建设。C. 政府补助。政府对提供基础教育以及公共卫生服务的机构、从事高新技术产品开发的企业等给予一定数量的补助。D. 政府购买服务。凡属事务性管理服务，可通过政府购买服务的形式向社会购买。

值得注意的是，公共物品的生产方式和提供方式并不是一回事，公共物品由国家机关和公共部门来提供并不表明这些公共物品必须由国家机关和公共部门来生产，即公共提供不等于公共生产。公共提供无非是强调这种产品要通过预算程序来供给，消费者通常可以免费享用。但是，产品的生产既可由公共部门来承担，也可由私人部门来承担。同理，私人提供也不等于私人生产，私人在市场上提供的产品也可以是公共部门生产的产品。公共物品的生产方式和提供方式可以形成多种组合：有些公共物品是公共提供、公共生产，如政府部门提供的一般公共服务以及这些部门从国有企业购置的物品；有些公共物品是公共提供、私人生产，如政府部门从私人企业采购设备和购置办公用品，私人企业承包政府工程等；至于其他物品，则要么属于公共生产、混合提供，要么属于私人生产、混合提供，或者混合生产、混合提供。

对于政府提供的公共物品应由公共部门生产还是私人部门生产，分歧由来已久。人们可以接受的观点是，决定公共生产还是私人生产，一个关键的因素是市场环境，另一个是与私人部门服务提供者签约的完备程度。如果私人部门的生产成本比公共部门的成本低、效率高，且能够签订比较完备的合同，那么让私人部门生产的理由会更充分些。

1.1.4 公共部门的活动范围

由于人们对私人产品与公共产品的范围、私人部门与公共部门（政府）的职责的认识是不同的，所以，在经济思想史上不同时期对公共部门的活动范围的认识也是不同的。历史上有三派意见。

（1）**理性而现实的自由主义观点**

早在三百多年前，英国思想家洛克就将政府的任务定在保护个人自由和财产这一位置上。经济学之父斯密把政府的职责界定为：维护国内秩序的安定，维护和建立私人难以办到的公共基础设施、工程。斯密认为，以节俭为主的政府是好政府。上述观点表明，政府职能应该是“守夜人”的功能。持有这种观点的人被称之为古典自由学派。他们的观点的前提是：市场是完善的，竞争是完全的，经济人是理性的。

从19世纪中叶工业革命开始后，市场空间朝着纵深广大的方向发展，市场层次丰富，产品多样，市场机构日益增多，人们需求层次增多，利益集团日益复杂，政府职能出现了一些变化。在这种情况下，古典自由主义简单的政府职能论为近代自由主义的政府职能论所取代。最早提出该论点的是英国的穆勒，他以灯塔为例说明政府职能客观上应顺应时代的要求而有所扩展。以后，斯宾塞、西德维克等人都从不同的角度提出自由放任市场中的缺陷需要政府的积极干预。进入20世纪，自由主义派的观点进一步发展，他们分为两派：一派被称为新古典自由主义派，以索罗、哈耶克、洛齐克等为代表。其主要观点是：最好的政府是根本不管的政府，政府管事的最大限度是实现个人自由，只有最弱意义上的政府才体现全部的正义。另一派被称为新自由主义派，以弗里德曼为代表。在这一点上，他与前面的学派有一致的看法：政府的主要职责是保护社会的自由，以防备外侵之敌与内部同胞内讧，维护市场秩序的安定等等；同时，他还主张绝对的自由放任是不存在的，市场还需要政府决定、调节和强制执行市场运行中的规则，由于有其他技术和类似原因很难由市场自由引导和操作的事情，应该通过政府做这些事。

总之，不论何时代的自由派人士的基本观点都可归纳为：政府的最低职能是“守夜人”，最高职能为私人不愿干的市场空间的“填充人”。

（2）**乐观而理想的干预主义观点**

从20世纪20年代起，由于大工业革命发展，市场、商品、机构、利益集团等等的复杂化，让人们没有来得及从农业和手工作坊为主的生产与生活方式中转变过来，世界性的经济大危机便发生了，各主要强国之间在市场、原材料产地、利润空间等方面的摩擦加剧。以庇古为代表的一些西方学者对市场失败进行了认真讨论。他举出的经典例子是：一片如茵的大地上有着良好的禾田，令人向往；但很不幸，火车要在田间经过，使火花飞到稻穗上，造成损害。因为火车的使用者没有给种稻的人予以补偿，所以社会的损耗（包括稻米的损害）是没有全部算在火车成本之内的。在这种情况下，市场是无能为力的。庇古认为，政府有责任去干预此种市场失败。20 世纪 30 年代，凯恩斯提出了全面增强国家干预的思想。这个思想影响了世界经济政策主流长达近半个世纪之久。从 20 世纪 70 年代到 80 年代，该派理论日趋完善，政府的活动已深深地卷入到社会生活之中，包揽了人们“从摇篮到墓地”的全部生活过程。

总括起来，该流派的基本观点是：市场经济有时会失灵，为了弥补市场失败方面，政府需要在效率、公平和稳定等方面承担职能，同时还要防止市场可能出现的失败。这派理论将政府视为是一种万能的、仁慈的机构，因而在纠正市场失灵方面会实现一种帕累托佳境。

（3）**怀疑而悲观的第三种政府职能论**

这种理论的基本前提是：市场和政府都不是完善而无缺陷的，二者都有失败，关键在于由于政府的特殊地位，政府对市场的干预应该是就市场永久失败的地方而非任何市场的失败都要去干预；同时提出，利用政府弥补市场缺陷，也利用市场克服政府失败。这派理论的代表人物有科斯、诺斯、布坎南、沃尔夫等。①

从当今社会的实际情况出发，我们认为，当前公共部门的活动范围应包括：A. 提供一种宏观经济和微观经济环境，这种经济环境为有效的经济活动设定正确的保障机制；B. 提供能促使长期投资的机构性基础设施，即财产权、和平、法律与秩序以及规则；C. 确保提供基础教育、医疗保健以及经济活动所必需的物质基础设施，并保护自然环境。

1.1.5 公共部门的活动方式

组织公共支出与收入构成了公共部门的主要活动方式。

公共支出的涵义是通过公共部门（政府）预算提供产品和服务的成本。公共支出实际上就是政府行为的成本。公共支出的结构可以分为两大类：第一类是购买性支出，这部分支出是公共部门对经常性的商品和劳务的购买支出；第

① 缪勒在其《公共选择理论》中这样论证经济市场和政府市场的一些特征，以说明二者的相似性和不可完全肯定性：“官僚追求权力，经济人追求利润，在弗兰克·奈特的利润理论中，利润之所以会存在，皆因为不确定性；利润被那些敢于承担风险并拥有信息的人所获得，信息使他们在不确定性条件下做出正确的决策。因而，在利润的经济理论和权利的政治理论之间有一种密切的联系，二者都由于不确定性而得以存在；二者都归于信息的占有者。”《公共选择理论》，中国社会科学出版社 1999 年版，第 307 页。

二类是转移性支出，这部分支出是指对于养老金、国债利息、失业救济金、价格补贴等的支出。这些支出不反映公共部门占用社会经济资源的要求，只是在社会中的个人之间的资源进行转移性的再分配。公共支出代表着执行政策成本，也反映着政府的政策选择。

公共产品的供给都需要投入资源，因而政府要维持公共部门的公共产品的供给和生产，就需要有收入。政府的主要收入来源于运用国家的强制力特性，以征税的方式对社会收入进行再分配。政府收入来源的第二大途径是行政事业性收费、国有资本经营收益、政府性基金收入等。这部分收入的比重和形式会随着一国经济的变化而发生变化。政府收入来源的第三大途径是政府向公共借款，即发行公债。

1.2 财政概念及财政学

1.2.1 财政概念辨析

在我国，对财政概念有不同的界定，概括起来主要有以下观点：

第一种观点认为，财政是以国家为主体所进行的分配，称为国家分配说。

第二种观点认为，财政是国家对价值的分配，称为价值分配说。

第三种观点认为，财政是货币资金运动的形式，称为资金运动说。

第四种观点认为，财政是为了满足公共需要而进行的分配活动，称为社会共同需要说。

第五种观点认为，财政是国家的经济活动或“公经济”，称为公经济说。

第六种观点认为，财政是政府收支及其治理。①

我们认为，综合上述观点，可对财政的概念进行如下的界定。

财政是政府凭借其政治权力和财产权力，通过集中一部分社会财富来满足社会公共需要的收支活动及其治理，以达到优化资源配置、公平分配、稳定和发展经济等目标。

对于财政概念，可以从以下几个方面理解。

① 陈共. 财政学（第八版）[M]. 北京：中国人民大学出版社，2015：11.

(1) **财政是以国家为主体的经济活动或分配活动**

财政是伴随着国家产生而生成的。在国家未出现以前，不存在财政分配关系；只有在国家出现之后，财政分配才从经济分配关系中独立出来，形成一项专门的经济活动关系。实际上，在现代社会中也存在着一些以社会组织或团体为主的用以满足社会公共需要的经济活动或分配关系，但这不是财政活动或者分配关系。只有以政府为主的分配才是财政分配。而且，在国家产生以后，财政是国家存在的必要条件，因为没有财政，国家的一切活动都无法进行。

(2) **财政是满足一定社会公共需要的经济活动**

如前所述，社会公共需要是客观存在的，财政则是为满足这一客观需要而存在的；但这并不是说所有社会公共需要的满足都要由财政来完成，一些社会公共需要也可以由社会组织或团体来满足。因此，财政对社会公共需要的满足是具有特定的范围的：一是国家执行某些社会职能的需要，包括国防、外交、司法、行政管理、普及教育、卫生保健、基础科研、环境保护等；二是国家执行某些经济职能的需要，主要是指在基础产业和自然垄断性产业兴办和保护国有经济，如在邮政、电讯、民航、铁路、公路、煤气、电力、钢铁、化工等行业坚持国家独占或国家控股；三是一些难以严格界定的社会公共需要，如财政支出中的收入转移项目，包括价格补贴、抚恤救济金、社会保险基金等。

(3) **财政是国家凭借政权力量，强制支配一部分社会财富的经济活动**

财政是一种分配活动，但它不是一般意义上的分配。一般意义上的分配是以市场或经济活动为中心，按照投入要素对经济活动及其结果的贡献率来进行。而财政作为一种分配活动，是体现国家政治权力的，是通过其所掌握的政治权力无偿或低偿地强制分割一部分社会财富。同时，财政活动特别是支出活动的实现又要在很大程度上体现国家即统治者的意志。这是财政分配与一般分配的根本区别。

(4) **财政包括财政收支的治理，是国家治理的基础和重要支柱**

过去，我国财政理论界着重从经济侧面研究财政学，忽视政治这个侧面，强调财政学是研究经济运行的规律，忽视财政收支治理的实践。其实，政府就是通过财政参与国民收入分配从而执行政府的职能。财政的内涵应包括财政治理、财政政策和财政制度等。科学的财税体制是优化资源配置、维护市场统一、促进社会公平、实现国家长治久安的制度保障。财政收支治理属于国家治理的范畴，财税体制构成了国家治理体系的重要组成部分。

1.2.2 财政学

财政学是一门应用理论学科，其任务在于阐明财政的基本理论。在学科体系中，财政学起着衔接一般经济理论课与财政业务课的中介作用，一方面将一般经济理论深化，另一方面对财政业务进行理论性分析。

研究财政与经济的关系，是财政学的一条根本线索。财政活动是整个国民经济运行的一个部分。一方面，国民经济的运行决定了财政的运行，规定了财政运行的范围、目标和方式；另一方面，财政运行反过来又影响国民经济的运行，进而直接影响国民收入的分配。

财政活动还要具体化为财政收入与财政支出。财政收支均由若干项目构成，各收支项目得以成立的依据、特点以及它们对国民经济运行的影响，财政收支总量上的平衡及其对社会总供求平衡关系的影响等等，这些都是财政学要研究的主要内容。

政府在自己的收入和支出活动中，必须形成某些规则，并依据这些规则做出某种制度上的安排，如税制体系的设置，支出制度如何制定，中央与地方的收支怎样划分，国家财政活动如何体现人民的意志，人民如何行使其财政的监督权等。这些也是财政学要回答的问题。

财政学还要研究财政政策，诸如财政政策的目标是什么，为什么研究这些目标，可以采用哪些手段来实现这些目标，政策效力的传导机制是什么，政策效果如何，怎样评价，财政政策如何同其他经济政策相配合等等。这些也是财政学研究的内容。

财政学的研究要以马克思主义的基本原理为指导。马克思、恩格斯创立的马克思主义，尤其是劳动价值学说，是财政学研究的理论基石。以马克思主义为指导，结合中国实际而创立的中国特色社会主义理论体系是财政学研究的理论基础和指导思想。

财政学的研究也要借鉴西方财政学。西方财政学中有大量反映市场经济条件下财政运行的有益东西，需要我们积极汲取；特别是考虑到财政学研究技术性强的特点，大量借鉴西方财政学中使用的分析工具、分析方法，是十分必要的。

1.3 市场失灵与政府失灵

现代经济是一种私人经济和公共经济组成的混合经济，市场和政府的职能作用是不同的。在社会主义市场经济体制下，市场是一种资源配置体系，政府也仍然是一种资源配置体系，而财政是政府资源配置的重要渠道，是执行政府职能的工具。所以，明确政府与市场的关系是财政理论的重要内容。1992 年党的十四大提出要使市场在国家宏观调控下对资源配置起基础性作用。党的十八届三中全会提出，使市场在资源配置中起决定性作用、更好发挥政府作用。市场在资源配置领域起决定性作用是对政府与市场关系在理论上的进一步升华。由于市场在资源配置领域并不起全部作用，需要政府提供公共物品满足公共需要、减少垄断和外部效应来弥补市场失灵，也需要政府通过宏观调控减少经济波动、缩小收入分配的差距。所以，政府和市场之间不是替代关系，而是互补关系。强调政府不能替代市场配置资源，并不是否定政府的作用，政府必须从不同的渠道采取必要和合理的措施对市场进行干预。2013 年，《中共中央关于全面深化改革若干重大问题的决定》指出："财政是国家治理的基础和重要支柱，科学的财政体制是优化资源配置、维护市场统一、促进社会公平、实现国家长治久安的制度保障。"党中央以"基础""支柱"和"保障"明确了财政在社会主义市场经济中的地位和作用。

与政府和市场相关的是市场失灵和政府失灵。

1.3.1 市场失灵

由于现实状态的市场并不具备完全的自由竞争条件，所以市场的资源配置功能不是万能的，市场机制对提供公共物品、消除外部效应本身也存在缺陷，市场机制存在扩大收入分配差距和引起经济波动等现象，这些现象在经济学界统称为"市场失灵"。

市场失灵主要表现在以下几个方面。

(1) **公共物品**

公共物品具有非排他性和非竞争性两项特性。由于无法将不承担支付费用的个体排除在公共物品消费者行列之外或者排他成本高，这就产生了公共物品供给的问题。大家都不愿意付出而同时希望占有公共物品，这样，市场上的价格机制就无法对这类物品起到调节配置的作用，市场对提供纯公共物品是失灵的。也许最为棘手的市场失灵表现在全球公共物品的供给，如减缓全球变暖、防止臭氧的消耗、为防止禽流感进行的研发，等等。因为缺乏有效的市场或政治机制进行配置，而个人或国家无法独享全球公共物品的收益，投资不足是必然的结果。

（2）**外部效应**

外部效应是指某些企业或居民的经济行为影响了其他企业或居民，却没有为之承担相应的成本费用或没有获得相应的报酬的现象，即某些企业或居民从事某项经济活动对其他人带来利益或造成损失，但没有补偿到额外收益或承担额外成本。换言之，外部效应就是未在价格中得以反映经济交易成本或收益。如疫苗接种，不仅提高了接种者自己的免疫能力，而且减少了周围其他人感染疾病的机会，是正的外部效应；造纸厂排污，造纸厂对下游河流造成污染却不承担补偿责任，是负的外部效应。当出现正的外部效应时，生产者的成本大于收益；当出现负的外部效应时，生产者的成本小于收益，两种情况可能导致产品供给不足或者过度生产，不可能形成有效率的资源配置状况。

（3）**市场垄断**

市场效率是以完全自由竞争为前提的，然而，当一个行业被一个企业或几个企业垄断时，垄断者可能以垄断价格高于产品的边际成本的方式获得额外利润，从而导致市场丧失效率和社会不公。虽然垄断企业获得垄断利润，但消费者的利益与社会的经济福利都受到损失，而这种现象不会通过市场机制的自我修复得以解决。

（4）**收入分配不公**

市场机制遵循的是资本与效率的原则。在充分竞争的前提下，土地、资本、专利技术等生产要素持有者在竞争中越有利，效率提高的可能性越大，收入与财富向这部分个体靠拢也越集中。总之，由于人们拥有的要素禀赋不同，经过初次分配后大家获取的收入便会出现较大差异，甚至出现穷者越穷、富者越富的“马太效应”。这种收入与财富分配差距进一步拉大的现象无法通过市场机制来有效地协调。而这种收入分配现象又会因为穷人数量增多、收入减少而降低社会消费水平并使市场相对缩小，进而影响到生产，制约社会经济资源的充分利用，使社会经济资源不能实现最大效用。

（5）**经济波动**

市场机制通过供求机制、价格机制、竞争机制等促使价格和产量自发波动达到需求与供给的均衡。但市场机制的自发作用是有盲目性的，是一种事后调节，不可避免地造成失业、通货膨胀和经济波动。市场主体为实现利润最大化而追求技术进步和节约劳动力成本的行为也可能导致失业现象，这会造成极大的资源浪费和社会福利水平下降。从这个角度讲，市场机制在解决经济波动问题上存在失灵。此外，如果某些特殊原因导致求大于供或供大于求的现象加重，市场运行将失去理性，价格不反映正常的供需关系，出现“踩踏式”下跌，这类严重的市场失灵现象更需要政府干预的介入。

市场失灵为政府干预提供了必要性与合理性。如果政府确信一种公共物品的总收益大于成本，它就可以提供该公共物品，并用税收收入对其进行支付，从而可以使每个人的状况变好。对于外部效应，政府可通过税收、财政补贴等方式进行调节。对于市场垄断，政府可通过国有企业在自然垄断领域的公共定价来减少垄断。对于收入分配差距拉大，政府可通过税收和转移性支出来缩小收入差距。对于经济波动，政府可运用财政货币政策实现总供求平衡并促进经济平稳增长。我国已经初步建立社会主义市场经济体制，但市场秩序不规范、生产要素市场发展滞后、市场规则不统一、市场竞争不充分等问题仍然存在，仍然难以形成现代市场经济体系，需要政府实施必要的干预。

1.3.2 政府失灵

政府干预并非总是有效，如同市场机制存在失灵问题一样，政府机制同样会带来政府干预失效的问题。政府失灵（government failure）是指政府在对经济、社会生活进行干预的过程中，无法使社会资源配置实现帕累托效率结果或不能以公平的方式再分配收入；或简单地说，政府做出了降低经济效率的决策或不能实施改善经济效率的政策。

政府干预失效的原因和表现可能发生在诸多方面。

（1）**政府决策失误**

由于信息不对称、决策人的能力素质不高等原因，会导致经济战略和政府决策失误、投资项目选择不当、准公共物品提供方式选择不当等现象，而政府决策失误会往往会造成难以挽回的巨大损失。

(2) **寻租行为**

在市场经济体制下，几乎不可避免地会产生由于滥用权力而发生的寻租行为，也就是公务员特别是领导人员，凭借政治权力谋取私利，进行权钱交易，化公为私，受贿索贿等。

(3) **政府职能的“越位”和“缺位”**

这种政府干预失效多发生于经济体制转轨时期。政府职能的“缺位”，是指该由政府办的事情而没有办或者没有办好，如公共设施、义务教育、公共卫生、环境保护等投入不足等。政府职能的“越位”，是指政府部门超越了职权范围，干扰了市场机制的正常运行。如政府手里拥有的行政审批权力，使用不当就会由于审批名目繁多、审批时间长、审批环节多而导致企业丧失发展良机或者负担加重。

此外，政府提供信息不及时甚至失真，也可视为政府干预失误，出现政府失灵。

复习与思考

1. 公共物品有哪些特征?
2. 怎样理解公共产品的提供方式?
3. 公共部门的活动范围有哪些?
4. 财政的涵义是什么?
5. 市场失灵有哪些表现?

2. 财政的职能

2.1 财政的职能

财政的职能是指政府活动所固有的功能，财政职能需要研究的问题主要是财政在履行和实现政府职能中的地位和作用，以及履行这些职能的机制和手段。通常情况下，财政收支运行过程也就是政府参与社会总产值或国民收入分配的过程。政府的收支活动必然要对经济产生影响，从而改变其原来状态。政府活动对经济的方方面面所产生的这种影响和变化就体现为财政的职能。这种职能是政府所固有的。只要政府存在，它就必然要进行某些活动，而这些活动必然会对经济产生影响。从经济影响来看，政府活动对经济产生的这种影响可能有益于国民经济，也可能不利于国民经济。而无论其有利与否，它都是财政职能的表现。尤其是在社会主义市场经济体制下探讨财政的职能，更应该注意财政行为作为一种政府分配行为，理应以社会主义市场经济条件下资源配置的市场方式与政府方式的合理分工为依据。

我国在不同时期对财政职能有不同的认识。现在，在社会主义市场经济体制下探索财政的职能，不能离开我国社会主义市场经济体制是同社会主义基本制度结合在一起的这个根本特点，这就决定了现阶段我国财政的职能既不完全等同于计划经济体制下的财政职能，又与生产资料私有制为基础的市场经济体制下的财政职能有所区别。以此为起点建立财政职能理论，就要把财政职能放在社会主义市场经济运行的大环境中加以认识。随着社会生产力的发展、生产方式的变化，财政的职能必然随之拓宽。据此，我们认为，社会主义市场经济条件下的财政应具有资源配置、收入分配、经济稳定和发展三项职能。

2.1.1 财政的资源配置职能

(1) 资源配置的涵义与类型

资源配置，简言之，是指一个社会分配和使用资源的方式。具体讲，它是指通过资源在不同用途、不同使用者和不同时期之间进行分配，使有限的资源形成一定的资产结构、产业结构以及技术结构和地区结构，以达到资源的有效、合理利用，从而达到优化资源结构的目的。

资源的最优配置，就是使社会各种资源始终处于一种最优的组合状态，产生最大的社会经济效益。意大利经济学家帕累托提出了资源配置最优效率的概念，即如果资源配置达到了这种状态，已不可能再增加一个人的福利而同时不减少其他一些人的福利，也就是不可能通过改变资源使用的配置，使一些人得到利益的同时又不使另一些人受到损失，则这种资源配置就达到了最优效率的标准，不应再改变。这个资源配置最优效率的概念，被称为帕累托最优状态。在这一状态下，无论如何调整，也不能做到既改善了社会福利，又不损害任何人的利益。同时，帕累托还认为，如果可能通过资源的重新配置而使一些人的福利增加，又不使另一些人的福利减少，则这种资源配置就没有达到最优效率的标准，而应当加以改变，以增加社会的福利。后来的西方经济学家证明，完全竞争市场条件下的一般均衡可以实现社会福利最优化。但是，在现实经济生活中，由于客观条件的限制，社会资源不可能实现其最优配置，而只能使综合资源配置达到一种较为理想的状态，即资源的合理配置。

资源配置的类型有两种，即资源的市场配置和资源的政府（财政）配置。

在市场经济的自由价格制度下，市场根据供求关系决定价格，会发挥“看不见的手”的作用，使资源从获利较少的领域转向获利较多的领域，从不太重要的用途转向较为重要的用途，从而实现资源的最优配置。资源最优配置的目标是达到帕累托最优状态。市场机制配置资源的作用正是在供求、价格和竞争三要素的相互作用中实现的。一般说来，社会资源通过市场机制达到帕累托最优境界需要具备两个条件：一是存在完全的市场竞争，二是没有外部因素影响市场。但在现实生活中，这些前提不成立。市场处于自由竞争的状态，由于卖方垄断或买方垄断会使资源流动受到限制，存在外部效应的物品可能出现供给不足或供给过剩等，导致社会资源配置不当。因此. 现实经济运行中的许多问题是市场在资源配置中无法解决或不能很好解决的，从而需要政府通过财政分配和其他经济手段来解决，以保证社会经济的协调发展。

（2）**财政的资源配置职能**

财政的资源配置职能，是指在政府的介入或干预下，财政通过自身的收支活动为政府提供公共产品给予财力保障，引导资源的有效和合理利用，弥补市场的失灵和缺陷，最终实现全社会资源最优配置的职能。

在社会主义市场经济条件下，财政具有资源配置职能的原因在于：

第一，市场配置资源存在缺陷，无法有效提供满足社会公共需要的公共产品，如行政、国防、司法、公安、外交、公益性基础设施等。

第二，市场无法有效解决外部效应问题。外部效应导致具有正外部效应的产品供给不足，而具有负外部效应的物品供给过剩，需要政府采取补贴和税收政策加以引导。

第三，市场不总是处在自由竞争状态，市场配置资源有一定的盲目性。市场垄断的现象无法依靠市场机制自身来进行调控，政府的干预应介入垄断市场。

第四，政府作为社会经济活动的一个主体，其公共支出本身就直接配置和使用大量的社会资源。

第五，市场本身无力解决社会化大生产所要求的社会总供给和社会总需求的平衡和产业结构优化的问题，社会总资源在政府部门和民间部门之间的资源配置均衡只有通过资源的政府配置来实现。政府通过民间部门和公共部门之间的资源转移，促进社会资源合理配置。

总之，由于资源配置领域市场失灵的存在，市场具有自身难以克服的弱点和消极方面，完全依靠市场机制实现资源最优配置是不可能的。而市场机制失灵的领域恰恰是财政应当发挥作用的领域，因而要求运用财政的资源配置职能来弥补市场缺陷，利用公共政策对市场机制进行引导、修正和补充。

在现实经济中，资源配置效率用什么指标来衡量？通常情况下，各国政府采用某些指标（如失业率和经济增长率）或由若干指标组成的“景气指数”来表示资源配置效率，我国当前主要采用 GDP 增长率指标。

（3）**财政配置资源的手段**

财政在配置资源的过程中，必须通过采用一系列财政手段来实现财政的资源配置职能。这些手段主要有税收、国债、投资支出、财政补贴等。财政通过这些收支活动，使社会总资源在公共产品和私人产品之间的配置达到均衡，从而调节社会投资的方向和结构，提高资源配置效率。财政配置资源主要有以下手段：

第一，根据社会主义市场经济条件下政府提供公共物品和服务的基本范围，确定财政收入和财政支出占 GDP 的合理比重。我国过去一段时间内，财政收入占 GDP 的比重、中央财政收入占全部财政收入的比重明显偏低，不能有效地保证理应由财政承担的教育、社会保障、公共卫生、科技进步、农业发展、环境保护等方面的重要投入，对引导社会资金的合理流动也缺乏力度，这些都是财政资源配置职能弱化的表现。当前，我国财政收支占 GDP 的比重已上升，但也要防止比重过高，以免影响市场在资源配置中起到的决定性作用。

第二，优化财政支出结构，保证重点支出，压缩一般支出。财政应弱化微观方面的管理职能，积极打造服务型政府，按可持续、保基本原则安排好民生支出，重点向农业、教育、社会保障、公共卫生和就业等经济社会发展的薄弱环节倾斜；向困难地区和群体倾斜；向节能环保、科技创新和转变经济发展方式倾斜，通过完善基础设施和公共服务为市场经济发展营造良好环境。

第三，作为资产所有者管理国有资产，实现国有资产保值、增值，提高国有资本配置和运营效率。国有资本的投资要加快向重要行业、关键领域、重点基础设施集中，向前瞻性战略性产业集中，向产业链关键环节和价值链高端集中，向具有核心竞争力的优势企业集中。政府通过规定价格或收益率来管制垄断，发挥国有资本为全社会提供公共物品、矫正外部效应、保护有效竞争以及在自然垄断行业提供高效、低价产品的优势作用。

第四，合理安排政府投资的规模和结构，调整产业结构和促进地区协调发展。在经济新常态下，财政主要投资于存在市场失灵、外部效应较大的公用设施等公益性基本建设项目，以及能源、农业、大江大河治理、污染防治等有关国计民生的产业和领域；通过财政投资带动民间投资，促进对外贸易。

第五，政府通过税收、财政补贴等手段，引导社会资金流动，对产业结构、地区经济结构进行调控。通过财税手段对不同经济主体的经济行为进行限制和激励，鼓励民间部门勇于承担市场风险，进而影响不同经济主体的经济决策，使经济资源在不同经济主体间流进或流出，达到资源最优配置的目的。为了弥补信息不足的缺陷，政府应提供一些必要的经济信息，使民间部门据此做出正确的经济决策。

对于资源配置领域政府与市场关系的认识，我国政府经历了一个不断变化的过程。从 1992 年党的十四大提出“要使市场在国家宏观调控下对资源配置起基础性作用”，到 2013 年党的十八届三中全会提出“使市场在资源配置中起决定性作用和更好发挥政府作用”，政府对市场作用的认识不断深化和飞跃，市场在资源配置中的作用也进一步提升。当然，强调使市场在资源配置中起决定性作用，不是忽视更不是取消而是更好地发挥政府在资源配置中的作用，通过国家的有效治理来改善社会资源的配置水平。

2.1.2 财政的收入分配职能

(1) 收入分配职能的涵义

财政的收入分配职能，就是财政通过收入再分配机制，重新调整由市场决定的收入和财富分配的格局，达到社会认可的“公平”和“正义”的分配状态的职能。

根据马克思的社会再生产理论，财政属于分配范畴，分配关系是财政本质的最直接、最具体的集中反映。财政的固有职能是分配职能，其他职能都由此派生而出。不过，在理论运用上，财政的分配职能和收入分配职能还是有一些差别的。市场经济条件下的收入分配职能，并不是指筹集资金和供应资金那种财政资金本身的调动从而参与社会产品和国民收入分配所形成的分配职能，而是强调利用税收和财政转移性支出等工具来缩小社会成员的收入差距，从而实现居民收入分配公平目标的职能。本书中的财政职能，涉及的是后者。

财政之所以具有收入分配职能，在于市场机制缺陷造成收入和财富分配的不公平。在市场经济体制下，收入和财富的分配取决于要素禀赋的分配以及这些要素禀赋在市场上所获得的价格。换言之，国民收入分配的起始阶段是由市场价格形成的要素分配，即首先以要素投入为依据，由市场价格决定要素报酬而形成的分配。尽管要素报酬与要素投入是相对称的，并讲求效率，但自然竞价形成的劳动力和资本的财富分配体系并不都是合理的。人们拥有的受教育和培训的机会、天赋能力、个人拥有的财产所有权、操纵市场的能力等不同，再加上偶然因素，各经济主体或个人获得的最终收入会出现较大的差距。在市场机制的调节下，有能力的人得到越来越多的收入，有钱的人得到越来越多的收入，居民收入差距的拉大还会出现“马太效应”，居民收入过分悬殊将危及社会公平。正是因为市场机制在收入分配领域存在的缺陷和“失灵”，需要通过财政的收入分配职能来缩小收入差距，实现公平分配。

自从党的十四大确立社会主义市场经济体制改革方向以来，历次党代会都对深化收入分配制度改革提出新的要求，逐步明确了按劳分配与按生产要素分配相结合的原则。在我国社会主义市场经济体制下，按劳分配为主体、多种分配方式并存的分配制度已基本形成。我国各阶层居民的收入分为劳动收入和非劳动收入，劳动收入包括工资、薪金、奖金、津贴等，非劳动收入主要是财产性收入，如股票的股息、红利和资本利得、国债利息、银行存款利息以及知识产权收入、房屋出租收入等。目前，我国居民拥有的劳动、资本、技术、管理等生产要素禀赋差异大是引起居民收入差距拉大的重要原因。

(2) **洛伦兹曲线与基尼系数**

收入分配的核心问题是实现公平分配，因而研究财政收入分配职能的问题，就是确定显示公平分配的标准。

当前，国际上广泛认可的衡量收入分配差异程度的指标是意大利经济学家基尼（Corrado Gini，1884－1965）于1912年根据劳伦茨曲线所定义的判断收入分配公平程度的“基尼系数”。

洛伦兹曲线（Lorenzcurve）如图2－1所示。如果收入分配绝对公平（或平等)，即人口累计百分比与收入累计百分比完全一致，洛伦兹曲线将是一条呈45°角的直线。如果曲线与正方形的底边和右边重合，则表示绝对不公平。而实际收入分配都是处于两种极端情况之间，如凸向横轴的那条曲线所示。测定收入分配的公平程度，可用图2－1中洛伦兹曲线与对角线围成的面积 A 除以对角线以下的总面积（$A+B$）的比值表示，其数值称为基尼系数。

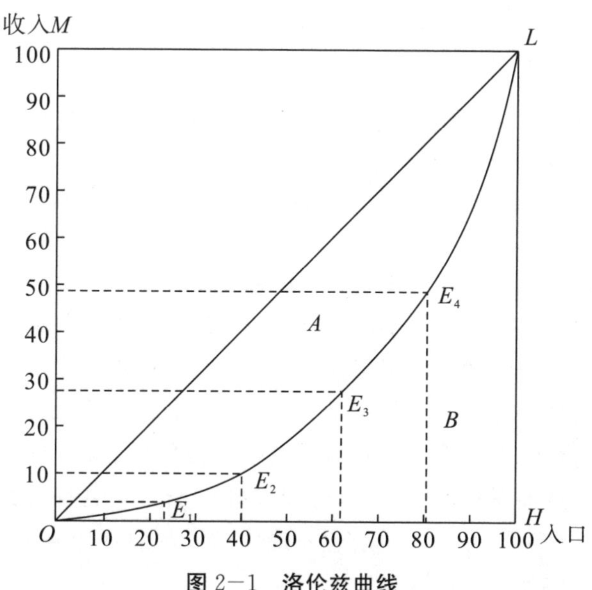

图 2—1　洛伦兹曲线

按照联合国有关组织的规定：基尼系数若低于 0.2，表示收入绝对平均；0.2～0.3 表示比较平均；0.3～0.4 表示相对合理；0.4～0.5 表示收入差距较大；0.5 以上表示收入差距悬殊。

中国改革开放前的基尼系数约为 0.16（是平均主义造成的）。建立社会主义市场经济体制后，我国收入分配制度发生变革，基尼系数开始上升。2000 年，我国国家统计局公布的基尼系数达到了 0.412，突破了警戒线。截至 2015 年，我国的基尼系数为 0.462，尽管是从 2009 年开始连续第七年下降，但仍高于 0.4 的国际警戒线，贫富差距仍有较大改善空间。

（3）**财政分配收入的方式和手段**

在市场经济条件下，政府财政天然具有进行再分配的功能。政府拥有强制征税的权力，可以大规模地介入国民收入的分配过程，通过税制设计上的巧妙安排，如征收累进所得税，把资金从高收入者手中征集上来，再通过各种类型的转移性支出如社会保障制度中的医疗保险、失业救助、食品类补贴等，以及政府间的转移支付制度，以调整收入分配在不同人群和不同地区之间的差别。在兼顾社会发展的公平与效率的目标下，利用财政手段进行收入再分配，其优点在于不直接干预生产、市场和价格，而是通过运用税收制度、完善社会保障制度和扶贫制度，调节社会财富在社会成员中的分布状况和协调不同地区的发展，保证社会成员生活在一个较为公平的社会环境之中。

实现财政分配收入的方式有直接和间接两种方式。第一，直接方式，即实行高额累进直接税和社会救济、社会保险、财政补贴等各种转移性支出，在高收入者与低收入者之间进行收入的再分配，以实现收入公平分配的目标。第二，间接方式，即政府可以通过提供公共产品和公共服务的方式进行收入再分配。

财政实现收入分配职能的机制和手段主要有：

第一，划清收入分配领域中市场分配与财政分配的界限和范围。原则上属于市场分配的事项，财政不能越俎代庖；凡属于政府承担的事项，财政应尽其职。例如，在初次分配领域形成居民劳动报酬和财产性收入，财政一般不宜直接介入；但政府可颁布最低工资标准、对国企高管限薪，增加低收入者收入，调节过高收入，从而对居民收入进行托低限高。此外，在提供社会保险、住房保障等“社会安全网”方面，政府也不应缺位。政府还应规范收入分配秩序，保护合法收入，取缔非法收入。

第二，深化企业和机关事业单位工资制度改革，在国民收入初次分配和再分配中都要兼顾效率和公平，包括实行最低工资保障制度、改革国有企业薪酬制度、完善适应机关事业单位特点的工资制度、实行企业工资集体协商制度等。党的十八大报告明确提出：“努力实现居民收入增长和经济发展同步，劳动报酬增长和劳动生产率提高同步，提高居民收入在国民收入中的比重，提高劳动报酬在初次分配中的比重”，阐明了深化收入分配制度改革的基本方向。

第三，加强税收调节。通过个人所得税调节个人的劳动收入和非劳动收入，使之维持在一个合理的差距范围内；通过房产税、遗产税、赠与税等税种调节个人财产分布，等等。

第四，通过转移性支出，如基本养老保险、基本医疗保险、失业保险、救济金、财政补贴等，使每个社会成员得以维持起码的生活水平和福利水平。

2.1.3 财政的经济稳定与发展职能

财政的经济稳定和发展职能，就是政府运用财政政策和货币政策以及适当的政策组合，以实现国民经济中总供给与总需求之间的平衡，促进经济稳定和发展的职能。

(1) **经济稳定与发展的涵义**

所谓经济稳定，就是指政府运用宏观经济政策手段有意识地影响、调控经济，实现经济的稳定增长。由于经济发展总是由平衡到不平衡再到平衡的过程，由此导致了经济的波动。当经济繁荣时，生产扩张，国民收入水平提高；反之，当经济衰退时，生产萎缩，失业增加，国民收入水平下降。财政的经济稳定职能，就是通过相机而动的"逆经济风向"操作，减少经济波动给经济和社会造成的损害。国际上公认的宏观经济稳定的四大目标是：充分就业、物价稳定、经济增长和国际收支平衡。

①充分就业

充分就业是指一切生产要素都有机会以自己愿意的报酬参加生产的状态。在充分就业的情况下，生产总量是该社会当时所能生产的最大产量。控制失业率是财政政策的主要目标之一。

②物价水平稳定

物价水平稳定是指物价上涨的幅度在社会可以忍受的范围之内。如同充分就业并不等于百分之百的就业一样，物价水平稳定也并不意味着物价上涨率为零。通常来说，物价上涨率在3%～5%或以下时可视为物价稳定。

③经济增长

经济增长一般表示一国的产品和劳务按人口平均的实际量增加即生产能力的增长，主要表现在劳动供给增长率、资本存量增长率以及主要依赖技术进步的劳动力和资本等要素生产率的提高。劳动效率和资本量的增加以及技术进步，会带来经济增长率的提高。但长期人为地刺激经济高速增长，会产生许多经济和社会问题，如通货膨胀、环境污染、能源缺乏等。

④国际收支平衡

国际收支平衡是指一国在进行国际经济交往时，其经常项目和资本项目的收支大体保持一致。

在以上四个目标中，财政政策对前三个目标发挥的调控作用要强一些，能很好地起到稳定经济的作用。

经济增长目标与财政的经济发展职能相关。如前所述，经济增长的含义是指一国或一个地区在一定时期内，由于生产要素的增加或效率的提高而引起的经济规模在量上的扩大。经济增长主要用GDP增长率表示。

经济发展是一国或地区在经济增长的基础上实现经济和社会结构的协调与

优化，反映一国的经济可持续增长、结构优化、资源节约、生态平衡、社会和谐等内容。

经济发展的过程实质上是资源配置和利用的过程，包括经济总量的增长、经济结构的优化和经济质量的提高这三层含义。首先，经济发展包括了GDP增长，即一个国家或地区产品和劳务的增加，它构成了经济发展的物质基础；其次，经济发展包括了经济结构的改进和优化，即一个国家或地区的技术结构、产业结构、人口结构等经济结构的变化；再次，经济发展包括了经济质量的改善和提高，即一个国家和地区经济效益的提高、卫生健康状况的改善、自然环境和生态平衡的改善，等等。

(2) **财政实现经济稳定与发展职能的机制与手段**

市场机制在稳定经济和促进经济增长方面起着基础性作用，但是，市场经济活动是有周期的，会出现经济波动的状态，会导致供给和需求总水平的不稳定。失业和通货膨胀是经济运行过程不稳定的突出表现，它们的出现是市场机制失灵最显著、最有说服力的证据。由于市场机制存在缺陷，不能自动调节并稳定经济，以致经济波动的幅度可能日益变大，因而需要政府的干预和调节，使社会不存在非自愿性失业现象，使社会不发生物价的持续上涨现象。此外，产业结构、地区结构、企业的所有制结构、环境保护等，如果没有政府的介入，仅凭市场这只“看不见的手”去调整，会出现市场失灵和调整的盲目性、滞后性，即使有效果，调整的过程也可能是漫长的。由此可见，经济结构的调整、全社会福利水平的提高等这些目标的实现需要政府运用财政政策实施宏观调控。

总的来说，财政实现稳定和发展职能的机制、手段有：

第一，通过“相机抉择”的财政政策，维持社会总供求平衡，实现充分就业、物价稳定和经济增长等宏观经济政策目标。财政政策是平衡社会总供求的重要手段。当供大于求时，财政可以扩大支出减少税收，实行扩张性财政政策来扩大社会总需求。当供不应求时，采取紧缩性财政支出。这种逆经济风向而动的财政政策，可以根据不断变化的经济形势而灵活变动支出和税收促进经济稳定。

第二，通过“自动稳定”机制，起到稳定经济的作用。财政政策的内在稳定经济功能（自动稳定器），是指经济系统本身存在的一种会减少各种干扰因素对国民收入产生冲击的机制，能够在经济繁荣时期自动抑制通货膨胀，在经济衰退时期自动减轻萧条，无须政府采取任何行动。实行累进税率的个人所得税制度、失业救济金制度等都是典型的自动稳定器。

第三，运用财政投资、财政补贴（特别是财政贴息）和税收等财政分配杠杆，加快交通运输、邮电通信、农业等公共设施的建设，落实创新驱动发展战略促进产业结构升级和优化，加大节能环保产业的发展以减少环境污染，通过多种方式实现国家产业政策的要求。

第四，通过提供义务教育、公共卫生和基本医疗、社会保险、公共就业服务等基本公共服务项目，保证民生性的社会公共需要，为经济和社会发展提供和平、稳定的环境。

2.1.4 财政职能与公平效率准则

社会经济发展的目标是多维的，其中包括经济增长、充分就业、物价稳定、国际收支平衡和居民生活质量的提高等多项内容。所有这些目标，如果抽象地进行考察，最终可归结为两大目标：效率和公平。

所谓效率，一般是指产出与投入之间的对比关系。经济效率是指经济运行过程中产品（劳务）产出与资源投入的对比关系。一般说来，相对于既定的产出，投入越少，效率就越高；相对于既定的投入，产出越多，效率就越高。

所谓公平，一般是指人们对一定社会历史条件下人与人之间利益关系的一种评价。“公平”包括三个层次的含义，即规则公平、起点公平和结果公平。

规则公平又被称为经济公平，意味着所有社会成员获得的生存与发展的机会并不因其种族、出身、贫富、性别等因素而有所差异，每个人都按统一的竞争规则行事，个人取得的收入与他为社会做出的贡献完全对应。在规则公平的导向下，不可避免地会导致拥有良好资源禀赋的、有能力的人获得更多的要素收入。现在我国的收入分配差距在一定程度上还表现为由于人们在对公共物品和服务享有上存在规则不平等，引起城乡差距、地区差异和群体差距，而腐败和垄断则是规则不平等的另一种表现。

起点公平强调在起点一致条件下的规则公平，每个人不管他的出生、能力、背景如何，社会应为他的发展提供同样的机会。不仅竞争过程中规则要公平，而且对于所有社会成员来说，竞争的起点也应是公平的。主张消除由天然禀赋所造成的分配结果差别，但承认和肯定因偏好和选择等所产生的收入分配差别。在现代社会中，教育对起点公平的影响至关重要。受教育的程度不同，往往意味着就业能力的不同、就业机会的不同。

结果公平又被称为社会公平，是指人们参与社会活动之后获得的待遇、分配具有公正性。结果的公平是最终衡量公平与否的重要指标，也是人们追求公平的根本目的。它强调各社会成员之间所拥有生产成果的大体均等。

效率和公平并称为社会经济福利的两大准则。经济学意义上的效率准则即前面所说的“帕累托最优”（pareto optimum）。它通常被比作如何将蛋糕做大；公平则被比作如何按一定的价值标准将蛋糕在所有成员之间进行分配。经济学家们通常用基尼系数（Gini coefficient）等指标作为分析工具，对公平程度进行测量。效率与公平之间存在着对立统一的关系，分配蛋糕的方法往往会影响蛋糕的大小。绝对平均主义会导致低效率，如对高收入者征收高额累进税，会打击一部分社会成员创造财富的积极性。因此，如何兼顾公平与效率的矛盾，是经济学的一大难题。

中共十一大以来，“让少数人先富裕起来”，成为贯穿中国经济体制改革的主要内容之一。1984 年，中共十二届三中全会通过的《中共中央关于经济体制改革的决定》对于分配领域的改革是一个重要里程碑。此后，“效率优先，兼顾公平”“允许和鼓励一部分人通过诚实劳动和合法经营先富起来”等提法，成为决策层的主导思想。就社会主义经济制度而言，从总体上说公平与效率两者是统一的。一方面，按劳分配，多劳多得，规则是公平的，而规则公平即可促进社会财富的增长；另一方面，效率也包含着公平原则，因为效率原则要求使那些促进社会财富增长的个人和生产单位能够获得更大的物质利益，同时，社会财富的增长才可能为实现公平提供物质条件。收入分配上的合理差距会有利于效率的提高，但差距过大，特别是市场经济条件下那些非按劳分配因素所形成的差距过大，无疑会损害公平。

在初次分配领域，按生产要素贡献分配，既是有效率的，也是为社会绝大多数成员所认可的。但劳动这一要素在初次分配中的占比低不仅影响了结果公平，也影响了规则公平。2007 年，党的十七大报告强调“初次分配和再分配都要处理好效率和公平的问题，再分配要更加注重公平”。中共十八大报告对收入分配制度的改革提出了“两个同步”“两个提高”的目标；除了强调初次分配和再分配都要兼顾效率和公平，再分配更加注重公平以外，提出“努力实现居民收入增长和经济发展同步、劳动报酬增长和劳动生产率提高同步，提高居民收入在国民收入分配中的比重，提高劳动报酬在初次分配中的比重”。这些原则，为我国现阶段处理公平和效率的关系提供了指导。

当前，要实现社会公平，首先要完善税收制度。通过税收调节收入过高者的收入，同时取缔非法收入，逐步提高个人所得税在税收总额中的比重；改革房产税，加大对个人住房财产的调节；适时开征遗产税和赠与税。其次，要通过财政转移支付使分配倾向贫困地区，帮助贫困地区发展经济，进行精准扶贫，实现城乡、区域之间协调发展。再次，逐步建立社会保险、社会救助、社会福利、慈善事业相衔接的覆盖城乡居民的社会保障体系，保障低收入群体的基本生活需求。最后，增加公共物品的提供。政府应重视基础教育这项基本公共服务的均等化，保证社会成员享有平等受教育和就业的权利；加强公共基础设施建设，增加社会福利；增加政府医疗卫生支出，提供最基本的医疗卫生服务。

在初次分配兼顾公平并加大再分配公平力度的同时，还必须清醒地认识到，我国经济水平与发达国家还有很大差距，发展仍然是首要任务。我们不能忽视效率，也不能忽视对投资和劳动积极性的保护。国民财富多了，收入再分配才会有更好的基础。

2.2 中央与地方政府的财政关系

在现实经济生活中，政府的经济活动并不都是在单一政府的管辖下进行的，而是处在多级政府的管辖之下。在一个拥有多级政府的制度下，政府间财政关系表现为纵向与横向两个方面。纵向就是中央政府与地方政府的关系，横向则为各地方政府之间的关系。各级政府间的财政关系以政府职能的划分为基础。各国的基本立法对每级政府的职能都分别有明确的规定。因此，有必要探讨中央与地方政府间的财政关系及其财政职能在中央与地方政府间的分工问题。这不仅是财政职能研究的深化，也是规范中央与地方政府间财政关系的需要；更为重要的是，它为有效发挥中央与地方政府的财政职能提供了依据。

2.2.1 设立地方政府的必要性

在正常情况下，地方政府是一定行政区域范围内民众的总代表，它代表着地方利益，因此地方财政的行为目标是实现地方利益的最大化。它在其地方范围内是相对独立的实体，以地方居民的集体利益为出发点，为地方利益最大化而作出努力，但另一方面，地方财政也要按照中央财政的指令照章办事。在这里，地方财政只是执行中央的旨意，它自己处在被动地位上，是中央财政在地方的分支机构，不具有独立性，所执行的只是中央财政的职能。但是，无论从哪方面看，设立地方政府都是极其必要的。

从公共财政的角度看，地方财政存在的经济基础就在于公共产品提供上的政府间分工原则。换句话说，根据公共产品和公共服务的受益原则理论，虽然公共产品和公共服务是提供给所有公众使用的，但其中的一部分存在受益范围的限制，即一些公共产品和公共服务的享用受到区域的制约。这种受益范围的空间限制，要求财政结构由各级政府的财政所组成，从而有必要设立地方政府，实行分级财政体制。

现代财政的受益空间理论认为，公共产品的受益具有空间层次性，即各种公共产品的受益范围在空间上有所不同。某些公共产品的利益归宿可以遍布于全国，而某些公共产品的受益范围仅波及某个地区，这就涉及不同受益范围的公共产品应该由哪个政府来提供的问题。公共产品的受益范围或利益归宿既然具有上述不同的空间属性，那么根据政府部门的配置理论就可以知道，公共产品的公共提供应该以该产品的利益归宿范围内的居民偏好为依据，而且为了保证人们对公共产品偏好的显示需要有一个政治程序。在这种情况下，某个公共产品的提供应该由其利益归宿范围内的居民来表决并支付其费用。换言之，受益范围是全国性的公共产品，应由中央政府来提供；受益范围是地方性的，则应按其受益范围的大小来确定应主要由哪一级地方政府来提供。因此，公共产品的受益范围是中央与地方以及地方各级政府之间在公共产品提供方面进行分工的一个自然客观的界限。这种公共产品提供上的政府间的分工原则，为多级政府财政体制的存在提供了一个客观的经济基础。

2.2.2 中央与地方政府的利益关系

研究中央与地方政府之间的财政关系，首先要弄清楚中央与地方政府的利益关系。这是因为中央政府与地方政府在经济利益上的关系决定了它们之间的财政关系。一般来说，两者在经济利益上的关系有以下两种情况：

第一，中央政府与地方政府利益的一致性。在这种情况下，中央政府与地方政府在整个国民经济中处于一种“大家庭”的关系，两者在经济利益上相互一致，服从于整个国民经济的整体利益，各级政府“同吃一锅饭”。在这种利益关系下，对政府间财政关系的处理．通常是强调局部要服从全局，地方要服从中央，并且在一般情况下，人们无视地方政府的利益。这样，“全国一盘棋”的思想就被简单地理解成为“什么地方不地方的，统统是国家的”，从而完全扼杀了地方相对独立的经济利益。中央政府被人们认为是国家全局利益的最好代表，所以，这样一种利益关系就表现为地方完全依附于中央，根本谈不上有什么地方利益，也很难有对地方利益的追求。

第二，中央政府与地方政府在整个国民经济中有着根本一致的国家利益，但各地方政府仍有相对独立于中央政府的地方利益，各级政府可以相对独立地“分灶吃饭”。在这种利益关系下，对政府间财政关系的处理，虽然在地方行为不合理的情况下也强调局部要服从全局，地方要服从中央，但它首先要尊重地方依据其自身利益而发生的自主行为。在这里，一个比较重要的问题。就是协调好地方利益与国家利益的关系。在市场经济条件下．这种地方利益与国家利益的关系通常是通过一个规范的、以规则为基础的政府间财政制度来加以协调的。但在计划经济体制下，在政企不分的情况下，这种地方利益与国家利益的关系只能通过政府间财政合同的权宜性办法，以财政包干的形式来加以协调。

2.2.3 财政分权理论

现代财政体制多为分级财政体制，中央与地方政府分别享有一定的税收权力和支出责任，与此相对应的是中央政府与地方政府经济职能边界的划分。对此问题，西方财政分权理论已经有了一些值得借鉴的研究成果。

（1）**乔治·施蒂格勒最优分权论**

美国经济学家乔治·施蒂格勒（George Stigler）在 1957 年发表的《地方政府功能的合理范围》（*The Tenable Range of Functions of Local Government*）一文中，从公众需要与更好发挥政府职能的角度对地方政府分权的必要性作了解释。他认为，一国国内不同地区的居民有权对自己需要的公共物品的种类和数量进行选择；就公共产品而言，消费者的意愿一般具有明显的地域性，而地方政府更了解管辖范围内的公民的效用与需求，恰好能敏感地顺应其需求。因此，事关满足居民公共需要的决策，应当在最低行政层次的政府部门进行，以利于实现资源配置的有效性和分配的公平性。所以，不同种类与不同数量的服务要求由不同级次、不同区域的政府来提供。

（2）**蒂伯特的“用脚投票”理论**

美国经济学家蒂伯特（Tiebout Charles，1956）发表了论文《一个地方支出的纯理论》（*A Pure Theory of Local Expenditure*），通过引入“用脚投票”（voting by foot）的市场机制，解决了之前财政分权理论面临的两个难题：一是在公共产品的供给问题上是否存在“市场均衡解”的难题；二是人们是否会自愿聚集在一个地方政府的周围，要求这个政府为居民提供最大福利。蒂伯特在人口流动不受限制、存在大量辖区政府、辖区间无利益外溢、信息完备等假设条件下，论证了地方政府提供公共产品存在最优的市场均衡解。由于各辖区政府提供的公共产品和税负组合不尽相同，所以各地居民可以根据各地方政府提供的公共产品和税负的组合，来自由选择那些最能满足自己偏好的地方定居。居民们可以从不能满足其偏好的地区迁出，而迁入可以满足其偏好的地区。蒂伯特模型充分说明了政府层级对公共产品供给具有显著影响，由地方政府分散提供公共产品不仅可行而且有效，因为“用脚投票”的结果是具有相同偏好的居民聚集到了同一辖区内，地方政府提供公共服务的成本也最小化，实现了公共资源的最优配置。

（3）**马斯格雷夫的最佳配置职能分权论**

美国著名财政学家马斯格雷夫（Richard Abel Musgrave）被誉为现代财政学的开拓者之一，是现代财政学之父。他在 1973 年出版的《财政理论与实践》（*Public Finance in Theory and Practice*）中，从政府资源配置职能的空间维度，提出了“最佳配置职能”的财政分权理论。他认为，政府的基本经济职能是资源配置、收入分配和经济稳定三个方面，但从中央到地方，各级政府财政在实施其职能时的侧重点和范围是不同的，因而在中央政府和地方政府间进行职能的划分是必要的。他指出，在市场经济体制下，地方政府往往缺乏充足的财力和经济主体的流动性，因而收入分配和经济稳定职能主要由中央政府来承担。而资源配置应根据各地居民的偏好不同而有所差别，主要由地方政府来承担该项职能，即地方政府主要提供地方性公共产品或公共服务，更有利于经济效率的提高和社会福利水平的改进。

(4) **特里西的"偏好误识"分权论**

美国经济学家特里西（Tresch Richard. W）在1981年出版的《公共财政学》（*Pbulic Finance*）一书中，从信息不完备和不确定性的角度，提出了偏好误识理论，就中央政府对全民偏好认识的准确性提出了质疑，以此论证政府分权的合理性。特里西是从信息传递存在着距离阻隔，从而使中央政府在了解公众的边际消费替代率时带有随机倾向，即带有偏好误识这个方面提出了地方自治的必要性。他通过模型证明，如果社会能够获得完全信息，并且经济活动也是完全确定的，那么，是由中央政府还是由地方政府来向公众提供公共产品都是无差异的。然而，现实中的社会经济活动信息并非完全确定，在多级政府的情况下，中央政府在提供公共产品的过程中，不是提供过多，就是数量不足。而地方政府显然要比中央政府更具信息优势，更了解本地区居民的需求偏好。因此，回避风险的社会就会偏向于让地方政府来提供公共产品，由此也决定了地方自治和财政分权的必要性。

2.2.4 中央与地方政府间财政职能的分工

中央政府和各级地方政府在执行财政的职能中是有分工的，从理论和实践结合的意义上讲，凡是调控性、具有全国性意义的职能，就应该由中央政府行使；反之，则由地方政府行使。

(1) **资源配置职能的分工**

就公共产品的资源配置来讲，中央与地方政府承担着不同的财政责任。中央政府与地方政府之间对资源配置职能的分工，是根据公共产品的受益范围来进行的。这是因为按受益范围来确定公共产品的资源配置，可以做到公共产品效益内在化，效益与成本对应化。谁承担了公共产品的费用和成本，谁就享有这些公共产品的效益。由于大部分公共产品实际上是地方性公共产品，因而由地方政府来提供更有效率。地方政府的资源配置职能包括城市维护与建设、地方交通运输、各种基础设施、地方公用设施和就业训练等。地方政府对于本地居民的需要、偏好等信息最为了解，可以根据地方情况进行项目选择，可以较好地发挥其资源配置的职能，提高资源的利用效果。所以，财政的资源配置职能应主要由地方政府来执行。换言之，资源配置职能一般是地方政府的职能。当然，这并不排斥中央政府在一定范围内的资源配置功能（包括直接提供和协调），如对处于地方而具有外部效应的项目则需要中央政府解决。从中央政府的角度看，有些公共产品和公共服务的利益是不可分割的，涉及全国的整体利益，所有公民都应均等地享有，这些公共产品和服务要求中央政府提供。这些公共产品和公共服务仅在一定程度上涉及全国利益。但由某一特定地区提供的公共服务所构成的受益会外溢到另一个地区，即受益的外在性导致无效率供应，因此，需要高一级的政府加以调整，使各地区相互合作和协调，如教育和科研事业是中央政府重要的财政支出项目。

因此，凡属地方性需要的行政性、公益性和建设性物品（服务）的提供，根据效率原则，应由地方政府来提供。这是因为：一方面地方政府比较了解也容易反映本地区消费者的偏好；另一方面，在假定地方需要此类物品（服务）的生产成本是由该地区居民缴纳的地方税来承担，且居民有流动性居住权利时，会形成符合市场效率的此类地方性物品（服务）的规模经济。因此，财政的此类资源配置职能应主要由地方政府来执行。当然，由地方政府来执行此类资源配置职能并不排斥中央政府在一定范围内的此类资源配置职能。

凡属全国性需要的行政性、公益性、建设性物品（服务），应由中央政府来提供。这是因为：首先，有些纯粹的全国性需要的物品（服务）必须由中央政府来提供，如国防；其次，有些虽属地方性需要的物品（服务），但其受益面是跨地区的，如各地区边界地带的道路。为了避免各个地方政府的搭便车行为，需要上级政府来协调，包括上级政府对下级政府、中央政府对地方政府进行资源配置时予以协调。

（2）**收入分配职能的分工**

一般来说，为了有利于市场机制更好地发挥作用，即政府的收入政策不干预市场效率的正常运行，同时又必须保证或有利于收入公平分配目标的实现，收入分配职能在很大程度上要由中央政府在全国范围内采取统一的分配政策来贯彻执行。从中央政府来看，中央财政可以通过两条途径促进收入分配趋于社会公正：其一，通过全国统一的个人累进所得税和相应的转移支付政策，缩小贫富差距；其二，通过地区间的收入再分配，改善区域之间的收入差距，即中央政府通过财政管理体制进行地区间的转移支付。因此，收入分配职能主要是中央政府的职能，但在一些较大的国家，地方政府也要承担相当的职责。公平原则要求一国的公众享受基本同等的公共产品和公共服务待遇。在全国范围内实现公平原则，需要把高收入者的部分收入再分配给低收入者，这就要求制定完整的税收制度和公共支出方案。这种分配与再分配方案的制定和实施权必须由中央政府来掌握，以避免出现不同地区的不公平现象。至于各地区间由于经济发展水平造成的公共服务水平的不公平，也应由中央政府进行调节，以保证不同地区公共产品和服务水平的均衡。收入分配职能若主要由地方财政承担，则存在较大的困难。这是由于任何一级地方财政及其地方政府所承担的职责都有既定的区域限制，只能做到对所辖区域内居民收入水平的调节，而无法超越其范围对外部居民以及各地区间居民的收入水平进行再分配。所以，地方财政所具有的收入分配职能相当有限。然而，这并不意味着地方财政与收入分配职能完全无关。事实上，地方财政除了可以通过地方性税收和转移支付来实现区域性收入再分配、调节本地区内部收入差异、吸引资本和人才流动外，还可以发展捐赠和地方财政信用等其他分配方式，作为对税收、收费、支出等强制性分配的补充。应注意的是，地方政府运用上述手段的力度不宜过大，否则有可能导致全国性资源配置的扭曲，如人才外流、资本转移等。

（3）**经济稳定与发展职能的分工**

在现代实行市场经济的国家中，各地区之间的经济是完全开放的，即在全国性的统一市场上，各种生产要素能够在各地区之间自由流动。在这种情况下，地方政府无法成功地自行制定和执行稳定与发展经济的政策，因而经济稳定与发展的职能主要由中央政府来实现。在宏观调控争取经济稳定与发展的过程中，中央政府与地方政府承担着不同的职责，其中中央政府担负着主要责任。这是因为：

第一，从经济稳定看，经济稳定所要求的总供给与总需求均衡，是相对于整个国民经济而言的，并非某一个区域能够实现。换言之，分散于各个地区的局部性决策，事实上难以达到国民经济全局性均衡所要求的总供求均衡目标。总量平衡属于全局性利益，而地方政府更多地从地方局部利益出发，常常与全局利益产生矛盾。地方对总供求均衡的影响能力也十分有限，除了缺乏必要的手段之外，其采取的政策还会产生效果外溢。由于各地区之间商品、资本和劳动力具有高度流动性，所以，地方财政的扩张不一定会增加对本地区商品的需求，因而不一定会解决本地区的供求矛盾。同理，地方财政实行紧缩也不一定会减少对本地区商品的需求，因而也不一定会解决本地区的供求矛盾。

第二，从经济发展看，经济发展所要求的增加积累和投资，尽管离不开地方各级政府的共同努力，但主导投资与消费比例的仍然是中央政府。调节经济发展速度离不开财政政策和货币政策及两大政策的配合运用。作为地方政府，由于不具备运用货币政策的条件，因而地方政府在促进整个国民经济增长方面的作用也是有限的。同样，中央政府承担着经济与发展的主要职能并不意味着地方政府在经济稳定和发展方面毫无作用。地方财政是国家财政的重要组成部分，其收支一般占国家财政收支一半以上，国家财政政策对经济稳定和发展的影响离不开地方财政的共同努力。只是从各个地方政府的个体看，地方不具备对经济全局产生决定性影响的条件和能力。

因此，稳定与发展职能是中央政府职能。经济稳定要求实现充分就业和稳定的物价水平，只能由中央政府制定相应的财政政策和货币政策，确定支出构成和控制货币供给，实现经济稳定的目标。在优化产业结构、促进社会和谐等方面，中央政府也承担了更多的责任。

2.2.5 规范中央与地方政府的财政关系

形成合理、有效的财政关系，是既要保持中央财政的宏观调控能力，又要把中央政府的部分职权有条件地转移给地方政府。因此，规范中央与地方政府间的财政关系，应主要从以下方面着手：

第一，良好的财政关系中必须同时保留一部分中央集权和地方分权，实行多层次分级管理，不同级次的政府机构应被赋予相应不同的财权，使职权划分和资源分配保持良好的对应关系。各级政府在不受其他级次政府干预的情况下，享有一定的征税、免税、财政补贴及必要支出的自主性和独立性。集权和分权直接影响国家整体资源的有效配置以及提供社会服务的代价。

第二，不同层次的政府，其财政职能应各有不同的分工和侧重。中央财政应侧重于对经济进行宏观调控和进行国民收入再分配，同时保证全国性公共产品的提供；而地方财政则应侧重于进行资源配置，并负担地方性公共产品的提供。

第三，中央财政和地方财政职权的划分与行使，应能保证全体公民都获得最低限度的公共产品，包括公共安全、卫生、教育和福利等。

第四，中央与地方间财政职权的划分和行使，应该有利于经济效益的增进，促进社会福利最大化的形成。具体地说，中央负责保证社会秩序的稳定和国家的安全，保证全国市场的统一，负责跨地区的全国性基础设施建设．承担调整地区之间和产业之间重大经济结构等任务；地方负责与本地区社会经济发展直接有关的事宜，主要是：地区性基础设施建设和环境治理，科技、文教、卫生等社会服务，地区性的社会保障，以及促进商业、金融、信息等第三产业的发展和改善投资环境等。

2.3 政府与国有企业的财政关系

2.3.1 国有企业的角色定位

经过多年的实践，我国国有企业被定位为弥补市场缺陷、维护公有制主体地位和体现国民经济主导作用。

（1）**弥补市场缺陷**

现代市场经济是有宏观调控机制的经济，“市场缺陷”的存在需要政府的宏观调控来弥补。政府建立宏观调控体系弥补市场缺陷，其手段是多方面的，包括建立国有经济在内。

国有企业可以提供公共产品、消除自然垄断产生的消极后果、克服外部性、生产私人部门无力或不愿供应的商品或劳务等。因此，建立国有企业是市场经济体制的内在要求。

（2）**维护公有制主体地位**

有的学者认为，国有经济的存在仅仅是为弥补“市场缺陷”，即在垄断行业、公益性行业和某些特殊行业等非竞争性领域建立国有经济，除此之外，国有经济应该从其他领域中全面退出。这种认识看到了市场经济的共同性，但忽视了我国是社会主义国家这一特殊规定性。在我国，公有资产要在社会总资产中占优势，国有经济控制国民经济命脉，对经济发展起主导作用。国有企业有商业类和公益类，有主业处于充分竞争行业的商业国有企业，有主业处于关系国家安全、国民经济命脉的重要行业、主要承担重大专项任务的商业类国有企业，也有公益类国有企业。国有经济要在关系国民经济命脉的重要行业和关键领域占支配地位，这是我国社会主义经济制度的内在规定性的具体体现。国有经济的建立，不应仅仅局限于弥补“市场缺陷”的非竞争性领域，还应包括许多竞争性领域。在这些竞争性领域，国有经济是通过充分的市场竞争，而不是通过行政手段来实现它对国民经济发展所起的主导作用或导向作用。

(3) **体现国民经济主导作用**

我国改革开放经济建设的实践证明，国有企业是我国国民经济的支柱，公有制经济经过改革呈现出前所未有的活力和竞争力。我国国有企业的数量少了，产值比重降低了，综合竞争力却大大提升，活力和控制力都在增强。国有企业在保障国家财政能力、引领经济全局中起着主导作用。国有资本在国防安全、能源安全、粮食安全、信息安全等关系国家安全领域的保障能力显著提升，在重大基础设施、重要资源以及公共服务等关系国民经济命脉和国计民生重要行业的控制力明显增强，在重大装备、信息通讯、生物医药、海洋工程、节能环保等行业的影响力进一步提高，在新能源、新材料、智能制造等产业的带动力更加突出。

2015年，世界500强企业排名中，中国上榜企业106家，其中国资委监管的中央企业有47家入围。不过，国有资本还存在分布过宽、战线过长、集中度不够等突出问题，制约着国有经济主导作用的发挥。

2.3.2 政府对国有企业的多重身份

政府与国有企业的关系涉及3个基本概念：租金、税费和利润。这三个概念对应着国家的三重身份：资源所有者、公共管理者和国有资产出资人。其中，租金是政府作为国有资源所有者的代理人获取的资源使用权收入，它是资源使用的产权收入。税费是政府作为社会管理者，为社会提供公共服务而强制征收的收入，如流转税、行政事业收费等。利润是国家作为企业投资者投资经营获取的利润，它是一种资产性的产权收入，其来源是国有企业或国家参股企业的劳动者在剩余劳动时间内为社会创造的剩余产品价值。

这三个概念进入企业损益表的方式也是不一样的。租金是企业使用要素支付的成本，税费是向国家上交的公共服务费用，利润则是在扣除租金（要素成本）和税费之后，股东按资分配的结果。国有企业无论是否有利润，都必须为其使用资源支付要素成本，也必须支付相应的税收。而利润则是所有者对经营成果的共享，如果没有经营成果，也就无利可分，也不用上缴企业所得税。

尽管我们在理论上可以区分开租金、税费和利润，但三者在实践中则很容易混淆，并产生诸多问题。因为，租金常以税、费的形式来征收，如资源税、城镇土地使用税、耕地占用税、矿产开采费等，很容易与政府为提供公共服务而强制征收的税费混淆。

现实经济中，国家主要是以双重身份参与国有企业收入分配的：政府凭借政治权力强制无偿地征收税收和一些非税收入，凭借对国有资产的所有权从国有资产经营收入中获得经济利益。因此，国有企业主要向国家缴纳税收、非税收入和国有资产经营收益。

税收的征收在我国主要有两个渠道。国税局征收的主要是维护国家权益、实施宏观调控所必需的税种（消费税、关税），以及关乎国计民生的主要税种的部分税收（增值税）；地税局则主要负责适合地方征管的税种，以增加地方财政收入。

国有资产有两套管理体制，其中金融类企业国有资产由财政部履行出资人职责，实业类国有资产则由国资委履行出资人职责。因此，国有企业上缴利润，现在分成两个体系，一个纳入“国有资本经营预算”，包括烟草、石化、运输等多个行业的国企；剩下的国企则属于“非税收入”体系，金融类企业上缴利润、股息股利收入、产权转让收入、清算收入等属于此类。纳入国有资本经营预算的国企，有相对固定的上缴利润标准。目前，这些央企分成5类，针对税后利润（净利润扣除年初未弥补亏损和法定公积金）收取不同比例。未纳入经营预算的国企（金融类国有企业），由于包含上市企业、控股、持股等不同形式，上缴利润未见有公开确定的标准。

当前，应进一步理顺政府公共管理部门、国有资产监管机构和国有企业的关系。政府公共管理部门依法行使公共管理职能，从经济调节和社会管理角度进行社会公共管理。国有资产监管机构对监管企业依法履行出资人职责，专司国有资产监管，不承担社会公共管理职能。国有企业依法接受国有资产监管机构的监管，不得侵害所有者权益。

2.3.3 政府与国有企业分配关系演变的历史

中华人民共和国成立以来，政府与国有企业的分配关系经历了统收统支、放权让利、利润留存和分类上缴 4 个阶段。

(1) **统收统支阶段** (1949—1978 **年**)

中华人民共和国成立后至 1978 年以前，政府和国有企业利润分配关系基本上实行统收统支。国有企业利润几乎全额上交给财政，企业没有自主财力。国有企业利润几乎构成国家的唯一收入来源，国家不征收所得税。这种分配关系严重影响了国有企业和职工的积极性，制约了经济的发展。

(2) **放权让利阶段** (1978—1992 **年**)

1979 年，国务院颁布《关于国营企业实行利润留成的规定》，其主要改革内容为"放权让利"和"承包制"。此后，国务院先后在全国各地实行了放权让利试点工作。1984 年 10 月，党的十二届三中全会作出关于经济体制改革的决定，国有企业改革转向实行"两权分离"，即国家的所有权与企业的经营权分离；将国有企业原来上交的利润改为所得税，并明确了承包经营责任制的内容和形式。在全国范围内对国有企业实行两步利改税后，1988 年开始税利分流改革试点。

在放权让利阶段，中国国有企业改革被赋予了更多的自主权，利改税在一定程度上增强了员工和国有企业的积极性。企业所有权和企业经营权的分离、国有企业经济责任制，使得国家、企业、职工三者的权责利关系得以明确并有机结合起来。然而，"放权让利"的改革措施并没有改变旧体制的基本格局，企业不是独立的经济实体，政府在国有企业亏损时依旧追加投资，一些赋予企业的权利也没有落实。承包制赋予了企业经营者更多自主权，调动了他们的积极性，但是也造成了一些不良后果。

(3) **利润留存阶段** (1992—2007 **年**)

1992 年党的十四大明确把"转换国有企业特别是大中型企业的经营机制作为建立社会主义市场经济体制的中心环节"。同时，国有大中型企业被明确界定为国家财政收入的重要来源和基本保证。

党的十四届三中全会 (1993 年) 对国有企业不再强调"放权让利"，而是将建立"产权清晰、权责明确、政企分开、管理科学"的现代企业制度作为国有企业改革的目标。1994 年税制改革后，国有企业统一按国家规定的 33%税率交纳所得税，取消各种包税的做法。但在当时，国有企业固定资产投资由拨款改为向银行贷款，还本付息由企业负担，大批国企生存困难，面临破产和脱困，国企分红便无从说起；即或有税后利润，也全部留归企业支配。进入 21 世纪后，一些国企，尤其是国资委直接监管的中央级特大型企业的利润增长非常快，国企盈利能力大幅提升后一直还延续只向财政上缴税收而没有向国家分红的格局。国企继续不履行上缴“红利”的责任带来了一定的负面影响，国企投资变得频繁而又难以监管。2006 年，159 家国资委监管的中央企业利润为 7546 亿元，相当于当年财政收入的 1/5，社会各界对这种分配格局进行了强烈的质疑。

让国有企业向国家分红的理由是充分的：首先，国有企业资产属于国家所有，国务院和地方人民政府分别代表国家履行出资人职责，有权像其他股东或投资者一样获得资产的所有者权益。其次，国家承担了企业重组的大部分成本帮助国企走出低谷，之前利润留存的经济背景发生改变，国有企业将利润回馈国家和社会也理所应当。再次，国企向政府分配利润能够提高企业留利资金效率。最后，让国有企业分红将是改变消费和投资之间的比例关系，提高消费最有效的方式之一。

（4）**分类上缴阶段**（2007 **年—至今**）

2007 年 9 月，国务院发布《国务院关于试行国有资本经营预算的意见》，要求收取中央企业国有资本收益并进行国有资本经营预算管理。所谓国有资本经营预算，是国家以所有者身份依法取得国有资本收益，并对所得收益进行分配而发生的各项收支预算。国有资本经营预算制度结束了国企、央企“利润独享”的历史。同年 12 月，财政部会同国资委发布了《中央企业国有资本收益收取管理办法》，明确国有资本收益收取对象为中央管理的一级企业，应交净利润的比例区别不同行业分 3 类执行。与此同时，在肯定国家对央企重新征收红利政策的同时，关于红利上缴比例的质疑开始蔓延开来，因为最高征收比例为 10%，远小于发达国家国企 50%的上缴比例。

经过连续几年的调整，国有资本收益收取比例已有所提高。截至 2015 年，国有资本经营预算已经覆盖了绝大部分央企，纳入资本经营预算编制范围的央企资产总额占全部央企的 98.7%。

2.3.4 进一步规范政府与国有企业的分配关系

当前，政府和国有企业的边界基本理顺，税费关系也相对稳定和规范，政府与国有企业的利润分配关系变革的重点是适当提高国有企业利润上缴比例和扩大国有企业分红资金的用途范围。国家应强调国有资产收益“全民所有”，应该将收取的“红利”纳入公共财政，突出解决社保覆盖不全、公共服务不到位等公共事业薄弱环节，让国有企业利润和国家资源收益更好地为人民谋福利。

（1）**适当提高国有企业利润上缴比例**

如果说国有资本经营预算试点初期将比例定得低有助于顺利推进改革，那么随着试点的推进，国家应逐步提高征收比重。目前，国有资本收益收取比例为25%、20%、15%、10%和免收共5档，国有企业利润留存比重依然较高。国家提取国有资本收益比例过小，导致国有资产管理部门缺乏足够的动力管理国有资本收益，也不利于国企深化改革，提高自身盈利能力。党的十八届三中全会决议提出要进一步完善“国有资产经营与收益上缴制度”，国有企业上缴税费和国有资本收益的比例将进一步提高。这将更加有利于促进不同所有制经济共同发展、共同分享。

（2）**扩大国有企业分红资金使用范围**

当前，国有企业分红资金主要用于3个方面：一是根据国家产业发展规划及国有经济布局和结构调整规划，用于支持国有企业改制重组、自主创新、提高企业核心竞争力等方面的资本性支出；二是用于弥补国有企业改革成本等方面的费用性支出；三是依据国家宏观经济政策，以及不同时期国有企业改革和发展的任务，统筹安排确定的其他支出，包括用于社会保障等方面的支出。国有资本经营预算中的分红资金主要用于国有企业及其所在的行业，在建立国有资本经营预算的初期是十分必要的。但随着国有企业分红比例的提高，资金用途应有所扩大。实际上，国有企业利润通过政府途径用于教育、医疗、公共交通、环境保护等方面的投入，有利于推动公共事业的发展，增加消费支出，减少国有企业投资支出，抑制企业盲目投资，调整经济结构和转变经济发展方式。总之，国有企业上交的利润应在社会保障和提供基本公共服务方面做出更大的贡献。

（3）**完善国有资产管理体制**

经过多年改革发展，公司制股份制成为国有企业的重要组织形式。2015年9月，国务院发布《关于深化国有企业改革的指导意见》，将国有企业分为商业类和公益类，其中，主业处于充分竞争行业的商业国有企业，原则上要实行公司股份制改革，引入国有资本和非国有资本，绝对控股、相对控股，也可以参股，着力推进整体上市；主业处于关系国家安全、国民经济命脉的重要行业、主要承担重大专项任务的商业类国有企业，要保持国有资本控股地位，支持非国有资本参股；此外，公益类国有企业则可以国有独资，也可推行投资主体多元化，还可以通过购买服务、特许经营、委托代理等方式，鼓励非国有企业参与经营。

由于直接管理企业的方式已经不适应国有企业组织形式的深刻变革，必须按照公司治理规则，以管资本为主明确国有资产监管机构职责的定位。2015年11月4日，国务院发布《关于改革和完善国有资产管理体制的若干意见》，就改组组建国有资本投资运营公司等做出“顶层设计”。下一步国企改革的重要方面，就是将原本的国有资产管理架构由目前的两级变为国资监管机构、国有资本投资运营公司和经营性国企三级，真正逐步实现政企分开，将政府和企业剥离开来，以产权管理为纽带，突出国有资本运作，最终实现国资委从“管资产”向“管资本”转变。

国有资产管理机构要重点管好国有资本布局、规范资本运作、提高资本回报、维护资本安全，要科学界定国有资产出资人监管的边界，建立监管权力清单和责任清单，做到该管的科学管理、决不缺位，不该管的依法放权、决不越位；将依法应由企业自主经营决策的事项归位于企业，将延伸到子企业的管理事项原则上归位于一级企业，将配合承担的公共管理职能归位于相关政府部门和单位。

我国改革开放的实践证明，公有制为主体，国有经济为主导，多种所有制经济共同发展是历史的选择和必然。公有制特别是国有经济可以搞好，市场经济与公有制可以结合。党的十八届三中全会决议指出，要继续坚持“两个毫不动摇”，即“必须毫不动摇巩固和发展公有制经济，坚持公有制主体地位，发挥国有经济主导作用，不断增强国有经济活力、控制力、影响力。必须毫不动摇鼓励、支持、引导非公有制经济发展，激发非公有制经济活力和创造力”。在当前全面深化改革的大背景下，坚持这两个“毫不动摇”非常重要。

复习与思考

1. 怎样理解社会主义市场经济体制下的财政职能?
2. 在发挥财政职能过程中如何理解公平准则?
3. 如何理解中央政府与地方政府间的财政职能分工?
4. 如何进一步规范政府与国有企业的财政关系?

财 政 学

3. 西方财政理论

3.1 传统财政思想与理论

3.1.1 概述

在古典经济学派以前的重农主义、重商主义经济学说中，已经有了财政基本理论的论述，但这些论述只是零散地作为一般经济理论的某一方面而存在，没有形成独立系统的体系。直到1776年，亚当·斯密在其《国富论》[①] 一书中独辟一篇专门研究财政问题，财政学才被当作一门独立的学科来对待，亚当·斯密因而也被誉为“财政学之父”。

古典经济学的财政思想主要是反对国家干预经济，反对提高国家税收收入，强调对内加强财政管理，保护、扶植工商业发展，对外实行高关税、限制进口等，对发行公债持否定的态度。而古典经济学在它诞生之初就旗帜鲜明地提出了反对国家干预

① 亚当·斯密. 国民财富的性质和原因的研究［M］. 北京：商务印书馆，1972.

经济、反对提高税收和举借公债的观点，其中亚当·斯密、大卫·李嘉图是这一思想的著名代表人物。

在古典财政理论以后到20世纪30年代凯恩斯主义财政理论出现以前，出现了与古典财政思想相左的学说，其中最具有典型意义的是瓦格纳的社会政策财政学说和庇古的社会福利经济财政学说。他们的基本财政思想是只要对社会、经济、文化、福利的发展有益，即使财政支出大于财政收入而出现短暂的赤字也无关紧要，而赋税的设置则应增加满足社会福利的需要。这标志着瓦格纳和庇古的财政思想已从传统的“纯财政”理论的框架中摆脱出来，不再固守保证经济自由、维持财政收支平衡等旧的教条，初步提出了财政活动不能仅仅局限于维持政府正常活动，而要立足于从更高角度为经济、社会、福利事业服务的财政学说。基于这一认识，他们对赤字、公债、税收有了更加全面的认识，尤其是瓦格纳的财政学说，在当时的德国实践中被广泛运用，所取得的积极效果也为世人所瞩目。[①]

3.1.2 古典经济学派的财政思想

亚当·斯密是古典政治经济学的杰出代表。他在《国民财富的性质和原因的研究》一书的最后一篇“论君主和国家的收入”中着重阐述了他的财政思想和政策主张。斯密经济思想的根本点是反对国家干预经济生活，主张自由放任。他认为私人的、自由的经济制度，在市场自发调节下，能保持理想的秩序，每个人在追求最大私利的同时，社会利益也能得以最大限度地实现。相应的，亚当·斯密的财政理论是与这一经济思想一致的，它分别对国家职能、财政收入、税收原则、公债、财政支出等提出了自己的观点。

关于国家职能问题，斯密认为，国家的活动属于非生产性劳动，不创造物质财富。在社会资源有限的情况下，国家过多地参与经济活动是一种资源浪费。国家财政特别是国家支出，对经济增长会产生负面影响，所以应尽量压缩政府的规模，国家应把其职能仅仅放在保护国家安全、维护社会治安、抵御外来侵略、建设并维持某些公共事业等一些对社会来说有益而又不可缺少的活动中，充当“守夜人”的作用而已。也就是说，国家的作用只表现在构建安全、

① 魏杰，于同申．现代财政制度通论［M］．北京：高等教育出版社，1998：59.

有秩序的社会经济生活环境上，而对经济运行本身国家则不应有丝毫干涉，廉价的政府是最好的政府。

关于财政收入问题，亚当·斯密提出了以受益者负担为中心的收入理论，即按享受国家经费开支利益的大小和方向来筹集经费。如果政府开支是向全体人民提供服务，那么这部分开支应由享受利益的人来负担。国家财政收入的来源有国有企业收入、国有财产收入和公债收入。

关于税收问题，斯密最重要的贡献是提出了“平等、确定、便利、最少征收费”的赋税原则。所谓平等，是指一国国民都须在可能范围内，按照各自能力的比例缴纳赋税；所谓确定，是指国民应当交纳的赋税必须是确定的，不得随意变更；所谓便利，是指各种赋税交纳日期及交纳的方法须予纳税者以最大便利；所谓最少征收费，是指一切赋税的征收须设法使人民付出的尽可能等于国家所收入的。基于这些原则以及国家活动属于非生产性劳动的观点，亚当·斯密认为国家征收过重的赋税会阻碍社会生产的发展，而减轻赋税可以提高社会生产能力，增加社会财富。

关于公债问题，斯密提出了著名的公债有害论，即不主张发行公债。他认为公债的根源在于君主的奢侈浪费；一国在平时没有节约，到战时就只好迫而借债。同时按照斯密对生产性劳动和非生产性劳动的划分，公债的发行实际上是将生产性费用转入了非生产性费用，把私人的投资转换为公共消费，因而削弱了资本积累能力。在公债积累过多、国家无力还债时，政府就会提高货币的名义价值，造成通货膨胀。因此，公债不仅使政府吸收的产业资本充当非生产性支出，而且给人民大众造成了极大的负担。

关于财政支出问题，斯密主张严格限制的理论。一方面，斯密把国家经费的开支分为四类：国防费、司法费、公共工程和公共机关费以及王室费。国防费是保护本国的安全，使之不受其他独立社会的暴行与侵略所必要的经费；司法费是为保护人民，不使社会中任何人受其他人的欺侮和压迫所需的经费；公共工程和公共机关费是建立并维持某些公共机关和公共工程所需的费用；王室费是为了维持君主的尊严所必需的费用。这些经费虽然属于非生产性经费，但它们对社会是有用的，所以应允许存在。另一方面，斯密又指出，那种属于为束缚和干涉商业社会自由经济活动而设置的支出，以及在市场结构以外，为间接地扶助市场再生产过程的生产力而设置的经费都是“恶的经费”。因此，在总体上，斯密极力主张对国家财政经费支出应加以限制。

大卫·李嘉图继承和发展了亚当·斯密的财政思想。在1817年出版的《政治经济学和赋税原理》[①] 一书中，他同意斯密关于国家职能、公债、财政收支方面的观点，同时又提出了自己的赋税理论和财政补贴理论。他的税收转嫁与归宿理论在整个理论体系中占有重要的地位。

李嘉图的赋税理论主要体现在赋税总论和赋税各论两个方面。在赋税总论方面，他认为赋税是“一个国家的土地和劳动的产品中由政府支配的部分，它最后总是由该国的资本中或是由该国的收入中支付的”，也就是说，任何形式的赋税都来源于利润、地租或其他形式的收入，都会减少资本积累。因此，为了减轻对生产的破坏，他主张尽量减少对最终由资本来承担的赋税的征收，认为最好的财政计划是节约的财政计划，最好的赋税是负担最轻的赋税。在赋税各论中，李嘉图主要研究了包括地租税、利润税、工资税、农产品税、黄金税、济贫税等当时主要税种的转嫁、归宿问题及各项赋税政策对国民经济的影响。他认为，地租税由地主负担，而对土地的其他课税则由地主转嫁了。利润税和工资税最后都是由资本家来负担的，农产品税、黄金税转嫁给消费者来承担。至于对消费品的课税，分为必需品、垄断品和奢侈品，对必需品课税使工资上涨，最终由雇员来承担税负；对垄断商品课税则税负归于生产者；对奢侈品征税则由富者承担税负。他的赋税理论本质上就是转嫁论。

在19世纪前期，英国政府为了维护地主阶级的利益，避免农产品价格大幅度波动给农场主带来损失，专门以法律的形式，一方面对国外农产品施以重税，限制其进口；另一方面给本国农产品予以补贴，鼓励出口。李嘉图作为新兴资产阶级的代言人，对这种补贴政策进行了批判。他批判的理由主要有三点：一是农作物的出口补贴只有利于地主阶级，对产业资本家是无益的，是一种不公平的政策；二是财政补贴实际上是一种干预自由经济运行的手段，它在一定程度上破坏了市场的自然秩序，会引起经济活动的混乱；三是补贴所用经费来源于税收，而增加税收于国于民是有害无益的。

3.1.3 历史学派的财政思想

历史学派是19世纪40年代在德国占统治地位的一个经济学流派。其基本

① 大卫·李嘉图. 政治经济学和赋税原理［M］. 北京：商务印书馆，1972.

的经济理论是：反对古典经济学的自由主义，主张实行社会改良主义；宣传国家有机体学说；强调国家活动的生产性，主张扩大财政职能和财政收支；主张国家干预国民经济。历史学派的主要代表人物有史泰因、沙夫勒、瓦格纳等。其中，阿道夫·瓦格纳被认为是历史学派的财政理论之集大成者。1872 年，瓦格纳出版《财政学》一书，该书只完成 4 卷而未写完，但对各国财政学的影响一直延续至今。

瓦格纳的财政理论是建立在他的国家职能理论和社会政策思想基础上的。瓦格纳认为，国家是历史的产物，国家的职能应与历史发展的阶段相适应。亚当·斯密以后的时代是推行社会改良和社会政策的阶段，因此，国家的职能应该不断扩大。国家的职能不仅有维持国内的法律秩序和防御外敌的任务，而且还要为社会的经济、文化、福利的发展服务，并且这些目的超越于私人经济目的之上，在一定限度内对私人经济活动进行限制，使之服从于国家目的。在具体做法上，瓦格纳主张扩大国有财产，实行铁路、保险、银行的国有化，施行新的特权及烟草专卖，坚持贯彻煤气、水道、交通等公共设施的公有化。这实际上是主张国有经济的思想。

瓦格纳的财政理论是以他的社会政策思想为依据的，他按经济行为的心理动机，把社会中的经济组织划分为私人经济组织、慈善经济组织和共同经济组织。私人经济组织是以追求利润为目的的组织；慈善组织则是克服利他动机而形成的组织；共同经济组织是指国家，它为获得和使用必要的财政货币所进行的经济活动就是财政。此外，瓦格纳还认为，共同经济组织的活动应服从这样的目的，即建立有计划的经济秩序，防止自由放任的生产活动，保证个体之间公平分配，防止牺牲别人的利益谋取个人私利，以及对贫困者从财政物资分配上给予一定帮助。在具体的财政理论方面，瓦格纳首先提出了财政支出膨胀法则。他主张，随着人类社会的发展，国家职能不断扩大，财政支出不断增长，并与经济增长存在一种函数关系，这是固定规律。按照这一法则，只要是对社会经济、文化、福利的发展有益，即使财政支出大于财政收入而出现短暂的赤字也无关紧要。对于公债，瓦格纳认为，只要使用得当，它所带来的国民财产的增加和公共事业的发展，能使国家在将来得到更多的财政收入，在一定限度内是有益的，可以允许发行。

在财政收入方面，他提出了“社会政策的赋税”的观点。他认为赋税不应仅仅以满足财政需要为目的，还应当增加社会政策的目的，即赋税应包括纠正分配不公平的积极目的，应通过赋税施加权力对所得和财产分配进行干预和调整。据此，瓦格纳主张在所得税中采用累进税制，对奢侈品、财产等课以重税。以社会政策的赋税理论为基础，瓦格纳还建立了自己的赋税原则：第一，财政政策原则。要保证税收的充足性，税收量要随经济的增长和财政需要的增加而增加。第二，国民经济原则。正确选择税源、税种，考虑赋税转嫁和对国民经济影响等问题。第三，社会公平原则。税收负担应普遍和平等地分配给各个阶级、阶层的纳税人。该项原则包含普遍原则和平等原则。第四，税务行政原则。课税明确化、课税便利化和最少课税费用。

3.1.4 新古典学派的财政思想

新古典学派是指以瓦尔拉、门格尔、杰文斯的“边际革命”和创立一般均衡理论为标志开始的，由马歇尔所确立的、并由庇古等人所发展的一种经济思想体系。该理论体系成为当时占据西方主流经济学地位的一种经济学流派，直到20世纪30年代，新古典经济学不论在理论上还是在政策上都处于主流的地位，而且至今仍有很大的影响力。

作为新古典学派的创始人，马歇尔把价格理论运用于财政学，用私人经济的市场运行的局部均衡分析法和一般均衡分析法，分析了税收与市场经济中的价格与产量之间的关系，并用消费者剩余来分析税收对市场经济运行的效率损失，提出了税收中性理论，认为税收中性就是要使征税产生的超额负担最小化。

庇古是新古典经济学派的代表人物，也是福利经济学的创始人。他于1902年出版的《福利经济学》一书创建了福利经济学的完整体系。他主张国家干预经济生活，重视财政在资源配置和收入分配方面的作用。庇古以边际效用价值为基础，从资源配置的合理要求着手，证明了政府在外溢性领域对私人经济干预的必要性和合理性。他运用外部效应这一概念作为区分社会净产品和私人净产品的关键。当参与产品交易的参与者之外的其他人得到好处时，社会净产品就会大于私人净产品。而当市场参与者之外的其他人承担了成本，而这种成本不需要在交易过程中补偿，因而不显示在价格中时，社会净产品就小于私人净产品。当边际社会收益大于边际私人收益时就需要用补贴的方式来使未能在价格中体现的那部分外部效益得以实现。当边际社会成本大于边际私人成本时就需要征税，使得税收成为生产者成本的一个组成部分，从而成为企业的内部成本。这种使外部成本内在化的税收被称之为庇古税（Pigouvian Tax）。这样，政府的财政收支手段就成为调节外部效应的机制了。

在收入分配问题上，庇古认为，财政必须具有分配功能。分配如果能够增加国民收入而不损害穷人的绝对份额，或增加穷人的绝对份额而不影响国民收入的总量，都会增进经济福利。因此，减轻收入不均的程度，是使社会经济福利或效用总量极大化的必要条件。

庇古认为，每个人都在追求幸福和享受，即追求个人福利最大化，而所有个人福利的总和就是社会的福利，国家的存在就是为了增加社会的福利。关于社会总福利的平衡，庇古提出两大命题：一是国民收入总量越大，社会的经济福利就越大；二是国民收入在个人间的分配越是均等，社会的经济福利就越大。国家可以通过合理的财政活动调整经济运行，以增加国民收入和尽可能均等地分配国民收入，以促进社会经济福利的最大化。

在财政理论方面，关于财政收入，庇古提出了税收最小牺牲原则，即使所有纳税的社会成员边际牺牲均等的原则，主张对边际私人纯产值大于社会纯产值的部门课以重税，对边际私人纯产值小于社会纯产值的部门实行低税或免税，以使资源的配置合乎社会利益的需要，对所得税实行累进税制，对穷人实施低税或减免政策，从而达到收入的均等化，增加社会福利。相应的，对于财政支出，庇古也从福利经济目的出发，主张对某些社会有益的产业予以补贴，增加用于失业人员、贫困家庭补助的社会性福利支出，缩小收入分配差距，以及利用财政支出的变化，促进资源优化配置和充分就业等。

庇古还运用边际效用价值去考察支出的效率。他指出，在既定的预算规模之下，财政预算应被调整到各支出项目的边际效用相等时为止；而在既定的预算总规模之下，应以各项公共支出的边际效用与各项私人支出的边际效用相等为标准。只有当财政支出的边际效用与课税的边际负效用相等时，财政支出和收入才达到最佳的总额状态。这里，庇古实际上已提出了公、私两部门资源配置和财政内部资源配置的效率问题。

庇古提出以公平和效率两大准则作为社会经济福利这一总目标的评价准则。当政府进行课税时，亦应以这两项准则作为价值判断的标准。公平准则应当是税收课征的首要准则，他把公平原则区分为横向公平和纵向公平。所谓横向公平，即对经济情况相同的人应该课以相同的税收。横向公平主要涉及税基的问题。所谓纵向公平，即对经济情况不同的人课以不同的税收，主要涉及税率结构的问题。通过收入的再分配，最好能缩小贫富差距，从而达到收入均等化的目标。

庇古还深入探讨了税收效率问题。他讨论了埃奇沃斯的牺牲法则，同意将最小牺牲作为税收的绝对原则，认为征税含有“宣布效应”，并对此作了明确的分析。所谓“宣布效应”，就是政府在开征一种新的税种或改变一项税收政策（如提高某一税种的税率）时，纳税人会感到他所面临的选择发生了变化，因此会调整他的经济决策行为。这就产生了税收的宣布负担，庇古将其称为消费者剩余和生产者剩余的损失。庇古认为，要实现税收效率就应该采用支出税，当然可以对一些支出项目予以扣除。庇古将效率问题放在税收理论的中心位置的做法为当代最优税制的研究添砖加瓦。

3.2 现代西方财政理论的发展

3.2.1 概 述

进入 20 世纪以后，西方国家发生了多次经济衰退，尤其是 1929—1933 年的经济大危机，席卷了整个资本主义世界，导致西方各国经济萧条和社会动荡。面对这一状况，许多经济学者意识到，古典经济学家所宣扬的自由市场经济能自动走向稳定、保持平稳发展、充分就业的理论已不适应实际情况，世界需要一种新的观念和做法来改变当时的局面。于是，在实践中，1933 年罗斯福就任美国总统，开始了著名的“罗斯福新政”，其主要内容有：加强对银行、信用、货币的控制和对工农业生产的干预，大规模建立社会福利体系；在理论上，1936 年凯恩斯出版了他的巨著《就业、利息和货币通论》，提出了完全与古典经济理论不同的观点，提出了国家干预经济生活的基础理论依据，很快引起西方经济学界的轰动。随着凯恩斯主义经济学的兴起，财政理论也发生了重大的变革。

具体来讲，凯恩斯主义财政理论与古典财政理论针锋相对，他提出了以下主要观点：由于有效需求不足，自由市场经济不能保持总供给与总需求的平衡，常常导致经济萧条和失业，因此国家必须出面来刺激需求，干预经济；在财政活动中，政府无需控制财政收支规模和避免对私有经济的干预，同时也无需刻意追求财政的收支平衡，一切以国民经济稳定发展、价格平稳、充分就业为目标。

与古典财政理论相比，凯恩斯主义已经完全突破了“纯财政”的基本框架，把财政理论研究的出发点放在与经济运行的关系上，认为财政活动应围绕充分就业和经济增长这一中心来进行，财政的规模和平衡只要不对整个经济产生负的影响，就不再是重要的问题；并且更进一步，在凯恩斯主义的理论中，财政活动直接参与经济运行，构成了国民经济中不可缺少的一部分。从古典财政理论到凯恩斯主义财政理论，是从纯财政理论到功能财政理论的根本转变，这一转变不仅为 20 世纪中期西方国家经济发展提供了新的思路，而且也大大拓宽了财政学本身的研究范围，为 20 世纪后期财政理论的发展奠定了基础。①

凯恩斯之后，长期占据西方财政学说主流地位的是以萨缪尔森为代表的新古典综合学派。新古典综合学派既在一定程度上继承了凯恩斯的宏观经济理论，又对此加以一定的修改和创新。但是，20 世纪 70 年代，面对经济的滞涨局面，他们没能提出非常灵验的药方来，受到了现实经济发展的深刻挑战。当时的各非主流学派纷纷向其发起挑战，这些挑战可以概括为两个方面：一是仍然从宏观视角探究政府应有的作用。例如，以弗里德曼为代表的货币主义、卢卡斯等为代表的理性预期学派以及供给学派等，尽管他们各自的分析侧重点有所不同，但结论却都基本指向一个方向，即政府进行宏观干预的能力是非常有限的。二是深入到政府制度内部，探讨政府制度的局限性。这一探讨又都以经济人假设作为基本的前提，主要的学派包括以布坎南、阿罗为代表的公共选择学派，和以哈耶克为代表的新自由主义学派。尽管他们的学说侧重点有所差异，但都提出了“政府失灵”这一问题，这一概念现在已被写进了绝大部分财政学教科书中。正是由于从新古典综合学派“政府无所不能”的观点向“合理理解政府局限性”认识的进化，20 世纪 80 年代以后，西方各国财政实践中发生了一系列新变化，如国企私有化、消除赤字财政等。其共同指向是尽可能地减少政府的干预，更充分地发挥市场的作用。

现代财政思想史发展主线的实质是对政府作用的理解。在 200 多年的历史中，这种理解基本上经历了一个否定之否定的过程，即从亚当·斯密所提倡的“小政府”到凯恩斯主义所倡导的“大政府”，再回归到对政府作用局限性的重

① 魏杰，于同申．现代财政制度通论［M］．北京：高等教育出版社，1998：59.

新认识、重新缩小政府活动的范围。正是在这样的一个螺旋式上升过程中，西方财政思想在不断地发展着。

3.2.2 凯恩斯主义的财政理论

凯恩斯严厉批判了萨伊定理以及新古典主义提出的资本主义经济可以通过自由竞争而自动保持均衡的理论。在他看来，经济危机的原因在于有效需求不足。因此，国家必须出面来刺激需求、干预经济。在财政活动中，政府无需控制财政收支规模和避免对私有经济的干预，同时也无需刻意追求财政的收支平衡，一切以国民经济稳定发展、价格平稳、充分就业为目标。

凯恩斯认为，通过财政收入、支出、赤字预算政策来调节社会总需求，实现经济的稳定是主要的方法。他指出："有几件事情，现在操之于私人之手者，将由国家集中管理；但是还有许多活动不受影响。国家必须用改变租税体系、限定利率以及其他方法，指导消费倾向。还有，仅仅依赖银行政策对利率之影响，似乎还不足以达到最适度的投资量。故我觉得，要达到离充分就业不远之境，其唯一办法，乃是把投资这件事情，由社会来综揽。"① 凯恩斯从萧条的经济现实出发，认为财富的增长不仅不是富人节约的结果，反而因节约而阻挠财富的增长，因而运用赋税政策会使消费倾向明显增长。被凯恩斯所重视的提高消费倾向的赋税政策，是由累进所得税、资本利得税及遗产税为中心的赋税体制。税收政策的具体措施一是改变税制结构模式，从原来的以间接税为主的税收结构体系改为以所得税、遗产税等直接税为主的税收结构体系；二是改变税率形式，由固定的和比例的税率改变为累进的税率。凯恩斯还主张征收高额的遗产税。凯恩斯提出的有关税收政策方面的主张，其目的是消除社会上收入分配不公平的状况，刺激私人消费的提高，并促进投资增长。

凯恩斯十分强调政府财政支出手段的作用。在凯恩斯看来，要实现充分就业的目标，政府必须提高有效需求。从个人的消费需求函数看，消费倾向是一个比较稳定的函数。尽管政府也可以采取措施提高民间消费倾向，但到底能取得多大的效果令人怀疑。因此，用公共投资政策来提高有效需求，引诱民间投资，就能够给就业水平带来显著的变化。凯恩斯极力主张国家多负起直接投资

① 凯恩斯．就业、利息和货币通论［M］．北京：商务印书馆，1983：325－326.

的责任，设法增加并补充投资引诱。为此，如果税收不足，应发行公债来筹集财源。

凯恩斯认为，公债对于一国的经济是有益的，它有利于刺激经济增长，有利于刺激经济复苏，有利于扩大就业，并可以为经济的发展提供有益的外部环境。凯恩斯的公债理论是与其扩大政府支出、提高有效需求的政策主张联系在一起的。公债是解决有效需求不足的一个良策，政府可以通过举债来弥补财政赤字，保证政府用于增加社会消费和投资的资金需求。凯恩斯还指出，即使政府预算收支平衡，只要经济尚未达到充分就业，政府仍然可以发行公债，以举办公共工程。这样做的好处就是可以直接扩大就业量，以政府投资带动私人投资，从而充分利用闲置的劳动力和资本，促进经济繁荣。当然，在实现充分就业以后，就应注意举债的负面效应。

推行上述财政政策，必然会带来一个问题，就是破坏财政收支的平衡，导致赤字。对此，凯恩斯主义者也在理论上作了解释。他们认为，不能用财政预算收支平衡的观点来对待预算赤字和预算结余，而应从反经济周期的目的出发来利用预算赤字或结余。根据这一出发点，20 世纪五六十年代凯恩斯主义提出了周期预算的概念。所谓周期预算，就是不要求财政收支在每一年度都实现平衡，只要求在一个经济周期中实现平衡就可以。

3.2.3 新古典综合学派的财政理论

新古典综合学派是产生在美国的一个后凯恩斯主义的重要学派，20 世纪 70 年代后开始改称后凯恩斯主义主流派。新古典综合学派的代表人物是美国经济学家萨缪尔森、托宾、索洛等。所谓“新古典综合”，其涵义是将马歇尔的新古典学派的微观经济分析与凯恩斯的宏观分析综合起来，以弥补微观经济学和宏观经济学的巨大裂缝，从而形成一个更为完整的经济学理论体系。

新古典综合学派秉承了凯恩斯主义的国家干预论，认为政府应该通过财政政策和货币政策，加强对经济生活的干预，以保证私人经济得到充分的发展。他们认为，从 20 世纪开始，由于生产手段社会化和消费社会化的倾向日趋明显，国家对经济的影响也日益显著，因而公私混合的经济制度有可能取代自由资本主义制度。在萨缪尔森看来，政府对外防御敌国入侵、对内维持社会治安是当然的职能。此外，政府还具有经济方面的职能，即效率、平等和稳定。他说："市场机制在许多领域决定价格和产量，而政府却通过税收、支出方案和规章制度来调节市场。市场和政府这两个部分都是必不可缺的。没有政府和没有市场的经济都是一个巴掌拍不响的经济。"①

在财政支出理论方面，新古典综合学派并不完全赞同凯恩斯的财政支出理论，他们认为政府直接投资于公共工程项目往往需花费较长的时间，因而会错过时机，不仅不能起到经济稳定器的作用，反而会成为经济周期的扩大器。所以，他们主张政府的公共投资必须根据经济的实际情况进行较长时期的规划，而不是一种权宜之计。他们还批判了赤字会挤出投资的观点，反对平衡预算，推行赤字预算。

新古典综合学派同意庇古关于税收的观点，即征税体现了政府将部分经济资源——社会产品和劳务——从私人手中转移到了政府手中。他们将征税原则归纳为两个：一是利益原则；二是牺牲原则。所谓利益原则，就是认为人们应当根据他们从政府活动中期望得到的收益的大小来纳税；所谓牺牲原则，就是赋税的安排应该使社会的收入再分配是公平合理的。

新古典综合学派认为，税收的宏观调节作用表现在两个方面：一是税收的自动稳定器功能；二是有意识地调节税率，实行相机抉择的财政政策。第一方面的功能主要是通过累进税率的所得税制来体现的。在经济繁荣时期，国民收入的增长带来税基的自动扩张，即使在税率不变的情况下，税收收入也会随之增加，这样就有利于抑制过热的总需求，保持经济的稳定，防止通货膨胀的发生；反之，在经济萧条时期，税基随国民收入的减少而自动降低，税收收入也随之减少，这样就有利于资源留在私人经济部门，使得私人消费和投资的增加成为可能，从而促进经济走向繁荣。所以，税收的这种功能被称作是经济的自动稳定器。但是，要想使这种自动稳定器很好地发挥作用，关键还要合理地设计税收结构体系。税收的第二方面的功能要在人们充分认识了税收这一经济杠杆的基础上才有可能实现。它要求政府清楚地认识到一国所处的经济时期，然后通过税率的调整来有针对性地"熨平"经济的被动，使经济保持稳定和增长。

新古典综合学派继承和发展了凯恩斯的理论，主张不仅在经济衰退时推行赤字财政，在经济上升时期也推行赤字财政。萨缪尔森认为，公债是国家贯彻

① 萨缪尔森，诺德豪斯．经济学（第12版）上［M］．北京：中国发展出版社，1992：83.

执行补偿性财政政策以稳定经济的有力武器。当政府募集公债用于投资时，它还是有可能造成负担的。

萨缪尔森虽然认为应考虑公债的真正负担，如外债、税收所造成的效率损失和资本替代问题，但是不必过于夸大这些负面效应。萨缪尔森对政府利用公债来调控宏观经济表示赞同和支持，这种积极的态度对美国当时的财政政策产生了极大的影响。

3.2.4 供给学派的财政税收理论

供给学派是 20 世纪 70 年代后半期形成的一个西方经济学流派。为了摆脱资本主义经济滞胀的局面，以拉弗、吉尔德、费尔德斯坦、埃文斯等为代表的经济学家重新拾起了萨伊定理，批判凯恩斯主义的需求管理政策，并提出减税、减少国家干预、采取紧缩货币政策等一系列主张。这些主张受到美国总统里根的重视并得到采纳，供给学派也一时声名显赫。他们的减税政策正是建立在拉弗的“拉弗曲线”基础之上的。

一般情况下，税率提高意味着税收收入的增加。但是，当税率超过一定限度时，税率的提高对税收收入的影响会被税基的缩小所抵销。拉弗认为，这时提高税率不仅不会增加税收收入，反而会使之减少。图 3−1 所示为拉弗曲线，反映了税率、税收收入与经济增长之间的函数关系。

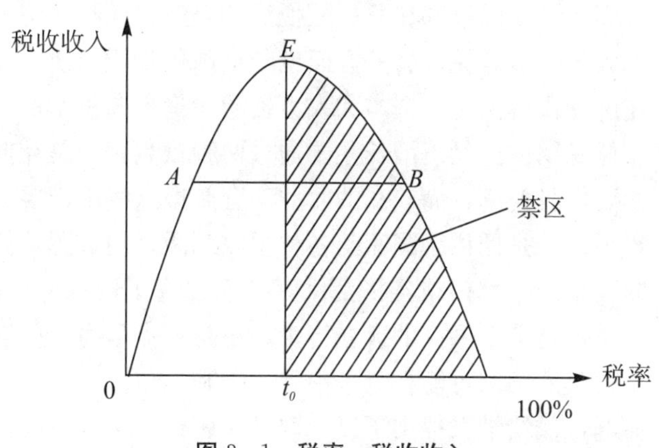

图 3−1　税率、税收收入

在图 3−1 中，横轴代表税率，纵轴代表税收收入。税率从原点开始，最初为 0，然后逐渐提升，最终到 100%。税收收入从原点开始，随着税率的变化而变化。在原点 0 处没有税收收入。随着税率增加到 t_0，税收收入达到最高额。当税率超过图中 t_0 点时，就会影响人们劳动、储蓄和投资的积极性，从而导致税基减少的幅度大于税率提高的幅度，税收收入反而减少。图中的阴影部分被称为税率禁区，当税率进入禁区后，税率与税收收入呈反比关系。图中的 A、B 两点，尽管 B 点的税率比 A 点高，这也意味着纳税人的税收痛苦指数更高，但政府在 A、B 两点取得的税收收入是一样的。因此，政府应避免将税率设置到禁税区。当税率为 100%时，没有人愚蠢到还要去工作，政府也不可能得到税收收入。总体而言，拉弗曲线是一条两头向下的倒 U 型曲线。

拉弗曲线说明了税率与税收收入和经济增长之间有着紧密关系：

第一，高税率不一定会取得高税收收入，高税收也不一定需要高税率。因为高税率会挫伤生产积极性，削弱经济主体的活力，导致经济的停滞或下降，高税率还往往带来过多的减免和优惠。

第二，取得同样多的税收收入可以采用两种不同的税率，政府应选择没有落在禁税区的低档税率。低税负刺激了劳动者的劳动意愿、储蓄意愿和投资意愿，有利于促进经济增长。

第三，税率和税收收入及经济增长之间的最优结合在实践中少见，但在理论上证明是可能的。图中的 E 点，是税制设计的理想目标模式，也就是最佳税率。

最近几年世界上许多国家都在开展减税活动，一方面与经济发展前景不明朗、不确定性加大等因素有关，另一方面也与全球化步伐加快、资本和人力资源自由流动的速度加快有关——资本和人力资源大量流向税率低、获利能力强的国家和地区。低税率促进经济增长主要通过两种机制：一是较低的宏观税率可以导致较高的要素收益率，而较高的收益率会刺激这些生产要素的供给，从而提高总产出水平；二是低税率国家的各种税收刺激，使资源从低生产率部门或经济活动转向高生产率部门或经济活动，从而提高了资源使用的整体效率。这意味着，减税不仅是某个国家的孤立行为，更是在竞争力量倒逼下相关政策联动的结果。高税负的国家可能在竞争中处于不利地位。

基于以上命题，供给学派提出了以下政策主张：

其一，在财政收入方面，主张减税。供给学派认为高税率是美国储蓄率和投资率下降、劳动供给减少、逃税漏税严重的罪魁祸首，解决这些问题的根本出路在于减税。降低税率后产生的供给效应不仅可以刺激人们劳动的积极性、增加劳动供给，从而降低失业率，而且可以提高储蓄和投资的积极性、增加资本存量，提高国民收入水平，消除通货膨胀。在这里需要提到的是，供给学派主张减税不同于上面所提到的凯恩斯主义根据不同经济风向交替使用增税、减税手段的那种暂时的减税，而是大规模的、持久的减税，而且前者主张降低个人所得税的边际税率，后者主张降低个人所得税的平均税率。

其二，在财政支出方面，主张削减政府支出，尤其是社会福利支出，加强私人领域的活动。第二次世界大战以后，西方各国普遍建立了完善的社会福利制度，每年的社会福利支出成了财政支出中最大的部分；此外，军费开支、公共产品生产的开支也日益增加。在供给学派看来，福利费用从增加政府支出和增加税收两方面产生了不利于供给的效应，并且助长了穷人依赖政府的思想，减少了劳动供给，加之政府购买和建立国有经济，使公共经济在整个国民经济中的比重增加，由于公共领域生产活动的效率普遍低于私人领域，因而不利于生产和产量的提高。

供给学派以拉弗曲线为依据，从减少税收对人们的负担的角度着眼，提出了减税的主张。他们反对凯恩斯的宏观管理政策，又回复到古典主义时期的自由放任的经济思想上去，所以遭到另外一些经济学家的反对、异议，认为其观点和主张也都无甚高明之处。虽然如此，他们的理论切合了实际，在现实经济中运用取得了良好的效果。

3.2.5 新政治经济学派的财政理论

新政治经济学派是在 20 世纪 30 年代以后逐渐发展起来的，特别是在 50、60 年代以后有较快发展。由于市场缺陷的客观存在，以及以萨缪尔森为代表的新古典综合学派并不能对现实问题进行有效的解释，西方经济学界掀起了一股向“古典政治经济学回归”的思潮，并由此诞生了所谓的“新政治经济学”。“新政治经济学”包括了一些相互关联又有所区别的经济学流派，主要有以布坎南为代表的公共选择学派和以哈耶克为代表的新自由主义流派。这些流派常常将自己的学说渊源上溯到亚当·斯密的经济自由主义思想，其基本观点是：市场经济是完善的，政府对经济的干预是有害的，应倡导实行竞争性的自由市场经济。“新政治经济学”将经济人行为的假设引入到非市场制度下的经济分析中，对市场和政府作为配置社会经济资源制度的相对优势和弱势都有新的看法、理解。

作为公共选择学派的代表人物，布坎南批判了凯恩斯的宏观财政理论，认为其失败的原因在于忽视对政府和政府制度的研究，用一种一时奏效的政策去取代长期存在的经济规则。对于政府的财政政策，他按封闭经济状态和开放经济状态分别加以考察。他虽然赞同有时政府可采用赤字财政政策，但坚决反对中央政府用举债来弥补赤字。布坎南比较了税收和公债这两种政府筹资手段，指出公债将负担转移到了未来，加重了后代纳税人的负担，使现时的政府规模不断扩大。对政府发行公债来弥补财政赤字，布坎南持反对态度。哈耶克是著名的自由主义者，他坚决反对凯恩斯学派的主张。在他看来，应充分尊重消费者主权，充分信任市场机制的自我调节功能，政府用财政政策等手段来配置资源只能降低经济效率，使经济陷于不稳定之中。他还特别反对凯恩斯提出的扩大政府支出、用通货膨胀来医治失业的主张，他认为这种方法不仅无效，而且还给经济带来很大的负面影响。

公共选择学派研究了政府的公共经济决策是如何产生的、会导致怎样的经济结果。他们研究了不同类型的几种政府决策机制：直接民主决策机制、集中决策机制、间接民主决策机制。它们的运行特点都是通过对公共支出项目的分析被揭示出来的。

由于维克塞尔—林达尔机制中所要求的“一致同意”在现实中很难做到，而且通常信息成本也不可能为零，所以，最常见的是多数票决策的直接民主决策机制，即在政府决策方案付诸全体选民表决时，只要赞成票占多数，该方案即获通过。在实际运用中，多数票规则通常有简单多数（1/2 以上的投票者表示赞成）和 2/3 多数（2/3 以上的投票者投赞成票）两种。一般情况下，比较不重要的政策方案只要取得简单多数即可，重要的政策方案则须取得至少 2/3 选民的同意。

集中决策机制是指由一个人或者一个人数很少的集体独立地作出政府决策，决定公共项目的种类、成本分类方式和规模的政府机制。在这种机制下，当权者可以参考他人意见，但他又是独立的，可以按自己的意愿作出决策，并且决策权不受他人影响和约束。这一点使集中决策机制区别于间接民主决策机制。多数票规则决定的直接民主决策机制要产生公共政策，通常耗时长、成本高，还会由于种种原因无法产生前后一致、合乎逻辑的决策结果。集中决策机制在这些方面则恰好相反，由于参与决策的人数少，一般可以以较低的成本和较快的速度作出决定。在战争时期或军队中，集中决策机制常常是非常必要的。

在现实中的大多数场合，公共决策机制总是民主与集中相结合的某种形式。一种典型的制度就是间接民主决策机制，即由全体选民先通过投票，选举出一定数量的代表，并授权这些代表来代表选民作出公共决策。由少数代表来进行决策显示了这一机制所包含的集中性，使得它区别于直接民主决策机制，有利于减少决策过程的复杂性，并相应节约决策成本；又区别于集中决策机制，能够更好地反映大部分社会成员的偏好要求。间接民主决策机制是一种民主与集中的混合体，其决策结果将取决于这一机制的具体细节，如选举的方式(是等额选举还是差额选举)，选民们对候选人的了解程度，是地区性选举还是全国性选举，哪些事由全民公决来决定、哪些事可由代表集体决定、哪些事可由最高行政负责人单独决定等等。

3.3 财政学与公共经济学

3.3.1 公共经济学的兴起

公共经济学是一门研究政府行为的科学。公共经济学有新、旧公共经济学之分。旧公共经济学指的是传统的财政学，其研究范围局限于财政收支，特别是专注于税收问题。新公共经济学指的是严格意义上的公共经济学，是从传统的财政学发展过来的，它不仅研究财政收支问题，而且还研究财政对整个国民经济的影响。目前在概念使用上，财政学和公共经济学基本是一致的，国外近二三十年来的著作，不管称作财政学还是称作公共经济学，其内容体系基本是一样的。在我国，习惯上还是称作财政学，但许多著作的内容已包含了公共选择理论等新的内容。

20世纪60年代，财政学研究发生了一场新的变革，严格意义上的公共经济学作为一门新兴的经济学分支学科问世，在西方财政学领域中产生了不小的震动。

公共经济学的诞生与当时的社会背景有密切的联系。公共经济学是在西方各国政府经济行为迅速扩张这一背景下产生的。

20 世纪 40 年代，凯恩斯主义形成，罗斯福新政实施。在实践和理论的推动下，西方社会中政府的作用日益扩大，从对财政收支进行管理扩大到了对整个国民经济进行调节和管理。加之第二次世界大战以后，政府行为已从单纯的财政收支调节管理市场扩大到直接介入生产领域，并形成了一定规模的公共生产部门。到 20 世纪 70 年代，公共生产部门的规模普遍占到西方各国全部经济的1/4以上。在这一背景下，给财政学提出了许多新的课题，例如，公共部门应该从事哪些活动以及这些活动是如何组织的、如何评价政府的各种经济政策、如何尽可能理解政府经济活动的全部成果等。这些问题不是财政学所能解决的，原有财政学体系的内容和深度已不能全面满足这一发展的需要，于是便出现了财政学的新拓展——公共经济学。美国著名的经济学家、公共选择理论创造人布坎南被公认为是公共经济学领域的开拓者，并因为在这一方面的贡献于 1986 年获得诺贝尔经济学奖。

1959 年，美国经济学家马斯格雷夫（Musgrave. R. A）出版了《财政学原理：公共经济研究》（*The Theory of Public Finance*：*A Study on Public Economics*）一书，在书中首次引入了公共经济这一概念。他在书中指出："的确，我一直不愿把本书看作是对财政理论的研究。从很大程度上，问题不是财政问题，而是资源利用和收入分配的问题……因此，最好把本书看成是对公共经济的考察。围绕着政府收入—支出过程中出现的复杂问题，传统上称为财政学……虽然公共家庭（政治）的活动收入和支出的倾向流量，但基本问题不是政府问题。它们与货币、流动性和资本市场无关，而是资源分配、收入分配、充分就业及价格稳定与经济增长的问题。因此，我们必须把我们的经验看成是研究公共经济的原理……"①

在马斯格雷夫的带动下，斯蒂格里茨（Stigliz JE）、阿特金森（Atkinson）、费尔德斯坦（Feldstein MS）等经济学家也开始研究公共经济学。

1966 年起，有了在公共经济学名义下召开的定期会议。此后，在阿特金森等经济学家的推动下，又成立了公共经济学会并定期出版公共经济学会刊。

① 彼得·M·杰克逊. 公共部门经济学前沿问题［M］. 北京：中国税务出版社，2000：2.

3.3.2 公共经济学的基本内容

大致来说，公共经济学的主干在财政学，但是它与传统财政理论又有很大区别。传统的财政理论太过于注重对财政收支中税收的分析，却忽略了财政支出方面的分析和财政决策过程的分析。对于财政税收和支出的分析，公共经济学运用了宏观经济学和福利经济学等其他学科的最新成果，非常注重严格的数理经济分析，使这一部分内容更加严密和完整。而对于财政决策过程的分析，则是公共经济学最独到的部分。它首先把经济部门划分为截然不同的两个部分：私人经济和公共经济。私人经济是进行等价交换、追求社会福利最大化的部门，由于外部效应、垄断等原因，使得私人经济造成市场失灵的部分需要由公共经济来纠正。公共经济如何经营是由政府来决定的，而政府的决策通过无数的投票者、政治家与官僚的相互作用来进行，公共选择理论就是研究这一过程的。传统的财政学基础都是建立在国家干预经济的活动具有合理性、能够符合公共利益这个假设上的，而以布坎南为代表的公共选择学派则认为公共经济中的国家并不是超凡至圣的，也会犯错误，会出现政府失灵，因而并不一定能纠正私人经济的缺陷。

马斯格雷夫把公共部门预算划分为三大职能：第一，配置职能，强调的是公共部门内外资源的有效配置；第二，稳定职能，强调的是税收、公共支出以及国债的利用，以实现对经济的短期需求管理；第三，分配职能，即利用财政政策工具在社会每个成员之间重新分配收入。

推动财政学向公共经济学转变，不仅是研究内容的变化，而且是研究方法的变化。公共经济学全面采用了现代经济分析方法，既注重实证分析，又注重规范分析。通过实证分析考察政府活动的范围和各种政策结果，通过规范分析评价各种将要付诸实践的政策与政策形式的选择。

总而言之，时代与经济形势变化了，政府经济活动的作用与影响也不断扩大，并越来越受到人们的重视，从而要求人们从更广阔的范围和更深的层次上研究政府经济活动。单对财政收支进行研究已经无法解释和说明现代国家对国民经济的影响及政府本身经济活动的合理性，再加上研究方法的改进，从而在财政学的基础上兴起了公共经济学。不过，当代“财政学”和“公共经济学”“公共部门经济学”并没有质的区别。财政学和公共经济学只是学科发展的演变过程，而没有涉及理论上质的区别。

复习思考题

1. 当代财政理论发展的线索是什么？
2. 如何评价凯恩斯的财政理论？
3. 如何理解“拉弗曲线”？
4. 我们可从西方财政理论中学习什么？

4. 财政支出

4.1 财政支出的原则

4.1.1 财政支出的概念

财政支出是国家财政按照预算计划，将筹集起来的资金进行分配使用，以满足经济建设和各项事业的需要。国家的财政支出是一种有计划的再分配活动，其投向和力度取决于国家实现其职能的需要。

目前，我国国家预算体系由一般公共预算、政府性基金预算、国有资本经营预算和社会保险基金预算组成，政府的全部支出都纳入预算管理。因此，广义上的财政支出由一般公共预算支出、政府性基金支出、国有资本经营支出、社会保险基金支出这四部分构成。在我国财政实践中，公共财政支出主要指一般公共预算支出。按照财政支出功能的分类，我国一般公共预算支出包括政府在一般公共服务、外交、国防、公共安全、教育、科学技术、文化体育与传媒、社会保障和就业、医疗卫生与计划生育、节能环保、城乡社区、农林水、交通运输、资源勘探信息、商业服务业、金融事务、援助其他地区、国土海洋气象、住房保障、粮油物资储备、政府债务付息等方面的支出。

4.1.2 财政支出的原则

财政支出是整个财政分配活动的一个方面，它必然涉及与财政收入的关系。同时，在财政支出规模一定的条件下，财政支出的各个项目之间也存在着此消彼长的关系。而且，在市场经济条件下，财政支出是社会总需求的一个重要组成部分，它的变动与社会总供给之间也必然存在着紧密的关系。此外，财政支出的实现代表政府配置资源的规模与结构，必然涉及这部分资源的配置效率问题，即财政资金的使用效率问题。因此，我们必须研究财政支出的原则，以协调其中的各种矛盾关系。

财政支出应遵循以下原则。

(1) 财政收支基本平衡的原则

对财政支出来讲，有两种对立的原则，一种为“量入为出”。这个原则有悠久的历史，为我国古代理财家和政治家所尊崇。其基本内容是根据收入的多少来安排支出，支出不能超过收入。另一种原则为“量出为入”，这是近代才出现的理财原则。其基本内容是根据支出的多少来安排收入。当然，财政支出的确定必须通过一种被认为是科学的方法去进行。我们认为，财政支出要遵循财政收支基本平衡的原则。这个基本平衡也是一个动态的平衡，即从一个较长的时期来看是平衡的，并不要求每一个财政年度都平衡，以不损害国民经济的快速、持续、健康的长期发展为限。

(2) 公平原则

财政支出的公平原则，是指政府财政支出的安排能够均衡地照顾、平衡好各方面的利益。政府通过财政支出结构和受益对象的调整，修正或者改善社会成员对物质财富的占有，使每一位社会成员的基本生存和发展需求得以满足，并促进社会福利的提升，实现社会公平。根据社会公共需要的变化，财政支出重点应进行不断调整，在教育、医疗、环境保护、公共卫生等领域提供均等化的公共服务。

(3) **讲求效益的原则**

财政支出实际上是一种资金的投入，而每一种投入都有一种投入与产出的对比关系。这种投入与产出的对比关系，反映着财政支出的效率问题。财政支出带来的效益，不仅有经济效益，还有社会效益、宏观效益，与微观经济主体的效益是有重大区别的。所谓讲求效益，就是在安排财政支出的全过程中，包括事前、事中和事后，始终要坚持精打细算，用较少的投入获取最大的产出，或者用同样多的投入获取更大的产出。在运用财政手段配置社会资源时，要促进社会资源最优配置。

4.2 财政支出分类

4.2.1 按是否与商品和服务相交换为标准的分类

按财政支出项目是否与商品和服务相交换为标准，可以将财政支出分为政府购买性支出和政府转移性支出。

所谓政府购买性支出，就是这一类财政支出直接表现为政府购买商品和服务的活动，包括购买进行日常政务活动所需的或用于国家投资所需要的商品和服务支出，这些支出的目的和用途虽不尽相同，但都是财政一手付钱，另一手获得了相应的商品和服务，并运用这些商品和服务实现国家的职能。购买性支出对于社会生产、就业和社会总需求有着直接的影响，它也会间接地影响国民收入的分配。

所谓政府转移性支出，则是财政资金单方面由政府向一部分社会成员无偿地转移所形成的支出，主要包括社会救济、社会保险、财政补贴、捐赠支出和债务利息支出等。这类财政支出的目的和用途也不尽相同，但都是发生了财政支出以后并不能得到直接的经济补偿物。转移性支出是资金使用权的转移，对于社会生产、就业及社会总需求的影响是间接的，但它对于国民收入的分配有着直接的影响。

这种分类具有较强的经济分析意义。在财政支出规模一定的前提下，政府购买性支出所占比重大一些，就说明政府的财政活动对社会生产和就业有着重大的直接影响，政府财政配置的资源份额就大一些；反之，如果政府转移性支出所占的比重大一些，就说明政府的财政活动对收入分配有着更大的直接影响，通过财政支出所实现的收入分配份额就大一些。假如我们把它们与财政的基本职能联系起来，就可以看出：在财政支出结构中，政府购买性支出所占的比重大一些，其执行的资源配置职能就强一些；反之，政府转移性支出所占的比重大一些，政府执行的收入分配职能就强一些。

4.2.2 按政府职权分类

根据政府在经济和社会活动中的不同职责，划分中央和地方政府的事权，按照政府的事权划分可将财政支出划分为中央财政支出和地方财政支出。这种分类方法反映了中央与地方在财政分配中的地位和相互关系。

现代世界各国大多依照一级政权，一级预算主体的原则设置相应级次的财政。基本上每个级次的财政，都有本级次的公共预算支出范围并从事本级次的相对独立的财政活动，从而形成中央财政支出和地方财政支出。中央财政支出是指中央财政年度支出，包括一般公共服务支出、外交支出、国防支出、公共安全支出，以及中央政府调整国民经济结构、协调地区发展、实施宏观调控的支出等。我国中央财政支出包括中央本级支出、对地方税收返还和转移支付。地方财政支出是指按照现行中央政府与地方政府事权的划分，用于保障地方经济社会发展的各项财政支出。我国地方财政支出包括一般公共服务、公共安全支出、地方统筹的各项社会事业支出等，分为省、市、县、乡四级政府支出。

4.2.3 按财政支出产生收益的时间分类

根据财政支出所产生收益的时间可将财政支出分为经常性支出、资本性支出和净贷款三大类，划分的主要原则是使公共物品的受益与公共物品的付费在时间上保持一致。这是国际货币基金组织对财政支出常用的经济分类方法，也是现代公共经济学研究财政支出的一种重要分类方法。

经常性支出是指维持公共部门正常运转或者保障人们基本生活所必需的支出，主要包括纳入政府预算的工资福利支出、商品和服务支出、对个人和家庭的补助等。这种支出的特点是，它的消耗会使社会直接受益或当期受益，如公务员的工资、差旅费、修缮费等，这些费用的消耗就会形成当期服务的公共物品。经常性支出直接构成当期公共物品的成本。按照公平原则，当期公共物品的受益应与本期公共物品的成本相对应，经常性支出的补偿方式应为税收。

资本性支出是用于购买或生产使用年限在 1 年以上的耐久品所需的支出，其中有用于修建铁路和公路、购买设备等生产性支出，也有用于建筑办公楼和购买汽车、电脑等非生产性支出。这种支出的明显特点是，它的耗费的结果将形成供 1 年以上长期使用的固定资产。所以，资本性支出不能全部视为当期公共物品的成本，因为它所形成的成果有一部分是在当期受益，但更多的是在以后的较长时间内受益。与此相对应，资本性支出的一部分应在当期得到补偿，而大部分应分摊到未来的使用期。所以，资本性支出的补偿方式有两种，一是税收，意味着本期享用的公共物品，本期付出代价；二是国债，意味着未来享用的公共物品，未来时期付出代价。

净贷款主要指国债的还本付息支出。

4.2.4 按支出功能和经济性质分类

从 2007 年 1 月 1 日开始，国家对原有的财政支出科目的分类范围、分类体系和具体科目设置进行了较大的改动，支出功能分类不再按经费性质，而主要按政府的职能和活动设置科目，支出经济分类是对各种不同用途方面支出的具体经济构成作出说明。

(1) **按支出功能分类**

所谓财政支出功能分类，就是按政府主要职能活动对财政支出进行的分类。这种分类方法将各部门和单位相同职能的支出归于同一功能下，不受国家政府组织机构差别的影响，从而有利于进行国际比较。

2007 年政府收支分类改革前，财政支出总体上是按经费性质分类的，把预算支出分为基本建设支出、行政管理费、文教科学卫生事业费等。这种分类便于财政部门按不同经费性质分配资金，同时也便于对政府支出中的生产性支出与非生产性支出比例，积累和消费比例等进行统计分析。但这种分类有一个最大的缺点，就是不能集中反映政府在某一方面（如教育）的全部支出情况。每个部门都用这些科目，但看不出部门的职能是什么、究竟干了什么事。

改革后则按政府职能和活动设置财政支出科目，基本做到将相同功能的支出集中在同一功能科目中反映。政府向哪些部门、哪些方向进行了多少支出，就能直接从科目上看出来。这个分类能够体现政府一定时期内的方针政策、清晰反映政府职能活动的支出总量、支出结构与资金的使用方向，便于根据建立公共财政体制的要求和宏观调控的需要，有效进行总量控制和结构调整。

支出功能分类设置类、款、项三级，类级科目反映政府的某一项职能，款级科目反映为完成某项政府职能所进行的某一方面工作，项级科目反映某一方面工作的具体支出。在这种分类方法下，一般公共预算支出分为“一般公共服务”、“外交”、“国防”、“公共安全”等大类，类下再分款、项两级。例如，“教育”是一个类级科目，“普通教育”是其中的一个款级科目，“普通教育”下的“小学教育”就是其中的一个项级科目，反映出政府为完成教育职能在“普通教育”中用于“小学教育”这个具体方面的支出费用是多少。按支出功能对财政支出进行分类后，政府的钱投向何方，在预算支付和决算统计上就能清楚地反映出来。

按照全口径预算管理要求，财政支出科目归类如下：一是一般公共预算支出科目，包括一般公共服务支出、外交支出、国防支出、公共安全支出、教育支出、科学技术支出、文化体育与传媒支出、社会保障和就业支出、医疗卫生与计划生育支出、节能环保支出、城乡社区支出、农林水支出、交通运输支出、资源勘探电力信息等支出、商业服务业等支出、金融支出、援助其他地区支出、国土海洋气象等支出、住房保障支出、粮油物资储备支出、预备费、债务付息支出、债券发行费用支出、其他支出、转移性支出共 25 类支出；二是国有资本经营预算支出科目，包括解决历史遗留问题及改革成本支出、国有企业资本金注入、国有企业政策性补贴、金融国有资本经营预算支出、其他国有资本经营预算支出等；三是社会保险基金预算支出科目，包括基本养老保险基金支出、失业保险基金支出、基本医疗保险基金支出、工伤保险基金支出、生育保险基金支出等。需补充的是，从 2015 年 1 月 1 日起，政府性基金预算与一般公共预算的统筹力度加大，政府性基金预算中用于提供基本公共服务以及主要用于人员和机构运转等方面的项目支出转列入一般公共预算。

2014 年后，除涉密内容外，中央部门预算全部公开到支出功能分类的项级科目，也就意味着目前已经按照功能分类的最底层科目实现向社会公众公开，这体现出了中央打造阳光财政的力度和决心。

(2) **按支出经济性质分类**

按财政支出的经济性质和具体用途进行的分类叫支出经济分类。在支出功能分类明确反映政府职能活动的基础上，支出经济分类明细反映政府每一项支出的具体用途，以说明政府的钱究竟是怎么花出去的。如果说支出功能分类是反映政府支出“做了什么事”的问题，支出经济分类则是反映“怎么样去做”的问题，说明政府资金是付了人员工资、会议费还是买了办公设备。全面、明细的支出经济分类为加强政府预算管理、部门财务管理以及政府统计分析提供了重要工具和手段。

支出经济分类按照简便、实用的原则，设置类、款两级科目。类级科目具体包括：工资福利支出、商品和服务支出、对个人和家庭的补助、对企事业单位的补贴、转移性支出、赠予、债务利息支出、债务还本支出、基本建设支出、其他资本性支出、贷款转贷及产权参股和其他支出等 12 类。款级科目是对类级科目的细化，如“其他资本性支出”进一步细分为“房屋建筑物购建”、“专用设备购置”、“大型修缮”、“土地资源开发”等。

政府收支分类改革后，政府每一笔支出，都可以通过功能分类和经济分类同时进行反映。编制项目支出预算时，可先在支出功能科目中找到对应的功能项目，然后根据项目支出的具体内容将项目支出细化分解到各个相应的支出经济分类科目中。例如，公安部门用于治安管理的某个项目支出，首先列入功能分类“公共安全”类、“公安”款、“治安管理”项级科目。然后，再根据该项目支出中有关开支的具体用途在经济分类中进行分解，属于反映单位开支的在职职工和临时聘用人员的各类劳动报酬，以及为上述人员缴纳的各项社会保险费的，列入“工资福利支出”类下的有关款；属于单位购买商品和服务各项支出的，列入“商品和服务支出”类下的有关款；属于对个人和家庭补助方面的支出，列入“对个人和家庭的补助”；其他范围的，列入相应类级科目下的相关款级科目。

总之，支出经济分类与支出功能分类是两个相对独立的体系，从不同侧面、以不同方式反映政府支出活动，构成一个全面、明晰地反映政府收支活动的分类体系。

4.3 财政支出规模

4.3.1 财政支出绝对规模

我国财政支出绝对规模指标多采用一般公共预算支出指标，它反映了一定时期财政支出规模的绝对数。从纵向比较上看，即通过不同年份支出规模比较，可了解政府公共预算支出总量的增长趋势。不过，财政支出绝对规模受价格因素影响较大，不同年份的纵向比较需要剔除物价因素。我国财政支出绝对规模的变化如图 4−1 所示。

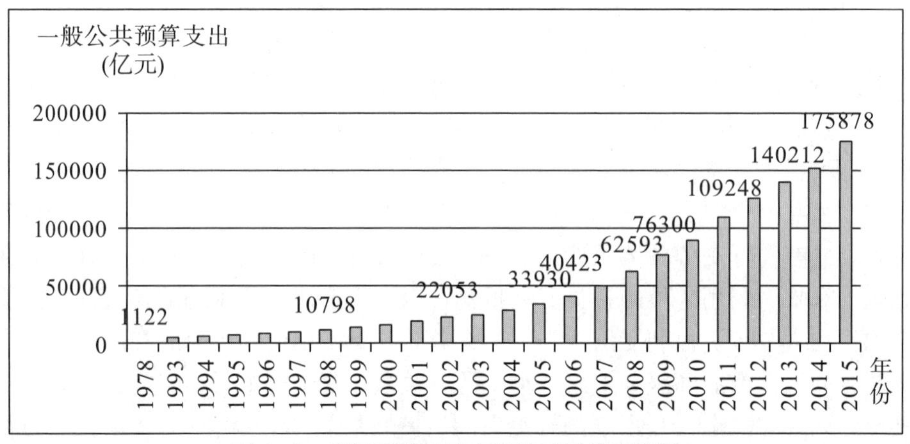

图 4−1 我国近期财政支出绝对规模变化图

近期我国财政支出绝对规模的具体数据详见表 4−1。

表 4−1 我国公共预算支出规模

年份	一般公共预算支出（亿元）	GDP（亿元）	GDP 实际增长率（%）	GDP 名义增长率（%）	公共预算支出名义增长率（%）	一般公共预算支出/GDP（%）	公共预算支出弹性系数	边际公共预算支出倾向（%）
1978	1122	3679	11.7	13.2	33.0	30.5	—	—
1993	4642	35673	13.9	31.2	24.1	13.0	0.8	10.6

续表4－1

年份	一般公共预算支出（亿元）	GDP（亿元）	GDP 实际增长率（%）	GDP 名义增长率（%）	公共预算支出名义增长率（%）	一般公共预算支出/GDP（%）	公共预算支出弹性系数	边际公共预算支出倾向（%）
1994	5793	48637	13.0	36.3	24.8	11.9	0.7	8.9
1995	6824	61340	11.0	26.1	17.8	11.1	0.7	8.1
1996	7938	71814	9.9	17.1	16.3	11.1	1.0	10.6
1997	9234	79715	9.2	11.0	16.3	11.6	1.5	16.4
1998	10798	85196	7.8	6.9	16.9	12.7	2.5	28.5
1999	13188	90564	7.7	6.3	22.1	14.6	3.5	44.5
2000	15887	100280	8.5	10.7	20.5	15.8	1.9	27.8
2001	18903	110863	8.3	10.6	19.0	17.1	1.8	28.5
2002	22053	121717	9.1	9.8	16.7	18.1	1.7	29.0
2003	24650	137422	10.0	12.9	11.8	17.9	0.9	16.5
2004	28487	161840	10.1	17.8	15.6	17.6	0.9	15.7
2005	33930	187319	11.4	15.7	19.1	18.1	1.2	21.4
2006	40423	219438	12.7	17.1	19.1	18.4	1.1	20.2
2007	49781	270232	14.2	23.1	23.2	18.4	1.0	18.4
2008	62593	319516	9.7	18.2	25.7	19.6	1.4	26.0
2009	76300	349081	9.4	9.3	21.9	21.9	2.4	46.4
2010	89874	413030	10.6	18.3	17.8	21.8	1.0	21.2
2011	109248	489301	9.5	18.5	21.6	22.3	1.2	25.4
2012	125953	540367	7.9	10.4	15.3	23.3	1.5	32.7
2013	140212	595244	7.8	10.2	11.3	23.6	1.1	26.0
2014	151786	643974	7.3	8.2	8.3	23.6	1.0	23.8
2015	175878	685506	6.9	6.4	15.9	25.7	2.5	58.0

资料来源：2015 年《中国统计年鉴》，国家统计局《关于改革研发支出核算方法、修订国内生产总值核算数据的公告》及 2015 年财政决算报告。

4.3.2 财政支出相对规模

财政支出（公共预算支出）相对规模指标主要有公共预算支出增长率、公共预算支出占 GDP 的比重、公共预算支出弹性系数、边际公共预算支出倾向等。公共预算支出相对规模指标可以对不同国家在不同时期进行横向比较。

(1) **公共预算支出占 GDP 的比重**

公共预算支出占 GDP 的比重是指公共预算支出与当年 GDP 的比值，反映了政府部门占用一国经济资源的状况和政府干预经济的程度，能较为全面而准确地衡量社会资源配置格局和财政对宏观经济运行的调控能力，是最为常用的衡量财政支出规模的指标。

公共预算支出占 GDP 的比重=公共预算支出/GDP×100%

从图 4-2 中可见，改革开放以来中国一般公共预算支出占 GDP 比重的变化趋势可以简单概括为：先逐年回落，最后再逐年缓慢上升，变动的轨迹呈 V 字形。从 1978 年开始，我国一般公共预算支出占 GDP 的比重开始下滑，从 1978 年的 30.78%下降至 1995 年的 11.1%；之后，一般公共预算支出占 GDP 的比重呈现出平稳上升趋势，在 2006 年以后增长速度放缓。从 V 字形走向看，近 20 年政府参与社会资源配置的力度呈上升趋势。如何更好地发挥市场对资源配置的决定性作用在将来还需要不断探索。

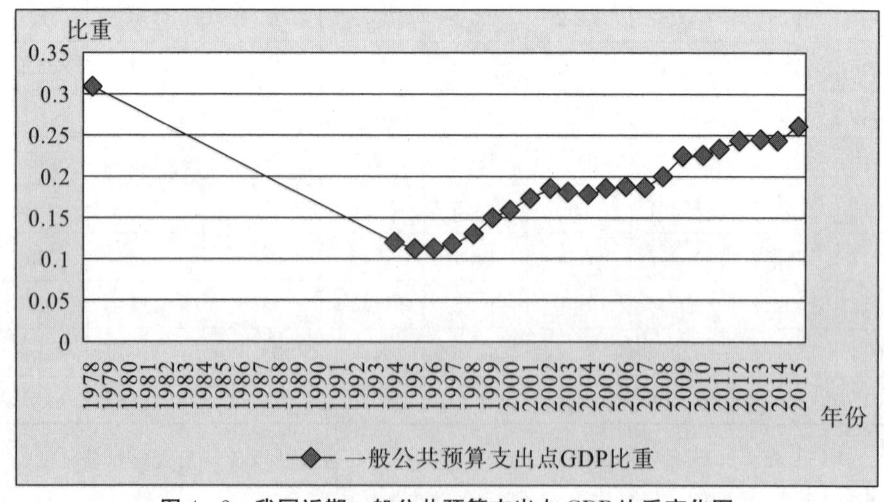

图 4-2 我国近期一般公共预算支出占 GDP 比重变化图

(2) **公共预算支出弹性系数**

公共预算支出弹性系数是指年度公共预算支出变化率与年度国内生产总值变化率的比值。它反映了在预算年度内，公共预算支出变化率对国内生产总值变化率反应的敏感程度。其含义是指当国内生产总值发生百分之一的变化时所带来的公共预算支出的变化百分比。

公共预算支出弹性系数=公共预算支出增长率/GDP 增长率

当公共预算支出弹性系数大于 1 时，说明公共预算支出的增长快于 GDP 的增长，公共预算支出的弹性较好；公共预算支出弹性系数小于 1 时，说明公共预算支出的增长慢于 GDP 的增长，公共预算支出的弹性较差；公共预算支出弹性系数等于 1 时，说明公共预算支出与 GDP 同步增长。

如表 4-1 所示，我国一般公共预算支出弹性系数[①]在 1996 年以前小于 1，说明该时期我国一般公共预算支出的增长落后于 GDP 的增长，GDP 中用于一般公共预算支出的部分较少，造成了我国社会民生事业的历史欠账。在 1996 年以后，除个别年份外，一般公共预算支出弹性均大于 1，说明近期一般公共预算支出增长明显加快。

(3) **边际公共预算支出倾向**

边际公共预算支出倾向是指公共预算支出增长额与 GDP 增长额之间的比例关系，说明 GDP 的增长额中用于增加公共预算支出的大小。该指标通常与公共预算支出弹性系数结合起来考察一段时期内公共预算支出规模的变化。

边际公共预算支出倾向=公共预算支出增长额/GDP 增长额

如表 4-1 所示，1999、2009、2015 年这几年边际公共预算支出倾向剧烈上升，这与我国 GDP 在这几年增速变缓以及积极财政政策实施力度加大直接相关。

4.3.3 公共预算支出增长趋势理论

尽管不同国家在不同时期财政支出增长的幅度不同，财政支出不断增长已成为一种全球经济现象。针对这种增长趋势，经济学家们提出若干分析财政支出的理论。

① 计算我国公共预算支出弹性系数时，由于公共预算支出增长没有剔除物价影响，故 GDP 增长率采用的是名义增长率。

（1）**瓦格纳法则**

19 世纪末，德国经济学家阿道夫·瓦格纳（Adolf Wagner）对 19 世纪的许多欧洲国家加上日本和美国的公共部门的增长情况作了考察得出：现代工业的发展会引起社会进步的要求，而社会进步必然会导致国家活动的增多；国家活动的增多必然引起财政支出增加。他的研究成果被称为瓦格纳法则。按照马斯格雷夫（R. A. Musgrave）的解释，瓦格纳法则指的是公共部门的相对增长，其涵义可以表述为：随着人均收入的提高，财政支出的相对规模随之提高。

瓦格纳把导致政府财政支出增长的因素分为政治因素和经济因素。所谓政治因素，是指随着经济的工业化，正在扩张的市场与这些市场中的当事人之间的关系更加复杂，市场关系的复杂化引起了对商业法律和契约的需要，并要求建立司法组织来执行这些法律。这样，就需要把更多的资源用于提供保障社会安全和法律秩序的设施上。

所谓经济因素，则是指工业的发展推动了都市化的进程，人口的居住密集化，由此产生拥挤等外部性问题，这样也就需要政府进行管理与调节工作。

此外，瓦格纳把对于教育、娱乐、文化、保健与福利服务的公共支出的增长归因于需求的收入弹性，即随着实际收入的上升，这些项目的公共支出的增长将会快于 GDP 的增长。

（2）**皮考克和威斯曼的梯度渐进增长理论**

在瓦格纳的分析基础上，皮考克（Peacock）与威斯曼（Wisemen）根据他们对 1890—1955 年间英国公共部门成长情况的研究，提出了导致公共支出增长的内在因素与外在因素，并认为外在因素是说明公共支出增长超过 GDP 增长速度的主要因素。他们的分析是建立在这样一种假定上：政府喜欢多支出，公民不愿意多缴税。因此，当政府在决定预算的支出规模时，应该密切注意公民关于赋税承受能力的反应，公民所容忍的税收水平是政府公共支出的约束条件。在正常条件下，随着收入水平的不断上升，以不变税率所征得的税收也会上升，这是内在因素作用的结果。但一旦发生了外部冲突，比如战争，政府会被迫提高税率，而公众在危急时期也会接受提高了的税率。这就是所谓替代效应，即在危急时期公共支出会替代私人支出，公共支出的比重将增加。但在危急时期过去以后，公共支出并不会退回到先前的水平。一般情况是，一个国家在结束战争之后，总有大量的国债，公共支出仍然会持续很高。因此，每一次较大的经济社会动荡，都会导致财政支出上一个新的台阶，这种财政支出上升的规律被称为梯度渐进增长理论，又被称为替代－规模效应理论。

（3）**马斯格雷夫和罗斯托的经济发展阶段论**

马斯格雷夫和罗斯托（W. W. Rostow）则用经济发展阶段论来解释公共支出增长的原因。他们认为，在经济发展的早期阶段，政府投资在社会总投资中占有较高的比重，公共部门为经济发展提供社会基础设施，如道路、运输系统、环境卫生系统、法律与秩序、健康与教育以及其他用于人力资本的投资等。这些投资，对处于经济与社会发展早期阶段的国家进入“起飞”阶段，以至于进入发展的中期阶段是不可少的。在经济发展的中期，政府投资还应继续进行，但这时政府投资只是对私人投资的补充。无论是在发展的早期还是在发展的中期，都存在市场缺陷，这阻碍着经济的发展。弥补市场缺陷，需要加强政府干预。马斯格雷夫认为，在整个经济发展进程中，GDP 中总投资的比重是上升的，但政府投资占 GDP 的比重会趋于下降。而罗斯托认为，一旦经济达到成熟阶段，公共支出将从基础设施支出转向不断增加对教育、保健与福利服务的支出，而且这方面的支出增长将大大超过其他方面支出的增长，也会快于 GDP 的增长速度。

（4）**官僚行为增长论**

财政是一种政府的经济行为，是经济与政治的汇合点，因而政治决策必然影响财政支出规模。公共选择理论将经济分析工具和方法应用到政治决策过程，研究了政府决策程序和选举制度。公共选择学派认为，官僚是负责执行通过政治制度做出的集体选择的代理人集团。政府机构规模越大，官僚的权力就会越大。官僚关心的是得到额外津贴、权力和荣誉等，而所有这些目标都是与预算规模正相关的。因此，官僚具有追求机构规模最大化的动机，从而导致公共预算支出规模不断扩大，甚至会超过公共产品最优产出水平所需的支出规模。此外，官僚机构通常拥有提供公共产品的垄断权，如环境保护、国防、社会保险等都是由专门机构提供的。在很多情况下，官僚们独家掌握着特殊信息，这就使他们能够让政治家们相信他们确定的产出水平的社会收益比较高，从而导致预算规模超出最优水平。

4.3.4 影响财政支出规模的因素

概括地讲，影响财政支出规模有如下一些主要因素。

（1）**经济因素**

经济因素对财政支出规模的影响主要体现在三个方面：一是经济发展水平；二是经济体制的选择；三是政府经济干预政策。各国的实践证明，经济性因素是影响财政支出规模的主要因素，甚至是决定性因素。

关于经济发展水平对财政支出规模的影响，如前所述的马斯格雷夫和罗斯托的分析，具体说明了经济发展不同阶段对财政支出规模以及支出结构变化的影响，这些分析表明，经济发展因素是影响财政支出规模的重要因素。

而经济体制的选择也会对财政支出规模产生重要影响，最为明显的例证便是我国经济体制改革以及财税体制改革前后财政支出规模的变化。

至于政府的经济干预政策，对财政支出规模也会产生重要的影响。扩张性财政政策往往带来财政支出规模上升。

（2）**政治因素**

政治因素对财政支出规模的影响主要体现在两个方面：一是政局是否稳定；二是政体结构的行政效率。

关于政局是否稳定对财政支出规模的影响，如同皮考克和威斯曼分析的那样，当一国政局不稳定，出现了内乱或外部冲突等突发性事件时，财政支出的规模就必然会超常规地扩大。

至于政体结构的行政效率，其影响也是十分明显的。如果一国的行政机构臃肿，人浮于事，效率低下，一般公共服务支出必然增多；相反，一个精简的政府，必然会节约经费开支。

（3）**社会因素**

影响财政支出规模的社会因素比较复杂，诸如人口结构、就业、医疗卫生、社会保险、城镇化、文化背景、民族与宗教等。

在发展中国家，人口基数大，人口增长也快，相应的义务教育、卫生保健、就业及社会保障的支出压力就大。

在发达国家，虽不存在上述问题，但人口老龄化问题严重以及公众对改善社会生活质量的呼声比较高，又会对财政支出提出新的要求。

随着社会的发展，诸如此类的社会问题会对财政支出不断提出新的需求，导致财政支出规模扩大。

4.4 财政支出结构

4.4.1 衡量财政支出结构

财政支出结构是指财政支出总额中各类支出的组合及各种支出占总支出的比重。这一概念包括两层涵义：一层涵义是说明财政支出具体用在哪些方面，如用于一般公共服务、国防、公共安全、教育、社会保障和就业或是其他政府职能范围内的支出，可按支出用途或按不同要求对支出内容划分；另一层涵义是要表明各种财政支出在财政支出中所占的比重。财政支出结构状况既与一国经济体制和相应的政府职能有关，又受经济发展阶段的制约。从社会资源的配置角度来说，财政支出结构直接关系到政府动员社会资源的程度，从而对市场经济运行的影响可能比财政支出规模的影响更大。不仅如此，一国财政支出结构的现状及其变化，表明了该国政府正在履行的重点职能以及变化趋势。

衡量一国财政支出结构是否合理，至少应从两个方面来分析：一是该国所处经济发展阶段以及在该阶段上政府追求的主要经济政策目标，二是财政支出中各项目间的相对增长速度。对我国来讲，目前正处于社会主义初级阶段，经济的科学发展是政府追求的主要经济政策目标。当然，在经济新常态下，在祖国统一尚未完全实现以及世界上还存在一些不安全因素的情况下，也要兼顾其他一些社会、政治、军事目标。因此，调整财政支出结构不仅是加强财政宏观调控和支持经济可持续发展的需要，也是保持政治、社会安定的需要。

优化财政支出结构的基本思路是：一方面，按照社会公共需要的先后次序，合理界定财政支出的范围；另一方面，根据当前的经济政策目标，在增量支出中逐步调整和理顺财政支出中的各种比例关系。

4.4.2 从政府职能实现的角度分析财政支出结构

（1）全口径预算资金支出结构

2015 年，我国一般公共预算支出为 175877.77 亿元，全国政府性基金支出为 42347.11 亿元，全国国有资本经营预算支出为 2066.77 亿元，全国社会保险基金支出为 38463.97 亿元。将这四项支出加总可得出我国全口径预算资金的支出总量为 258755.62 亿元，各项支出占总支出的比重如图 4-3 所示。

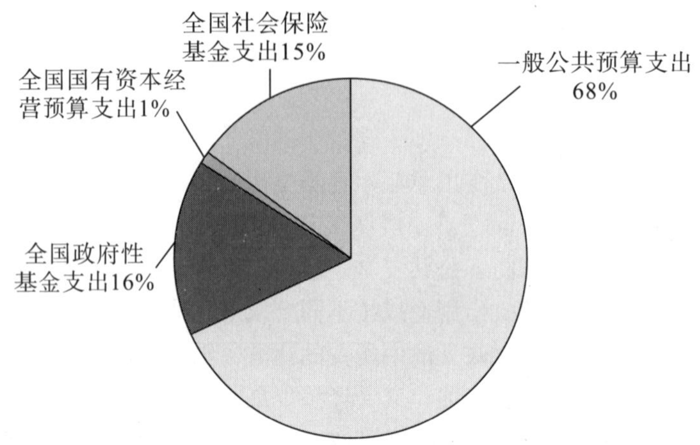

图 4-3　2015 年全口径预算资金支出结构图

从上图可直观看出，2015 年我国一般公共预算支出占全口径预算资金的比重为 68%，占比还有提升的空间。

（2）**中央财政一般公共预算支出结构**

中央财政一般公共预算中的各项支出占中央财政一般公共预算总支出的比重能反映中央财政支出结构。以财政部公布的 2015 年全国财政决算数据为例，我国中央财政本级支出中，国防支出、债务付息支出、科学技术支出、教育支出等比重较大。中央财政对地方转移支付的资金占中央预算资金的 62%，中央对地方的税收返还达到 6%，中央本级支出占中央预算支出的比重仅为 32%。这样的支出结构与目前中央与地方事权和支出责任划分相关联。随着今后中央和地方财政关系进一步规范，中央财政支出结构将会得到进一步改善。

中央财政一般公共预算支出的结构如图 4-4 所示。

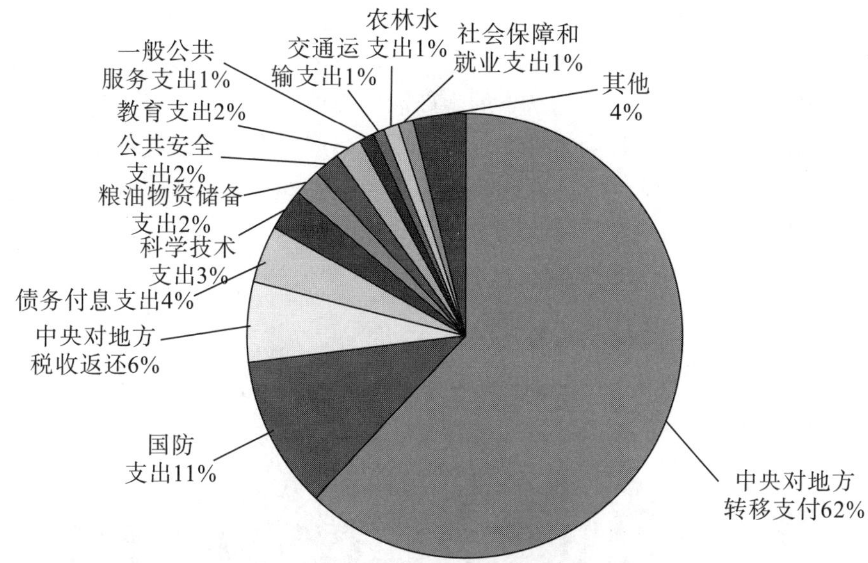

图 4－4　2015 年中央一般公共预算支出结构图

（3）**地方财政一般公共预算支出结构**

地方财政一般公共预算中的各项支出占地方财政一般公共预算总支出的比重为地方财政支出结构。由于地方财政支出事权和支出职责与中央财政有区别和侧重，因而地方财政支出结构与中央财政支出结构有明显的差异。以 2015 年财政决算数据为例，地方财政支出中排在前面的是教育支出、社会保障和就业支出、一般公共服务支出、农林水支出、城乡社区支出等，体现了地方政府目前承担的主要事权和支出职责。

2015 年地方财政一般公共预算支出结构如图 4－5 所示。

从政府职能角度分析财政支出结构，还有其他一些可用的支出分类标准及支出结构指标。

第一，鉴于财政支出结构与政府职能存在着紧密的对应关系，可把政府职能简化为两大类，即经济管理职能和社会管理职能。相应的，财政支出也就形成了经济管理支出和社会管理支出，其比例可以反映政府参与资源配置的强度。在计划经济时期，我国政府注重经济职能的实现，政府调动几乎全部社会资源直接从事各种生产活动，形成“生产性财政”，财政支出大量用于经济建设，经济管理支出占比非常高。我国经济管理体制和政府职能在 20 世纪 70 年代末发生了根本性变革。建立社会主义市场经济体制后，市场机制在资源配置上从起到基础性作用向起到决定性作用的目标发展，政府逐步减少资源配置的份额，退出一些适合民间部门从事的生产活动领域，财政用于经济建设方面的支出比例已大大降低，社会管理支出比重则大幅度提高，财政支出结构发生了很大变化。2007 年财政收支科目改革后，要得到这样的支出结构需要进行数据分析整理。

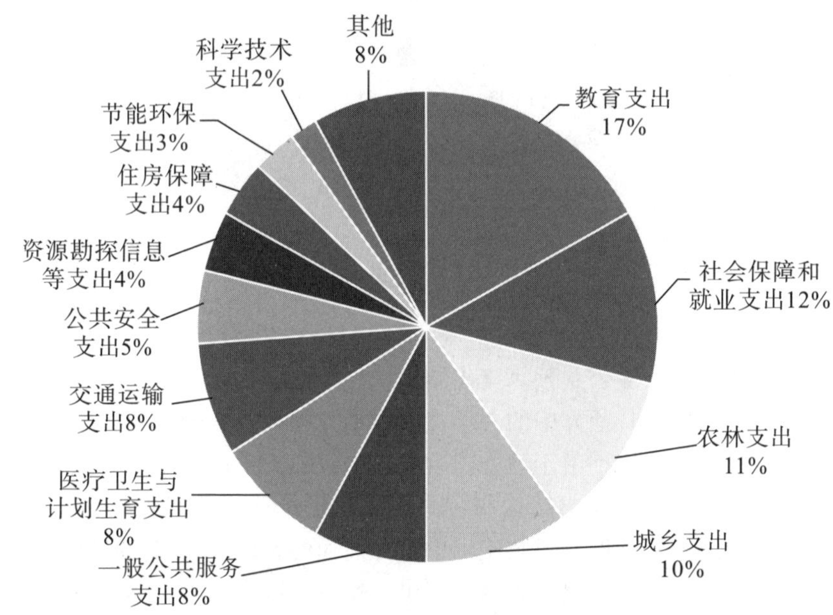

图 4－5　2015 **年地方一般公共预算支出结构图**

第二，对按照财政支出功能分类后的财政支出大类按属性进行归并后，可归纳为公共服务支出、民生支出、经济事务支出和其他支出。这四项支出占财政支出的比重构成了一种新型的财政支出结构。

公共服务支出是指政府为了保证国家安全，维护社会秩序，进行社会治理而安排的公共预算支出。按照 2007 年以后公共预算支出统计口径，公共服务支出主要包括一般公共服务支出、外交支出、公共安全支出、国防支出。公共服务支出属于典型的纯公共产品，构成财政支出最基础性的内容。这类支出是一种纯消费性开支，在保证国家管理机构正常运转的条件下，这类支出的比重越小越好。

民生支出指保障或提高全体人民物质文化生活需要的财政支出。民生支出与一国经济发展水平和人民群众基本生活需要息息相关。现阶段我国狭义的民生支出主要包括社会保障、教育、就业、医疗卫生和住房保障等支出。广义的民生支出除了狭义的民生支出外，还包括科学技术支出、文化体育与传媒支出、节能环保支出、城乡社区支出等支出。由于财力有限，民生领域范围广泛，政府在民生领域支出应有先有后、有取有舍。我国财政支出结构的优化，应按照可持续、保基本的原则首先安排好民生支出。

经济事务支出主要包括三大方面：农林水事务、交通运输、工业商业金融事务。工业商业金融事务包括资源勘探电力信息等事务、商业服务业等事务、粮油储备物资等事务、金融监管等事务支出。从各项支出在公共预算支出总额中的占比来看，目前我国经济事务支出占比是最高的。这与我国作为一个发展中大国，财政负担的经济建设任务重密切相关，随着社会主义市场经济的不断发展，这类支出的比重预计会逐渐下降。

其他支出，包括的是债务付息支出、债务发行费用支出等未在前面三类支出中包含的支出。这类支出的占比一般不高，受到政府债务和财政政策变动的影响较大。

4.4.3 从政府职权分类的角度分析财政支出结构

中央财政支出占全国财政支出的比重反映中央政府对全国财力分配的影响程度，体现国家运用财政分配来实现全国社会经济目标的宏观调控能力。一般而言，经济发达国家通过中央政府实现的公共预算支出在全国预算支出总量中的比重较大，发展中国家普遍较低。

表 4－2 中央本级财政支出占全国财政支出的比重

年份	一般公共预算支出			中央本级一般公共预算支出比重（%）
	全国总支出（亿元）	中央本级一般公共预算支出（亿元）	地方一般公共预算支出（亿元）	
1978	1122	532	590	47.4
1993	4642	1312	3330	28.3

续表4－2

年份	一般公共预算支出			中央本级一般公共预算支出比重（%）
	全国总支出（亿元）	中央本级一般公共预算支出（亿元）	地方一般公共预算支出（亿元）	
1994	5793	1754	4038	30.3
1995	6824	1995	4828	29.2
1996	7938	2151	5786	27.1
1997	9234	2533	6701	27.4
1998	10798	3126	7673	28.9
1999	13188	4152	9035	31.5
2000	15887	5520	10367	34.7
2001	18903	5768	13135	30.5
2002	22053	6772	15281	30.7
2003	24650	7420	17230	30.1
2004	28487	7894	20593	27.7
2005	33930	8776	25154	25.9
2006	40423	9991	30431	24.7
2007	49781	11442	38339	23.0
2008	62593	13344	49248	21.3
2009	76300	15256	61044	20.0
2010	89874	15990	73884	17.8
2011	109248	16514	92734	15.1
2012	125953	18765	107188	14.9
2013	140212	20472	119740	14.6
2014	151786	22570	129215	14.9
2015	175878	25542	150336	14.5

如表4－2所示，1993—2002年，我国中央本级一般公共预算支出占比保

持在30%左右。2002年以后，中央本级一般公共预算支出占比处于下降趋势，近期徘徊在15%左右。不过，我国中央本级一般公共预算支出与中央一般公共预算支出有很大的差别，这与中央对地方政府实施了税收返还和转移支付直接相关。2015年，我国中央一般公共预算支出为80639.66亿元，中央本级支出仅为25542.15亿元，中央对地方税收返还和转移支付达到了55097.51亿元，中央本级实际支出仅为中央一般公共预算支出的31.7%。中央财政本级支出与纳入预算管理的中央财政支出之间存在如此大的差距，干扰了对中央政府影响全国财力分配真实能力的评判，也引起了社会各界对各级政府事权划分不合理以及支出责任与事权不相适应的质疑。随着我国中央政府和地方政府之间事权与支出责任的调整，这一支出结构未来将随之发生变化。

4.5 财政支出效率

4.5.1 财政支出效率的概念

财政支出效率，是指在财政活动中财政资金的支出与所获得的回报之间的对比关系。所谓提高财政支出的效率，就是“少花钱，多办事，办好事”。财政支出效率与微观经济主体的支出效率是有重大差别的：一是两者计算的成本和收益的范围不同，微观经济主体只计算发生在自身范围内的直接的和有形的成本和收益；而政府则不仅要分析直接的、有形的成本和收益，还要分析长期的、间接的与无形的成本和收益。二是两者的选优标准不同，微观经济主体的目标一般是追求利润，绝不可能选择赔钱的方案；而政府追求的则是整个社会的最大效益，为达此目标，局部的亏损是可能的，也是必要的。所以，在提高财政支出效率的过程中，政府需要处理极为复杂的问题。

为什么财政支出要讲效率？简单地讲，财政收支过程就是将资源集中到政府手中并由政府支配使用。由于资源是有限的，国家在集中资源时，首先应当考虑：将有限的资源集中由政府支配或交给微观经济主体支配，何者更能促进经济的发展和社会财富的增加？这就必然会产生一个效率评价的问题。不言而喻，只有当资源集中在政府手中能够发挥更大的效益时，政府占有资源才是对社会有效的。财政支出要讲求效率，其根据就在这里。通常我们说，财政支出规模要适当、结构要合理，其根本目的就是要提高财政支出的效率。在这个意义上讲，提高财政支出的效率是财政支出的核心问题。

4.5.2 成本—收益分析法

成本－收益分析法（cost－benefit analysis）是一种经济决策方法，它是确定一系列可供选择的方案并确定每种方案的最终结果，比较各种备选方案的全部预期成本和全部预期收益的现值，通过净现值、内部报酬率等指标来选择最优方案，以此作为决策参考依据的一种方法。财政支出的成本－收益分析，就是针对政府确定的建设目标，提出若干实现建设目标的项目和方案，详列各种方案的全部预期成本和全部预期效益，通过分析比较，选择出最优的政府投资项目。

选择最优投资项目的依据是计算该项目的净社会收益。净社会收益等于收益减去成本后的余额。一般来说，政府投资的项目要持续许多年，在此期间每年都要发生收益和成本，必须加总这些“收益流”和“成本流”。其方法一般是估计项目的未来收益和成本的现值，计算公式如下：

$$NSB = PV(B-C) = \sum_{t=0}^{H} \frac{B_t}{(1+r)^t} - \sum_{t=0}^{H} \frac{C_t}{(1+r)^t}$$

式中，NSB 代表净社会收益，PV 代表现值，B 代表收益，C 代表成本，r 代表贴现率，t 代表年限，H 代表时间期界。根据上式计算出来的结果，我们可以对某一项目的投资可行性作出判断：如果 $NSB>0$，则该项目可行；如果 $NSB=0$，计算内部收益率（净现值等于零的贴现率），如果内部收益率大于资金的机会成本，如银行贷款利率，该项目可行；如果 $NSB<0$，该项目不可行。

从上述评价公式可以看出，成本—收益分析方法的运用，最关键的问题是如何确定项目的收益、成本和贴现率，下面依次作简单介绍。

（1）**确定收益和成本**

财政投资项目的社会收益和社会成本非常复杂，要予以全面深入的分析、鉴定和衡量。与微观经济主体的支出相比较，财政支出的成本与收益除了要计算微观经济主体所应计算的一切直接的、有形的成本和收益之外，它还必须增加计算与本支出项目无直接关联的一切可用货币计量的有形和无形的成本与收益；既要计算经济成本和收益，又要计算社会成本和收益。

（2） **确定贴现率**

在分析项目的可行性时，必须贴现未来的效益和成本，而贴现率（上述公式中的 r）的选择是关键。实际中，贴现率的选择是一个非常复杂而且争论最大的问题，在理论上提出了许多选择方法。不过，对于我国这样的发展中国家来说，最好的选定方法也许是把它与举债决策、资本投入决策联系在一起。其基本原则有两条：一是贴现率应当至少等于举借外债的利率，因为即使项目全部都是用国内来源融资，但由于假定放弃其中的一个项目可能会给其他项目提供资金，从而减少了举借外债的需要。二是贴现率也不应低于国有企业因政府增加资本投入而取得的收益率，否则，把资源从政府项目上转移到国有企业可能会增加效益。①

（3） **确定时间期界**

一般来说，不同的项目时间期界不同。在实践中，时间期界一般是运用科学的方法计算得出的项目使用寿命。

（4） **确定优先次序**

政府投资项目的支出总是要受到预算规模的约束。在项目选择的过程中，一般的原则是采用现值标准（present value criteria）：只有当一个项目的收益现值总和 B 与成本的现值总和 C 之差大于零或者净现值为正数时，即 $(B-C)>0$，该项目才是可行的；如果两个项目只能选其一，应优先选择净现值较高的项目。在实践中，还可以收益—成本比率（benefit-cost ratio）作为衡量指标。收益－成本比率简称益本比，用 B/C 表示。“益本比”小于 1 的项目不予考虑，一般选择“益本比”大于 1 的项目。当然，“益本比”最高的项目也不一定是最优的项目。为说明这一问题，我们假设考察这样两个项目。项目甲的估计效益是 100 万元，估计成本是 50 万元，“益本比”是 2∶1。项目乙的估计效益是 200 万元，估计成本是 125 万元，“益本比”是 1.6∶1。尽管项目乙的“益本比”较低，但其净收益的绝对额较大。如果这两个项目属于同类项目，但规模不同（比如甲是小型水坝，乙是大型水坝），那么只要有足够的资金，选择乙也许是正确的。因此，采用现值标准是最可靠的。

① 魏杰，于同申．现代财政制度通论［M］．北京：高等教育出版社，1998：191.

(5) **考察风险与不确定性**

以上所讨论的收益和成本，都是在具有完全的确定性的前提下进行的。但是，未来的许多变化在进行分析的当时都是未知数。因此，我们现在用来进行成本—收益分析的资料与数据都只能是预计性的，有待将来证实。所以，在探讨社会成本—收益分析时，必须与公共工程可能遇到的风险，以及它所具有的不确定性等问题相联系，运用概率分析、灵敏度分析等方法进行科学计算。

现在，我们可以将全部的分析总结一下，成本—收益分析事实上包含了两个过程。第一个过程是政府确定备选项目和备选方案。政府首先根据国民经济的运行情况，选择若干行动目标，根据这些目标，确定若干备选项目；然后，就每一个项目组织专家制定备选方案。第二个过程是政府选择方案和项目的过程。首先，要详列各备选方案的成本与收益，并运用贴现方法将这些成本与收益折成现值；其次，运用现值标准或计算益本比选择出最佳方案，进而形成一个最佳项目组合；最后，对此项目组合作机会成本分析，最终将支出项目确定下来。

成本－收益分析法自问世以来，已在世界各国得到了广泛的运用。20 世纪 60 年代以来，该方法成为确定美国政府预算支出可行性分析的最基本工具，美国联邦政府要求各类项目都要进行成本－收益分析。但这个指令并没有被严格执行，即使有项目进行了成本－收益分析，决策质量往往很差，所以该方法对美国政府决策方式并没有产生更大的影响。部分原因在于，政府支出目标容易产生分歧，项目的成本收益的相关因素很难衡量，若要求在成本、收益分析时考虑“公平、人格和公正”的因素就更难量化了。事实上，成本－收益分析法多适用于财政投资项目如电站投资等项目的分析，要求适用的前提是政府支出和收益是经济的、有形的，可以用货币计量。成本－收益分析法在政府重大管制措施方案分析时就不适用，如在与清洁空气保护，濒临灭绝动物保护，食品、药品和化妆品监管等项目决策时，社会公众要求政府在公众健康、食品卫生安全、濒危物种的保护等这些公共服务提供时应“不惜一切代价”，这种分析方法就无法使用了。尽管成本－收益分析法是一个不完美的工具，但它在政府公共工程投资决策时普遍适用，它也为政府在财政支出项目决策时提供了一个可以用来作出一致性决策的分析框架。

4.5.3 最低费用选择法

对于不能运用成本—收益分析法的财政支出项目，可以运用最低费用选择法进行分析。此法与成本—收益分析法的主要区别，是不用货币单位来计量备选的财政支出项目的社会效益，只计算每项备选项目的有形成本，并以成本最低为择优的标准。

运用最低费用选择法来确定财政支出项目，其步骤同前述成本—收益分析法大致相同，由于免去了计算支出效益与无形成本的麻烦，此法的分析内容要简单得多。首先，根据政府确定的建设目标，提出多种备选方案，然后，以货币为统一尺度，分别计算出各备选方案的各种有形费用并予以加总。在计算费用的过程中，如果遇到需要多年安排支出的项目，也要用贴现法折算出“费用流”的现值，以保证备选方案的可比性。最后，还要按照费用的高低排出顺序，以供决策者选择。

最低费用选择法多用于军事、政治、文化、卫生等财政支出项目上，不妨举一例加以说明。假定政府打算在 4 年内培养出 1 万名商学专业的大学生，经过专家研究，提出 3 个能达到上述目标的备选方案：A. 新建 5 所商学院，每所学院招生 2000 人。这要兴建校舍、招聘教师和管理人员。B. 扩建既有的商学院。这要新建若干校舍，增聘若干教师和管理人员。C. 组织商学专业的自学考试。这要组织辅导、考试等工作。即使上述 3 个方案均能培养出 1 万名质量相等的商学专业的大学生，各个方案支出的费用也肯定是不同的，对这 3 个备选方案的费用比较分析，选出费用最低者为最佳方案，从而保证财政支出效率能达到最佳。

运用最低费用选择法来确定最佳方案，在技术上是不困难的，困难之处在于备选方案的确定。因为，这里提出的备选方案应能无差别地实现同一个目标。要做到这一点，可能并不容易。

4.5.4 公共定价法

在市场经济中，所有经济行为主体都采取使自我利益（企业表现为利润，消费者是福利或效用）最大化的行动，价格成为信号，价格机制是实现最优资源配置的主要机制。由于政府也提供大量的满足社会公共需要的“市场性物品”，那么这些物品（包括服务）也涉及同其他商品和服务一样的问题即价格的确定，这就是所谓公共定价。从定价政策来看，公共定价实际上包括两个方面，一是纯公共定价，即政府直接制定自然垄断行业的价格；二是管制定价或价格管制，即政府规定竞争性管制行业的价格。政府采用公共定价办法，目的不仅在于提高整个社会资源的配置效率，而且更重要的是使这些物品和服务得到最有效的使用，提高财政支出的效益。

无论是纯公共定价还是管制定价都涉及两个方面，即定价水平和定价体系。定价水平是指政府提供每一单位“公共物品”的定价（收费）是多少。在管制行业里，定价水平依据正常成本加合理报酬得到的总成本计算。因此，研究定价水平实际上是研究如何确定总成本。定价体系是指把费用结构（固定费用和可变费用的比率）和需求结构（家庭用、企业用，以及少量需求和大量需求等不同种类的需求，高峰负荷和非高峰负荷等不同负荷的需求）考虑进来的各种定价组合。

现以自然垄断行业为例，说明公共定价方法的选择。我们知道，自然垄断行业的经营规模一般较大，而且以较低的成本提供全部市场的需求，这些部门随着产量的增加，平均成本（AC）也呈递减的趋势，如图 4-6 所示。

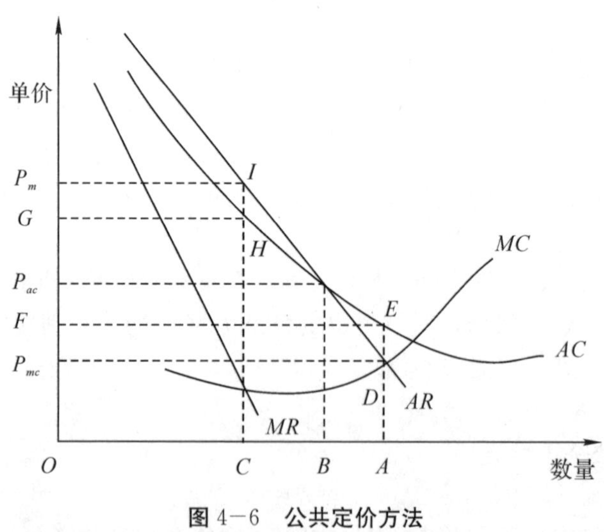

图 4-6　**公共定价方法**

假设有 3 种情形。第一种情形，如令价格 P_{mc} =边际成本（MC），则产出

为 OA，该部门将蒙受 $P_{mc}DEF$ 的亏损。第二种情形，任由市场定价，则在利润最大化情况下，边际收益（MR）＝边际成本（MC），此时的价格为 P_m，产量为 OC，而利润为 $GHIP_m$。第三种情形，如以平均成本（AC）定价，平均收益等于价格，此时价格为 P_{ac}，产量为 OB，厂商的损益持平，无额外利润可获。比较三种情形可知：产量按边际成本定价时的 OA＞按平均成本定价时的 OB＞按利润最大化定价时的 OC。而价格的情况正好相反：按边际成本定价时的 P_{mc}＜按平均成本定价时的 P_{ac}＜按利润最大化定价时的 P_m。若公共事业部门也按利润最大化的原则定价，此时价格为 P_m，而满足社会需要的产量只有 OC，它远较社会可能提供的公共事业部门的产量 OA 要低。这就意味着，资源并未得到充分利用，公共事业部门的产出未能充分满足社会的需要。若按边际成本定价，价格为 P_{mc}，企业处于亏损状态，但却提供了较大产量的符合社会需要的基础性产品或服务。至于亏损的弥补，部分可通过财政渠道以补贴形式来进行，部分则可通过自身的收费来弥补。

由此可见，政府若要既充分提供公共物品，又要提高有关财政支出的效率，就必须适当选择定价方法。根据上述分析，公共定价方法主要有以下几种方法：

第一，平均成本定价法。平均成本定价法是指政府在保持企业收支平衡的情况下，采取尽可能使经济福利最大化的定价方式。从理论角度来看，边际成本定价是最理想的定价方式，但它会使企业出现大量亏损，长此以往，它们很难提供足够的满足社会公共需求的物品，因为财政补贴也是有限度的。因此，在成本递减行业，为了使企业保持收支平衡，公共定价或价格管制可采用高于边际成本的平均成本定价。

第二，二部定价法。二部定价法是由两种要素构成的定价体系：一是与使用量无关的按月或按年支付的“基本费”，二是按使用量支付的“从量费”。因此，二部定价是定额定价和从量定价二者合一的定价体系。由于二部定价法中的“基本费”是不管使用量的多少而收到的固定费，所以有助于企业财务的稳定；由于二部定价法具有以收支平衡为条件实现经济福利最大化的性质，所以现在价格受管制的行业常采用这种定价方法。

第三，负荷定价法。负荷定价法是指根据不同时间段或时期的需要制定不同的价格。在电力、煤气、自来水、电话等行业，按需求的季节、月份、时区的高峰和非高峰的不同，系统地制定不同的价格，以平衡需求状况。在需求处于最高峰时，收费最高；而当需求处于最低峰时，收费最低。

复习与思考

1. 财政支出有哪些分类?
2. 衡量财政支出规模的指标有哪些?
3. 我国财政支出的结构可用哪些指标来衡量?
4. 评价财政支出效率的方法有哪些?

5. 政府购买性支出

5.1 投资性支出

5.1.1 财政投资的性质

财政投资是以国家为主体的，将其从社会产品或国民收入中筹集起来的财政资金运用于国民经济各个部门的一种集中性、政策性投资。它是财政支出中的一个主要部分，也是积累资金的主要目的。财政投资的性质必须从以下角度来考察。

（1）**从财政投资的客观必然性来考察**

首先，社会主义市场经济是让市场机制在社会资源的配置中起决定性的作用。但由于市场机制本身所固有的缺陷，比如公共产品不能得到有效的提供、居民收入分配过于悬殊、经济波动过大等等，国家必须运用财政投资这一有效手段，在公共支出领域内进行投资，以弥补市场缺陷，向公众提供公共产品，调节居民收入分配，调整和优化经济结构，促进经济稳定增长，满足广大群众的共同需要。

其次，社会主义市场经济是以公有制为主体的市场经济，建立在生产资料公有制基础上的国家，作为国有资产的所有者，具有直接参与社会生产的经济职能。这就要求国家以财政投资的形式，通过国有经济的发展、壮大，与市场上独立的经济主体一样，直接参与市场竞争，促进和加快社会生产力的发展，满足人民群众日益增长的物质文化需要。

（2）**从财政投资与其他形式投资的联系和区别来考察**

财政投资是以国家为主体的投资，而其他形式的投资则是以个人、企业为主体的。由于投资主体不同，因而投资的资金来源、投资规模、投资领域、投资管理方式也不同，这表现在以下方面：

第一，投资的资金来源和筹集方式不同。财政投资的资金来源主要是通过国家参与国民收入的初次分配和再分配，以政治权力行使者身份筹集起来的税收和以国有资产的所有者身份得到的国有资产收益。此外，财政投资的资金来源还有以国家信用为担保的各种债务收入。从其价值构成来看，财政投资的资金来源主要来自社会产品价值中的 v 和 m 部分。而微观经济主体投资的资金来源主要是自身创造的一部分税后利润，以及通过银行贷款、发行企业债券和股票等方式筹集的一部分社会资金，从其价值构成来看，可以来自社会产品或国民收入中的 c、v、m 各个部分。

第二，资金的使用规模不同。财政投资是大规模的、集中性的投资。而微观经济主体的投资无论其投资资金来源和筹集手段如何多样化，都要受到其自身收入水平和偿债能力的限制，这就决定了它们的投资是分散的，在投资规模上是无法与财政投资相比拟的。

第三，投资的领域不同。在市场经济条件下，微观经济投资主体是“独立核算，自我约束，自我发展，自负盈亏”的商品生产经营者，追求利润最大化是它们的目标，其投资必然根据收益原则和价值规律的调节，把资金投在收效快、期限短、盈利大的产业和产品上。在利益的驱动下，企业和个人的投资必然要从自身利益出发，哪里利大就投到哪里去，它们更多考虑投资的内在成本和内在收益，而较少考虑投资的外在成本和外在收益。而财政投资中的公共部门投资，虽然也要考虑投资回收和投资收益，但更重要的是要考虑一定时期国家和社会经济发展的战略目标，从全局出发考虑投资产业和方向。因此，公共部门投资将其资金投在企业和个人不愿意投资、风险大、盈利小而人民又非常需要发展的产业和国民经济的薄弱环节上，诸如能源、交通、环境保护、城市基础设施等投资。财政投资中的国有资本投资领域多在重点工业、新兴产业上，是为了提高国内某些重点行业在国际上的竞争能力。

第四，投资的管理形式不同。财政投资是以国家为主体的投资，国家不可能像微观经济投资主体那样，亲自参与投资的全过程。财政投资实质上是一种提供资金来源的投资，是一种决策性的、把握大方向的投资。财政部门一般只参与投资项目的立项、可行性研究和审批，而具体施工及以后投资项目的运营，则由建设单位和项目公司负责。因此，在财政投资过程中，就存在着财政部门与建设单位、项目公司在投资的责、权、利上的关系问题。而微观经济投资主体则参与投资的全过程，直接承担投资的决策风险和施工、经营风险，其投资的责、权、利较之财政投资来说结合得更为紧密。

由此可以看出，在社会主义市场经济体制下的财政投资是国家通过集中一部分社会产品或国民收入投资于国民经济薄弱环节以及基础产业和战略性新兴产业，这是加快国民经济发展、满足人民群众物质文化生活需要的手段。

在任何社会中，社会总投资都可以分为政府投资和非政府部门投资两部分。一般而言，财政投资即为政府投资，财政投资包括生产性投资和非生产性投资，政府投资与非政府部门投资的比较见表5—1。

表5—1　政府投资与非政府部门投资的比较

	非政府部门投资	政府投资
盈利性	追求微观上的盈利性	可以不盈利或微利，但是政府投资项目的建成，可以极大地提高国民经济的整体效益
项目规模	一般无力承担规模较大的投资项目，只能从事周转快、见效快的短期性投资	政府财力雄厚，而且资金来源多半是无偿的，可以投资于大型项目和长期项目
效益标准	不可能顾及非经济的社会效益	可以从事社会效益好而经济效益一般的投资

5.1.2　财政投资的形式

财政投资的形式是指财政投资的方式和使用资金的渠道，即政府通过什么样的方式将集中的资金再投到国民经济中去，以及通过什么渠道将资金分配出去，从而有效地达到财政投资的目的。根据各国财政实践，财政投资主要有无偿拨款和有偿使用两种形式。有的项目采用无偿拨款形式，有的项目采用有偿使用形式，也有的项目采用无偿拨款和有偿使用相结合的形式。新中国成立以来我国财政投资主要有无偿拨款和有偿使用两种形式。

在统收统支的财政体制下，财政投资是通过无偿拨款的方式进行的，而且大多集中于中央预算，地方、企业没有什么投资权。由于企业绝大部分利润已集中到财政，企业不但没有扩大再生产的自主权，就连简单再生产的权利也受到计划的控制。自 1979 年以后，我国开始改革中央高度集中的经济管理体制，其中包括改革固定资产投资体制，固定资产投资由无偿拨款改为有偿使用。从 1986 年开始，国家总结了“拨改贷”的经验教训，并决定国家预算内的基本建设投资实行拨款、贷款两种资金供应体制，即“拨、贷”并举。对于科研院所、学校以及行政事业单位等进行的基本建设又恢复实行财政无偿拨款的制度。后来，针对基本建设“拨改贷”后一些国有企业债务负担过重（负债率高达 80%以上）的情况，对部分大型骨干、重点国有企业实行贷款转为国家资本金制度。

同固定资产投资相比，我国流动资金投资形式经历了以下几种形式：A. 实行银行信贷参与定额流动资金一定比例的制度，大体在 10%～20%。B. 实行全额信贷制度。从 1959 年初到 1961 年 6 月，国营企业流动资金改为统一由银行信贷方式供应，对企业还要核定流动资金定额，这部分资金由财政部统一拨给银行，再由银行对企业的全部流动资金发放贷款，所以称为全额信贷。但到后来又恢复到由财政和银行分别供应流动资金的老办法。C. 实行流动资金有偿占用制度。1980 年，对国营企业进行了清产核资，重新核定了流动资金定额，企业定额资金不足部分，由银行划转一部分贷款补足，减半收息。对国家拨给企业的流动资金，由财政向企业收取占用费。

根据投资对象性质的不同，财政投资可采取三种形式：一种是既不收息也不收回本金的财政无偿拨款；另一种是既收息（一般是低息）又收回本金的财政性贷款；还有一种是财政投资形成国家资本金并收取资本收益的投资，这时若国家资本金是以股份形式出现的，则国家股份可依收益情况而在企业间流动。后两种形式实际是上面讲的财政资金的有偿使用形式，只不过有偿的形式不同而已。

若财政投资于那些不能依靠自身收入进行固定资产投资的部门，应采取无偿拨款的形式，如公共支出领域中的国防、行政管理、科教文卫等，以及公共工程不能以收费形式（若有也是很少，只能用于维修工程）取得收入的城市道路、公园、环境保护、水库、堤坝等工程投资。

若财政投资于那些通过收费等形式收回本金甚至获利的部门应采取财政性贷款的形式（或称财政投融资），如交通、供电、通讯等基础设施和新兴产业、高科技产业等的投资。

若财政投资于营利性、竞争性企业，则一般运用国家资本金制度的形式。

若是重点、骨干大型企业的投资，多是运用财政拨款投资的形式，由国家直接经营。

若政府与社会资本合作投资应采取政府和社会资本合作模式，简称 PPP，也即是政府和社会资本在基础设施及公共服务领域建立的一种长期合作关系，政府为增强公共产品和服务供给能力、提高供给效率，通过特许经营、购买服务、股权合作等方式，与社会资本建立的利益共享、风险分担的长期合作关系。社会资本包括境内外企业、社会组织和中介机构，境内外企业是指国有控股企业、民营企业、混合所有制企业、外资企业等各类型企业。表 5－2 所示为 PPP 模式的分类情况。

表 5－2　我国 PPP 模式的分类情况

PPP 模式	收费基础	政府参与情况		运作方式
		资金投入	推进措施	
经营性 PPP 模式	有明确的收费基础	没有项目资金投入	授予特许经营权	BOT、BOOT
准经营性 PPP 模式	收费不足以覆盖投资成本	补贴部分资金或资源	特许经营权附加部分补贴或直接投资参股	BOT、BOO
非经营性 PPP 模式	缺乏“使用者付费”基础	主要依靠“政府付费”	政府购买服务	BOO、委托运营

经营性 PPP 模式，也称使用者付费模式，是指 PPP 项目可以完全通过经营收费来实现投资者的投资回报，不需要政府的财政补贴。其普遍以特许经营的方式开展，主要适用于市场化运作机制，具有明确收费机制或者能锁定收费

对象的各类基础设施和公共事业项目。非经营性 PPP 模式，也称政府付费模式，是指私人部门的收益全部依靠政府付费来实现。采用这种模式的项目一般不存在具体的受益者，或者说难以直接向消费者收费，只能靠政府的财政资金来完成对项目所提供的公共产品的购买。准经营性 PPP 模式则是将经营收费与政府付费结合起来，投资者的投资回报一部分依靠运营收费，另一部分依靠政府的财政补贴。

公共产品是具有非排他性、非竞争性的产品。现实生活中，同时具有非排他性和非竞争性的产品并不多，大多数产品属于准公共产品。对于经营性项目来讲，在实际的运营中，不付费者无法消费，具有一定的排他性；同时，这类公共产品必须具有很强的竞争性，才能使这类项目在市场竞争中能够取得优势、获得收益。因此，采用经营性 PPP 模式的公共产品更具有排他性。非经营性项目并不具备收费主体，私人部门难以通过收费来获得投资回报，其并不具备排他性和竞争性。产品虽然由私人部门生产，但供给主体是财政预算，即政府通过财政向私人部门支付费用，则属于纯公共产品。采用准经营性 PPP 模式的公共产品介于这两种情况之间。在不同的情况下，公共产品的竞争性和排他性有所不同。因此，随着公共产品排他性的强弱变化，所采用的 PPP 模式也应该有所改变。

5.1.3 财政投资的范围

在社会主义市场经济条件下，确定政府财政投资的范围，应当从三个方面去思考：

一是从弥补市场缺陷的角度来说，无论是资本主义市场经济还是社会主义市场经济，均有共同的“市场缺陷”问题，政府通过对这些方面进行投资，以弥补市场机制作用的“盲点”；

二是从克服市场体系残缺的角度来说，无论是处于资本主义发展初期的国家，还是处于社会主义初级阶段的国家，其市场体系均不健全，存在“市场残缺”的问题，由于存在这个问题，民间部门的储蓄难以有效地转化为投资，政府通过财政投资以克服民间部门投资的不足；

三是从我国政治经济制度的角度出发，社会主义市场经济与资本主义市场经济的最大区别在于公有制经济要占主体地位，国有经济要起主导作用。而国有经济的主导作用又主要体现在控制力上。通过财政投资形成的国有企业和国有控股企业，是社会主义制度的根本保障。

从上述三方面考虑问题，政府的财政投资范围，就绝非仅在于非竞争性领域，还延伸至竞争性领域，即通过市场竞争而非行政手段，来把握国民经济发展的方向。

政府财政投资的范围是随着国民经济发展以及不同时期政府的职能需要而变化。现阶段我国政府财政投资的范围如下。

（1）**基础产业**

就基础产业的内涵来讲，有广义和狭义之分。狭义上的基础产业主要包括基础设施和基础工业。基础设施又主要包括交通运输、机场、港口、桥梁、通信、水利和城市供排水、供气、供电等设施，而基础工业则主要包括能源（包括电力）工业和基础原材料（包括建材、钢材、石油化工材料等）工业。广义的基础产业，除了上面的基础设施和基础工业外，还包括一些提供无形产品或服务的部门，如科学、文化、教育、卫生等部门，这些部门提供服务所需的固定资产投资，通常也归于广义的基础设施之内。

在社会经济活动中，基础产业与其他产业相比具有不同的特征。从整个社会再生产过程来看，基础设施为整个生产过程提供"共同生产条件"。而基础工业则是处于"上游"的生产部门，为其他生产部门提供必需的投入品。无论是基础设施还是基础工业，大都属于资本密集型行业。正是由于上述特点，在经济发展过程中，各国政府均对基础设施和基础工业实行干预的政策。

在我国经济发展进程中，结构性矛盾始终存在，基础部门的供给短缺一直是国民经济发展中的主要制约因素，"瓶颈"制约突出。这主要表现在如下方面：

第一，交通基础设施总体规模不能满足经济发展的需要。虽然我国的交通运输业有了较快的发展，但我国现有的交通基础设施总体规模仍然很小，不能满足经济社会发展对交通运输不断增长的需求。长期以来，我国铁路发展滞后，运输能力不能满足国民经济发展要求，特别是在春运、暑运、"十一"等客流集中的特殊时期，客货能力更是极度紧张。

第二，能源供需矛盾突出。虽然我国能源总量大，但人均占有量少。近年来，随着城市化进程的加快和庞大的基础设施建设，能源需求快速增长，能源安全已成为我国发展的一个重要战略问题。

第三，在城市基础设施方面，很长一段时间内存在通信落后、供水紧张等问题，城市煤气普及率低，能源浪费和污染都很严重。近年来，上述情况有所改观，到2015年末，城市用水普及率为98.1%，城市燃气普及率为95.3%，每万人拥有公共交通车辆为13.29标台，人均城市道路为15.6平方米，人均公园绿地面积为13.35平方米。

此外，某些主要生产资料供应偏紧，也会在一定程度上制约国民经济的快速健康发展。我国近年来基础产业和基础设施投资成绩斐然，在一定程度上缓解了“瓶颈”的制约；但经济的快速发展对能源、基本原材料、城市基础设施建设提出了更高的要求，基础设施和基础工业投资建设的任务仍然艰巨。因此，加快基础产业发展成为政府产业政策关注的重点。

（2）**农业**

所谓农业，就是通过人类劳动去实现并强化动物、植物及微生物的自然再生产来获取农产品的社会物质生产部门。有句至理名言“农业是国民经济的基础”，从这个意义上讲，农业也应归人基础产业之中。但农业有其自身的特殊性，它在国民经济中的基础地位：一是农业为我们提供了基本的生存条件，包括农产品和农业生态环境，为其他生产活动提供了基础；二是农业劳动生产率的提高是工业化的起点和基础，而且历史经验也表明，作为发展中国家要顺利实现国家工业化，必须老老实实地首先提高农业生产水平；三是稳定农业是使国民经济持续发展的重要因素，这是由于农业作为自然再生产与经济再生产交织在一起的特殊生产部门所决定的。

对于发展农业，我们已经总结出新中国成立以来60来年若干条有益的经验，即“一靠政策，二靠科学，三靠投入”。由此可见，投入对农业发展的重要作用。当然，在社会主义市场经济条件下，对农业的投入应当从两个方面去思考。首先，由于我国实行的是土地等基本生产资料属集体所有，农户承包经营，在承包经营基础上又大力发展集体层次的统一经营，所以对农业的投资主要还应是农产品和集体单位。其次，由于我国的GDP分配格局中，工农业产品价格剪刀差的存在和有所扩大使得农业生产难以获得社会平均利润，加上农业基础设施等方面欠账较多，政府应大力加强对农业的投入。

就投资的重点来讲，主要在以下两个方面：一是农业固定资产投资，如大型水库和各种灌溉工程等；二是投资到农业科研、科技推广、农民教育等。

（3）**战略性新兴产业**

战略性新兴产业是新兴科技和新兴产业的深度结合，从而推动了新一轮的产业革命，最终形成战略性支柱产业。中国传统的发展方式不仅带来了巨大的资源环境压力，而且承受外部冲击的能力比较弱。战略性新兴产业发展有利于提高自主创新能力，增强可持续发展能力，对于中国调整经济结构，转变发展方式和提升国际竞争能力同样意义重大。如果未来中国战略性新兴产业发展得比较好，中国经济实力将迈上一个新台阶；但若发展不好，没有抓住当前机遇，中国经济结构问题将更加突出甚至恶化。战略性新兴产业有以下特点：

从产业内容看，发展新能源、节能环保、电动汽车、新材料、新医药、生物育种和信息产业一直是国家产业发展的重点目标和主要方向，在产业结构调整中承担重要作用。现阶段，我国将以节能环保、新一代信息技术、生物、高端装备制造、新能源、新材料、新能源汽车为重点，推动战略性新兴产业的跨越发展。

从历史的角度看，战略性新兴产业与国家着力发展的高新技术产业战略具有传承和深化的关系。高新技术，实际上是高技术与新技术的简称。所谓高新技术，就是站在世界科技发展最前沿的那些科学技术，目前主要在新材料技术、生物技术、信息技术、新能源技术、海洋技术及空间技术等领域中。所谓新技术，是在一定区域内最先使用的技术，因而它不一定是高技术。自 1980 年我国实行“863”高新技术发展计划以来，在“发展高科技，实现产业化”方面已取得了可喜的成就，但我国不仅与发达国家相差整整一个时代，而且在某些方面还被一些发展中国家远远抛在后面。为此，我国应当奋起直追，积极寻求“发展高科技，实现产业化”的新路子。发展高新技术产业包括两个方面：一是发展高新技术，二是实现高新技术成果的产业化。

从战略地位看，发展战略性新兴产业强调以国际视野和战略思维来选择、发展。当前，国际金融危机给世界经济带来了巨大影响，各国都在寻找下一轮经济增长的动力，开始大力关注对国民经济发展和国家安全具有重大影响力的战略性新兴产业的培育。例如，美国奥巴马政府十分强调新能源、干细胞、航天航空、宽带网络的技术开发和产业发展，日本把重点放在商业航天市场、信息技术应用、新型汽车、低碳产业、医疗与护理、新能源（太阳能）等新兴行业。英国为了应对目前的经济衰退，启动了一项批量生产电动车、混合燃料车的“绿色振兴计划”。德国政府批准了总额为 5 亿欧元的电动汽车研发计划预算。韩国制定《新增长动力规划及发展战略》，将绿色技术、尖端产业融合、高附加值服务这三大领域共 17 项新兴产业确定为新增长动力。我国发展新兴战略性产业，具备一定的比较优势和广阔的发展空间，完全可以有所作为。

从选择依据看，发展战略性新兴产业最重要的有三条：一是产品要有稳定、发展前景的市场需求；二是要有良好的经济技术效益；三是要能带动一批产业的兴起。

战略性新兴产业面临的问题为：第一，技术风险。战略性新兴产业不同于传统产业，存在着技术的不确定性，很多技术不够成熟，一种技术可能很快被另一种技术所代替，且往往具有颠覆性。第二，体制。战略性新兴产业往往是高技术产业，从产业组织形态及其特点看，有一个从小到大的过程，有一个创新活跃期。小企业在创新活动中通常非常活跃，扮演着重要角色。而在实际运作中，有关部门容易只重视大企业和发展结果，小企业及其创新往往被忽略，受到不平等的待遇。这就需要将技术创新、体制创新和金融创新三者有机结合起来。第三，组织方式。该领域的大企业实力不强，很多企业只是技术跟随，并不掌握核心技术，往往只专注某一个领域或某一个环节；企业规模偏小，研发能力不足。如何将这些分散的中小企业力量整合起来，使之在产业链上发挥各自的优势，需要组织方式创新。第四，产业化应用。有些战略性新兴产业已经具备了快速推进产业化或进入应用导入期的条件，但相应的激励、扶持政策没有及时跟上。第五，管理创新。这些年，我国新批了多个区域性创新主体功能区和实验区，同时有许多中央和地方组织的科技创新专项行动。怎么把国家的创新系统和区域创新系统结合起来，使其形成强大的合力，让国家创新计划落地、做实，同时也避免地方盲目发展和相互恶性竞争、产生不必要的内耗等等，也是当前需要重视的问题。

战略性新兴产业发展的投资方式，一是直接资助科研、中试和进行批量生产（当然可以吸收民间资本进行合作），二是建立风险投资基金等。

（4）**教育**

教育有利于人们观念的转变，同时，教育从某种意义上说是一种更为重要的投资，其对国民经济发展的贡献率一直被西方国家所推崇、重视。我国目前已经形成了从学前教育到高等教育较为完善的教育体系，但是我国的教育平均水平仍较为落后，财政在预算上对教育的投资绝对额是逐年增加的。在实施积极财政政策的过程中，应该采取转移支付等方式加大基础教育投入，缩小地区间的教育水平差异，加大农村中小学危房改造力度，加大农村中小学教育设施改造力度，大力发展重点学科等；同时，财政还需要利用制度创新着力解决教育支出效益不高的问题。

（5）**环境**

加强对治理环境污染方面的投资、促进经济的可持续发展，属于财政投资的范围。我国政府于2016年颁布的《全国生态保护“十三五”规划纲要》中提出：“牢固树立和贯彻落实创新、协调、绿色、开放、共享的发展理念，按照山水林田湖系统保护的要求，以改善环境质量为核心，以维护国家生态安全为目标，以保障生态空间、提升生态质量、改善生态功能为主线，大力推进生态文明建设。”根据《2015年中国环境状况公报》显示，全国338个地级以上城市中，有73个城市环境空气质量达标，占21.6%；265个城市环境空气质量超标，占78.4%。对5118个地下水水质监测点水质的监测情况显示，超六成的监测地下水水质较差或极差。这种状况如不加以及时治理，将会严重影响经济的可持续发展。在积极财政政策下，加强此方面的投资，将会有效缓解我国日趋紧张的资源短缺。我国大多数矿产资源人均占有量不到世界平均水平的一半，人均水资源只有世界人均水平的1/4。日本比较注意资源稀缺问题，目前，日本的森林覆盖率达到70%。这主要得益于其很早就实施对本国所需的木材实行从国外进口，而对国内的森林尽量保护的政策。当前，我国在财政投资过程中需加大对此方面的投入力度。这对于经济的可持续发展具有十分重要的现实意义和长远意义。

5.2 社会消费性支出

社会消费性支出，是政府公共支出中一个重要组成部分。它是由政府直接在市场上购买并消耗商品和服务所形成的支出。近年来，消费性支出保持着稳步增长的势头，在保证国家安全、行使政府职能等方面，发挥着举足轻重的作用。就社会消费性支出的本质来说，它是满足纯社会共同需要的。消费性支出既然是社会的，它所提供的服务就可为全体公民共同享有，因此，满足社会共同需要的服务的提供以及为此而支出的资金的筹措，就与一般的商品和服务有所不同，它遵守的是另外一种原则。在国家财政支出项目中，属于消费性支出的有行政事业支出，国防支出，教育支出，科学、文化、卫生事业支出，还有工业、交通、商业、农业等部门的支出。

5.2.1 公共服务支出

(1) 公共服务支出的概念和内涵

公共服务支出是指政府为了保证国家安全，维护社会秩序，进行社会治理而安排的公共预算支出。按照 2007 年以后公共预算支出统计口径，公共服务支出主要包括一般公共服务支出、外交支出、公共安全支出、国防支出。公共服务支出属于典型的纯公共产品，构成公共预算支出基础性的内容。

政治统治是以执行某种社会职能为基础的，为此就必须设立行政管理、公检法、经济管理等各类政府机构。同时，国家还必须执行抵御外敌侵犯、保卫国家安全的基本职能，为此就需要建立军队和军事设施，因而就产生了国防支出。

公共服务支出与经济发展的关系并不是单纯的消耗关系。一方面，从直接的生产和社会财富的消费看，由于公共服务活动是非生产性活动，因而其属于社会财富的“虚耗”；另一方面，从财富生产的社会条件看，国防保护了人民生产与生活的安全，行政管理活动则维持了生产和生活的秩序，因此，公共服务支出又不仅仅是“虚耗”社会财富。从社会经济的循环来看，生产出来的产品必须要有人去消费才能保证生产的正常进行。公共服务支出作为社会消费的一部分，当社会消费需求不足以完全吸收掉同期的产品时，公共服务支出的增加具有促进生产的作用。

(2) 一般公共服务支出的内容

一般公共服务支出主要用于保障机关事业单位正常运转，支持各机关单位履行职能，保障各机关部门的项目支出需要，以及支持地方落实自主择业、军转干部退役金等。外交支出是指国家外事机构进行外交活动的经费支出，主要有国家驻外使领馆等机构的经费、政府团体的出国访问费、外宾招待费、国际组织会费、政府援外费等。公共安全支出涵盖的内容很广，主要有保证国家机器正常运转、维护国家安全，巩固各级政府政权建设的支出；维护社会稳定，提高全民族素质、外部效应巨大的社会公共事业支出；有利于经济环境和生态环境改善，具有巨大外部经济效应的公益性基础设施建设的支出；对宏观经济运行进行必要调控的支出等。

与其他公共预算支出相比，公共服务支出具有以下特点：第一，非生产性。这类支出是一种纯消费性开支，资金一旦投入，便不能回收，其支出结果只能引起社会产品消耗和价值丧失，而不能实现其价值的补偿和增值。因此，在保证国家管理机构正常运转的条件下，这类支出的比重越小越好。第二，连续性。只要国家政府存在，行使其职能就需要连续不断的行政管理支出予以保证。第三，增长刚性。这类支出一般不受技术条件的限制，容易乱开口子，任意扩大开支范围，提高开支标准。因此，公共服务支出往往呈刚性增长而难以压缩。这就要求对这类支出采取有效手段加以约束和控制。

近几年来，我国一般公共服务支出占公共预算支出的比重呈现逐年下跌趋势，这与我国近几年来转变政府职能方式有关。近年来我国不断压缩一般公共服务支出比重，加大民生公共预算支出比重，通过优化公共预算支出结构，实现我国公共预算支出由“吃饭财政”向“民生财政”的转变。由表 5－3 可知，我国一般公共服务支出已由 2007 年时占公共预算支出比重的 17.10％降到了 2013 年的 9.81％，降幅还是较为明显的。对比世界其他国家一般公共服务支出在公共预算支出中的比例（见表 5－4），我国一般公共服务支出在公共预算支出的比重已处于相对较低的水平。

外交支出是我国开展对外活动所必须发生的一些财政支出，此类支出占公共预算支出的比重相对较小，近年来呈现下降趋势。

公共安全支出预算主要由 7 大部分组成，分别是武装警察、公安、检察院、法院、司法、缉私警察以及其他公共安全支出。公共安全支出近几年的支出增幅依然巨大，从 2007 年的 3486 亿元到 2015 年的 9380 亿元，短短 8 年时间增长已有两倍多，且其每年支出额都要高于国防支出。

表 5－3　我国的一般公共服务支出、外交支出、公共安全支出

年份	一般公共服务支出（亿元）	外交支出（亿元）	公共安全支出（亿元）	公共预算支出总额（亿元）	一般公共服务支出占公共预算支出比重（％）	外交支出占公共预算支出比重（％）	公共安全支出占公共预算支出比重（％）
2007	8514	215	3486	49781	17.10	0.43	7.00
2008	9796	241	4060	62593	15.65	0.39	6.49
2009	9164	251	4744	76300	12.01	0.33	6.22

续表5－3

年份	一般公共服务支出（亿元）	外交支出（亿元）	公共安全支出（亿元）	公共预算支出总额（亿元）	一般公共服务支出占公共预算支出比重（%）	外交支出占公共预算支出比重（%）	公共安全支出占公共预算支出比重（%）
2010	9337	269	5517	89874	10.39	0.30	6.14
2011	10988	310	6244	109248	10.06	0.28	5.72
2012	12700	334	7112	125953	10.08	0.27	5.65
2013	13755	356	7787	140212	9.81	0.25	5.55
2014	13268	362	8357	151786	8.74	0.24	5.51
2015	13548	480	9380	175878	7.70	0.27	5.33

资料来源　国家统计局：《中国统计年鉴》2008—2016年。

表5－4　2007—2012年一些国家一般公共服务支出在公共预算支出中的比例

分类	国家
10%以下	美国
10%～15%	泰国、德国、以色列、新西兰
15%～20%	英国、波兰、荷兰
20%以上	南非、俄罗斯、澳大利亚、阿根廷

资料来源：《世界发展报告》。

（3）**国防支出**

①国防支出的概念

国防支出是指国家为满足全体社会成员安全需要而用于陆、海、空军及国防建设的各种费用。具体来说，国防支出主要包括国防费、国防科研事业费、民兵建设、专项工程支出和其他支出。其中，除民兵建设费外，其他各项支出均属于中央预算专用科目。

从国防支出的具体内容来看，国防支出可分为人员生活费、训练维持费和装备费三个部分。其中，人员生活费用于军官、文职干部、士兵和聘用的非现役人员等的工资津贴、伙食、被装、保险、福利、抚恤等；训练维持费用于部队训练和院校教育，以及各项事业建设发展；装备费用于武器装备的研发试验、采购维修、运输储存等。我国国防支出的各项经费，均由中央军委负责管理，由中国人民解放军总后勤部根据中央军委的指示具体组织实施。

②国防支出的管理

国防支出的管理必须把握好国防支出的合理限度。国防支出的合理限度主要是指国防支出究竟多少才合适的问题。如果单纯从国防角度来看，可能会得出军费开支越多越好的结论，因为充足的军费开支有助于提高国家的威慑力和防御能力。但是，一国的人力、物力和财力是有限的，国防开支数额必须控制在一定限度之内。从原则上看，一国的国防支出占公共预算支出的比例应该适合该国的国情。国防支出比例太高会挤占其他公共预算支出项目，破坏国民经济中的公私结构比例，从而阻碍一国经济实力的增强，最终也会削弱国防力量。国防支出比例太低则会影响到保家卫国的能力，滋生社会不稳定因素，无法满足全体社会成员对安全的消费需要。在确定国防支出规模时，常用的指标有国防支出绝对额、国防支出增长率，国防支出占财政收入、国民收入及国民生产总值的比重等。我国的国防开支应借鉴目前世界发达国家的成功经验，在国防预算方面要加快实行"规划—计划—预算"制度，以促进中国国防经费规模的控制和合理分配。

③我国国防支出的现实考察

改革开放以来，我国坚持国防建设服从和服务于经济建设大局，坚持国防建设与经济建设协调发展，国防投入始终保持合理适度的规模。进入 21 世纪后，和平与发展已成为当今世界的主题，我国国防支出比重近几年不断下降，2015 年我国的国防支出仅为 5.17%（见表 5—5）。从世界上其他一些国家的国防支出占公共预算支出比重来看，除一些"军事问题"国家的国防支出为 10%以上（如美国 2012 年国防支出为 19.16%），其他国家的国防支出都在 10%以下（见表 5—6）。

表 5—5　我国的国防支出

年份	国防支出（亿元）	公共预算支出总额（亿元）	GDP（亿元）	国防支出占公共预算支出比重（%）	国防支出占GDP 的比重（%）
2007	3555	49781	265810	7.14	1.34
2008	4179	62593	314045	6.68	1.33
2009	4951	76300	340903	6.49	1.45
2010	5333	89874	401513	5.93	1.33

续表5—5

年份	国防支出（亿元）	公共预算支出总额（亿元）	GDP（亿元）	国防支出占公共预算支出比重（%）	国防支出占GDP的比重（%）
2011	6012	109248	473104	5.50	1.27
2012	6692	125953	519470	5.31	1.29
2013	7411	140212	568845	5.29	1.30
2014	8290	151786	643974	5.46	1.29
2015	9088	175878	689052	5.17	1.32

资料来源　国家统计局：《中国统计年鉴》2008—2016年。

表5—6　2007～2012年一些国家国防支出在公共预算支出中的比例

分类	国家
5%以下	荷兰、波兰、德国、西班牙、新西兰
5%～10%	英国、澳大利亚、加拿大、中国
10%～20%	印度、以色列、伊朗、韩国、俄罗斯、美国
20%以上	新加坡

资料来源：《世界发展报告》。

5.2.2　民生支出

(1) 民生财政的概念与财政民生支出的范围、层次

①民生财政的概念

民生，是中国语言的特有表达，其字面意义指的是人民的物质文化生活；从内涵来看，可以提炼出两层意义：一是对主体而言，指中国的全体人民，整个社会；二是对客体对象而言，包括了从人们生存的“温饱”问题到生活的“福利”待遇，具体指人民群众的吃、穿、住、生、老、病、死、用、行等生计问题。从整体来看，我国目前处于社会主义的初级阶段并长期处于此阶段；从经济增长速度上看，有些省份经济迅猛增长，但是在区域、城乡间存在着巨大差异。因此，目前民众对政府的需求层次同时处于经济发展初期和中期阶段，即围绕吃、穿、基本教育、卫生等需要，这些需要与人们的生活息息相

关，或者是保障人们生活，或者是提高人们生活水平的需要，因而称之为民生需要。“民生需要”是在中国社会发展现阶段民众生活水平与质量相关的一系列共同需要。从这一层面上看，“民生需要”即中国现阶段的“公共需要”，是处于社会主义初级阶段中国人民对生产、生活和工作中的共同需要。

民生财政是现阶段政府实践公共财政体制的阶段性产物，因而民生财政是指在公共财政的框架下以满足民生需要为根本目标的财政模式，它是公共财政在我国现阶段发展过程中的进一步创新与发展，是具有中国特色的公共财政。

②财政民生支出的范围

对于财政民生支出的范围，有广义和狭义两种划分。广义而言，涉及民生的问题涵盖着整个社会经济领域，无论是公共财政投资、基础设施建设，还是住房、养老、教育等均在其范畴之下，就所有公共预算支出都可以称为财政民生支出。狭义而言，从民生需求的角度看，只有那些与民生最密切相关、最迫切需要解决的项目支出才为民生支出，主要包括社会保障、教育、就业保障、医疗卫生、住房保障等方面的财政支出。

③财政民生支出的层次

对于财政民生支出的层次划分，一是按照需求的特征，要求财政民生支出必须以民生的需求层次为投入依据。二是由于财力有限，民生领域范围广泛，民生支出的需要无限。在有限的财政与无限需求的矛盾前提下，在民生领域支出应有先有后、有取有舍。如基础教育、就业、医疗卫生、社会保障等领域是人民生活最需要的，也是政府必须首要提供给民众的保障。三是根据公共预算支出理论，财政对公共产品的提供应当按照公共品性质的不同由不同层次的政府部门来提供。由于中央财政与地方财政的事权不同，作为民生支出的投入主体的职责分工也不同。

因此，结合我国实际情况可得出以下结论：一是按主体划分，即民生产品受益的空间层次是民生支出主体的划分依据。公共产品受益范围遍及全国的属于全国性公共产品，应由中央财政提供。公共产品受益范围属地方性的由地方财政提供。二是按需求程度划分，即划分某项支出的层次性。第一，基本生存问题，即日常生活中民众基本生存所必需的衣、食、住、行问题；第二，改善生活问题，即满足第一层次之后，进一步改善民众的生活状况；第三，福利扩展问题，即实现人民群众更舒适、便捷等提高生活质量的问题，详见表5-7。

表 5-7 财政民生支出层次表

支出主体	需求层次	项目	具体项目
中央财政	基本生存	教育	基础教育
		社会保障	社会保险、社会救助、社会福利与优抚
		医疗卫生	公立医疗机构一般建设、重大传染性疾病
		住房保障	保障性住房建设
		就业保障	无
地方财政	改善生活	教育	除基础教育外的其他教育支出
		社会保障	无
		医疗卫生	社区卫生医疗机构、公共卫生、中医药补贴等
		住房保障	住宅基建维护、住宅区设施升级
		就业保障	创业补贴、企业发展补助

(2) **教育支出**

①教育的概念

联合国教科文组织于 20 世纪 70 年代制订的《国际教育分类标准》，将教育定义为“旨在为学习而设计的有组织性的、有持续性的交流活动”。孟德斯鸠在《论法的精神》中说，我们最先接受的法律便是教育的法律，因为这些法律是为我们做公民而准备的。在不同政体下，教育的目的是不同的。在君主政体中，荣誉是教育的目的；在共和政体里，品德是教育的目的；在专制政体里，恐怖则成为教育的目的。他把这种品德定义为热爱法律与祖国。他的这段表述，说明了教育的巨大作用。

教育是指培养新一代劳动者的整个过程，包括学校教育、岗位教育和社会教育等。教育的本质是为学生提供一个环境，使之在此环境中能够通过自身的努力和外界的帮助，提高素质、实现自我。广义的教育是指以影响人的身心发展为目的的社会活动；狭义的教育是指学校教育活动，其主要表现形式是学校通过教学组织活动，对学生或其他层次的劳动者进行培养、培训，目的在于使受教育者掌握一定的知识与技能，达到自我实现的目标。在此，我们所指的教育主要是狭义的教育活动。

②教育的属性及层次性

作为一种混合型公共物品，教育不仅是一种消费行为，也是一种人力投资，教育是人力资本形成和积累的主要途径。教育投资具有数额大、见效慢、回收期长、外部性强等特点。公共教育就其为每个人提供平等机会而言具有再分配的意义，而且它还能产生极强的正外部性。教育投资不仅有私人收益，还有巨大的社会收益，它的目标是提高社会总福利水平。马歇尔认为，如果教育由私人供给，只提供给有支付能力的人，就不能得到全部的社会收益；如果仅由公共部门提供，私人收益也不可能完全实现。教育的属性决定了它必须由政府和市场共同提供。

区分不同层次教育产品的属性，并根据其收益情况来合理划分投资主体，是提高教育资源配置效率的首要任务。因为既有社会收益又有私人收益，在教育投资中就必须将政府投入和市场投资结合起来，并根据其边际社会收益和边际社会成本来决定政府的参与程度。在教育领域最常见的支出责任分配模式是：地方政府负责初等及中等教育，中央政府或地区政府负责中等以上层级的教育事业。一些国家将教育支出责任下放给地方，但中央政府在全国性教育政策及标准制定、教育融资等方面扮演着重要角色。

③我国教育支出的现实考虑

分税制改革后，我国初步建立了地方税体系，不同层级的财政分别投入各级各类教育及学校。这一阶段中央与地方共同承担教育支出责任，适应了我国幅员辽阔、地区差异大的国情，一定程度上激发了地方和各级学校的办学积极性。

这些年，学杂费在教育总收入中的比重呈变化趋势。从全国教育经费的来源结构来看，我国可以分为两个阶段：第一个阶段是1992年到2005年，学杂费在教育总投入中所占比例不断上升，从5%提升到18%。与此相对应的是，这一时期我国财政性教育经费所占比例不断下降，从1992年的84%下降到2005年的61%。这个阶段经历了教育市场化程度不断提高的过程，教育经费筹集渠道日益多元化，也可以视为公众为教育承担了较多支出责任和成本。第二个阶段是2006年国家义务教育法修订颁布以来，各级政府特别是中央政府加大了对义务教育的投入力度，财政性投入在整个教育总经费中的比例呈现缓慢上升的趋势，个人承担的教育费用减少，学杂费在教育总投入中的比例从2005年的18%下降到2011年的13.9%，财政性教育经费占比在2011年回升到 77.78%。政府在农村义务教育经费方面几乎承担了全部支出责任，体现了义务教育的公共支出功能。2004 年，教育部正式提出建立与公共财政体制相适应的教育财政制度。

我国 2002—2015 年的教育经费执行情况详见表 5-8。

表 5-8　2002—2012 年教育经费执行情况

年份	全国教育经费（亿元）	同比增长（%）	财政性教育经费（亿元）	同比增长（%）	财政性教育经费占 GDP 比例（%）
2002	5480	18.16	3491	15.21	2.90
2003	6208	13.29	3850	10.29	2.84
2004	7243	16.66	4465	15.98	2.79
2005	8419	16.24	5161	15.57	2.82
2006	9815	16.59	6348	23.00	3.00
2007	12148	23.77	8280	30.43	3.22
2008	14500	19.37	10449	26.20	3.48
2009	16502	13.81	12231	17.05	3.59
2010	19562	18.54	14670	19.94	3.66
2011	23869	22.02	18586	26.70	3.93
2012	27696	16.03	22236	19.64	4.28
2013	30365	9.64	24488	10.13	4.11
2014	32806	8.04	26421	7.90	4.10
2015	36129	10.13	29221	10.60	4.26

资料来源：历年国务院政府工作报告。

（3）文卫事业支出

①文卫事业支出的概念

文化、卫生事业的发展是社会经济发展的重要支撑和重要保证。文化事业是指文学艺术、戏剧歌舞、电视电影、广播出版、体育运动和其他文化部门的总称，反映到我国公共预算支出科目上为文化体育与传媒科目。文化事业是社会生产力发展和社会文明进步的结果，文化事业的发展与复兴，不仅关系到国家和社会的稳定与发展，而且对经济的发展也有积极的促进作用。

卫生事业是指包括医疗、防疫、保健等部门的总称，反映到我国公共预算支出科目上为医疗卫生科目。发展卫生事业，对保障国民身体健康，保证劳动者具有强健的体魄，保证劳动力再生产以及发展社会生产力，均具有十分重要的作用。

②文卫事业的层次性

无论文化事业还是卫生事业，均有不同的层次性，不同层次的文化卫生事业的外部性又是不同的。就文化事业中的电影来说，消费者能够从观看电影中获取精神上的享受，具有较强的收益内部性特点，而消费者自身也愿意付费去购买电影。因此，电影制作发行业的公共预算支出相对较小。我国拥有悠久的戏剧历史，曾经涌现过大量优秀的剧本及戏剧家。随着社会经济生活节奏的加快，戏剧受到的关注程度日益降低，已经难以形成有效的市场环境，无法通过市场化的经营战略来获取其自我发展的条件。但优秀戏剧不仅是我国优秀的文化积淀，而且是世界文化的共同遗产，其对人类发展的贡献是无法估量的。因此，政府有必要安排适当的财政资金以支持戏剧业的发展。另外，文学艺术、广播出版、体育运动等部门也具有不同程度的收益外部性特点，政府的资金支持应重点放在外部性较强的事业上。

在卫生事业中，公共卫生事业的外部性最强，属于比较典型的纯公共产品。基本医疗卫生事业的外部性较强，基本属于纯公共产品。而其他医疗事业的内部性则较强，并且有一定的竞争性。因此，政府支出的重点应是公共卫生、基本医疗卫生，并兼顾其他医疗卫生事业。

③我国文卫事业的现实考察

总体上看，我国文化事业支出占公共预算支出基本保持稳定，在1.8%左右（见表5-9）。而卫生事业支出在这几年占公共预算支出的比重，呈现出稳中有升的情况。这种稳中有升的情况符合当前我国政府提出的发展民生财政的要求，说明政府这几年的公共预算支出有向卫生事业方面倾斜的倾向。

表 5-9 我国的文化体育与传媒支出、医疗卫生支出

年份	文化体育与传媒支出（亿元）	医疗卫生支出（亿元）	公共预算支出总额（亿元）	文化体育与传媒支出占公共预算支出总额比重（%）	医疗卫生支出占公共预算支出比重（%）
2007	899	1990	49781	1.81	4.00
2008	1096	2757	62593	1.75	4.40
2009	1393	3994	76300	1.83	5.23
2010	1543	4804	89874	1.72	5.35
2011	1893	6430	109248	1.73	5.89
2012	2268	7245	125953	1.80	5.75
2013	2544	8280	140212	1.81	5.91
2014	2691	10177	151789	1.77	6.70
2015	3077	11953	175878	1.75	6.80

资料来源 国家统计局：《中国统计年鉴》2008—2016年。

医疗卫生事业关系到人民群众的身体健康与家庭幸福，医疗卫生服务则是衡量经济发展水平、政府管理能力、党风党政建设、社会和谐与公平的重要尺度，因此备受关注。改革开放以来，我国政府对医疗卫生体制改革进行了深入的探索和实践，我国医疗卫生事业取得了重大成果，基本医疗保险体系初步建立，“因病致贫”问题基本得到解决，居民就医的经济负担得以减轻。

我国医疗卫生投入总量持续增加，居民的卫生保健水平显著提高。2015年全国医疗卫生支出达11953亿元，与2007年相比增长了5倍多（见表5—8）。我国人均预期寿命显著提高，在60多年的发展历程中延长了39.5岁；婴儿死亡率从1949年以前的200‰下降到2015年的8.1‰，已明显低于世界平均水平。自2009年新一轮医改至今，中国已基本建立全民医保制度。数据显示，基本医疗保险参保率稳固在95%以上，覆盖人口超过13亿人。2016年，城乡居民医保财政补助标准达到人均420元。此外，中国还通过大病保险、商业保险、慈善救助等逐步健全医疗保障体系，改变了过去“小病扛、大病等”的情况。

但与此同时，我国医疗卫生事业的发展也面临诸多困难与挑战，主要有以下几点：第一，城乡居民对医疗卫生服务需求不断增加。如2003年我国调查地区居民两周患病率是14.3‰，慢性病患病率为151.1‰；2013年我国调查

地区居民两周患病率是24.1‰，慢性病患病率为330.7‰。第二，医疗卫生资源分布不合理。东、中、西部地区间财政投入差距明显，东部由于较强的地方经济支撑，西部地区有较高的中央财政转移支付比例，而中部地区两者均未沾，而形成新的“中部塌陷”。第三，医疗保险基金运行面临风险。我国经济进入新常态发展阶段后，国民经济增长放缓，按工资比例收取的城镇职工基本医疗保险基金收入的增幅也将下降。但与此同时，基金支出却由于继续上涨的医疗费用、进一步释放的医疗服务需求、人口老龄化加速等因素的影响保持增长态势。因此，医疗保险基金正面临巨大风险。第四，分级诊疗机制和服务体系尚未形成，分级诊疗制度是优化和完善医疗卫生服务体系的重要举措，由于其涉及卫生计生、医疗保险、物价、发展改革和药品保障等多个部门的长期系统工程，在实施过程中必然会受到政治、社会、经济等多方利益冲突的影响。而且，我国目前推行的分级诊疗制度主要由卫生行政部门主导，采取行政化手段规划配置医疗卫生服务体系，这种行政化分级诊疗制度呈现被动状态，未形成有效的激励机制。

（4）**社会保障和就业支出与住房保障支出**

①社会保障和就业支出的概念

社会保障和就业支出属于国家公共预算支出的主要项目之一，由“社会保障支出”和“就业支出”两部分构成。

按照官方的定义，社会保障支出涵盖社会救助、社会保险、社会福利等众多内容，但保障性住房、基本卫生服务和教育事业并不包括在内。现有研究中，通常将中国政府用于社会保障的财政性支出分为3类：第一类即“口径一”，也称“狭义的社会保障支出”，由社会福利与救济支出、社会保障补助支出和行政事业单位离退休费组成，也是目前财政社会保障支出统计所运用的口径；第二类即“口径二”，在“口径一”基础上还包括社会保险，其资金主要包括“口径一”和尚未纳入财政管理的各类社会保险基金。第三类即“口径三”，指“广义的社会保障支出”，是在“口径二”基础上将政府用于教育事业和医疗卫生事业等方面的支出纳入进来，类似或接近于一些国家的社会性支出。

就业支出具体包括“职业介绍补贴”“再就业培训补贴”“保险补贴”“公益性岗位补贴”“小额贷款担保基金”“小额担保贷款贴息”“对农民工的就业服务支出”“人力资源市场建设”和“特定政策补助”等项目。就业支出的政策覆盖人群最初是下岗失业人员，2005 年后扩大到城镇新增人力资源和农村转移人力资源。

综合来看，社会保障和就业支出是指政府在社会保障与就业方面的支出，包括社会保障和就业管理事务、民政管理事务、财政对社会保险基金的补助、补充全国社会保障基金、行政事业单位离退休、企业改革补助、就业补助等。

②我国社会保障和就业支出的现实考察

我国社会保障和就业支出的总量规模从长期看呈现上升趋势，增长规模巨大，尤以 20 世纪 90 年代中后期增长最为迅速。1990 年我国社会保障和就业支出总量为 55.04 亿元，2013 年已增长到 14 491 亿元，绝对量扩大了 263 倍。但进入 21 世纪后，增长有所波动。2001—2010 年间，社会保障和就业支出占公共预算支出的比重最高为 2002 年的 11.95%，最低为 2009 年的 9.97%，最近几年基本稳定在 10%左右（见表 5－10）。虽然我国社会保障和就业支出总量已经增长了不少，但将这一水平与我国在《劳动和社会保障事业发展第十个五年计划纲要》中提出的目标——“增加中央财政和地方各级财政对社会保障的支出，逐步将社会保障支出占公共预算支出的比重提高到 15%～20%”相比，还存在相当差距。

表 5－10　我国的社会保障和就业支出

年份	社会保障和就业支出（亿元）	公共预算支出总额（亿元）	社会保障和就业支出占公共预算支出的比重（%）
2007	5447	49781	10.94
2008	6804	62593	10.87
2009	7607	76300	9.97
2010	9131	89874	10.16
2011	11109	109248	10.17
2012	12586	125953	9.99
2013	14491	140212	10.34
2014	15969	151786	10.52
2015	19019	175878	10.81

资料来源　国家统计局：《中国统计年鉴》2008—2016 年。

③住房保障支出的背景和概念

改革开放以来，我国的城镇住房保障制度体系经历了一个由福利制向市场化转型的过程。但近十年来的商品房实践证明，本来认为通过市场化的资源配置来解决住房市场长期供给不足的住房改革，并不能解决全部问题，而且市场化后资本逐利的负效应还造成了住房市场的无效供给和房价的疯长。当前，中低收入居民住房保障不足问题日益成为全社会的热点。如何应对矛盾日益突出的城镇中低收入者的住房保障问题，成为财政政策必须要研究的问题。在这样的背景下，中央政府将城镇住房保障作为民生工程的重点，花大力气建立新的城镇住房保障制度体系，逐步实现多元化的保障性住房供给体系，弥补市场失灵造成的住房有效供给缺口。

住房保障支出主要是指财政用于支持保障性安居工程建设，推进保障性住房建设和棚户区改造，加快推进农村危房改造和游牧民定居工程，改善城乡困难群众居住条件的支出等。住房保障事业作为国家未来关注民生的重要领域，其公共预算支出的规模应当像教育等社会事业一样，在 GDP 中占一个较为稳定的比重，这样可以使住房保障事业获得稳定的财力支持，得到稳定的发展。

④我国住房保障支出的现实考察

近些年来，我国住房保障支出占公共预算支出的比重维持在 3.5％左右，从 2011 年到 2015 年分别为 3.7％，3.8％，3.4％，3.6％，3.6％。

我国中央政府近几年大力推进的社会保障性安居工程也取得了极大进展。2012 年，全国共开工建设城镇保障性住房和棚户区改造住房 781 万套，基本建成 601 万套；支持农村危房改造及游牧民定居工程 572.7 万户。2013 年，全国共开工建设城镇保障性安居工程 666 万套，基本建成 544 万套；实施农村危房改造 281 万户、游牧民定居工程 5.1 万户、渔民上岸工程 2.8 万户。2014 年，支持全国开工建设城镇保障性安居工程 740 万套。2015 年，全国基本建成城镇保障性安居工程 772 万套；农村危房改造 432 万户（含农房抗震改造 126 万户），近 2 万户渔民实现上岸安居。

5.2.3 经济事务支出

(1) 经济事务支出的概念和总体情况

①经济事务支出的概念

按照 2007 年 1 月 1 日后实行的财政收支分类科目改革，我国公共财政中经济事务支出主要包括三方面：农林水事务、交通运输、工业商业金融事务。工业商业金融事务又包括资源勘探电力信息等事务、商业服务业等事务、粮油物资储备等事务、金融监管等事务支出。

②我国经济事务支出的总体情况

从我国各类公共预算支出项目在公共预算支出总额中所占的比重看，经济事务支出占比是最高的，从 2007 年的 19.24%增长至 2015 年的 23.35%。这一指标明显高于发达国家，澳大利亚、美国、加拿大、挪威、德国和法国在 2007 年这一指标分别为 12.4%、10%、9.1%、9%、7.2%、5.4%。经济事务支出涉及的细项很多，2008 年年末我国开始实施积极的财政政策，其措施中包括加快铁路、公路和机场等重大基础设施建设和加大金融对经济增长的支持力度，其经费支出都属于经济事务支出，达到公共预算支出总额的 1/5 以上，并且仍然有显著上升的趋势。我国作为发展中大国，一直以来财政负担的经济建设任务多于发达市场经济国家。虽然随着市场经济的不断发展，向服务型政府转型是行政管理体制改革的必然趋势，但是从财政经济事务支出的高比重来看，我国公共预算支出结构仍落后于市场化进程。

(2) 农林水事务支出

①农林水事务支出的概念与支出结构

农林水事务支出主要是指国家财政支援农业生产和农村水利气象等部门的事业经费、农业基本建设支出、农村科技三项费用、农村救济费支出等。农业在产业结构中属于弱势产业，需要财政对其支持和保护。农林水事务支出是政府增加农业投入，保护农业发展的有效手段。改革开放 30 多年来，我国注重发挥财政职能，支持农业生产，使我国农业有了长足发展。

A. 支援农业生产支出。支援农业生产支出是国家财政用于农村集体经济和农民发展农业生产方面的支出，主要包括：小型农田水利和水土保持补助费、支援农村合作生产组织资金、农村农技推广的植保补助费、农林草场和畜禽保护补助费、农村造林和林木保护补助费、农村开荒补助费、农林水产补助费、农业发展专项资金支出和发展粮食生产专项资金支出等。支援农业生产支出，一方面是用于农业公共产品的提供，如小型农田水利、水土保持；另一方面则用于实现农业混合产品外部性收益的内部化，如农村开荒补助、农村造林补助等。

B. 农林水气等部门的事业费。农林水气等部门的事业费是指农业、林业、畜牧、农机、农垦、水利、气象等部门的事业费，按其支出内容可以分为人员经费和公用经费。农林水气各部门的具体业务内容存在较大的差异，其财政资金需求程度也不一样。例如，气象部门是为全社会服务的，其服务的非竞争性和非排他性特征明显，属于纯公共产品的范畴，因而需要财政全额支持。农机部门为农民提供的农机修理服务具有竞争性和排他性的特征，属于私人产品性质，因而可以通过收取一定的费用以弥补其成本，财政只需要给予一定的补贴。

C. 农业基本建设支出。农业基本建设支出是指国家财政对农业、林业、畜牧、农机、水利、气象等系统的企事业单位和大中型水利工程的基本建设投资，以及挖潜改造支出等。农业基本建设支出属于公共产品的范畴，其中，国家兴办的大中型水利工程及中央农业部门的基本建设支出属于全国性公共产品，由中央政府安排资助资金；而地方政府兴办的水利工程及地方农业部门的基本建设支出属于地方性公共产品，由地方政府安排资助资金。

D. 农村科技三项费用。农村科技三项费用是指国家为支持农村科技事业发展而设立的新产品试制费、中间试验费和重大科研项目补助费，是财政支农资金的一个重要组成部分。它为提高农村科技水平，促进农业增产、农民增收发挥了重大作用。

②我国农林水事务支出的现实考察

从绝对量上看，我国农林水事务支出在过去的三十多年有了大幅度的增长，由 1978 年的 150.66 亿元，增加到 2015 年的 17380 亿元，增长了 114.40 倍，这为我国发展农业和增加农民收入发挥了重要的作用。在整个财政资金的农业支出中，用于支援农业生产、农业基本建设、农业科技三项和农村救助的各项费用基本上都在逐年上升。财政用于支援农业生产的资金不仅数量多，而且增幅很大；用于农业基本建设支出除个别年份有所减少外，其余年份都呈增加态势；用于农村科技三项费用和农村救济费两块历年呈低水平徘徊之势，农村救济费略高于农村科技三项费用。农林水事务支出占公共预算支出的比重近年来呈现出逐渐上升的趋势，2007年为6.84%，2015年已上升到9.88%（见表5-11）。

表5-11 我国的农林水事务支出

年份	农林水事务支出（亿元）	公共预算支出总额（亿元）	GDP（亿元）	农林水事务支出占公共预算支出比重（%）	农林水事务支出占GDP的比重（%）
2007	3405	49781	265810	6.84	1.28
2008	4544	62593	314045	7.26	1.45
2009	6720	76300	340903	8.81	1.97
2010	8130	89874	401513	9.05	2.02
2011	9938	109248	473104	9.10	2.10
2012	11974	125953	519470	9.51	2.31
2013	13350	140212	568845	9.52	2.35
2014	14174	151786	643974	9.34	2.20
2015	17380	175878	689052	9.88	2.52

资料来源 国家统计局：《中国统计年鉴》2008—2016年。

（3）**交通运输支出**

①我国交通运输结构的特点

交通运输业是指国民经济中专门从事运送货物和旅客的社会生产部门，包括铁路、公路、水运、航空等运输部门。从我国交通运输结构情况看，公路运输和民用航空运输所占比重上升较快，这与我国经济发展、工业结构的变化紧密相关。经济越发达，制造业、服务业的比重逐渐增长，对高质量、高效率客货运输的需求越高。公路运输以其机动、灵活和“门到门”运输的优势，在公路状况和车辆装备水平进步的条件下，其承担的运输量必定增长；民航则因其快速、安全的运输也在经济高速发展过程中据有一席之地。这种发展趋势与发达国家运输发展规律基本相吻合。

近年来，交通运输行业结构调整优化的阶段性特征明显：一是公路客运需求持续回落，高铁、民航、私家车出行需求较快增长；二是铁路“黑货”降幅较大，但“白货”实现快速增长，高速公路货运量增速快于普通公路，快递业务量持续高速增长；三是普通公路投资快速增长，投资额已超过高速公路；四是多式联运加快推进，集装箱铁水联运量增长20%左右。

②我国交通运输支出的目的与现实考察

我国交通运输支出主要包括公路水路运输支出、铁路运输支出、民用航空运输支出、石油价格改革对交通运输的补贴、其他交通运输支出等。随着经济的不断发展，我国城市化进程不断加快，需要交通运输业快速健康发展，因而有必要加快我国交通运输的财政支持力度。明确我国交通运输业的可持续发展道路、消除交通运输行业中存在的不合理竞争等，成为当前我国交通运输支出的主要目的。

近几年来我国交通运输支出增长幅度巨大（见表5－12），2007年只有1915亿元，而2015年时已经达到12356亿元，短短8年时间增长了5.45倍。再从交通运输支出占公共预算支出的比重来看，2007年为3.85%，2015年则扩大到7.03%。近几年增长的交通运输支出主要用于支持国省干线等公共交通基础设施建设，新建、改造农村公路；对城市公交等部分公益性行业给予油价补贴；发放用于支持取消政府还贷二级公路收费的补贴；推进水路运输、铁路运输、民用航空运输以及邮政等项目建设，改善城乡交通运输条件。

表5－12　我国的交通运输支出

年份	交通运输支出（亿元）	公共预算支出总额（亿元）	GDP（亿元）	交通运输支出占公共预算支出比重（%）	交通运输支出占GDP的比重（%）
2007	1915	49781	265810	3.85	0.72
2008	2354	62593	314045	3.76	0.75
2009	4648	76300	340903	6.09	1.36
2010	5488	89874	401513	6.11	1.37
2011	7498	109248	473104	6.86	1.58
2012	8196	125953	519470	6.51	1.58
2013	9349	140212	568845	6.67	1.64
2014	10400	151786	643974	6.85	1.61
2015	12356	175878	689052	7.03	1.80

资料来源　国家统计局：《中国统计年鉴》2008—2016年。

(4) **工业商业金融事务支出**

①工业商业金融事务支出包含的项目

我国的工业商业金融事务支出项目较为繁多，主要包括资源勘探电力信息等事务支出、商业服务业等事务支出、粮油物资储备等事务支出、金融监管等事务支出。

A. 资源勘探电力信息等事务支出。资源勘探电力信息等事务支出主要是用于支持资源勘探电力信息等领域战略性新兴产业发展、企业技术改造、中小企业发展，支持安全生产监管、电力监管，支持制造业和建筑业发展等方面的公共预算支出。

B. 商业服务业等事务支出。商业服务业等事务支出主要是用于实施家电汽车下乡以及家电、汽车以旧换新政策，提供国家储备棉、糖、肉补贴，推进新农村现代流通服务网络工程建设，促进商贸流通服务业发展的公共预算支出。

C. 粮油物资储备等事务支出。粮油物资储备等事务支出主要是用于提高粮食最低收购价补贴利息和储备粮油包干费标准，加强粮油以及重要物资储备体系建设的公共预算支出。

D. 金融监管等事务支出。金融监管等事务支出主要是用于支持金融体制改革、实施政策性银行亏损补贴、农村金融发展以及出口信用保险事业发展，推进金融部门监管和金融调控的公共预算支出。

②我国工业商业金融事务支出的现实考察

总体上看，我国工业商业金融事务支出无论是绝对额，还是占公共预算支出总额的比重近几年都呈现下降趋势。其中以金融监管等事务支出下降最为明显，2009 年为 911.19 亿元，到 2013 年时只有 377.29 亿元，短短 4 年时间下降 58.59%。粮油物资储备等事务支出也有明显下降，2009 年为 2 218.63 亿元，2010 年锐减一半，仅为 1 171.96 亿元，不过 2010 年后粮油物资储备等事务支出又有所增加，这一变化可能是 2010 年下降过快所导致的。商业服务业等事务支出绝对额近几年保持基本不变，其占公共预算支出的比重则稳步下降。对于资源勘探电力信息等事务支出，在保持其占公共预算支出比重基本不变的前提下，其支出总额近年来有所增长，由 2009 年的 2 879.12 亿元增长到 2015 年的 6005.88 亿元（见表 5－13 和表 5－14）。

表 5－13　我国工业商业金融事务具体项目的支出（亿元）

年份	主要包括资源勘探电力信息等事务支出	商业服务业等事务支出	粮油物资储备等事务支出	金融监管等事务支出（金融支出）
2009	2879.12	—	2218.63	911.19
2010	3485.03	1413.14	1171.96	637.04
2011	4011.38	1421.72	1269.57	649.28
2012	4407.68	1371.80	1376.29	459.28
2013	4899.06	1362.06	1649.42	377.29
2014	4997.04	1343.98	1939.33	502.24
2015	6005.88	1747.31	2613.09	959.68

注：2013 年以前称“金融监管等事务支出”，2014 年以后称“金融支出”。

资料来源　国家统计局：《中国统计年鉴》2010—2016 年。

表 5－14　我国工业商业金融事务具体项目的支出占公共预算支出的比重（%）

年份	主要包括资源勘探电力信息等事务支出占公共预算支出的比重	商业服务业等事务支出占公共预算支出的比重	粮油物资储备等事务支出占公共预算支出的比重	金融监管等事务支出占公共预算支出的比重
2009	3.77	—	2.91	1.19
2010	3.88	1.57	1.30	0.71
2011	3.67	1.30	1.16	0.59
2012	3.50	1.09	1.09	0.36
2013	3.49	0.97	1.18	0.27
2014	3.30	0.89	1.28	0.33
2015	3.41	0.10	1.49	0.55

资料来源　国家统计局：《中国统计年鉴》2010—2016 年。

5.3　政府采购

政府采购，也称公共采购，是指各级政府及其所属机构为开展日常政务活动或公众提供服务的需要，在财政的监督下，以法定的方式、方法、程序，对货物、工程或服务的购买。

5.3.1　政府采购的特点

政府采购具有如下的特征。

（1）**采购主体的特定性**

在我国，政府采购的主体是指行使有关国家权力或从事某种公共职能的国家机关、事业单位和社会团体。按照世界贸易组织（以下简称 WTO）的政府采购协议规定，政府采购的主体是“由直接或基本上受政府控制的实体或其他由政府指定的实体”，不仅包括政府机构本身，而且包括其他实体，如政府代理机构；不仅包括中央一级的政府实体，还包括地方政府采购实体。各缔约方在加入《政府采购协议》时应提供一份采购实体清单，列入《政府采购协议》附件。只有被列入清单的采购实体才受《政府采购协议》的约束。因此，无论是中国，还是《政府采购协议》的缔约方，政府采购的主体都是特定的。

（2）**资金来源的公共性**

政府采购所使用的资金为财政性资金，资金的来源是纳税人的税收或政府公共服务收费。

（3）**采购活动的单向性**

政府采购不同于商业性采购，不是为卖而买，而是通过买为政府部门提供消费品或向社会提供公共利益。

（4）**采购对象的广泛性**

政府采购的对象包罗万象，大到宇宙空间站，小到一张办公用纸，既有有形产品又有无形产品，都是政府采购的范围。国际惯例是按其性质分为三大类：货物、工程和服务。

（5）**采购过程的规范性**

政府采购不是简单地一手交钱、一手交货，而是要按照有关政府采购的法律、法规，根据不同的采购规模、采购对象及采购时间要求等，采用法定的采购方式和程序组织采购，使每项采购活动都要规范运作，体现公开、竞争的原则，接受社会监督。

（6）**采购结果的政策性**

政府采购必须遵循国家政策的要求，如节约支出、购买国货、保护中小企业、环境保护等。在很多国家，政府采购金额已占一个国家国内生产总值的10％以上，成为各国政府经常使用的一种宏观经济调控手段。

5.3.2 实施政府采购制度的背景

实施政府采购制度之前，我国实行的是控制社会集团购买力的办法。因此，有必要对社会集团购买力控制作一个介绍。所谓社会集团购买力，是指机关、团体、部队、学校、企业、事业单位和农村集体经济组织用公款在市场上购买供集体使用的消费品所形成的货币支付能力。它在性质上属于社会消费基金。从资金来源上看，社会集团购买力既有来自于事业单位的预算拨款，又有来自于厂矿企业的经营收入。

长期以来，国家对社会集团购买力一直实行严格的管理，采取了多种措施控制社会集团购买力的增长。国家管理社会集团购买力具有多方面的意义。从经济上看，控制社会集团购买力有利于市场上消费品的供求平衡，有利于控制消费基金的迅猛增长，并有助于节约社会的非生产性开支，缓解建设资金不足的矛盾。社会集团购买力的管理除了有上述经济意义外，还有重要的财政意义。科教文卫及行政单位的集团购买力是社会集团购买力的重要组成部分，而且这部分集团购买力很大一部分是由财政支出形成的。国家控制社会集团购买力，可以减少文教行政单位的一部分不合理开支，限制其可能发生的铺张浪费行为，从而有利于提高财政文教行政支出的效益。正是从这个意义上看，社会集团购买力管理是文教行政支出管理的一项重要内容。

国家对社会集团购买力的管理，实行计划管理、指标控制、专项审批、定额供应的办法。A. 国家每年核定社会集团购买力的指标，并将其纳入国民经济发展计划进行管理。B. 国家要将社会集团购买力控制指标下达给各省（自治区、直辖市），再由各省（自治区、直辖市）将其逐级分配到基层单位，作为各单位社会集团购买力的限额。社会集团购买力控制指标分为指令性指标和指导性指标。指令性指标是国家直接管理的部分，在执行中要经过严格审核，不得突破。目前列入指令性指标管理的主要是专项控制商品。指导性指标是国家间接管理的部分，各单位在执行中可根据经费标准或实行定额按照财务管理的要求，实事求是地掌握开支，如有超过必须说明原因。C. 对国家规定的专项控制的商品，单位购买必须经过专项审批，凡未经控购机关批准发给准购证，供货部门不予供货，银行不办理结算，单位的财务部门不予付款或报销。D. 对于国家定额供应的商品，供应部门要按照定额向有关单位供应。实际上，对社会集团购买力进行控制，只是一个过渡性的措施，即由供给制向政府采购制过渡。

目前，我国已初步建立了社会主义市场经济体制，上述办法就必须过渡到世界上普遍采用的政府采购制度。与此同时，目前社会商品普遍过剩，而社会购买力控制已失去了实际意义，同时也为政府采购制的推行创造了条件。

5.3.3 政府采购的程序与方式

政府采购程序包括两个阶段，即合同形成阶段和合同管理阶段。

(1) **合同形成阶段**

合同形成阶段具体包括以下重要步骤。

①提出与审核采购需求

通常情况下，各采购实体提出采购需求后，应立即报财政部门审核。财政部门要认真审核采购实体提出的采购计划。为实现从根本上控制商品采购，财政部门的审核在考虑采购预算限额的同时，还要考虑各采购实体提出的采购预算的合理性。对不符合政府采购要求的，应坚决予以否决。

②合理决定采购方式

综合来看，政府采购招标的方式包括招标采购和非招标采购两大类。招标采购是指通过招标的方式，邀请所有潜在的供应商参加投标，采购实体通过某种事先确定并公布的标准从所有投标中评选出中标供应商，并与之签订合同的一种采购形式。招标采购又分为竞争性招标采购及限制性招标采购。竞争性招标采购，是指采购实体公开发布招标公告，邀请所有符合要求的供应商参加投标的一种招标采购方式；限制性招标采购，是指采购实体不公开招标公告而直接邀请供应商参加投标的一种采购方式。非招标性采购是指除招标性采购以外的采购方式，主要用于采购项目有时间限制、采购来源单一等采购项目。

一般地讲，达到一定金额以上的采购项目采用招标性采购方式，不是一定金额或有特殊要求的采购采用非招标性采购。但无论是招标采购还是非招标采购都有其优越性和局限性，所以，就某个具体项目而言，应具体问题具体分析，并且采购方式的确定应有利于推动公开竞争目标的实现。

③供应商资格确认

采购实体的任何采购都必须从合格的供应商处获得。按照国际惯例，合格的供应商应具备的条件包括：履行采购合同所需的专业技术资格；专业和技术能力；设备和其他物资设施；充足的财力资源；较强的管理能力和丰富的工作经验；可靠的声誉及相应的人员；具有订立采购合同的法定权利；在采购过程开始前三年内，未发现有违反国家税收法规及其他经济法规的违法违纪行为；在采购过程开始前五年内，其主要负责人或主要职员未犯有与其职业相关的刑事犯罪或与假报、虚报资格骗取采购合同相关的刑事犯罪；也未受党纪、政纪处分；未处于无清偿能力、财产被接管、破产或停产状态；其事务目前未有法院或司法人员管理；其业务活动未终止，而且也未因上述任何情况而成为法律诉讼的主体；能认真履行国家的政府采购政策等。

④签订采购合同

签订采购合同时需确定采购双方经济往来关系的重要法律依据。只有符合采购实体事先公布评审标准的供应商，才有资格签订采购合同。合同的内容包括双方的权利和义务，以及运输、保险、验收程序、付款条件、合同终止程序、违约责任的处理程序、解决争端的程序和方法、使用的法律规定、工程图纸的规定、有关的税收规定等。供应商在签订采购合同时，须按标准交纳一定数额的履约保证金，以确保采购合同的按期履行。签订采购合同表明采购行为已进入实质性操作阶段，这是合同形成阶段的重要内容。

（2）**合同管理阶段**

在合同管理阶段，具体包括以下重要步骤。

①履行采购合同

在该阶段，供应商必须按合同的各项规定，向采购实体提供货物、工程或服务。采购实体和供应商都不得单方面修改合同条款，否则属于违约，违约方必须按合同规定向合同的另一方赔偿损失。在政府采购合同执行过程中，采购实体与供应商协商一致需变更合同实质性条款或订立补充合同时，应当报送本级政府采购中心核准。

②合同验收

在政府采购合同执行过程中或执行完毕后，采购实体要对合同执行的最终结果进行验收。按照政府采购管理规定，验收执行通常由专业人员组成的验收小组来完成。验收内容包括合同的各项约定是否如期完成，完成质量如何等。验收小组应对整个检验和评估结果如实记录，并分别在验收证明书和结算验收证明书上签字，验收小组对验收质量负相应的责任。

③效果评估

效果评估是检验项目是否达到预期目的的重要环节。效果评估主要评估两方面内容：一方面，要评估采购实体在政府采购过程中的运作是否规范，决策是否合理，管理是否科学，是否全面体现了综合效益；另一方面，要评估供应商的履约能力。在政府采购过程中，供应商是否按合同约定提供优质的产品及服务。若政府采购项目没有达到预期效果，属于采购实体方面的原因，管理监督部门则澄清责任，必要时停止采购实体，自己执行采购活动。对于供应商未能全面履约的，应登记在案，给予通告，按《政府采购法》及相关规定程序处理。

（3）**政府采购的方式**

根据采购金额和采购对象的不同，政府采购可以采取以下几种方式。

①公开招标采购

这是指通过公开招标的方式，邀请所有潜在的投标商参加投标，采购机构根据一定的标准和条件，从所有的投标者中评选出中标者，并与之签订采购合同的采购方式。这是政府采购中最主要的也是最常用的一种采购方式。

②两阶段招标采购

该方式是把采购活动分为两个阶段：首先，采购机构就采购事项广泛征求建议，并同投标商进行谈判，以确定拟采购货物或工程的技术规范；其次，采购机构依据第一阶段所确定的技术规范进行正常的公开招标程序。

③选择性招标采购

采购机构有选择地邀请有限数目的投标商进行竞争性招标，从被邀请的投标商中确定中标者，并与之签订采购合同。

④寻价采购

通过市场寻价的方式，对几个供货商的报价进行比较分析，以此确定需采购商品的供货单位。

⑤单一来源采购

这是指采购机构在适当的条件下向单一的供货商、承包商或服务提供者进行采购的方式。

5.3.4 政府采购的原则

(1) **公开、公平、公正原则**

①信息要公开

在政府采购过程中，所有相关的信息都得公开透明，让市场上所有的当事人都能知道，政府要采购什么、采购多少、采购的商品或劳务要求什么样的标准，这些都要通过各种媒体向社会公布，而不是仅让一小部分人知道这些信息，更不能仅让靠近权力部门的人知道这些信息。

②竞争要公平

政府采购作为政府参与市场活动的一种形式，必须按照市场经济的需要，对投标的企业一视同仁，即给予他们公平竞争的机会。而且通过公开招标机制，提高采购决策的透明度，避免行政力量对市场的影响，防止权钱交易等腐败现象的发生。这样，一方面适应了市场经济的客观要求，另一方面有利于发挥市场机制在支出管理中的重要作用，实现政府与市场在支出管理领域中的最佳结合。

③执法程序要公正

我国从 2003 年 1 月 1 日起开始施行的《政府采购法》，政府采购涉及的所有公务员都要严格贯彻《政府采购法》所要求的政府采购运行程序。执法机关要本着公正的原则，对违反《政府采购法》的所有机构或个人都要依法办事，决不姑息。

(2) **效率原则**

效率原则包括经济效率和行政效率两个方面。经济效率原则要求在市场对资源配置起基础性作用的前提下，政府采购制度能真正强化财政支出调控，有效提供公共产品，保持宏观经济稳定，实现经济结构调整，促进民族工业发展，以实现市场机制与财政政策的最佳结合，提高经济效率。行政效率原则在很大程度上是建立在公平原则的基础上，要求政府经常公布招标信息，政府不但购买到了价廉物美的商品和劳务，减少了资金流通环节，而且有利于支出控制和财政监督，实现支出由价值领域向实物领域的延伸管理。

（3）**与政府政策目标性相协调原则**

从总体上看，政府采购已不仅仅是一种加强公共支出的管理手段，同时也是政府的一种强有力的宏观调控手段，在调节经济、贯彻产业政策中发挥着重要作用。如政府通过购买国内企业产品尤其是国有名牌产品，来保护民族工业；通过重点购买国有企业的产品，以支持其发展；通过购买技术含量高、质量优良的名牌产品，以鼓励企业产品上水平、上档次。这样就能从整体上提高我国企业在国内、国际市场上的竞争力。同时，政府采购还可以作为政府弥补市场不足的一种手段，通过对存货的吞吐来评议和稳定物价，以维护生产者和消费者的利益。

（4）**财政主导原则**

财政部门作为政府的综合经济管理部门，应在政府采购中发挥主导作用。就其最基本意义讲，政府采购制度本身首先是一种控制支出、加强支出管理的手段，它的运作涉及预算资金的安排、预算会计、国库拨款、支出管理控制等多方面的财政事务。因此，财政部门应获得政府采购的主导权，这也是与国际惯例相一致的。

5.3.5 政府采购制度在我国的实践和评价

政府采购制度在发达的市场经济国家已有一二百年的发展历史，在中国起步较晚，发展却非常迅速。由于政府采购制度在我国还是一项全新的系统工程，还处于探索阶段，不免暴露出一些矛盾和问题。

（1）**政府采购的规模偏小、范围窄，品种较为单一**

政府采购规模小、范围窄表现为：尽管我国政府采购支出占 GDP 和财政支出的“两个比重”逐年上升，2016 年，实际采购金额占 GDP 和财政支出的比重分别为 3.5％、11％，远未达到成熟市场经济国家 10％、30％的水平，采购规模明显偏小。按国家规定的政府采购范围，当进行政府采购时，应包括政府所有项目的购买支出预算。但根据我国目前各省市的实际采购数据情况分析，我国的政府采购主要集中在一些财政专项购买的设备、公共车辆和采购标额以上的一些易于调整并且符合一般标准化的产品上。但现在情况有所改观，2016年出台的《中央预算单位2017－2018年政府集中采购目录及标准》中明确了部分政府集中采购与项目的适用范围，扩大了部门集中采购项目，增强了可操作性。

（2）**部分政府采购存在价格虚高问题**

目前，政府采购虚高问题可归结为三类：采购人随意采购高档或高配置产品，导致“质优价高”；采购过程受供需双方串通作弊等各种因素影响，导致“质次价高”；低价中标、高价结算，导致“明低暗高”。中国社科院2013年《法治蓝皮书》指出，2012年中国政府采购价格虚高问题十分突出，资金浪费严重。蓝皮书称，通过对部分地方政府2012年1月1日至9月30日之间协议供货商品成交记录的统计发现，有高达八成的商品高于市场平均价。其中，56.1％的商品高于市场平均价1.5倍（不含1.5倍）以内；17％的商品高于市场平均价1.5～2倍（不含2倍）；5.2％的商品高于市场平均价2～3倍（不含3倍）；1.5％的商品价格高于市场平均价3倍以上。

（3）**政府采购队伍素质不高，缺乏专业化人才**

政府采购工作本身专业性很强，涉及面广泛，业务复杂，这就要求采购管理人员具备较全面的政府采购实践经验和相关的法规政策知识。但目前，我国各地的政府采购队伍素质偏低，并缺少大量通晓国际通行采购方式的采购管理干部和专业人员，制约了采购制度的全面实施，降低了采购效益。

（4）**政府工程采购监管混乱**

依据现有法规的规定，政府工程采用非招标方式采购的，由财政部门监管；采用招标方式采购的，分别由国家发展改革委、工业和信息化部、住房和城乡建设部、交通运输部、铁道部、水利部等部门监管，形成了多部门监管的局面，实际执行起来难免会出现推诿扯皮的现象，影响对政府工程采购卓有成效的监管。

（5）**政府采购领域贪污腐败现象较严重，窝案串案时有发生**

目前，财政部门在政府采购领域权力相对集中且监督制约不够，一些基层财政部门还存在以管理的名义直接介入具体采购活动的现象，容易造成权钱交易、滥用职权等腐败行为。近年来，吉林、江西、新疆、深圳等地政府采购领域先后有财政干部落马。

5.3.6 政府采购制与保护民族产业

由于世界贸易协定的签订使各国政府随时都可以进入竞争激烈的世界市场挑选最好的产品，因此，政府采购不仅限于本国市场，外国厂商也可以参与政府采购的竞标。

中国在加入世界贸易组织（WTO）以后，政府采购市场也必须对外开放。但我国是一个发展中国家，经济技术工业化比较落后，加入 WTO 就存在一个利用政府采购保护民族产业的问题。事实上，我国作为发展中国家，可以利用相关的法律手段限制外国产品进入国内市场，有效地保护本国的政府采购市场，促进国内工业的发展。即便是发达国家，也有类似的法律措施保护民族产业，例如美国就有《购买美国产品法》。开放政府采购市场要循序渐进，有序地进行，即要根据我国的经济发展水平和各行业的发展状况，研究确定开放市场的能力。只有在我国企业具备了强大的竞争优势，外贸出口结构也趋于合理的情况下，才能进一步扩大开放政府采购市场。国际经验表明，当本国完全成为外向型经济，国家才加入《政府采购协议》，而且即使加入了《政府采购协议》，也要在某些领域有限制地对外开放。例如，美国在加入《政府采购协议》后，在电信领域就仍然不对欧盟开放。

5.4 国库集中收付制度

5.4.1 国库集中收付制度的基本涵义和特点

（1）国库集中收付制度的概念

国库集中收付制度在市场经济发达国家和地区已经实行多年。从国际上这方面的理论研究和实践情况来看，目前单从词汇上很难找到与我国内地所使用的国库集中收付制度完全相同的称谓。尽管国际上把这一制度统称为国库单一账户制度（the treasury single account system），但具体到某个具体的国家或地区，其称谓不尽相同，如美国的国库总账户（the treasury general account，简称 TGA）、法国的国库特别账户、我国台湾省的国库集中制度，等等。但它们的内涵和外延差别不大，都是统一设置国库单一账户体系，政府所有财政资金的收付都通过这一账户体系。

国库集中收付制度，即国际上的国库单一账户制度，是指将政府所有财政性资金集中在国库或国库指定的代理行开设的账户，进行归口管理，所有财政性资金的收支都通过这一账户进行集中收缴、拨付和清算的运作模式。它是市场经济国家和地区普遍实行的政府资金收付管理模式。

当前，我国在讨论预算改革的文章中，国库集中收付制度、国库单一账户制度和国库集中支付制度这三个概念常常交替使用。从字面上看，这三种说法似乎是不同的概念，但实际上它们的区别不大，只是在外延上有所差别。国库集中收付制度与国库单一账户制度仅是表达方式不同，其内涵与外延是完全一致的；至于国库集中支付制度则侧重于“支出”的集中支付，而没有把“收入”的集中收缴包括进去。

(2) **国库集中收付制度的特征**

①国际上国库单一账户制度的主要特征

货币基金组织专家通过对许多国家实行国库单一账户制度的实践总结，得出以下主要特征：第一，所有的财政收入都要进入国库单一账户，所有的最终付款都必须从国库单一账户的总账户或者地区分账户中支付。第二，总账户、分账户应该由财政部门管理。其他机构均不应开设有财政业务的银行账户。由财政部门基于公共利益考虑专门授权开设的账户除外。第三，从各国库单一账户总账户、分账户中的提款，只能在要求政府付款的最终阶段才能发生。也就是说，在中间环节不发生支付，只由最终支付拨款，资金才从单一账户直接支付到商品或劳务供应商在银行开设的账户上。第四，单一账户的本质是国库对政府资金最终付款的控制。

②我国国库集中收付制度的主要特征

我国国库集中收付制度具有下列主要特征：第一，财政部门统一开设国库单一账户。第二，各预算单位的预算资金统一在国库单一账户下设立的分账户集中管理，不再拨付给各预算单位。第三，所有财政性资金的支付都必须通过国库单一账户，并且资金直接支付到商品、劳务供应者的账户上，不存在中间的转账支付环节。各预算单位可根据自身的实际需要，在审批的预算范围内自主安排购买商品和劳务的支出，但支付款须由财政部门来运作。第四，建立规范、合理的国库集中支付体系，具体包括合理的组织机构体系、购销的支付运作体系、科学的信息管理体系和完善的监管体系。

5.4.2 国库集中收付制度建立的历史背景

国库集中收付制度的产生有其特定的历史背景，最根本的一点就是政府财政资金多头管理，大量滞留在各预算部门的账户上，致使财政资金使用效率低下；而国库集中收付制度能有效地管好政府收支，从制度上保证政府收付按预算要求规范进行，这是OECD（国际经合组织）国家普遍采取的原因。同时，这一点也能从世界各国及我国台湾地区的实践得到证明。

我国台湾地区自1958年开始研究建立国库集中收付制度，经历了一个曲折的过程，最终于1977年在全省实施，在加强政府管理、提高资金的使用效率和效益方面取得了显著的成效。此前，财政主管机关必须在每月月底前，按照年初确定的各预算支出部门的预算分配进度，将下月所需支付的资金提前一次筹足，分别按时拨入各部门自己的银行账户中。财政资金紧张时，通常要发行“国债”，从而产生财政筹资问题。但是，由于各支出部门的支出资金与预算安排之间存在时间差，各预算支出部门尚未使用的财政资则滞留在自己的银行账号上。通过实施国库集中支付制度，可以解决这种政府资金闲置浪费的问题。

自1977年我国台湾地区建立国库集中收付制度以来，巴西、意大利、挪威、希腊等国也相继建立这一制度。目前，包括美国、日本、英国、法国等在内的OECD（国际经合组织）国家普遍实行了国库集中收付制度，一些发展中国家也正在研究和试行。

我国内地的国家金库是新中国成立之初根据原政务院1950年3月3日颁布的《中央金库条例》建立的。随着国民经济的发展，特别是随着经济改革的深化，为适应新时期财政预算管理的要求，国务院于1985年7月27日废除《中央金库条例》，颁布了《中华人民共和国国家金库条例》。新条例按照国际惯例，将国家金库的简称由金库改为国库，以体现国家预算收支出纳机关的性质，同时还明确由中国人民银行运作国库。1995年出台的《中国人民银行法》，以法律形式将此确定下来。可见我国现行的国家国库制度是委托国库制。

目前，我国内地也在研究、试行国库集中收付制度，并列入了“十五”规划，2001年3月16日正式颁布了《财政国库管理制度改革试点方案》，各地可根据改革试点方案，自行确定改革的时间和步骤。

5.4.3 国库集中收付制度的运作体系

(1) 国库集中收付制度的基础——国库集中账户体系

①国库单一账户的概念

国库单一账户也叫政府财政账户，是指取消各支出部门独立开设的预算账户，将政府各部门所有的资金都集中到中央银行和委托其他商业银行设立的国库存款账户。在这个账户下，设立国库分类账，详细记录各部门的可用资金，并由国库部门集中管理。财政部门有一本总分类账，在总分类账下有各部门的子账户。

②国库单一账户体系的内容

第一，政府财务信息系统。该系统包括支出部门的全部账户，并记载了这些账户每一项交易有关的资金流量。各账户的余额代表在余额内进行支付的能力。第二，现金支付账户。所有支出部门都在政府财务系统上至少开立一个账户，记录现金支付的总金额。第三，转账支付账户。所有支出部门必须在政府财务信息系统上开立转账支付账户，通过该账户进行转账结算。第四，明细账户。所有支出部门在现金支付账户和转账支付账户下，设置明细账户，以反映资金支付的具体情况。

③国库单一账户体系的设置

国库制度是政府预算收支的出纳、保管和拨付制度。目前，国际上绝大多数国家和地区实行的是委托国库制。委托国库制，也称银行经理制或代理制，是国家政府不独立设置国库机构，委托银行代理国库业务，负责财政收支的出纳、保管和划拨等工作。

A. 国库单一账户体系设置的条件。在委托国库制下，选定作为国库单一账户的代理行必须具备四个基本条件：第一，信誉要高。第二，服务要好。第三，结算手段先进。第四，机构、网点布设均衡。

B. 国库单一账户体系的设置模式。在委托国库制下，国库单一账户的设置有以下模式：

第一，国库单一账户设置在一商业银行。通过招标方式确定一家资金实力雄厚、服务水平高、信誉好的商业银行，作为国库单一账户的代理银行。各预算单位的收入直接交入国库单一账户；支出需经国库集中支付中心审核同意后，直接从国库单一账户支付给商品、劳务提供者或其他支付对象。这种模式有两点好处：一是能够真实反映财政支出的完成情况，实现财政支出与预算单位实际支出基本一致；二是商业银行已有发达的支付系统，能够满足集中支付过程中大量、逐笔支出业务的需求。其缺点是风险相对较大。

第二，国库单一账户设置在一政策性银行。通过招标方式确定一家政策性银行，作为国库单一账户的代理银行，所有政府资金的支付经国库集中支付中心审核同意后都通过这一账户。这种模式安全性高，可控性强。

第三，国库单一账户设置在中央银行，并由中央银行选定国库集中支付具体业务的代理商业银行。

第四，国库单一账户设置在中央银行，不再选定国库集中支付具体业务的代理商业银行，而是通过银行的电子清算系统直接与国库单一账户结转。

最后这两种模式具有明显的优点：一是财政资金能够全部保存在央行国库，财政部门更能发挥资金调度的作用；二是有利于中央银行分析和预测政府资金的变化情况和发展趋势，以及中央银行宏观货币政策的制定；也有利于促进中央银行货币政策与财政政策的协调和配合。所以，目前这两种模式已为绝大多数实行国库集中收付制度的国家所采用。

（2）**国库集中收入制度体系**

国库集中收入制度是指对公共收入（包括税收收入、公债收入及其他收入等）从取得到划入国库过程中的监控程度。它是国库集中收付制度的一个重要组成部分。

①国库集中收入制度的基础——国库单一账户和政府财务信息系统

国库的集中收缴、上划都要建立在国库单一账户和政府财务信息系统的基础上，即所有公共部门收入必须存在国库单一账户，同时也计入政府财务信息系统。

②国库集中收入制度的操作方式

由于目前世界各国电子化程度不同，政府公共收入收纳、上划至中央银行的国库单一账户的具体操作方式也存在一定的差异。总括起来其可以分为两大类：一类是直接征收方式，即由税务部门直接征纳入库，税务人员开具纳税单，寄给纳税单位和个人，纳税单位和个人或者持纳税单到税务部门直接缴纳，或者通过邮局将纳税单和支票寄给税务部门。另一类是间接征收方式，即选定以政府公共收入收纳、上划的代理机构，它具体体现为以下三种形式：第一，选定任何一家商业银行作为政府公共收入收纳、上划的代办机构，通过银行间电子网络系统将政府公共收入收纳、上划至中央银行的国库单一账户。第二，选定授权的商业银行作为政府收入收纳、上划的代理机构，通过银行间电子网络系统将政府公共收入收纳、上划至中央银行的国库单一账户。第三，选定授权的邮局作为代办机构，采用邮箱方式将政府公共收入收纳、上划至中央银行的国库单一账户。

③国库集中收入制度的操作过程

世界上不同的国家和地区，由于具体条件不同，国库集中收入制度的具体操作过程也有细微差别，但总的来说其操作过程有以下 5 个阶段：第一，收入的申报。收入的缴纳者按照政府收入的有关规定，向收入的执收部门申报缴纳。第二，收入的审核。政府收入的执收部门（如税务局等），按照政府收入的有关规定，审核收入缴纳者上报的有关申报材料，最终核定应缴纳的收入款项。第三，收入的缴纳。待政府执收部门核定应缴纳的收入款项后，由缴纳者任何一家商业银行或授权商业银行或授权的邮局缴纳收入。第四，收入的集中。一方面，政府执收部门通过计算机信息系统将收入信息上报国库部门；另一方面，通过商业银行间的银行结算系统，或将资金划转到以授权的国库收入代理商业银行，或国库收入代理商业银行内部进行层层汇集。第五，收入的上划。在规定的时间内，国库收入代理商业银行将所收的国库收入划至中央银行的国库单一账户。

（3）**国库集中支付制度体系**

国库集中支付制度是对从预算分配到资金拨付、资金使用、银行结算，直到资金达到商品和劳务供应者账户全过程的监控制度。它是国库集中收付制度的另一个重要组成部分。

①国库集中支付制度的类型

国库集中支付制度大致可分为 3 种类型：

A. 集中性支付。这种形式主要用于支付部门经常性或临时性的大宗商品或劳务。其具体支付过程为：第一，商品或劳务购买申请。即支出部门根据财政部门的预算批复向财政部门提出购买商品或劳务申请。第二，商品或劳务供应。即根据各支出部门商品或劳务的需求情况，由政府采购中心或支出部门与供应商签订商品或劳务供应合同。供应商根据合同按照各支出部门的需要供应商品或劳务。各支出部门按照向财政部门发出付款申请单，并附供应商开出的供货发票。第三，款项支付。财政部门接到拨款申请单，经审核无误后，向国库代理部门签发拨款通知，国库代理部门审核后，由国库单一账户将款项直接拨付给供应商。国库集中性支付的整个支付流程如图 5—1 所示。

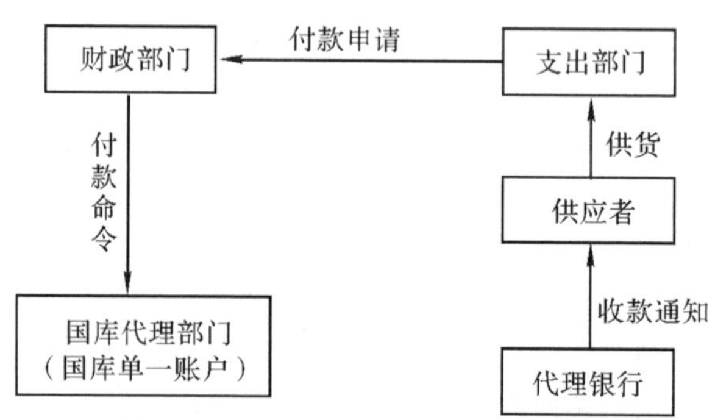

图 5—1　国库集中支付的整个支付流程

B. 工资性支付。这类支付主要用于公务员的个人工资性支出，包括工资和国家规定对个人的补贴。这类支付由各支出部门每月向财政部门报送所有公务员的工资和补贴情况，经财政部门审核后，直接通过国库单一账户支付给公务员在商业银行的个人信用卡或金融账号上。其支付流程如图 5—2 所示。

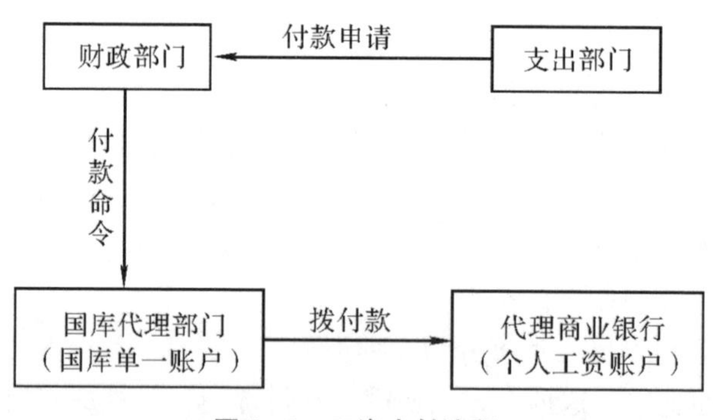

图 5—2　工资支付流程

C. 零星支付。这类支付主要用于各支出部门日常的、零星支出的费用支付，一般应控制在一定比例之内。

②国库集中支付的工具

国库集中支付的工具主要有支付凭证、国库支票和电子转账三种。

A. 支付凭证是一种自制的拨款通知书，可以根据财政部门对其他有关各方的需要，自行设定凭证的内容、联数，填写的要求不太严格，可以进行异地划转。其缺点是必须通过手工清算，不能使用机器自动清分，如果签发的支付凭证量大，操作难度就会很大。目前我国采用的就是这种工具。

B. 国库支票是支票的一种特殊形式，属于票据的范围，主要有财政部门签发、国库代理部门签发和支出部门签发的三种国库支票。财政部门签发的国库支票是财政部门根据预算批复，对支出部门用款申请的具体用途及金额审核后签发的，它可以进行事前监督，有效实现加强监管的目的；国库代理部门签发的国库支票是由国库代理部门代为财政部门签发的；支出部门签发的国库支票是支出部门在财政部门审批的预算规模内，根据资金需求规模和时间，自行从国库单一账户支款而签发的，财政部门对此不能实施有效监督。

C. 电子转账。它是建立在政府财务管理系统的前提下，支付大额政府支出的一种工具。其优点是准确、快捷、方便，减少资金周转的时间，提高资金的使用效率；缺点是对政府、银行的管理水平要求较高。

③国库集中支付的运作程序

国库集中支付的运作程序，就是依据批准的部门支出预算和支出安排，将国库资金实际拨付给商品或劳务提供者的过程。其具体可归纳为以下阶段。

第一阶段：承付款项。由支出部门签订购买商品或劳务合同。由于这一阶段是引发国库支出的直接根源，因此，它在整个国库集中支付运作中是最重要的一个环节。

第二阶段：审查核算。支出部门审核供应商提供的商品或劳务是否与合同相符。

第三阶段：支付申请。审核无误后，由支出部门向同级财政部门提交支付申请，并附相关的支付数据、承付情况及辅助凭证。

第四阶段：签发支付命令。财政部门审核支出部门提交的支付申请，并签发支付命令。

第五阶段：实际支付清算。国库代理部门依据财政部门开出的支付命令，通过银行结算系统，将资金由国库单一账户实际支付给商品或劳务供应者的结算过程。

国库集中支付的运作程序如图 5－3 所示。

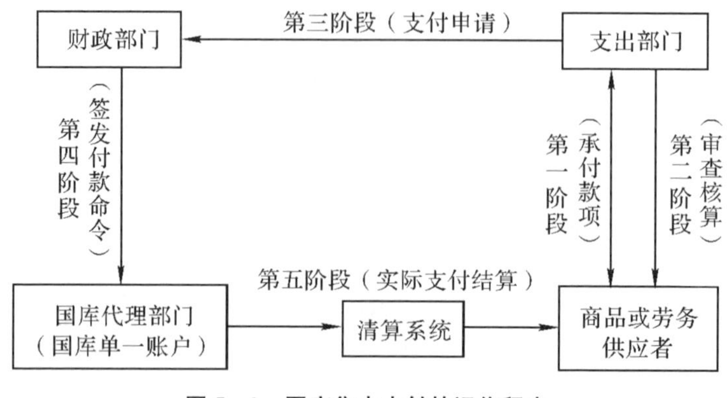

图 5—3 国库集中支付的运作程序

5.4.4 我国国库收付制度的初步建立

我国目前实行的是分级分散国库收付制度，是以财政部门、预算部门和预算单位设立多重存款账户为基础，财政部门根据预算安排，通过层层委托，运用就地汇款、集中汇款等形式收缴预算收入，并直接将财政资金经人民银行拨付到预算部门所开的商业银行账户上，再经预算部门的商业银行账户，将财政资金拨付到各预算单位所开的商业银行账户上，各预算单位根据国家的有关规定和预算单位编制本单位财务决算报表，并报送预算部门，预算部门编制本部门的决算报表并报送财政部门。

(1) 国库收付制度的特点

①财政资金管理分散，重复和分散设置多头账户

财政部门、预算部门和预算单位都掌握和控制财政资金，而且财政部门内部各职能部门也都有属于自己掌握的资金，其来源、运行虽然遵循一定的规定，但各自为战的情况也时有发生。同时，财政部门、预算部门和预算单位开设有多重存款账户，财政账户基本上在每个商业银行（甚至某些信用社、办事处）都可找到，甚至个别单位可在多个银行开设账户，有预算外收入的单位还在商业银行开设收入过渡账户。据某地区不完全统计，财政部门本身预算内账户 6 个，预算外收入的单位 128 个，其中在国库部门开设 6 个账户，其他均在商业银行开立账户，机关事业单位账户达 1323 个。由于财政部门及预算单位多头多家开户，相当多的财政资金失去监督控制。

②财政资金层层经收、逐层上解

目前，我国国库收入收纳实行的是层层委托方式。国家委托中国人民银行经理国库，而中国人民银行又根据国家的有关规定，委托商业银行办理国库经收处业务，致使大量的国库经收处业务由商业银行甚至信用社办理。其具体收纳方式有就地缴库、集中缴库、自收汇缴和国库经收处缴款四种方式。就地缴库是由基层缴款单位或缴款人按征收机关规定的缴款期限直接向当地国库缴纳；集中汇缴是由基层缴款单位或缴款人将应缴预算收入通过银行会接到上级主管部门，由主管部门按征收机关规定的缴款期限汇总向国库缴纳；自行汇缴是由缴款人或缴款单位直接向征收机关缴纳税款，由征收机关将所收到款项汇总交入国库；国库经收处缴款方式是指纳税人到国税局、地税局集中申报，将税款缴入国库、地税在当地的国库经收处，然后再由国库经收处将款项划缴国库。

另外，在金融体制改革前，人民银行和各专业银行自成联行系统，相互间不能直接通汇。征收机关所收的款项都要经过缴款人向银行经收处缴纳，由经收处上划管辖行，管辖行集中汇总后通过票据清算划转到人民银行国库。而金融体制改革后，专业银行向商业银行过渡成为独立核算的经济实体，为了保证自身的经济利益，有些商业银行往往违规为征收机关开设收入过渡户，有意占压税款。

③财政资金支付清算环节多

财政资金支出由预算部门根据统计财政部门核准的年度预算，按期向财政部门提出资金拨付申请，经财政部门核准后开出拨款凭证，通知国库办理资金拨付手续，国库通过银行间票据将财政资金划入主管预算部门在商业银行开设的账户上，预算部门再根据所属预算单位用款计划开出拨款凭证，将财政资金划入所属预算单位在商业银行开设的账户上，预算单位再自行购买商品和劳务。其支付程序如图 5-4 所示。各部门在商业银行或其他金融机构都开设有账户。财政部门根据各部门、单位的预算，把资金按进度拨到各个部门在商业银行开设的账户上，此时如图步骤（1）～（5）所示，财政上能监督控制，但在继续进行如上图步骤（6）～（13）所示时，部门如何使用、支付，财政监督已无能为力了。

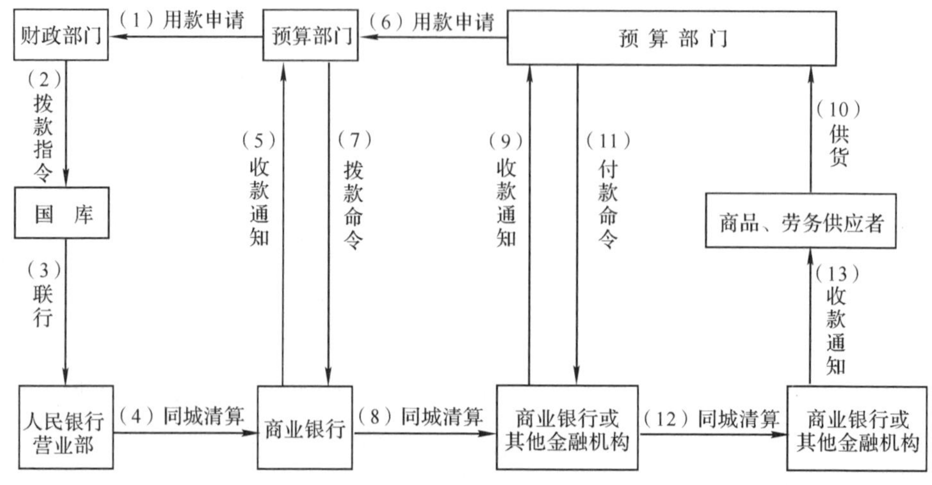

图 5-4 财政资金支付程序

(2)**国库收付制度存在的问题**

近年来，随着我国社会主义市场经济体制的逐步确立和公共财政理论、实践的发展，以财政资金成分的多元化和分配层次的复杂化，使我国国库分散收付制度的问题日益显现出来。

①财政监督不力

重复和分散设置账户导致财政资金透明度不高，不利于对其实施有效管理和全面监督。在预算支出执行过程中，财政部门根据各预算部门和预算单位的申请，将款项拨到各个预算部门或单位的商业银行账户上。预算资金一旦拨给了预算部门和单位，就脱离了财政监督。至于预算单位和预算部门何时、如何使用资金，财政部门难以实行事前监督和控制，只能被动地以各预算单位的财务报告进行事后审查监督，从而难以对支出过程实行有效监督。

②预算约束软化，无法建立与社会主义市场经济相适应的预算管理制度

预算执行是落实预算、强化预算约束的关键环节。这一环节管不好，财政管理就无法适应社会主义市场经济体制的要求，预算管理制度就不能做到科学、规范。目前我国是全国人大通过预算，同时预算调整也随之而来。某部门说某笔资金要支出，要追加预算，实际上它们的账上沉淀了不少资金，如果资金由财政部门掌握，这些问题就能解决。

③财政资金使用效率低下

首先，财政收入入库迟滞。因为财政收入上划周转环节多，速度慢；银行受利益的驱使，为了保证存款余额，有些商业银行违规为征收机关开设预算收入过渡户，有意占压税款。其次，资金划拨渠道不畅，环节多，速度慢。主管预算单位向财政部门提出资金拨付申请，财政部门核准后，开出拨款凭证，通知国库办理手续，通过同城交换划入到主管预算单位的商业银行账户上，主管预算单位再根据所属预算单位的用款计划开出拨付凭证，将财政资金划入所属单位的商业银行账户上。一笔预算资金由主管预算单位申请、拨付，到所属单位的商业银行账户，正常情况下最少需要 5 天。这影响了各级预算单位对资金的正常使用，也影响了财政资金的使用效益。

④滋生腐败现象

我国目前实行的是国库分散支付方式。在过去计划经济时期，国家的计划包罗万象，地方和部门只需以计划行事，商品、劳务的采购数量很少，集中支付与分散支付差别不大。改革开放后，随着权力的下放，地方和部门的随意性大了，再加之财政监督不力，使得国库分散支付方式为一些部门私设“小金库”、坐支预算外资金，从而贪污腐败大开了方便之门。

5.4.5 我国国库集中收付制度的完善

(1) 加强部门配合，形成改革合力

国库单一账户改革，是一项科学严谨、环环相扣、十分复杂的系统工程，要与部门预算、政府采购同步推进，搞好相互间的配合与衔接。为保证改革的顺利推进，首先要加强舆论宣传，利用广播、电视、报刊等宣传媒体做好宣传工作，讲清改革的目的、意义及总体要求，以形成正确的舆论导向，争取全社会的支持；同时，要明确财政、人民银行各方面的职责，搞好部门配合。财政部门要加强与其他部门的联系，多做宣传解释工作，增强服务意识，主动把工作做深、做细、做实，使部门和单位克服部门利益、本位主义思想，树立大局意识。其次，立足点要高，实施要稳妥。国库单一账户改革要与部门预算、政府采购同步进行，相互衔接配合；再次，从规范政府职能入手，正确处理好政府与市场的分工关系，按照公共财政要求科学界定财政职能范围，逐步消除“越位”与“缺位”的问题，把国库单一账户改革不断推向深入。

(2)进一步完善有关制度规定

为了推进改革，财政部制定了一系列制度和管理办法，在改革方案、支付形式、收入收缴、会计核算、银行清算等方面，形成了比较完整的制度体系。但还需对国库支票的使用、国库存款计息的管理、收入退库等方面做出具体规定；同时，要相应修订《中华人民共和国预算法》、《中华人民共和国国家金库条例》，以及税收征管法、乡镇事业单位会计制度等法律、法规，为改革提供纲领性指导规范，使地方政府制定出既符合中央要求又符合本地实际的改革方案，确保财政国库管理制度改革既有单项突破又能整体推进。

(3)加快现代化电子网络建设，为国库单一账户高效运转提供技术支持

建立以人民银行支付清算系统为依托的财、税、库（行）预算资金信息管理网络系统，实现资源共享，以便实时处理预算资金的信息传输和资金清算、预算资金的入库与支付，加快资金周转速度，提高财政资金使用效益，为财政、国库实施网络监控提供更多的信息，以减轻空间距离的不利影响；预算资金信息管理系统应具备强大的技术平台，能够为中央银行提供资金流量、流向信息，为制定货币政策、提高宏观调控能力提供依据。电子化建设关系到国库单一账户改革的成败，需要花费大量的人力、物力和财力，其本身也是发展生产力，因此，财政部门应当加强统一协调，并运用行政和经济手段给予适当的支持。

(4)对财政资金实行市场化运作和管理

严格、高效和低机会成本是各国国库资金管理和使用经验的精华所在。国库单一账户体系的建立，变分散支付制为集中支付制，带来的直接结果是预算单位暂未支付的资金不再沉淀在预算单位账户上，而是保留在国库。财政资金在国库账户上大量集聚，而这些集聚资金能否产生收益，是否能弥补分散收付制度下可获取银行利息收入这一机会成本，决定了集中收付制度是否能使财政资金产生内部收益。国库资金市场化运作是国际通行做法，是零余额账户存在的基础，也是全面实行国库集中收付制度的必要条件。因此，要尽快研究制定有关配套措施，在财力允许的情况下，既能够对国库资金实行计息和付费，又能够防止对国库资金实行市场化运作可能产生的政府行为异化问题。

(5)加强业务培训与财务管理

财政国库管理制度改革，并不改变预算单位的财务管理和会计核算权限，在收支缴拨方式改变后，预算单位仍然是预算执行的主体，财政只是提供制度和方法，控制预算执行，搞好服务。因此，单位的财务会计管理不但没有削弱，反而需要进一步加强。实行会计集中收付后，财政国库部门是一个大出纳，成为掌握财政资金支付的最后环节，责任和管理难度加大，财务管理监督更透明、更规范、更有力。同时，对国库核算的要求大大提高，工作量也大量增加。改革带来的变化对干部的政治素质和业务素质提出较高要求，因此，需进一步加强对财政、国库和预算单位的政策教育和业务培训，使相关领导和每个会计人员有较高的政治素质，全面了解、掌握改革的制度规定和管理办法，为国库单一账户体系的建立与实施提供可靠的保证。

（6）**进一步落实国库单一账户改革的其他配套措施**

国库单一账户改革不仅是一项管理技术革新，而且是一项制度创新，涉及多方面配套措施的跟进。配套措施能否及时到位，直接关系到改革的深入发展，因此要认真做好其他各项配套工作。一是要继续推进预算编制改革和政府收支分类，进一步细化部门预算，建立投资项目库和绩效考核制度，增强预算的严肃性和约束力；二是在对国税系统垂直领导、保障税法统一和税收完整的同时，适当赋予地方开征新税种的立法权，健全地方政府职能，调动地方政府当家理财、增收节支的积极性；三是要按照市场经济原则，运用招、投标方式选择资金实力雄厚、清算系统发达、营业网点较多的银行作为代理行；四是大力整顿行政事业单位的银行账户，这不仅是深化“收支两条线”管理改革的基础工作，也是财政国库管理制度改革极其重要的配套工作；五是制定财政国库收付执行机构管理制度，加强监督制约机制。

复习与思考

1. 政府财政投资的性质是什么？
2. 政府财政投资的范围、方式是什么？怎样认识我国财政投资方式的变化？
3. 如何评价政府财政投资的效果？
4. 为什么国防支出与行政管理支出具有相同的经济性质？
5. 在市场经济条件下如何发展科技、教育、文化和卫生事业？
6. 政府采购的涵义是什么？如何通过政府采购实现保护民族产业？
7. 国库集中收付制度的涵义是什么？我国现行国库制度存在的缺陷有哪些？如何进一步完善？

6. 政府转移性支出

6.1 社会保障支出

6.1.1 社会保障支出的涵义

社会保障支出是与社会保障制度紧密联系在一起的。各国的社会保障制度不同，相应的社会保障支出及其管理也就存在较大的差别。因此，我们要了解各国的社会保障支出，就必须首先了解各国社会保障制度的产生、模式和特点。

(1) 社会保障制度的产生

社会保障制度首先产生于西方。这源自两个方面的原因：一是物质条件的变化，二是社会条件的变化。19 世纪 70 年代以后，以获得工资为生的工薪阶层大量出现。工薪劳动者完全以工资为生，一旦收入中止，劳动者就有可能陷入困境。一方面，对工薪阶层来讲，无论是集体还是个人，都没有足够的力量抗拒年老、突发事件、疾病、失业等造成的就业中断及相应的收入中止。这就需要一种社会力量来提供这种社会服务。另一方面，随着产业革命的爆发，工业化的突进，使得社会劳动生产率得到空前提高，社会财富得以大量增加，从而为社会成员的保障提供了一定的物质基础。

德国是世界上最早建立并通过立法实施社会保障的国家。1883 年德国通过了《疾病保险法》，1884 年通过了《工伤事故保险法》，1889 年通过了《老年与残废保险法》。这三个社会保险都是强制性的，其权利和义务有着法律保证。这三个法律的通过意味着工薪阶层受到一种有保障的补助制度保护，其资金的来源是由企业和工人分摊交纳的保险费。

在 20 世纪初，德国的社会保障计划受到其他发达国家的重视。这些国家纷纷以德国作为典范，并结合本国实际情况，在工伤、疾病、养老、失业保险等方面制定了相应的法律，保障其社会成员的基本生存。到第一次世界大战前夕，除英国之外，欧洲国家的社会保障的重点是解决工伤事故补偿、老年人年金、疾病保险等比较迫切的问题。在两次世界大战之间，欧洲国家社会保障的重点则是解决失业保险和救济问题。

1929－1933 年，西方发达国家爆发了有史以来最为严重的经济危机，造成了剧烈的社会动荡。各国普遍认识到建立社会保障制度对维护市场经济正常运行的重要作用。在这种背景下，各国开始纷纷扩大社会保障的范围和程度。

第二次世界大战之后，西方发达国家经历了较长时期的经济繁荣。在这一时期，生产率出现了超常规的增长。在各种思潮的影响下，福利社会开始兴起，社会保障制度的覆盖面和受益范围进一步扩大，政府用于社会保障方面的开支的绝对值和其所占相对值显著上升。

然而，20 世纪 70 年代以后，西方国家普遍进入经济“滞胀”时期，经济停滞不前，通货膨胀加剧，政府社会保障支出的迅速增长，一方面使政府加大了预算，刺激经济的回旋空间变得狭小，影响了社会基础设施的建设，从而给经济带来了负面效应；另一方面扩大了劳动成本，影响了本国的国际竞争力。为了摆脱困境，在不轻易大面积触动人们既得利益的前提下，西方发达国家先后在不同程度上推行了社会保障体制改革，如推迟退休年龄、降低退休待遇等。这些改革在一定程度上延缓了社会福利支出的增长。但由于社会保障支出的刚性，很难实现大幅度的下降，因而各国普遍维持了高水平的社会保障支出。

（2）**社会保障制度的模式**

由于各国社会经济状况和历史背景不同，社会保障制度的模式也不尽相同。从起源来看，其基本模式主要有以下两种。

①自保公助型

自保公助型，又称为俾斯麦模式，起源于19世纪80年代的德国。当时，德国工人阶级在社会民主党领导下展开了反剥削、反压迫的斗争。对于工人运动，以铁血首相俾斯麦为首的德国政府，采取了“胡萝卜加大棒”的政策，一方面，颁布了《反社会主义者法律》，对工人运动进行残酷镇压；另一方面，又先后颁布了《疾病保险法》（1883年）、《工伤事故保险法》（1884年）以及《老年及残废保险法》（1889年）等社会保障法律，并由政府财政拨给补助金，强制工人参加社会保障。由此初步创立了社会保障制度。

进入20世纪后，各经济发达国家相继建立起保障程度不同的社会保障制度。1908年，英国创立了老年保险，又于1911年颁布了《国民保险法》，内容除老年、工伤残废保险外，还包括疾病和失业保险。其后，许多发达国家效法德国和英国，相继建立了社会保障制度，并逐渐形成体系。目前，采用这一模式的国家主要有法国、比利时、卢森堡、荷兰、意大利等。该模式的主要特点是：以保险原则为基础；权利与义务相统一；保险基金以保险费为主，一般税收只起补充作用。

②福利国家型

福利国家型，又称为贝弗里奇模式，起源于英国。1942年，英国经济学家贝弗里奇在其提出的一个报告中，主张实行社会性的保障制度，对每个公民提供7个方面的保障，包括儿童补助、养老金、残废津贴、丧葬补助、丧失生活来源补助、妇女福利补助、失业补助等内容。根据此报告，英国从1942年至1947年相继通过了一系列有关社会保障的法律，在世界上率先建立起完整的社会保障制度。

第二次世界大战以后，发达国家进入经济高速增长时期，社会保障事业随之迅速发展，保障内容不断增加，保障范围不断扩大，形成了一套“从摇篮到坟墓”的社会保障制度。目前，实行这一模式的国家主要有英国、丹麦、挪威、瑞典、瑞士等。该模式的主要特点是：不过分强调保险原则，主张福利的普遍性和统一性；不过分强调权利与义务的对等；税收是一项较为重要的筹资来源。

（3）**社会保障制度的特点**

尽管西方国家社会保障制度的模式不尽相同，但是也具有一些共同的特点，这主要表现在以下几个方面。

①社会保障项目名目繁多

以美国为例，迄今为止，实施的保障计划有300项之多，仅联邦政府“帮助穷人”的项目就有一百多项，而美国在西方世界还不是社会保障制度最发达的国家。数以百计的社会保障项目基本可分为4类：一是从收入方面提供补助的项目，主要包括老年、残废及遗属补助，失业补助和贫困救济补助；二是从开支方面提供补助的项目，主要包括医疗补助、住房补助、儿童照顾和解决家庭问题补助；三是从教育与培训方面提供补助的项目；四是对遭受某种损失者给予补助的项目，如妇幼营养补助、食品券补助和免费午餐等。

②社会保障资金有确定的来源

用于提供社会保障的资金主要来自社会保障税，该税由取得工资收入的职工和职工的雇主各纳一半，采取“源泉扣交法”课征，即雇主在支付工资时，把工人应交的社会保障税的税款扣下，同雇主应缴纳的税款一并上交国库。社会保障税不足社会保障支出的部分，政府从其他收入中拨付。

③社会保障支出依法由政府集中管理

在西方国家，尽管具体管理社会保障项目的机构很多，既有政府机构，也有民间团体和私人企业，但从总的倾向上看，社会保障支出是由政府集中管理的。尤其值得注意的是，实施社会保障制度的一切细节，从资金来源、运用的方向，直至保障的标准、收支的程序，大都有明确的法律规定。

④社会保障制度具有“内在稳定器”的作用

美国经济学家保罗·萨谬尔森曾经指出，在繁荣的年代，失业准备基金不但增长，而且还对过多的支出施加稳定性的压力；相反，在就业较差的年份，失业准备基金使人们获得收入，以便维持消费数量和减轻经济活动的下降。其他的福利项目也自动发生稳定性的反周期的作用。

6.1.2 我国的社会保障制度

1951年，政务院公布实施了《中华人民共和国劳动保险条例（试行）》；1953年，政务院对该条例作了修正。修正后的条例，对劳动保险金的征集与保管，对因工负伤、残废待遇，对疾病、非因工负伤、残废待遇，对工人与职员及其供养的直系亲属死亡待遇、养老待遇、生育待遇等，都作出了明确规定。这一条例的颁布，标志着新中国社会保障制度的诞生。

此后，随着我国财政经济状况的好转和大规模经济建设的展开，国家颁布了救灾救济、优抚安置等一系列社会保障政策，并根据社会发展对有关政策进行了充实和调整。在养老保险方面，实行了企业、事业单位和国家机关职工统一的退休制度。在医疗保险方面，对企业职工仍然按照《劳动保险条例》实行劳保医疗，对在各级政府、党派、团体及所属事业单位的国家工作人员实行公费医疗。在工伤保险和女职工生育保险方面，延长了休假时间，提高了待遇标准。同时，国家每年投入大量的资金用于社会福利，企业、事业单位也努力搞好职工福利，使广大职工得到较高水平的福利保障。所有这些政策和措施构成了我国计划经济时期社会保障的主要内容。

“文化大革命”期间，我国社会保障事业停滞不前。1969 年 2 月以后，国营企业一律停止提取劳动保险金，企业职工的退休金在营业外列支，劳动保险逐步演变成“企业保险”或“单位保险”。

改革开放以来，中国社会保障事业得到了突飞猛进的发展。我国社会保障制度的改革和发展历程大概可以分为 4 个阶段。

第一阶段，1978—1991 年恢复性改革阶段。1978 年 5 月，民政部成立，内设的政府机关人事局主管国家机关工作人员的社会保险业务。同年 10 月，全国总工会恢复工作，建立生活办公室（后改为生活保险部，1979 年改为劳动保险部）。1979 年 7 月，国家劳动总局设置保险福利司，各地劳动部门也相继设立了保险福利处（科）。1980 年 3 月，国家劳动总局、全国总工会联合发出《关于整顿与加强劳动保险工作的通知》，规定：企业行政与基层工会负责基层单位的劳动保险工作，政府劳动部门和各级总工会对基层劳动保险工作进行指导。自 1986 年开始探索建立农村养老保险制度之后，又于 1990 年 7 月确立由民政部负责主管农村社会保险业务，并于 1991 年增设农村社会养老保险办公室。1986 年，《国营企业待业保险暂行规定》出台。自 1987 年开始，国务院陆续批准了铁路、电力、民航、石油天然气等 11 个行业单独管理职工养老保险。

第二阶段，1991—2000 年探索性改革阶段。1991—2000 年这 10 年是中国社会保障制度的探索性改革阶段，也是我国社会保障制度框架形成的重要时期。在这个时期，中国社会保障制度的形成主要由以下 4 个重要法规文件构成：第一，1991 年 6 月，国务院发布《关于企业职工养老保险制度改革的决定》，开始尝试性的社会养老保险结构的改革实践。在养老保险的筹资方面，确定社会养老保险费用由国家、企业和职工三方共同筹资，职工个人按本人工资的 3%缴纳养老保险费。第二，1997 年，国务院发布了《关于建立统一的企业职工基本养老保险制度的决定》，确定了统一的城镇企业职工养老保险制度，职工养老保险制度由分散走向统一。第三，1998 年，国务院颁布了《关于建立城镇职工医疗保险制度的决定》，确定了城镇医疗保险制度的基本框架。第四，1999 年，国务院颁布了《失业保险条例》，失业保险金的征缴收比例提高，基金规模扩大，作用日益增强。

第三阶段，2000—2006 年"做实"试点阶段。在"社会统筹和个人账户相结合"的制度模型下，由于改革前退休的职工，以及改革前参与工作、改革后才退休的职工缺乏积累，造成统筹账户存在巨大支付缺口，各地社保部门均调用个人账户资金用于当期支付，个人账户有名无实，长年"空转"。挪用个人账户造成的新债，加之远未偿还的"隐性负债"旧债，一起将偿付责任推向了未来。个人账户的长期空转不仅严重打击了个人缴费的积极性，而且背离了统账结合的改革方向。

第四阶段，2006 年至今"全覆盖"改革阶段。2006 年中共十六届六中全会从构建社会主义和谐社会的战略高度，明确提出到 2020 年建立覆盖全民的社会保障体系。2007 年中共十七大报告再次提出加快建立覆盖城乡居民的社会保障体系。这标志着中国社会保障制度建设进入了一个新的历史阶段。

2010 年，《中华人民共和国社会保险法》得到通过，标志着我国社会保险改革和建设进入规范化、制度化和法制化的新阶段。2014 年，国家决定在全国范围内将"新农保"和"城居保"合二为一，并且出台了衔接办法。2015 年，进行了机关事业单位养老保险制度改革，开始探索建立与城镇职工统一的养老保险制度。2017 年 6 月底，推行生育和医疗保险合并的试点工作。同年 9 月底，医保异地（跨省）结算系统全面启动、联网运行。降低失业保险费率、社保卡多功能开通、全国住房公积金异地转移接续平台建设、养老保险基金入市等工作也在开展。到 2020 年，中国政府要在一个十几亿人口的大国做到全民保障。这不仅是中国人民的福音，也是对世界养老保障制度的一个重大贡献。

6.1.3 社会保障支出的涵义

“社会保障”一词最早出自美国1935年颁布的《社会保障法》。第二次世界大战中，美国总统罗斯福和英国首相丘吉尔签订的《大西洋宪章》中再次使用该词；随后，该词被国际劳工组织接受，也被世界各国广泛使用。

关于社会保障的涵义，国际劳工组织在1942年出版的有关文献中称：“通过一定的组织对这个组织的成员所面临的某种风险提供保障，为公民提供保险金、预防或治病、失业时资助并帮助他们重新找到工作。”《全球社会保障——1955年》中称，社会保障给个人谋生能力中断或丧失以保险，还为结婚、生育或死亡而需要某些特殊开支时提供保障。

据此，所谓社会保障支出，指的是政府通过财政向由于各种原因而导致暂时或永久性丧失劳动能力、失去工作机会或生活面临困难的社会成员提供基本生活保障支出。

6.1.4 社会保障支出的内容

国际上一般认为，一个国家的社会保障支出，至少应当包括社会保险支出、社会福利救济支出、军人优抚支出和自然灾害救济支出、住房保障、农村社会保障等内容。

（1）**社会保险支出**

社会保险是指以保险筹资的方式，帮助劳动者及其亲属在遭遇年老、失业、伤病等风险时，为防止因收入中断与劳动能力丧失而使基本生活发生困难所给予的经济保障。与商业保险和其他局部保障相比，社会保险的特征是：社会保障的主体是政府；对象是需要经济帮助的特殊社会成员；社会保障的目标是满足社会成员的基本生活需要；社会保障国家通过立法或行政措施来保证实施。而社会保险支出是一种将风险集中而转移给政府服务机构的制度措施，它是社会保障支出的核心内容。它具有强制性、互济性、社会性、福利性等特点。根据国际劳工局的规定，一个国家的社会保险支出应包括以下内容。

①养老保险支出

养老保险支出，是指在一定养老保险制度下，按照国家政策规定的开支范围和开支标准从养老保险基金中支付给参加基本养老保险的个人的养老金、丧葬抚恤补助，以及由于保险关系转移、上下级之间调剂资金等原因而发生的支出。所谓养老保险制度，是国家和社会根据一定的法律法规，为解决劳动者在达到国家规定的解除劳动义务的劳动年龄界限，或因年老丧失劳动能力退出劳动岗位后的基本生活而建立的一种社会保险制度。我国的养老保险覆盖范围为城镇各类企业和职工、各类从业人员、政府机关、事业单位及其职工。在总结2009年开始的养老保险并轨试点基础上，2015年1月，为统筹城乡社会保障体系建设，建立更加公平、可持续的养老保险制度，国务院决定改革机关事业单位工作人员养老保险制度，铺开养老金“双轨制”的并轨工作。采取基本养老保险费由单位和个人共同负担。单位缴纳基本养老保险费的比例为本单位工资总额的20%，个人缴纳基本养老保险费的比例为本人缴费工资的8%，由单位代扣。按本人缴费工资8%的数额建立基本养老保险个人账户，全部由个人缴费形成。个人工资超过当地上年度在岗职工平均工资300%以上的部分，不计入个人缴费工资基数；低于当地上年度在岗职工平均工资60%的，按当地在岗职工平均工资的60%计算个人缴费工资基数。

②失业保险支出

失业保险支出是指对被保险人因失业而失去生活来源所付的津贴，以保障其生活。领取失业津贴只限于非自愿失业工人，而且失业工人在领取津贴前必须去政府就业管理部门登记。我国的失业保险覆盖范围为城镇各类企业、事业单位的全体职工，职工失业后，可享受12～24个月的失业救济，采取2%（单位工资总额）+1%（本人工资）的形式筹集资金。

③医疗保险支出

医疗保险支出是为补偿疾病所带来的医疗费用的一种保险，是职工因疾病、负伤、生育时，由社会或企业提供必要的医疗服务或物质帮助的社会保险。我国的医疗保险覆盖范围为企业、机关、事业、社会团体、民办非企业单位及其职工，采取社会统筹+个人帐户，以6%左右（单位工资总额）+2%（本人工资）的形式筹集资金。在农村，新型农村合作医疗制度从2003年起在全国部分县（市）试点，2008年覆盖了90%以上的农村居民，到2015年覆盖了98.8%的农村居民。

④工伤保险支出

工伤保险支出是指国家对被保险人在工作时间内或执行职务时所受伤害给

予的补偿。伤害包括事故伤害和职业病伤害两种。我国的工伤保险适用范围包括中华人民共和国境内的企业、事业单位、社会团体、民办非企业单位、基金会、律师事务所、会计师事务所等组织和有雇工的个体工商户。公务员和参照公务员法管理的事业单位、社会团体的工作人员因工作遭受事故伤害或者患职业病的，由所在单位支付费用。

⑤生育保险支出

生育保险支出是指国家对被保险的女职工，因生育不能工作所带来的经济上的损失予以补偿，以保障其生活。我国的生育保险覆盖范围为城镇各类企业单位的全部职工，采取现收现付。2016 年 4 月 19 日，人社部公布了其与财政部联合下发的《关于阶段性降低社会保险费率的通知》。该通知提出，生育保险和基本医疗保险合并实施。该项工作由国务院制定出台相关规定、统一组织实施。

⑥遗属保险支出

遗属保险支出是指政府对因家庭主要成员死亡而失去经济收入来源的其他家庭成员给予的抚恤金或救济金。1951 年出台的劳动保险条例从一开始就规定，只要被认定为死亡职工（包括退休职工）的受赡养的亲属，都可以享受相应的遗属抚恤。但因工（公）死亡和非因工（公）死亡（包括因病死亡）的待遇有所不同：前者可以享受定期抚恤，按死亡职工工资的一定比例给付；有特殊困难的，还可以由发给抚恤费的单位酌情给予补助。后者只能享受一次性救济，相当于死亡职工生前 6～12 个月的工资。一次性补贴往往不能解决遗属的长期生活困难，因而在实施中逐渐变为定期或不定期的遗属补助。但是，按当前的生活标准看，遗属抚恤和遗属补助的标准往往偏低，甚至达不到当地的最低生活保障标准。

（2）**社会福利救济支出**

社会福利救济支出，也是社会保障支出的重要内容。它与社会保险支出之间既相互交叉，又有各不相同的内涵和范围。大部分社会保险支出在很大程度上带有再分配的性质，包含着保险与提供某种程度的福利的共同特征；同样，在某种意义上，社会福利救济支出也可以看做是针对可能突发的偶然事件而实行的保险。

政府的社会福利救济政策，是通过在不同收入水平的个人之间进行资金转移而得以实现的。例如，在实行扶持最低收入阶层的政策下，就要由政府给某种低收入者以资金或实物的支付，这些支付来源于对其他收入阶层的征税，即政府的一般性税收，而不同于社会保险主要来源于被保险人的社会保险税。我国分别建立了城市居民和农村居民的最低生活保障制度。

①我国的城市居民最低生活保障

根据 1997 年《城市居民最低生活保障条例》，城市居民最低生活保障的对象主要包括三类人员：一类是无生活来源、无劳动能力、无法定赡养人或抚养人的居民；一类是领取失业救济金期间救济期满仍未能重新就业，家庭人均收入低于最低生活保障标准的居民；一类是在职人员和下岗人员在领取工资或最低工资、基本生活费后，以及离退休人员领取退休金后，其家庭人均收入仍低于生活标准的居民。《城市居民最低生活保障条例》规定："城市居民最低生活保障标准，按照当地维持城市居民基本生活所必需的衣食住费用，并适当考虑水电燃煤（煤气）费用以及未成年人的义务教育费用确定。"由此可见，制定城市居民最低生活保障标准，首先要依据城市居民的基本生活需求，即为维持最起码的生活水平所需物品的费用，国际上通常称之为"贫困线"。

②我国的农村最低社会保障

从 2007 年开始，我国在全国范围内逐渐建立农村的最低生活保障制度，由地方政府为家庭人均纯收入低于当地最低生活保障标准的农村贫困群众，按最低生活保障标准，提供维持其基本生活的物质帮助。该制度是在农村特困群众定期定量生活救济制度的基础上逐步发展和完善的一项规范化的社会救助制度。农村的低保标准与城市有一些差距。自 2015 年 7 月 1 日起，北京、南京等地实现了城乡低保标准的统一，其他一些省市也在酝酿中。

（3）**住房保障支出**

住房保障是一个包含范围很广的概念。广义地说，"宅基地"、"福利分房"都是住房保障制度的一种具体形式。它们是低生产力水平下保障"人人有房住"的制度。依靠市场配置住房资源，并不等于说人人都只能依靠自己的收入买房子住，也不等于说人人都只能靠市场化竞争、自主分散决策来获取住房。在市场经济条件下，为了保障每个人都有房子住，政府要实施一些特殊的政策，帮助单纯依靠市场解决住房有困难的群体。这个政策体系的总称，就叫做住房保障制度。住房保障制度和失业保障、养老保障、医疗保障等都是社会保障体系的组成部分。

住房保障制度是文明社会一个起码的目标。因为住房是人生存的必要条件。这是市场经济下政府必须提供的准公共产品。在我国社会主义市场经济条件下，有多种住房保障形式。村民在集体划分的宅基地上自行建房。市民则分类解决：高收入者面向市场购买商品住房；中低收入者购买经济适用住房，或者购买“二限房”；最低收入者租住政府提供的廉租住房等。为了进一步解决“夹心层”群体的住房问题，国家开始发展公共租赁住房，扩大住房保障的覆盖面。部分地方也开始探索农村住房保障制度。从现实情况看，我国住房保障制度有以下内容。

①住房公积金

它是指在职职工按比例缴存、所在单位等额补贴、均归个人所有的长期住房储备金。对公积金免征个人所得税。职工在购买自住住房时可提取使用其个人账户内的公积金，还可申请公积金个人贷款，公积金贷款实行政策性优惠利率等。

②住房货币补贴

这是国家停止住房实物分配后，为解决无房职工住房问题而实行的住房货币化分配政策，即给无房职工和住房未达标职工的未达标部分发放一定的住房补贴，由这些职工根据自己的经济情况自由选购合适的住房。老职工一次性发放，新职工随工资在 20 年内发放完毕。

③经济适用住房

经济适用住房是政府针对低收入群体的住房困难户，通过行政划拨土地、减免相关税费等政策扶持的方式，组织统一建设，或者规定在房地产开发建设项目中按比例配套建设的较小面积的政策性商品住房。

④廉租住房

经济适用房毕竟还是让低收入家庭去“买”。对于连经济适用房也买不起的最低收入家庭，由政府实施廉租房保障。保障形式主要有两种：对已经租住住房的，由政府发给其一定数量的租金补贴；对无住房的，由政府建设并提供能够满足其基本居住需要的，面积适当、租金较低的廉租房。

⑤ “二限房”

“二限房”即限制价格、限定面积的普通商品房。“二限房”是国家在商品房价格奇高、面积过大，工薪阶层对此望洋兴叹的情况下出台的宏观调控政策，是国家专门为解决既买不起商品房，又不符合购买经济适用房条件的中收入者尤其是工薪族，即所谓的“夹心层”的住房问题，而强制推行建设的中小套型、中低价位的普通商品房。

⑥公共租赁住房

这是指政府投资并提供政策支持，限定套型面积和按优惠租金标准向符合条件的家庭供应的保障性住房。2014 年，公租房和廉租房“合二为一”，统称为公租房。公租房根据保障对象的支付能力实行差别化租金，对于原来的廉租房等低收入家庭采取租金减免的方式。

我国的住房保障制度处于发展的初期阶段，无论是保障的对象，还是保障的方式，都处于探索之中，比如，在大量农村剩余劳动力向城镇转移的过程中，如何解决他们的住房问题；旧城改造和房地产开发中，大量房屋拆迁造成一部分低收入拆迁户无力回购新建商品房的问题；老工业基地等社会失业率较高、住房改善速度明显滞后地区的住房问题等。这些问题迫切需要我们深入研究并尽快解决。

（4）**军人优抚支出**

军人优抚支出主要是指政府对残废军人、复员退伍军人以及烈属、军属等给予的优待、抚恤、安置和照顾等方面的帮助。1988 年，国务院颁发了《军人抚恤优待条例》，优抚对象包括现役军人、革命伤残军人、复员退伍军人、革命烈士家属、因公牺牲军人家属、病故军人家属、现役军人家属。军人抚恤优待实行国家、社会、群众三结合的制度，保障军人的抚恤优待与国民经济的发展相适应，使抚恤优待标准与人民的生活水平同步提高。

（5）**自然灾害救济支出**

自然灾害救济支出则是指政府对灾民提供吃、穿、住、医等救济以及扶持生产方面的帮助。自然灾害救助的公共性、公益性特点以及中国现阶段自然灾害严重的现状，使财政公共支出的基础性地位显得更加迫切。在自然灾害救助方面，特别是突发性特大灾害发生后，只有国家才能组织调动大量的人力、物力、财力，有组织、有计划地实施救助。2008 年发生了四川汶川特大地震灾害和南方特大雪灾，2010 年青海发生了玉树特大地震灾害，这种类型的特大自然灾害发生后，救灾和灾后重建需要大量的资金，除了国际国内的捐赠外，需要各级政府多方面筹集资金。

6.2 财政补贴

6.2.1 财政补贴的界定

财政补贴与社会保障支出同属于政府转移性支出，都会使受保障对象和补贴对象的经济状况得以改善。但是二者也存在明显的差别，主要体现在对相对价格体系的影响上。财政补贴总与相对价格的变动联系在一起：或者是补贴引起价格变动，或者是价格变动导致财政补贴。因为有这种联系，很多人索性就把财政补贴称为价格补贴。社会保障支出则与产品和劳务的价格不发生直接联系。固然，人们获得保障收入后用于购买，可能使购买商品的价格发生变化，但这种影响是既不确定的又是间接的。因为与相对价格结构有直接联系，财政补贴便具有改变资源配置结构、供给结构与需求结构的作用，而社会保障则很少有这种作用。

基于上述分析，我们可以把财政补贴界定为一种影响相对价格结构，从而可以改变资源配置结构、供给结构和需求结构的政府无偿支出。

6.2.2 财政补贴的分类

财政补贴以存续时间为标准分为经常性补贴和临时性补贴。

财政补贴以隶属关系为标准分为中央财政补贴和地方财政补贴。

按补贴的形式可分为：

A. 价格补贴；

B. 亏损补贴；

C. 职工和居民生活补贴；

D. 利息补贴；

E. 不通过国家预算的其他补贴。

按补贴的作用可分为：

A. 稳定和改善人民生活的农副产品和日用工业品补贴；

B. 支援农业生产的农用生产资料价格补贴和由于价格不合理而形成的工

业企业生产亏损补贴；

C. 收费标准偏低的城市公用企业的亏损补贴。

按补贴的主体可分为：

A. 中央财政支付的价格补贴；

B. 地方财政负担的价格补贴。

按补贴的对象可分为：

A. 工业、农业、城市公用企业等生产环节的补贴；

B. 商业、粮食等流通环节的补贴；

C. 职工或居民消费环节的补贴。

财政补贴可以从不同的角度进行分类。从财政补贴同社会经济运行过程的关系看，可以区分为生产环节补贴、流通环节补贴和消费环节补贴；从政府是否明确地安排支出看，可以区分为明补与暗补；从财政补贴是否与具体的购买活动相联系看，可以区分为实物补贴与现金补贴；从财政补贴对经济活动的影响看，可以区分为生产性补贴和消费性补贴；从财政补贴的接受主体看，可以区分为企业补贴和居民补贴。从我国的财政补贴来看，主要有以下几类。

（1）**价格补贴**

价格补贴是指国家为避免价格波动的连锁反应和安定城乡人民的生活，由财政向企业或居民支付的、与人民生活必需品和农业生产资料的市场价格政策有关的补贴。价格补贴按产品的类别划分，具体包括以下几个项目。

①农副产品价格补贴

这是价格补贴中最主要的内容。根据补贴对象不同，农副产品价格补贴可分为两类。一是商品流通企业的价差补贴，这是国家财政在农副产品收购价格大幅度提高而销售价格没有提高的情况下，为弥补农副产品购销价格倒挂对商业企业造成的价差损失而支付的补贴。二是城镇居民的副食品价格补贴，这是国家为了保证城镇居民的生活水平不因副食品销售价格的提高而受到影响，向城镇居民或职工发放的补贴。

②农业生产资料价格补贴

国家在出售化肥、农药、塑料薄膜、农机等农用生产资料时，往往以低于价值的价格向农民出售。为了使生产企业不受损失，国家给予企业拨付价差补贴。

③日用工业品价格补贴

这是国家在日用工业品的成本和出厂价格分开的情况下，为了使日用工业品的批发价格或市场零售价格保持不变，向商业企业拨付的亏损补贴。

④工矿产品价格补贴

这是国家因调出或收购价格较低的工矿产品给予地方的财政补贴。

（2）**企业亏损补贴**

企业亏损补贴是指政府对一些因客观原因造成亏损和利润减少的企业给予的补贴。这些原因主要包括按国家规定生产低利或亏损产品、企业技术设备落后、企业供销条件不利等。企业亏损补贴又可分为国内经营企业亏损补贴和外贸企业亏损补贴两种。

（3）**财政贴息**

财政贴息是指国家对使用某些规定用途银行贷款的企业就其支付的贷款利息提供的补贴。它实质上等于财政代替企业向银行支付利息。根据规定，财政贴息用于以下用途的贷款：促进企业联合，发展优质名牌产品；支持沿海城市和重点城市引进先进技术和设备；发展节能机电产品，等等。在具体做法上，财政贴息有半补贴和全补贴两种。

（4）**粮食生产补贴**

粮食生产补贴是指国家对农民或其他粮食生产主体生产粮食行为给予的补贴。这是国务院针对粮食生产下降和粮食库存下降导致市场供求偏紧、粮价较大幅度上扬而制定的鼓励农民增加粮食生产措施。其办法是按粮食生产面积给予现金补助，并直接补助到农产手中或其他粮食生产主体手中。

（5）**其他补贴**

其他补贴主要指政府对行政事业单位职工的房租、煤气、自来水、交通费等给予的补贴。这类补贴通常是包含在行政事业费支出项目中的。

6.2.3 财政补贴的作用

（1）**财政补贴的经济调节作用**

财政补贴在各国都是被当作一种调节经济活动的手段来使用的，它所以能有这种作用，是因为它可以改变相对价格结构。

①财政补贴可以改变需求结构

人们的需求客观上有一个结构，决定这个结构的因素很多，其中商品和劳务的价格影响最大。一般而言，商品和劳务的价格越低，需求越大；商品和劳务的价格越高，需求越小。居民对消费品的需求与企业对投入品的需求，莫不如此。既然价格的高低可以影响需求结构，那么能够影响价格水平的财政补贴便有影响需求结构的作用。例如，在苏联和前东欧国家，经常发生农民购买面包喂牛的事情，原因在于面包的销售价格极为低廉，购买面包比购买玉米、燕麦等饲料要经济得多。因此，国家可以通过财政补贴对象或财政补贴数额的灵活调节，实现需求结构的调整和优化。

②财政补贴可以改变供给结构

这一作用是通过改变企业购进的产品价格从而改变企业盈利水平发生的。例如，在改革初期，我国政府通过向农业部门提供补贴，使从事农业生产有利可图，从而促进了农产品供给的扩大。再如，我国煤炭工业的生产由于受通货膨胀的影响，曾一度陷入困境，政府增加了对煤炭工业的补贴，煤炭生产便很快有了转机。因此，国家可以通过给予某些产品、行业或部门价格的补贴，鼓励和促进该产品、行业或部门的生产发展，从而实现供给结构的调整和优化。

（2）财政补贴作用的限度

作为政府调节经济运行的一种手段，财政补贴的使用范围及规模应有一个合理限度，超过这个限度，它的有利作用就可能趋减，甚至产生消极影响。这是因为，国民经济的正常运行主要应依赖既定的经济制度及运行机制的自动作用。财政补贴作为调节手段，其作用只能是纠正既定经济制度及运行机制所产生的不利后果，或部分地修正既定的经济制度及运行机制。换言之，财政补贴只能起辅助性作用。如果国民经济的运行对财政补贴的依赖过大，以至于没有它，便很难有效地组织生产、流通和消费，那就说明，现行的经济制度及运行机制不完善和不合理，对之进行改革已成当务之急。

6.2.4 我国的财政补贴

（1）我国财政补贴的现状及存在的问题

我国的财政补贴对促进经济发展，保证经济改革和社会安定，都有着积极的作用。但是，随着财政补贴规模的不断膨胀，财政补贴的积极作用逐渐削弱。目前，财政补贴已成为国家财政的沉重负担，并越来越成为经济改革的拖累。概括而言，当前存在的问题主要表现在以下方面：

第一，财政补贴种类多、数额大、规模膨胀。20 世纪 50 年代初，我国的财政补贴只有粮食补贴 1 项，50 年代末也只有 5 种补贴商品。到目前，据不完全统计，国家财政补贴项目多达 160 多种，从生产环节到流通环节进而到消费环节，从吃的到穿的、用的、住的、行的消费都有补贴。生产单位要补贴，经营单位也要补贴；出口商品要补贴，进口商品也要补贴。财政补贴包揽范围之广，补贴项目之多，已达到空前的地步。同时，财政补贴的数额过大，规模膨胀。有关情况详见表 6－1。

表 6－1 中国财政补贴①（单位：亿元）

年份	物价补贴					企业亏损补贴	合计	占财政支出的比重
	合计	粮棉油价格补贴	平抑物价等补贴	肉食品价格补贴	其他价格补贴			
1978	11.14	11.14					11.14	0.99
1980	117.71	102.80			14.91		117.71	9.58
1985	261.79	198.66		33.52	29.61	507.02	768.81	38.36
1990	380.80	267.61		41.78	71.41	578.88	959.68	31.12
1991	373.77	267.03		42.46	64.28	510.24	884.01	26.10
1992	321.64	224.35		38.54	58.75	444.96	766.6	20.49
1993	299.30	224.75		29.86	44.69	411.29	710.59	15.31
1994	314.47	202.03	41.25	25.41	45.78	366.22	680.69	11.75
1995	364.89	228.91	50.17	24.17	61.64	327.77	692.66	10.15
1996	453.91	311.39	53.38	27.46	61.68	337.4	791.31	9.97
1997	551.96	413.67	43.20	28.25	66.84	368.49	920.45	9.97
1998	712.12	565.04	28.10	26.09	92.89	333.49	1045.61	9.68
1999	697.64	492.29	14.25	20.55	170.55	290.03	987.67	7.49
2000	1042.28	758.74	17.71	19.39	246.44	278.78	1321.06	8.32
2001	741.51	605.44	16.74	4.55	114.78	300.04	1041.55	5.51

① 数据来源于《中国财政统计年鉴》（中国统计出版社出版）和财政部网综合整理计算。

续表6－1

年份	物价补贴					企业亏损补贴	合计	占财政支出的比重
	合计	粮棉油价格补贴	平抑物价等补贴	肉食品价格补贴	其他价格补贴			
2002	645.07	535.24	5.32	1.60	102.91	259.6	904.67	4.10
2003	617.28	550.15	5.15	1.28	60.70	226.38	843.66	3.42
2004	795.80	660.41	5.22	1.28	128.89	217.93	1013.73	3.56
2005	998.47	577.91	4.69	0.93	414.94	193.26	1191.73	3.51
2006	1387.52	768.67	8.48	0.94	609.43	180.22	1567.74	3.88
2007	1456.7	777.45	9.52	0.95	668.78	277.54	1734.24	3.48

注：政策性补贴支出，1985年以前冲减财政收入，1986年起作为支出项目列在财政支出中。

第二，某些补贴的不当，扭曲了价格体系，刺激了不合理消费，加大了宏观调控的难度。

第三，财政补贴环节多、形式多。许多国家的财政补贴，多集中于生产领域，对生产者给予直接补贴。我国以前的财政补贴也多用于生产环节，形式比较单一。但目前随着补贴范围的扩大，补贴环节已发展为生产、流通、消费并存，形成补贴无所不在的全方位补贴格局。与此同时，财政补贴的形式、立法也日趋复杂。既有直接补贴，也有间接补贴；既有“明补”，也有“暗补”；既有货币形式的补贴，也有实物形式的补贴。

（2）**我国财政补贴制度的改革思路**

财政补贴规模过大的不合理现象，是传统体制中不合理因素的反映，它虽然出现于改革时期，但绝不是改革的产物，更非改革带来的弊端。因此，治理补贴之道存在于体制的深化改革之中。

第一，要根据“不可不补，不可多补”的原则，在全国范围内制定统一的、科学的补贴标准，对当前的财政补贴进行清理整顿。由于机制型财政补贴具有弥补市场缺陷、调控经济运行的作用，因而在市场经济中具有存在的必要性；某些体制型财政补贴（如物价补贴），在当前经济改革中仍不可缺少。这就是说，我国的财政补贴有着“不可不补”的特征。当然，财政补贴过多，又会泛滥成灾，适得其反，故“不可多补”。对补贴进行清理和控制，对于那些失去政策性、时效性，已无补贴必要的补贴项目，在改革中应坚决予以取消；而对于那些“不可不补”的项目，也要从严控制，“不可多补”。

第二，调整补贴环节，改革补贴方式。我们主张，应结合我国国情，将财政补贴多集中于消费环节，并相应地将“暗补”改为“明补”（除税式支出外，其他各种形式的补贴都宜“明补”，直接列支）。这样做的好处有：一是有利于逐步理顺价格体系，为价格改革创造条件；二是有利于防止财政补贴在补贴环节中的流失和浪费；三是将补贴与人民的收入联在一起，使人民得到好处，并根据自己的收入水平，选择合理的消费结构。

第三，进一步改革与完善农村经济体制，牢固树立“农业是国民经济的基础”的思想。通过改革，提高农业劳动生产率，解决农业发展后劲乏力的问题，以求得农业长期、稳定的发展。农业发展不稳固，大起大落，是我国财政补贴不断增长的根本原因。靠大幅度提价和大量增加补贴来扶持农业发展的路子已经走到了尽头。今后农业的发展，除了仍然靠政策、科技和靠国家的必要投入外，应主要靠农业生产者的自我积累、自我投入、自我发展。

第四，转换经营机制，加快现代企业制度建设。没有良好的微观基础，企业经营机制不合理，宏观调节手段往往难以奏效。财政补贴相当大的部分就是被企业不合理的经营机制“内耗”掉的。因此，应按照“产权清晰、权责明确、政企分开、管理科学”的原则，加快国有企业建立现代企业制度的步伐，同时转换经营机制，使国有企业真正成为自主经营、自负盈亏、自我积累、自我发展的市场竞争主体。

6.3 捐赠与债务支出

在政府的转移性支出中除了补助支出以外，还有两类支出：捐赠支出与债务支出。这两类支出虽然在转移性支出中所占比例不高，但都有其独特的作用。

6.3.1 捐赠支出

(1) 捐赠支出的涵义

捐赠支出是指一国政府用财政资金无偿援助其他国家或国际组织而引起的

转移性支出。这种支出的直接受益者通常都不是本国的居民或企业，因而支出都是向国外转移的。

（2）**捐赠支出的分类**

①对国际组织的缴款

在现代社会中，随着经济的发展和人类的进步，人们越来越将世界作为一个整体去进行各种活动，人们越来越要求世界和平，要求建立正常公正的国际经济秩序，要求促进全人类素质的提高。这样，各种以维护和平、促进交流、缩小差距为目标的国际性组织建立起来了。其中比较著名的如联合国、国际红十字会、联合国教科文组织、联合国粮农组织、国际开发协会、国际货币基金组织等等，另外还有一些区域性的国际组织，这些组织都需要各成员国进行缴款。国际组织获得的缴款除了用于组织开展工作的经费支出以外，大部分用于在成员国之间根据组织的目标和各国的需要进行再分配。其中多数体现为发达国家对发展中国家的援助。我国一方面积极参加一切有助于世界和平与人类进步的国际组织，尽自己的缴款义务；另一方面也因自己是发展中国家而不放弃获得国际组织援助的权力。

②政府间援助

政府间援助，一般指彼此有特殊关系的国家，通过政府间的协议，一国为另一国提供的各种援助，包括无偿的物资援助、无息或低息的贷款、成套设备或工程项目的援助等。

③灾难救济援助

灾难救济援助是指政府对其他国家和地区由于特殊原因发生重大灾难时给予的资金或物资援助。

（3）**捐赠支出的作用**

捐赠支出从表面上看都是为了援助别的国家，其中大多数也确实起到了维护世界和平、促进人类进步、增进合作交流以及救灾济难的作用。但在援助的同时也可以贯彻援助国政府的各种政治经济政策和意图，如提高本国在国际上的政治地位，加强干涉和操纵他国事务的能力以及结成一些能在政治上、经济上相互抗衡的区域性同盟等等。

6.3.2 债务支出

(1) **债务支出的涵义**

债务支出是指政府当年预算中用于对以前所借债务的还本付息支出，包括对内债和外债的还本付息。政府借债越多，债务累积额越大，则每年预算支出中的还本付息支出也会越大。

(2) **债务支出的分类**

债务支出主要包括还本支出和付息支出。在操作上可以是在还本时对利息进行一次性付清，也可以是分开支付。一般对短期债务采用还本时一并付息的方法，而对长期债务则应在还本期前定期支付利息。内债的还本付息一般都是用本国货币支付，而外债的还本付息就要用相应的外币来支付，因此对外债的还本付息除了有对财政负担能力的要求以外，还要考虑外币的支付能力和国际收支平衡的要求。

(3) **债务支出的影响**

债务支出对政府来讲是一种在支付时没有任何回报的无偿性转移支出，因此在短期内如果支出过多就会造成财政的沉重负担，使其他财政支出的安排受到影响。而且外债的债务支出过多，还会造成本国资金净流出的增加，影响国内的资金供应和国际收支平衡。同时，从国内获得债务支出的债权人来看都是非政府部门，政府对它的还本付息相当于增加他们的收入，这必然使他们的需求增加，引起整个需求结构的改变，而这种改变如果因过快过大造成不能同供给结构相适应，就有可能引发结构性通货膨胀。债务支出的这些影响要求政府在借债时一定要对债务累积额有所控制，并在债务期限上合理搭配，以防止在某些年份到期债务过多而引起债务支出的突然增加。

6.4 税式支出

6.4.1 税式支出的涵义

1973 年，美国财政部长助理、哈佛大学教授萨里在其著作《税收改革之途径》中首次使用了"税式支出"一词。此后，税式支出在西方国家得以迅速推广和发展，外国政府利用国家预算对税式支出加以控制，使之不断完善。关于税式支出的涵义，理论界尚未达成共识。一般而言，税式支出是指国家为实现特定的政策目标，通过制定和执行特殊税收政策与法规，给予特定纳税人的各种税收优惠待遇，使纳税人减少税负，促进经济发展的一种特殊的政府转移性支出。

6.4.2 税式支出的分类

从税式支出所发挥的作用来看，它可以分为照顾性税式支出和刺激性税式支出两种。所谓照顾性税式支出，主要是政府针对纳税人由于客观原因在生产经营上发生临时困难而无力纳税所采取的照顾性措施。例如，国有企业由于受到扭曲价格的干扰造成政策性亏损，或纳税人由于自然灾害造成暂时性的财务困难，政府就可以采取税式支出的办法，免除这类纳税人的纳税义务。由此可见，这类税式支出明显带有财政补贴的性质，目的在于扶植国家希望发展的亏损或微利企业，以求国民经济各部门的发展保持基本平衡。但是，需要我们特别注意的是，在采取这类税式支出时，必须严格区分经营性亏损和政策性亏损，要尽可能地避免用税式支出的手段去扶持因主观经营管理不善所造成的财务困难。所谓刺激性税式支出，主要是指为改善资源配置和提高经济效率而对特定纳税人或特定纳税对象采取的税收优惠措施，其目的在于调整产业结构、产品结构和贸易结构，促进纳税人开发新产品、新技术和积极安排劳动就业等，以充分发挥税收作为调节经济杠杆的作用。

6.4.3 税式支出的形式

根据世界各国税式支出的实践，税式支出一般有税收豁免、税收抵免、税收还贷、优惠税率、优惠退税、延期纳税、盈亏互抵和加速折旧等 8 种形式。

(1) **税收豁免**

税收豁免，是指对某些纳税人或课税对象给予减免应纳税款以示鼓励或照顾的一种税式支出形式。减税是从应纳税额中减征部分税款；免税是免征全部应纳税款。除税法列举的免征项目以外，一般的减免税都属于定期减免性质，规定有具体的减免期限，到期就恢复征税，缴纳全部应纳税款。例如，对科研单位和大专院校服务于各业的技术成果转让、技术培训、技术咨询、技术服务、技术承包所取得的技术性服务收入暂免征收所得税。这是税法列举的免税项目，属于不定期的减免。而一般的减免税项目，例如，对生产性外商投资企业，除了属于石油、天然气、稀有金属、贵重金属等资源开采项目以外，经营期在10年以上的，从开始获利的年度起，第一年和第二年免征企业所得税，第三年至第五年减半征收企业所得税，从第六年起开始恢复征税，缴纳全部应纳税款。而此前两年免税，后三年减税，就属于定期减免。由于减免税政策能够补充和解决一般税法所不能解决的问题，照顾社会、经济生活中的某些特殊情况，达到调节经济和促进经济发展的目的，因此，减免税是最普遍的税式支出形式，为绝大多数国家所采用。

（2）**税收抵免**

税收抵免，是指准许纳税人把某种或某些合乎规定的特殊项目，按一定比率或全部冲抵其应纳税额，从而减轻其税收负担。税收抵免主要有投资抵免和国外税收抵免两种形式。投资抵免旨在对民间投资给予激励，促进资本形成，增加经济增长的潜力，其主要内容是允许纳税人将一定比例的新设备购置费用冲抵其当年的应纳公司所得税税额，这无异于政府对民间投资进行补助，故投资抵免也常被称作“投资津贴”。国外税收抵免则旨在避免对跨国纳税人的国际重复征税，妥善处理有关国家间的税收利益分配关系，消除阻碍国际资本、技术和劳务流动的障碍，其主要内容是允许纳税人用其在非居住国（非国籍国）已缴税款冲抵本国纳税义务，这种抵免在各国的所得税制中几乎都有相应的条款加以规定。

（3）**税收还贷**

税收还贷，是指允许企业用其应纳的税款来归还银行的贷款。它是我国1984年工商税制改革中出现的一种税式支出形式。在形式上，税收还贷可分为以税还贷和税前还贷两种。以税还贷是指允许企业用商品税和增值税归还贷款；税前还贷是指允许企业在缴纳所得税之前，用未税盈余归还贷款。随着经济体制的不断完善，后者成为主要形式。

（4）**优惠税率**

优惠税率，是指对特定的纳税人或特定的经济活动采用较一般税率为低的税率征税。就其方式来说，有直接降低税率和间接降低税率两种。直接降低税率是指从标准税率中直接扣除一定百分率；间接降低税率是指在制定标准税率表时，将优惠低税率列入标准税率表中。优惠税率适用的范围，可视实际需要而加以伸缩。并且，适用优惠税率的期限，既可有期限的限制，也可以是长期优待。其目的在于区别不同情况，给予不同的纳税人或不同的经济活动以不同程度的优惠。一般地说，长期优惠税率的鼓励程度大于有期限的优惠税率，尤其是那些需要巨额投资且获利较迟的企业，可从长期优惠税率中得到较大的利益。

（5）**优惠退税**

优惠退税，是指政府将纳税人已经缴纳入库的税款的一部分或全部，按照规定的程序退还给纳税人，从而使得纳税人的税负得以减轻。优惠退税一般包括两种情况：其一，出口退税，是指政府为鼓励出口使出口产品以不含税的价格进入国际市场而给予纳税人的税款退还。如退还出口关税、退还已纳的国内销售税、消费税、增值税等；其二，再投资退税，是指政府为鼓励投资者将获得的利润用于再投资，而给予全部或部分退还其再投资部分已纳税款的优惠待遇。

（6）**延期纳税**

延期纳税，是指允许纳税人在合乎规定的年限内，将其应纳税款延期缴纳或分期缴纳，从而减轻当期税负。延期纳税表现为纳税人当期税负的向后推延，这对纳税人来讲，无异于得到一笔相当于延期缴纳税款额度的无息贷款，从而在一定程度上帮助企业解除财务上的困难；而对政府来讲，延期纳税所带来的只是推迟收税，损失的只有相当于延期纳税款额度的银行利息。

（7）**盈亏互抵**

盈亏互抵，是指允许纳税人以某一年度的亏损去冲抵以前年度的盈利，申请退还以前年度已纳的税款。一般而言，以某一年度的亏损来冲抵以前或以后年度的盈余，都有一定的时间限制，且就其范围来说，只能适用于所得税。例如，美国联邦公司所得税法规定：公司企业当年的净经营亏损可以从前三年的盈余扣除，并由此从税务机关得到相应的退款。若前三年的盈余仍不足以抵补，不足部分还可结转到今后 7 年的盈余中抵补，从而今后可少缴税。

（8）**加速折旧**

加速折旧，是指政府为鼓励特定行业或部门的投资，允许纳税人在固定资产投入使用初期提取较多的折旧，以后逐年递减而提前收回大部分投资，从而使得纳税人的税负得以递延。从总数上看，加速折旧只是允许纳税人在固定资产投入使用初期提取较其实际损耗为多的折旧，由于折旧的总额不能超过固定资产的可折旧成本，前期所提取的较多折旧必然导致后期所能提取的折旧额相应减少。所以，加速折旧并不能减轻纳税人的税负，它所带来的仅仅是税款缴纳时间的向后推延。但是，对纳税人来讲，虽然总税负未变，但加速折旧使得税负前轻后重，有税收递延缴纳之利，无异于政府向其提供了一笔无息贷款。对政府来讲，在一定时期内，虽然加速折旧并不能造成税收总额的减少，但税收收入前少后多，实际上等于向纳税人提供了一笔贷款利息。

6.4.4 税式支出的预算控制

西方国家对税式支出进行预算控制的方法大体有三种类型：一是非制度化的临时监督与控制。这是一种临时的单项估计，即当政府决定以税式支出的形式对某一部门或行业提供财政补助时，才对其放弃的税收收入进行估价，并没有形成统一的、定期的和系统的制度。二是重点项目的预算控制。国家只对那些比较重要的税式支出项目规定编制定期报表，纳入国家预算管理。三是全面的预算管理。国家对各种税式支出项目严格规定统一的税式支出账户，按年度定期编报，连同主要的税式支出成本估价，附于年度预算报表之后，建立规范的税式支出预算。

复习与思考

1. 简述社会保障支出的涵义与内容。
2. 西方国家社会保障制度的模式是什么？
3. 试述我国社会保障制度改革与完善的基本思路。
4. 什么是财政补贴？如何正确运用财政补贴？
5. 简述捐赠支出与债务支出的涵义及分类。
6. 什么是税式支出？税式支出的主要形式有哪些？

7. 财政收入

7.1 财政收入的概念及其分类

7.1.1 财政收入的概念

财政收入是指政府为履行其职能，依据一定的权力原则，通过国家财政集中的一定量的货币收入。它通常有两个方面的涵义：第一，财政收入是一定量的货币收入，即国家占有的以货币表现的一定量的国内总收入；第二，财政收入又是一个分配过程，这一过程是财政运行的第一阶段或基础环节，在其中形成特定的分配关系或利益关系。

财政收入作为政府财政活动的组成部分，对政府而言有着十分重要和不可或缺的作用。它的作用主要从两个方面表现出来，即收入作用与调节作用。政府在筹集资金的同时，也会影响资源配置、收入分配、经济稳定与发展。当国民收入一定时，国家的财政收入就会和企业、个人的收入之间存在此消彼长的关系。企业、个人作为生产的直接参与者和财富的创造者，应该保证其合理的利润留存和正常的消费需求。财政收入的取得不应损害企业和个人的生产积极性。与此同时，一个国家取得多少财政收入也就决定了公共部门和私人部门之间的资源配置问题，也关系到政府会采取多大的力度进行国民收入的再分配。换句话说，财政收入与效率和公平相联系，对整个社会的稳定和发展有着不可低估的影响。因此，政府在筹集资金的过程中，必须解决好怎样筹资（运用什么财政收入手段）、到哪里去筹资（财政收入有哪些来源），以及能够筹到多少资金（财政收入的规模有多大）等一系列问题。

政府收入是指以政府身份所取得和支配的所有资金。市场经济国家预算管理的全面性原则要求全部政府收支都要包含在政府预算中。为适应建立完善公共财政体系的要求，经国务院批准，财政部自 2007 年 1 月 1 日起实施政府收支分类改革。此次政府收支分类改革是新中国成立以来政府收支分类统计体系的一次重大调整，也是我国政府预算管理制度的又一次深刻创新。改革后的政府收入分类全面反映了政府收入的来源和性质，不仅包括预算内收入，还包括预算外收入、社会保险基金收入等应属于政府收入范畴的各项收入。其具体分类情况是：第一类，税收收入，下设增值税等 21 款；第二类，社会保险基金收入，下设基本养老保险基金收入等 6 款；第三类，非税收入，下设政府性基金收入等 7 款；第四类，贷款转贷回收本金收入，下设国内贷款回收本金收入等 4 款；第五类，债务收入，分设国内债务收入、国外债务收入 2 款；第六类，转移性收入，分设返还性收入等 10 款。

自 2011 年 1 月 1 日起，按预算外资金管理的收入（不含教育收费，以下简称预算外收入）全部纳入预算管理。中央各部门各单位（以下简称中央部门）的教育收费（包括目前在财政专户管理的高中以上学费、住宿费，高校委托培养费，党校收费，教育考试考务费，函大、电大、夜大及短训班培训费等，以下简称教育收费）作为本部门的事业收入，纳入财政专户管理，收缴比照非税收入收缴管理制度执行。[①]

中央部门预算外收入全部上缴中央国库，支出通过一般预算或政府性基金预算安排。根据各项收入的性质，纳入预算管理的具体方式如下：

第一，交通运输部集中的航道维护收入纳入政府性基金预算管理。

---

① 财政部. 关于将按预算外资金管理的收入纳入预算管理的通知［R］. 财预〔2010〕88 号.

第二，中央部门收取的主管部门集中收入、国有资产出租出借收入、广告收入、捐赠收入、回收资金、利息收入等预算外收入纳入一般预算管理，使用时用于收入上缴部门的相关支出，专款专用。

预算外收入纳入预算管理后，收入预算级次保持不变，原上缴中央财政专户的收入上缴中央国库。纳入政府性基金预算的，执收单位所需支出按政府性基金方式管理。纳入一般预算的，原执收单位为财政补助事业单位的，支出由同级财政安排；原执收单位为经费自理事业单位的，由同级财政通过安排其上级主管部门相关项目支出解决。

教育收费的资金拨付，由财政部门根据部门预算和用款申请，从财政专户中核拨。

7.1.2 财政收入的分类

对财政收入的分析是财政理论的重要组成部分。从何种角度对财政收入进行研究，取决于财政收入的分类方式。从不同的角度研究，财政收入有不同的分类方法。按收入的持续与否，可把财政收入划分为经常性收入和临时性收入。经常性收入是指在连续财政年度可稳定获得的收入，包括税收、公共收费、公有财产收入和公共企业收入等；临时性收入则是指非定期、不规则的收入，如公债收入、临时性的税收收入等。根据收入来源渠道的不同，可以把财政收入划分为直接收入和派生收入，直接收入是指政府凭借所有权取得的收入，派生收入是指政府凭借政治权力取得的收入。还可以按照是否依据权力，可将财政收入划分为强制收入和非强制收入。历史上，古典经济学家亚当·斯密曾按收入来源方式把收入划分为国家资源收入和税收收入；英国经济学家道尔顿根据收入的征收方式把财政收入划分为强制收入、代价收入和其他收入。强制收入包括税收、战争赔款、罚金、强迫公债收入等，代价收入是指公产收入、企业收入、自由公债收入等，其他收入则是指专卖收入、特许权使用费、发行货币收入、捐赠收入等。

我国财政收入主要采用以下标准进行分类。

(1) **按财政收入形式的分类**

按财政收入形式划分，通常把财政收入分为税收收入和非税收入两大类。税收收入是财政收入的主体，是国家为了维护其政治、经济职能，凭借政治权力参与社会财富再分配的一种规范形式，具有无偿性、强制性和固定性三大特点。税收收入包括增值税、消费税、所得税等 17 个税种，根据管理权限的划分，又可分为中央税、地方税和共享税。税收是财政收入的主要来源，我国税收收入已占财政收入的 90%左右。

非税收入是指除税收以外由政府及其部门或受政府委托授权的事业单位、社会团体等依法利用政府权力、政府信誉、国家资源、国有资产，或为满足社会公共需要、准公共需要，提供特定公共服务、准公共服务取得的资金收入，是财政收入的重要组成部分。非税收入又可分为专项收入、行政性收费、罚没收入和其他收入，具体包括行政事业性收费、政府性基金、国有资源有偿使用收入、国有资产有偿使用收入、国有资本经营收益、彩票公益金、罚没收入、以政府名义接受的捐赠收入、政府主管部门集中的收入以及财政资金产生的利息收入等。

（2）**按财政收入来源的分类**

根据财政收入与国民经济发展状况之间的联系，可将财政收入从来源上进行分类。从财政收入与国民经济之间的关系来看，二者之间是“流”与“源”的关系，财政收入是“流”，国民经济是“源”，只有开源节流，一国的财政收支状况才能趋于合理，才能实现财政与经济的协调发展。

按财政收入来源的分类，有两种不同的分类：一是以财政收入来源中的所有制结构为标准，将财政收入分为国有经济收入、个体经济收入、中外合资合作经营经济收入、私营经济收入或外商独资经济收入等；二是以财政收入来源中的部门结构为标准，将财政收入分为工业部门收入和农业部门收入，生产部门收入和流通部门收入，第一产业部门收入、第二产业部门收入和第三产业部门收入等。

7.2 财政收入的规模及影响因素

7.2.1 财政收入规模的变动趋势

衡量财政收入规模的指标有两类：绝对量和相对量。绝对量是指年度的财政收入额，2014 年我国的财政收入额为 140370 亿元。相对量是指某年度的财政收入额与其它经济指标或与其它年度的财政收入额相比较的量，从动态的角度揭示出财政收入的变动情况。常用的财政收入相对量指标有两个，一是财政收入的增长速度，如 2014 年我国的财政收入相比上年度（2013 年）增长速度为 8.7%；二是财政收入占国内生产总值的比重，如 2014 年我国财政收入占 GDP 的比重为 22.1%。以上三个指标中，尤以财政收入占 GDP 的比重最为重要，它能在一定程度上反映财政收入规模与国民经济发展阶段和状况之间的关系。表 7−1 列出了 1952 年到 2014 年我国财政收入占 GDP 的比重。

表 7−1　国家财政收入占国内生产总值的比重①

年份	财政收入（亿元）	GDP（亿元）	财政收入占 GDP 比重（%）
1952 年	173.94	679.0	25.6
1977 年	874.50	3221.1	27.1
1978 年	1132.26	3645.2	31.1
1985 年	2004.82	9016.0	22.2
1990 年	2937.10	18667.8	15.7
1995 年	6242.20	60793.7	10.3
2000 年	13395.23	99214.6	13.5
2005 年	31649.29	184937.4	17.1
2010 年	83101.51	401512.8	20.7
2011 年	103874.43	473104.0	22.0
2012 年	117253.52	518942.1	22.6
2013 年	129142.9	568845.2	22.7
2014 年	140370.03	636463.0	22.1
2015 年	152217.00	676708.0	22.5
2016 年	159552.00	744127.0	21.4

注：1. 在国家财政收支中，价格补贴 1985 年以前冲减财政收入，1986 年以后列为财政支出。为了可比，本表将 1985 年以前冲减财政收入的价格补贴改列在财政支出中。

2. 财政收入中不包括国内外债务收入。

3. 从 2000 年起，财政支出中包括国内外债务付息支出。

① 表中数据来自历年《中国统计年鉴》，中国统计出版社出版。

从表7—1中可以看出，新中国成立以来我国财政收入额除个别年度外，几乎都比上年有大幅增加。财政收入占GDP的比重在改革开放以前，常年保持在27%左右，从1978年到1995年呈直线下滑趋势，从1978年的31.2%下降到1995年的10.7%；从1996年起又开始缓慢上升，2014年达到22.1%。

（1）1978—1995**年财政收入占**GDP**比重下降的原因**

放权让利的改革使财政收入比重下降。改革开放前的30年，我国基本上实行统收统支的财政管理体制。在高度集中的计划经济体制下，国家把国有企业纳入财政分配体系，对国有企业实行统收统支，企业创造的利润（纯收入）和折旧基金基本上都上缴国家财政。1978年开始的市场化改革，以财政的放权让利为突破口，我国财政收入体系因之发生重大变革。1983年我国实行了利改税的第一步改革，1984年第四季度开始进行了利改税的第二步改革。这两步利改税改革的完成使我国的财政收入格局实现了由“税利并存”向“以税代利”的转变，税收收入开始逐渐处于绝对主导地位。1978年，税收收入占财政收入的比重是45.8%，1993年上升到97.8%。税收份额扩大的另一个重要原因是改革开放以来私营、个体和外商经济的迅速成长，其上缴的税收比例不断增长。而企业收入项目则迅速萎缩，企业收入占财政收入的比重从1978年的50.5%下降到1993年的1.1%。利改税后，国企上缴55%的所得税，一般企业不再上缴利润，税后利润较多的企业上交国家一部分利润。1994年税制改革完成后，国企的税后利润全部归企业支配。预算内收入构成的变动过程也说明我国财政收入的主体结构日益规范化。

预算外资金迅速增长，也是预算内收入占GDP的比重偏低的原因之一。改革扩大了地方预算自主权，对企业放权让利，所以预算外资金的增长超过任何一个时期，已经成了经济运行的一个重要特点、也是一个问题。1982年，全国预算外资金为802亿元，1987年增加到2029亿元，相当于当年财政收入的92%，1992年达到3855亿元，10年间增加了3.8倍，年均增长17%，高于同期预算内收入增幅近6个百分点，名副其实地成为国家的“第二预算”。预算外资金历年增长速度均超过当年的GDP和预算内收入的增长速度，造成资金的严重分散。由于管理不严，财经纪律松弛，化预算内为预算外、化生产资金为消费基金、化公为私等现象有所滋长和蔓延，预算外资金严重挤占预算内资金，一定程度上造成预算内收入占财政收入的比重较低。

放权让利在造成财政收入比重日益偏低的同时，也改变了中央财政和地方财政可支配的预算内收入分配格局。这使得财政陷入困境，其中中央政府尤为困难。财政收入占 GDP 的比重从 1978 年的 31.6%下降到 1995 年的 10.7%。表 7—2 显示了中央和地方预算内可支配的收入分配格局的变化情况。如果只考察中央和地方经常性预算收入构成的话，1978 年到 1995 年，中央财政本级收入占财政收入的比重从 1978 年的 15.5%上升到 1990 年的 33.8%，1993 年则下降到 22.0%。单从这个比例看，中央财政收入没有明显的下降，但这并不能说明中央政府预算内可支配财力的比重也是增长的。因为中央聚集的部分财力一般通过刚性的体制退补或其他形式的返还，又回到了地方，形成了地方政府的可支配财力。如 1994 年扣除税收返还以后，中央预算内可支配财力从 55.0%下降到 21.2%。如果从预算内支出构成来看，情况却恰好相反。地方财政支出（可支配财力）从 1979 年的 48.9%上升到 1993 年的 71.1%。不仅如此，在日渐缩小的政府可支配财力中，债务构成比重越来越大，最高年份的 1994 年，用于弥补赤字额的债务占中央财政本级支出的 32%，而且用于债务还本付息的支出还未包括在中央政府的经常性支出内，如果将这部分负担考虑在内，中央政府的债务依存度将大大增加。因此，中央财政的收入状况亟待改变。

表 7—2　1978—1995 年各项财收入比重（%）

年份	税收收入	企业收入	企业亏损补贴	能源交通重点建设基金	预算调节基金收入	公共债务	其他收入
1978	45.8	50.5	0	0	0	0	3.6
1979	46.9	43.2	0	0	0	3.1	9.9
1980	49.3	37.5	0	0	0	3.7	13.2
1981	53.6	30.1	0	0	0	10.4	16.3
1982	57.7	24.5	0	0	0	6.9	17.8
1983	56.7	17.6	0	6.8	0	5.8	18.9
1984	57.7	16.8	0	7.5	0	4.7	18
1985	101.8	2.2	—25.3	7.3	0	4.5	14
1986	98.5	2	—15.3	7.4	0	6.5	7.4
1987	97.3	1.9	—17.1	8.2	0	10.2	9.7

续表7－2

年份	税收收入	企业收入	企业亏损补贴	能源交通重点建设基金	预算调节基金收入	公共债务	其他收入
1988	101.4	2.2	－18.9	7.9	0	11.5	7.5
1989	102.3	2.4	－22.5	7.6	3.4	15.3	6.7
1990	96.1	2.7	－19.7	6.3	4.5	12.8	10.2
1991	94.9	2.4	－16.2	6	4.4	14.7	7.6
1992	94.6	1.7	－12.8	4.5	3.4	19.2	7.6
1993	97.8	1.1	－9.5	2.7	2.4	17	4.4
1994	99.9	—	－6.3	1.0	1.1	22.5	5.4
1995	96.7	—	－6.1	0.3	0.6	24.8	6.3

资料来源：根据历年《中国财政年鉴》数据计算整理。

(2) 1995－2014 **年财政收入占 GDP 的比重持续上升的原因**

1994 年，我国实行了“分税制”财政体制改革。这次改革的着力点集中在解决改革开放后由于“放权让利”所导致的财政实力过弱、财政体制关系紊乱、中央财政调控能力严重不足等问题，关键内容是构建分税分级财政体制来正确处理政府与企业、中央与地方两大基本经济关系，为适应市场经济客观要求、实现财政职能的转轨奠定基础。

分税制是指通过对税种和税收管理权限的划分确立政府间财力分配关系的一种财政管理体制。这次改革在税收制度方面进行了根本性的改革。除了税种设置更合理、征管范围更广泛之外，税制改革统一了内外资企业所得税税率，建立了统一、规范的税基，基本上形成了以流转税和所得税为主体、其他税种相互配合的多环节、多层次调节的复合税制，取消了政府向国有企业征收的能源交通重点建设基金和预算调节基金。20 世纪 90 年代中后期以来，在改革财政体制的同时，我国加强了税收征管工作，其成效十分显著。在每年连续增收的 1000 多亿税金当中，直接来自于加强税收征管效果的部分占有较高的比重。如 1999 年，通过打击走私，关税收入猛增 8000 多亿元，占当年税收增量的 50%以上；2001 年，强化税收征管增加了收入近 700 亿元，约占全年税收增量的 26%。应该注意的是，随着税收征管制度的规范化和征管技术条件的不断成熟，税收征管因素对税收收入影响的弹性将会大大降低。

税制改革在建立了较为规范的财政收入来源的同时，强化了财政增收机制，有效阻止了“两个比重”下滑的势头，并逐年稳步回升。从一般公共预算收入规模来看，由1995年的6242.2亿元增长到2016年的159552.0亿元，占GDP的比重由1995年的10.3%提高到2016年的21.4%（见表7－3）。2011年至2016年，我国一般公共预算收入从103873亿元增长到159552.0亿元，占GDP的比重保持在22%左右，其中税收收入从95729亿元增长到115878亿元，占GDP的比重在15.57%。其中税收收入从95729亿元增加到119158亿元，占GDP比重在20%左右。可以看出，这次税制改革使得更多的资源从非政府部门转向政府部门，中央进行宏观调控的财政能力得到了保障。1995年，中央财政本级收入占财政收入的比重为52.2%，2004年则到达54.9%，2008年是53.3%。在税制改革的基础上，中央和地方、地方各级政府之间也逐步建立了较为规范的分税制财政管理体制。这使各级政府收入日渐脱离按企业隶属关系划分收入的旧体制框架，减少了政府对企业的行政性干预；同时，也形成了规范的分级财政体制，适应了市场经济发展的要求。

表7－3　1995年以来我国一般公共预算收入的规模及其增长

年份	绝对规模（亿元）	占GDP的百分比（%）	增长速度（%）
1995	6242.20	10.3	19.6
1996	7407.99	10.4	18.7
1997	8651.14	11.0	16.8
1998	9875.95	11.7	14.2
1999	11444.08	12.8	15.9
2000	13395.23	13.5	17.0
2001	16386.04	14.9	22.3
2002	18903.64	15.7	15.4
2003	21715.25	16.0	14.9
2004	26396.47	16.5	21.6
2005	31649.29	17.3	19.9

续表7－3

年份	绝对规模（亿元）	占GDP的百分比（%）	增长速度（%）
2006	38760.20	18.3	22.5
2007	51321.78	19.9	32.4
2008	61330.35	20.4	19.5
2009	68518.30	19.6	11.7
2010	83101.51	20.12	21.3
2011	103874.43	22.0	25.0
2012	117253.52	22.6	12.9
2013	129209.64	22.7	10.2
2014	140370.03	22.1	8.6
2015	152269.23	22.5	5.8
2016	159552.00	21.4	4.8

资料来源：《中国统计年鉴2016》。

7.2.2 影响财政收入规模的因素

(1) 经济发展水平对财政收入规模的影响

国内生产总值（GDP）是反映一国经济发展水平的一个综合性指标，经济发展水平反映一个国家的社会产品的丰富程度和经济效益的高低。一般而言，经济发展水平高，该国的财政收入总额较大，占GDP的比重也较高。当然，一个国家的财政收入规模还受其他各种主客观因素的影响，但有一点是确定的，就是经济发展水平对财政收入的影响表现为基础性的制约，两者之间存在着源与流、根与叶的关系，渊远而流长，根深而叶茂。

从世界各国的现实状况考察，发达国家的财政收入规模大都高于发展中国家，而在发展中国家中中等收入国家的财政收入又大都高于低收入国家，绝对额如此，相对数也是如此。

根据国际货币基金组织《政府财政统计年鉴（2007）》公布的2006年数据计算，51个国家的财政收入占GDP比重平均为40.6%，21个工业化国家的水平为 45.3%，30 个发展中国家的平均水平为 35.9%。其中，50 个国家的税收收入占 GDP 比重的平均水平为 25.4%，工业化国家的平均水平为 29.5%，发展中国家的平均水平为 21.3%。再从几个发达国家的历史发展的纵向比较来看，英、法、美三国 1880 年的财政收入只相当于 GDP 的 10%左右，到 20 世纪 80 年代已上升到 20%~40%。可见经济发展水平对财政收入规模具有明显的影响。

2008 年至 2013 年，我国预算内收入从 61330.35 亿元增长到 129209.64 亿元，占 GDP 比重从 20.4%增长到 22.7%。税收收入从 54223.79 亿元增长到 110530.70 亿元，占 GDP 比重从 18.4%上升到 21.1%。2008—2013 年，我国政府收入从 62784.89 亿元增加到 131072.73 亿元，占 GDP 比重从 19.65%到 22.02%。由于市场经济国家的所有政府收入都纳入了预算，为了便于比较，我们以政府收入这个口径进行统计，即我国政府以行政权力和国有资产所有者身份集中的社会资源，除了预算内收入外，还包括政府性基金收入、财政专户管理资金收入、社会保险基金收入和土地出让收入这四个部分。2008 年至 2013 年，我国政府收入从 62748.89 亿元增长到 13130.83 亿元，占 GDP 比重从 19.65%增长到 22.06%。通过国际比较表明，当前我国政府收入占 GDP 比重不仅低于发达国家的平均水平，而且还低于发展中国家的平均水平（详见表 7—4、7—5）。

表 7—4　1991—2013 年 OECD 国家政府税收和非税收入占 GDP 比重（%）

	1991 年	1995 年	2000 年	2005 年	2006 年	2007 年	2008	2009	2010	2011	2012	2013
澳大利亚	33.0	34.5	36.1	36.3	36.0	35.4	33.69	33.44	31.85	31.99	33.64	34.50
加拿大	43.9	43.2	44.1	40.8	40.7	40.5	38.72	38.72	37.78	37.60	37.74	37.97
法国	47.6	48.9	50.1	50.5	50.3	49.7	49.94	49.21	49.46	50.83	51.96	52.89
德国	43.3	45.1	46.4	43.6	43.8	43.9	44.01	45.14	43.54	44.55	45.16	44.37
意大利	42.6	45.1	45.3	43.8	45.4	46.6	45.93	46.51	46.06	46.15	47.66	48.20
日本	33.4	31.4	31.4	31.7	34.6	33.4	31.62	29.59	29.61	30.80	31.10	31.57
韩国	22.7	24.6	29.3	31.9	33.8	35.2	24.03	23.05	22.65	23.23	23.27	23.33
荷兰	52.3	47.2	46.1	44.5	46.2	45.6	46.66	45.20	45.62	45.10	45.94	46.82
西班牙	39.5	38.0	38.1	39.4	40.5	41.0	36.96	35.08	36.61	35.71	36.33	37.11
瑞典	61.0	58.0	60.7	56.1	55.3	54.9	51.81	51.82	50.52	49.61	49.66	49.89

续表7－4

	1991年	1995年	2000年	2005年	2006年	2007年	2008	2009	2010	2011	2012	2013
英国	39.8	38.2	40.3	40.8	41.6	41.7	37.87	35.79	36.55	37.74	35.16	38.56
美国	32.9	33.8	35.8	33.4	34.2	34.5	32.51	30.83	31.23	31.40	31.76	32.93
欧元区	44.7	45.6	46.3	44.9	45.4	45.5	—	—	—	—	—	—
全部OECD国家	37.6	38.1	39.3	38.0	38.9	38.9	—	—	—	—	—	—

数据来源：OECD Economic Outlook（2008年11月）。

生产技术水平也是影响财政收入规模的重要因素。生产技术水平是指生产中采用先进技术的程度，又可称之为技术进步。技术进步对财政收入规模的影响可从两个方面来分析：一是技术进步加快了生产速度、提高了生产质量、增加了国民收入，从而使财政收入的增长有了充分的财源；二是技术进步降低了物耗比例，经济效益提高，产品附加值所占比例扩大。由于财政收入主要来自产品附加值，所以技术进步对财政收入的规模的影响更为明显和直接。

表7－5　部分发展中国家政府财政收入占GDP比重

国家	南非	斯洛伐克	波兰	捷克	保加利亚	伊朗	阿根廷
年份	2014	2014	2014	2014	2014	2014	2014
比重（%）	25.2	38.9	16.5	40.8	35.2	14.6	23.1
国家	哥伦比亚	玻利维亚	秘鲁	巴西	马来西亚	伊朗	阿根廷
年份	2014	2014	2014	2010	2014	2015	2015
比重（%）	29.2	51.4	32.3	39.4	19.9	17.7	21.9

数据来源：EIUCountrydata－国家数据。

（2）分配政策与分配制度

经济决定财政，财政规模的大小，归根到底受经济发展水平的制约。但是，经济发展水平只是形成财政收入的基础。在社会总产值中最终有多少能成为国家集中的财政收入，要通过现实的分配过程，分配政策或分配制度本身也是影响财收入的重要因素。第一，在经济总量一定的前提下，如果国家财政收入过多，就会直接减少企业和个人的收入，这对企业生产规模的扩大和个人购买力的增加产生不利影响，最终会阻碍经济的发展，反而导致财政收入增加困难。而如果国家财政收入过少，其直接后果则是减少财政在公共服务方面的支出，降低国家对经济的宏观调控能力，最终也将不利于经济快速健康地发展，从而影响财政收入的增加。第二，国家通过财政收支可以调控经济运行，在经济总量一定的前提下，财政收入的多少要因应经济发展的态势。在经济增长过热时，国家应当实施积极的财政政策，适度增加财政支出，减少财政收入，更多地让利于民。财政收入要坚持聚财有度的原则，处理好国家、企业、个人的关系，既要保证国家财政收入稳步增长，又要促进生产发展和人民生活水平提高。

我国改革开放初期，财政收入占 GDP 的比重出现逐年下滑的趋势，直接导因是经济转轨过程中 GDP 分配格局的急剧变化。据统计，从最终收入分配格局中，政府收入的比重从 1978 年的 31.3%下降为 1994 年的 12.0%，下降了 19.3 个百分点；企业收入所占比重则从 18.2%上升到 21.5%，上升了 3.3 个百分点；个人收入所占比重则从 50.5%上升到 66.5%，上升了 16 个百分点。当时，GDP 分配格局变化的显著特征是向居民个人倾斜。而改革初期这种倾斜带有补偿性质。在计划经济时期，国家将包括收入分配在内的社会经济运行过程基本上完全纳入计划管理的框架之内。国有企业没有独立的经济利益，其创造的利润要全部上交政府的财政。居民个人的收入则完全依靠企事业单位发放的工资，基本上没有工资以外的其他收入。在长期的高就业、低工资劳动体制下，居民的个人收入被压低到只能满足自身最低生活需要的水平，GDP 的其他部分则被国家财政拿走。1960 年，财政收入占 GDP 的比重达到历史最高水平，有 47%的 GDP 成为国家财政收入。1978 年之后，我国的经济改革率先在分配领域进行突破，分配政策的重心从高度上收开始下移。为了增加居民的个人收入，提高其消费水平，不仅大幅度提高了农产品的收购价格，而且为城镇职工连续增加工资，推行奖金制度；对国有企业实施放权让利等一系列改革措施，以增强企业自身的经营能力，并为实现政企分离创造条件。因此，新的分配政策实施的结果，必然是在国家财政、企业和个人之间重新分割 GDP 的份额。

1995 年之后，财政收入比重的反转，同样反映出政府分配政策的改变。1994 年，国家进行了包括财政体制、税收体制在内的新一轮经济体制改革。考虑到政府应该承担的不断加大的宏观调控功能，在财政收入方面必须能够与之相适应，此轮财政体制改革的一项重要任务就是要改变财政收入占 GDP 的比重过低、中央财政收入占财政收入比重过低的局面。事实证明，这种改革的思路和成效已经显现出来，财政收入占GDP的比重逐年提高，从1995年的10.7%提高到2008年的19.5%。国家，企业和个人在GDP分配中的份额也所改变。有学者测算了1978－2006年的国民收入分配格局，研究发现：1978年以来政府可支配收入份额不断减少，至1995年降至迄今为止的历史最低水平，为15.04%，此后呈平稳增长的态势，2006年这一份额为21.60%；企业可支配收入份额总体上是上升的，1978年为13.8%，1978年以来企业可支配收入份额不断减少，至1983年降至迄今为止的历史最低水平，总体上出现亏损局面，为－2.28%，此后呈快速增长的态势，1995年高达35.1%，2002年又下降到28.8%，之后有所回升，2006年则为33.9%；1978年以来居民可支配收入份额不断上升，至1983年上升至迄今为止的历史最高水平，为63.09%，5年间上升18.62个百分点，居民可支配收入份额的快速增长极大地提高了居民的积极性，成为促进经济增长的最重要因素。此后呈逐年下降趋势，2006年这一份额为44.53%。① 居民可支配收入份额下降导致内需不振，影响了经济的长期增长。为进一步扩大内需，特别是消费需求，国家将加快调整国民收入分配格局，重点是增加居民收入在国民收入初次分配和再分配中的比重，从而不断增强城乡居民的消费能力。

表7－6 国家财政分项目收入②

（单位：亿元）

年份	收入合计	各项税收	企业收入	企业亏损补贴	能源交通重点建设基金收入	预算调节基金收入	教育费附加	其他收入
1991	3149.48	2990.17	74.69	－510.24	188.22	138.53	28.01	240.10
1992	3483.37	3296.91	59.97	－444.96	157.11	117.47	31.72	265.15
1993	4348.95	4255.30	49.49	－411.29	117.72	102.46	44.23	191.04
1994	5218.10	5126.88	—	－366.22	53.96	59.10	64.20	280.18
1995	6242.20	6038.04	—	－327.77	17.42	34.92	83.40	396.19
1996	7407.99	6909.82	—	－337.40	3.78	11.09	96.04	724.66

① 田卫民．测算中国国民收入分配格局：1978—2006［J］．财贸研究，2010（1）．

② 中国统计年鉴［M］．北京：中国统计出版社，2007．

续表7—6

年份	收入合计	各项税收	企业收入	企业亏损补贴	能源交通重点建设基金收入	预算调节基金收入	教育费附加	其他收入
1997	8651.14	8234.04	—	−368.49	—	—	103.29	682.30
1998	9875.95	9260.80	—	−333.49	—	—	113.34	833.30
1999	11444.08	10682.58	—	−290.03	—	—	126.10	925.43
2000	13395.23	12581.51	—	−278.78	—	—	147.52	944.98
2001	16386.04	15301.38	—	−300.04	—	—	166.6	1218.1
2002	18903.64	17636.45	—	−259.6	—	—	198.05	1328.74
2003	21715.25	20017.31	—	−226.38	—	—	232.39	1691.93
2004	26396.47	24165.68	—	−217.93	—	—	300.4	2148.32
2005	31649.29	28778.54	—	−193.26	—	—	356.18	2707.83
2006	38760.2	34809.72	—	−180.22	—	—	446.85	3683.85
2007	51321.78	45624.97	—	−277.54	—	—	556.91	5420.44
2008	61330.35	54223.79	—	−157.17	—	—	650.85	6612.88

表 7—7　2009—2015 年国家财政收入主要项目

单位：亿元

	收入合计	各项税收	专项收入	行政事业性收费	罚没收入	其他收入
2009	68518.30	59521.59	1636.99	2317.04	973.86	4068.82
2010	83101.51	73210.79	2040.74	2996.39	1074.64	3778.95
2011	103874.43	89738.39	3056.41	4039.38	1301.39	5738.86
2012	117253.52	100600.88	3232.63	4579.54	1559.81	7267.26
2013	129209.64	110530.70	3528.61	4775.83	1658.77	8715.73
2014	140370.03	119175.31	3711.35	5206.00	1721.82	3012.45
2015	152269.23	124922.20	6985.08	4873.02	1876.86	2067.97

（3）价格对财政收入规模的影响

在商品货币经济条件下，财政收入是以一定量的货币收入表示的，而且是在一定的价格体系下形成的，又是按一定时点的现价计算的。价格作为一种重要的经济杠杆，其变动的实质是社会财富（利益）在国家、集体、个人之间的转移和再分配。因此，价格的变动必然影响财政收入的增减。

分析价格变动的最重要指标是价格总水平的变动，价格总水平的变动有三种形式：上升、下降、稳定。从现实经济生活来看，价格总水平一般呈上升趋势，一定范围内的上涨是正常现象，持续地大幅度上涨是通货膨胀的特征之一。物价总水平持续下降的情况虽然少见，但作为通货紧缩的显著特征之一，近几年通货紧缩在我国经济生活中也产生了较为深刻的影响。这些情况如图7－1所示。①

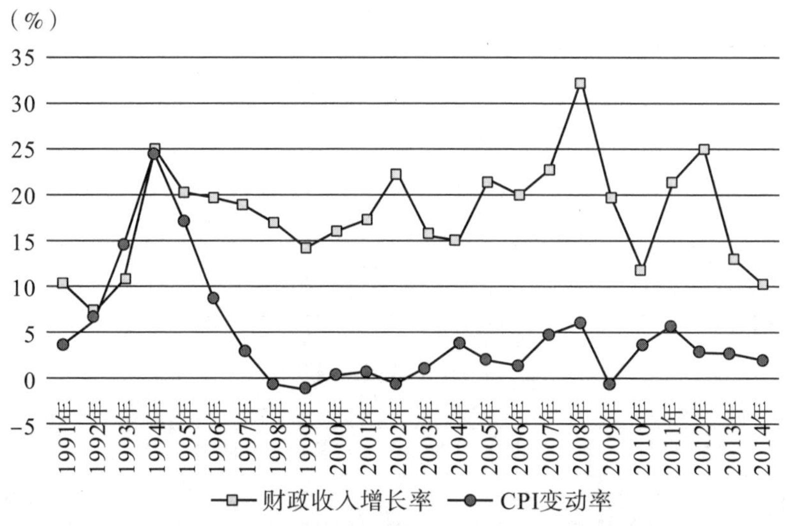

图 7－1 中国商品零售价格、财政收入的年度变化率

价格上升对财政收入的影响有以下几种情况：A. 财政收入增长率高于物价上升率，财政收入名义上正增长同时也是实际正增长，如图 7－1 中 1991 年、1992 年、1993 年、1995 年、1996 年这 5 年的情况；B. 价格上升率高于财政收入增长率，财政收入名义上正增长而实际负增长，如我国 1987 年、1988 年、1989 年这 3 年的情况；C. 财政收入增长率与物价上升率大体一致，财政收入只有名义增长，而实际不增不减，如 1994 年基本上属于这种情况。

① 中国统计年鉴［M］. 北京：中国统计出版社，2003.

价格下降对财政收入的影响有以下几种情况：A. 物价下降而财政收入增长，表现为财政收入实际增长高于名义增长，如图 7−1 中 1998 年、1999 年的情况；B. 物价下降率小于财政收入减少率（都为负数），则财政收入的实际减少幅度大于名义减少幅度，实际财政收入比名义收入更少；C. 物价下降率大于财政收入减少率（都为负数），实际财政收入比名义收入多；D. 物价下降率与财政收入减少率大体一致，财政收入只有名义减少，而实际上不增不减。

价格稳定对财政收入的影响有以下几种情况：A. 物价稳定而财政收入增长。在计划经济时代，我国大多数财政年度都是这种情况。B. 物价稳定而财政收入负增长。这种情况很少，在我国只有 1961 年、1962 年、1967 年、1968 年、1974 年、1976 年出现了财政的负增长。C. 物价稳定同时财政收入稳定。如 1979 年、1980 年、1981 年这 3 年中，物价稳定，财政收入增长率也低于 1.4%。

在现实经济生活中，价格变动对财政收入的影响主要取决于两个因素：一是引发价格总水平上升或下降的原因；二是现行的财政收入制度。

连年的财政赤字通常是通货膨胀的重要原因。假如物价总水平的上升主要是由财政赤字引发的，即流通中过多的货币量是因弥补财政赤字造成的结果，则国家财政就会通过财政赤字从国民收入再分配中分得更大的份额；在国民收入只有因物价上升形成名义增长而无实际增长的情况下，财政收入的增长就是通过价格再分配机制实现的。因此，财政收入的增量通常可分为两部分：一部分是国民收入正常增量的分配所得；二是价格再分配所得。后者即为通常所说的“通货膨胀税”。在西方发达国家，由于长期实行赤字财政政策，并通过市场机制形成有利于国家的再分配，所以“通货膨胀税”是国家财政的一种经常性的收入来源。在我国，短缺经济是形成通货膨胀的主要原因，价格变动对财政收入的影响，如前文所述，可能使财政收入增加，也可能是减少，还有可能是基本上无增减。

供求的总量失衡或结构失衡，导致总供给长期高于总需求，是造成通货紧缩的重要原因。在通货紧缩的条件下，税率保持不变而扩大税基，或提高征税效率，是财政收入增加的主要原因。

决定价格再分配对财政收入影响的另一个因素是现行财政收入制度。在物价上涨的情况下，如果是以累进所得税为主体的税制，纳税人适用的税率会随着名义收入的增长而提高，即出现所谓“档次爬升”效应，从而财政在价格再分配中所得份额将有所增加。如果实行的是以比例税率的流转税为主体的税制，税收收入的增长率等同于物价上涨率，财政收入只有名义增长，而不会有实际增长。如果实行的是定额税，在这种税制下税收收入的增长总要低于物价上涨率，所以财政收入即使有名义增长而实际必然是下降的。物价下跌条件下的情况恰好与此相反。西方发达国家的税制是以财产、所得等为征税对象的直接税为主，其中个人所得税占有相当大的比重，如美国的个人所得税收入占税收收入的比重在60%以上，而个人所得税适用累进税率，因此，在这些国家，其价格的升降对财政收入的增减有着重要影响。我国现行税制是以比例税率为主，价格的升降对财政收入的增减影响相对较小。

7.3 财政收入的结构

7.3.1 衡量财政收入结构是否合理的标准

财政收入结构是指财政收入的形式结构和来源结构。财政收入的形式结构包括税收和非税收入两种形式。财政收入的来源结构包括财政收入的价值构成、所有制构成和部门构成等三种形式。对财政收入结构分析的目的在于通过建立合理的财政收入结构，探求增加财政收入的途径，发挥财政的积极作用，促进社会经济的全面进步。因此，能否有利于实现财政配置资源、收入分配、稳定和发展经济、协调公平和效率等职能，进而促进社会政治经济生活的全面进步，是衡量财政收入结构是否合理的根本标准。

财政收入的形式结构是否合理，主要包括三个方面：税收结构是否合理、非税收入结构是否合理、税收收入和非税收入之间的比例是否合理。

税收结构是否合理，是税收制度所要解决的问题。合理的税收结构应该具有以下内容：在正确的税收原则指导下建立，有利于发挥财政的正面职能；同时，作为一种重要的经济杠杆，在调节社会经济生活中也应该发挥积极作用。新中国成立以来，我国的税收制度经过数次重大调整，已初步建立与社会主义市场经济体制相适应的税收制度，税收结构已基本趋于合理。

非税收入结构是否合理，包括以下内容：非税收入的形式是否规范，规模是否适度，审批和管理是否严格，能否有利于财政积极作用的实现。目前我国非税收入结构存在严重的问题：名目众多，规模失控，管理混乱，干扰了正常的经济秩序，是我国财政收入体制改革中应当治理和整顿的重点。

衡量税收收入和非税收入在财政收入中的比例是否合理的基本标准是：税收应是财政收入的主要形式，非税收入是税收的补充，因此税收的份额应处于绝对优势，非税收入的份额无足轻重。当今世界上绝大多数国家，税收占财政收入的比重都在 90%以上。

财政收入的来源结构是否合理，包括三个方面的内容：财政收入的价值构成是否合理、所有制构成是否合理、部门构成是否合理。

7.3.2 财政收入的价值构成

财政收入的价值构成反映社会产品价值中 C、V、M 三部分在财政收入来源中的构成情况。

从价值构成上看，财政收入的主要来源是 M，M 是新创造价值中归社会支配的部分，是财政收入的基本源泉，只有 M 部分多了，财政收入的增长才有坚实的基础。马克思说："富的程度不是由产品的绝对量来计量，而是由剩余产品的相对量来计量。"① 用这句话来说明财政收入与 M 的关系是十分恰当的。在我国的财税工作实践中，M 又称为税前利润或称毛利，其总量是社会产品总价值扣除总成本（$C+V$）之后的余额。财政收入来源于 M，主要有三种形式：企业所得税、国有资产投资收益、财政专项基金。

M 是财政收入的主要来源，但不是唯一来源，C 和 V 的一部分也可以构成财政收入的来源。C 是社会产品中用于补偿消耗掉的劳动对象的价值，如消耗掉的原材料、燃料、辅助材料、机器设备厂房的折旧等。我国现行税制是以流转税为主的税制，在税收实践中有相当一部分税收收入来源于 C，如增值税。企业在购进设备、原材料的过程中，都要缴纳增值税，税款计入所购设备和原材料的价值中。V 是以劳动报酬形式付给生产者个人的部分，从现实来看，财政收入包括一部分 V 是肯定的，其一，高税率的消费品的价格中实际上也包括一部分由 V 转移来的价值，这部分价值最后转化为上缴财政的商品税收入；其二，对个人收入课征的个人所得税，这是 V 作为财政收入来源的

① 马克思恩格斯全集（第 23 卷）[M]. 北京：人民出版社，1972：257.

最明显例证。

既然 C、V、M 都是财政收入的来源，那么衡量财政收入价值构成是否合理的标准在于衡量财政收入来源于 C、V、M 的比例是否适当。从静态角度考察，一定时期的社会产品价值总额是固定的，即 $C+V+M$ 的总和是固定的。如果采用比例税率或定额税率，税收在 C、V、M 内部的分布变化并不影响税收总额的增减。因此，能够引起税收总额增减变化的是 C、V、M 中有的部分采用累进税率。目前在世界上几乎所有的国家，个人所得税都适用超额累进税率，如果在其他因素不变的情况下，财政收入（主要是税收）来源于 V 的部分发生变动，则对税收总额的增减会产生明显影响，当然这还取决于个人所得税收入占财政收入的比重的高低，比重越高，影响越大，反之亦然。目前西方发达国家的税制是以直接税为主的体制，个人所得税在财政收入中的比重很高，因此，财政收入来源于 C、V、M 的比例关系对财政收入总额至关重要。目前，我国个人所得税占财政收入的比重还很低，不足 10%，财政收入来源于 C、V、M 的比例对财政收入总额的影响还不大。从动态角度考察，由于 C、V、M 的补偿或分配在再生产的过程中并不是在同一时点进行的。一般而言，在一个再生产周期中，C、V、M 存在逻辑的和现实的先后关系，即先有 C、V 的投入，才有 C 的补偿和 V、M 的创造和分配。如果财政收入较多地来源于 C 和 V，实际上是增加了企业的投资成本，不利于投资的增长。在短缺经济悄然过去、投资增长乏力、消费启而不动、面临通货紧缩的压力下，我国在通货膨胀时期建立的以流转税为主体的税制，已在一定程度上起到了抑制投资和消费的负面作用。今后，在建立和完善适应新的宏观经济环境的新税制过程中，适当增加直接税（财产税和所得税等）在财政收入中的比重是一个合理的选择。

综上所述，衡量财政收入的价值构成是否合理的标准是：既要增加财政收入，也要有利于经济发展。其关键是合理划分财政收入在 C、V、M 中的比例关系。

7.3.3 财政收入的所有制构成

财政收入的所有制构成是指财政收入作为一个整体是由不同所有制的经营单位各自上交的税收利润和费用（基金）等部分构成的。公有制为主体，多种所有制经济共同发展，是我国社会主义初级阶段的基本经济制度。在我国社会主义市场经济体制中，存在着国有、集体、私营、外资、混合所有制等多种所有制形式。

在改革开放以前，我国过分追求“一大二公”，公有制经济在我国经济中处于绝对优势，特别是国有经济主宰着国民经济的各个领域，不允许其他所有制经济的存在和发展。改革开放以后，特别是党的十四大提出建立社会主义市场经济体制以后，个体私营、外资等所有制经济得以发展壮大，以公有制为主体，多种所有制经济共同发展的所有制格局逐步形成。

在 20 世纪 90 年代以前，公有制经济特别是国有经济一直是我国财政收入的主要来源，表 7－8 反映了这一情况。

表 7－8　20 世纪 90 年代中期以前我国财政收入的所有制构成①

（%）

时间	全民所有制	公私合营	集体所有制	私营	个体	其他
国民经济恢复时期	50.1	0.9	0.8	24.4	22.7	1.1
“一五”时期	69.4	4.1	9.8	6.3	9.2	1.2
“二五”时期	87.8		10.9		0.9	0.4
1963—1965 年	84.1		14.2		1.7	
“三五”时期	86.5		12.9		0.6	
“四五”时期	87.4		12.1		0.5	
“五五”时期	85.7		13.8		0.5	
“六五”时期	78.8		17.6		2.9	0.7
“七五”时期	72.3		18.6		5.9	3.6
“八五”时期	71.1		17.3		6.1	5.5

从表 7－8 可知，我国财政收入始终是以国有经济为支柱的。从发展变化趋势上看，国有经济提供的财政收入以其最低点——占整个财政收入 50.1% 为起点，以后逐年增加，并于“四五”时期达到最高点——占整个财政收入的 87.4%，以后又逐年下降，“六五”时期降到 80%以下，“七五”时期又进一步下降。这种变化趋势与我国各种所有制经济的发展过程大体吻合。新中国成立初期，个体和私营经济在国民经济中占有相当的比重，来自于两者的财政收

① 中国财政统计［M］. 北京：中国统计出版社，1992.

入占40%以上。随着社会主义改造的进行，国有经济和集体经济的比重急剧增加，到“一五”时期，来自国有经济的财政收入已达69.4%，来自集体经济的财政收入也有9.8%，而个体和私营经济则退居次要地位。以后，随着在所有制上推行“一大二公”的政策，国有化程度进一步提高，国有经济在财政收入中的主要地位进一步加强。1979年以后，随着经济体制改革，集体和其他经济成分有了较快的发展，它们提供的财政收入逐年增加，相比之下，国有经济的比重有所下降，但其主导地位仍是不可动摇的。

表7—9 国有及国有控股企业产值比重及税收收入比重的变化情况

年份	工业总产值（亿元）	国有及国有控股企业产值所占比重（%）	税收收入（亿元）	来自国有及国有控股企业的税收收入所占比重（%）
1994	70 176	37.34	5 126.88	56.10
1995	91 894	33.97	6 038.04	57.50
1996	99 595	36.32	6 909.82	54.11
1997	113 733	31.63	8 225.04	47.72
1998	119 048	28.24	9 262.80	38.76
1999	126 111	28.21	10 682.58	34.92
2000	85 673.66	47.34	12 581.51	34.16
2001	95 448.98	44.43	15 172.00	39.95
2002	110 776.48	40.78	17 636.45	38.52
2003	142 271.2	37.53	20466	37.3
2004	222 315.93	31.59	25723	39.2
2005	251 619.50	33.28	30867	31.70
2006	316 588.96	31.24	37637	31.73
2007	405 177	29.54	49452	31.75
2008	507 448	28.37	57862	31.02
2009	548 311	26.74	63104	30.74
2010	698 591	26.61	77394	32.81
2011	844 269	27.13	95730	31.27

资料来源：《中国统计年鉴》（2012年）。

近年来，随着国有经济布局的战略性调整，国有企业的数量和国有企业产值占工业总产值的比重都在下降。

从 1995 年到 1999 年 5 年间，国有及国有控股企业由 11.80 万个下降到 6.13 万个，减少了近一半。国有及国有控股企业产值占工业总产值的比重由 33.97%减少到 28.21%，而其他所有制经济无论是在数量上还是产值占工业总产值的比重都有较快增长。我国财政收入的所有制构成已发生重大变化，总的趋势是：国有经济上缴财政收入的比重下降，其他所有制经济的比重上升，特别是个体私营经济在某些地方已成为当地财政收入的主要贡献者。

7.3.4 财政收入的生产部门构成

对财政收入还可以从生产部门结构的角度分析。这里的生产部门结构包括两重涵义：一是指传统意义上的国民经济结构，如工业、农业、建筑业、交通运输业及服务业等；二是指现代意义上的产业结构分类，即第一产业、第二产业和第三产业。

我国是发展中国家，国民经济以农业和工业为主要生产部门，长期以来，这两大生产部门创造的国民收入始终占国民收入总额的 80%左右，两大部门提供的财政收入在财政总收入中也占较高的比重，特别是工业始终是财政收入的支柱（详见表 7－10）。

表 7－10 改革开放以前我国财政收入部门构成①

（%）

时期	工业	农业	建筑业	运输业	商业	其他部门
经济恢复时期	32.4	25.2	0.5	4.1	21.1	16.7
“一五”时期	44.5	14.9	0.5	7.5	22.5	10.1
“二五”时期	58.8	8.4	0.2	10.9	17.7	4.0
1963—1965 年	70.6	8.3	0.2	8.9	8.1	3.9
“三五”时期	71.7	7.0	−0.1	7.4	11.6	2.4

① 中国财政统计［M］. 北京：中国统计出版社，1992.

续表7—10

时期	工业	农业	建筑业	运输业	商业	其他部门
“四五”时期	74.2	3.9	−0.1	7.6	11.8	2.6
“五五”时期	78.3	3.1	−7.3	7.4	8.9	
“六五”时期	77.2	4.4	0.4	6.5	−0.1	11.6

农业是国民经济的基础，是国民经济各部门赖以发展的基本条件。农业部门提供的财政收入表现在两个方面：一是农（牧）业税。由于我国目前农业劳动生产率较低，扣除农业内部积累和个人消费部分以后，通过税收交给国家的只是很小一部分。二是通过工农产品价格剪刀差间接提供的收入，即农业部门创造的一部分价值是转移到工业部门实现的，等于为工业部门承担了一部分税负。据估计，农业部门间接提供的财政收入比其直接交纳的多得多，但这部分并没有在财政统计中体现出来。农业对财政收入的影响和农业生产的特点密切相关，不只表现在当年，更主要表现在下一财政年度。这是因为农业税收的主要部分是秋征，而秋征入库的农业税要列为下年度的财政收入。同时作为工业原料的农产品也主要是秋后收购，大部分到下年度才能加工为成品并实现其价值，从而也要在下一年度才构成财政收入。

工业是创造并实现国民收入的主要部门，也是财政收入的主要来源，所以工业的发展对财政收入起决定作用。同时由于过去我国工商税收选择在生产环节课征，工业品价值主要在本部门销售时实现，这就使工业部门对财政收入的影响更为直接。改革开放后，工业部门提供的财政收入占财政收入总额的比重已有所降低，但无论从绝对额还是从相对额看，仍是财政收入的龙头。因此，为工业发展创造更好的条件，实行有利于增强工业企业活力的政策，是增加财政收入和提高财政收入占国民收入比重的关键。

尽管农业和工业是对财政收入影响最大的两个部门，但工农业以外的其他部门提供的财政收入近年来增长速度很快，已占整个财政收入的 1/3 左右。因此，在注重从工农业部门筹集财政收入的同时，也要采取有效措施从建筑、交通运输、商业及其他部门筹集财政资金。

分析产业结构对于财政收入的制约，主要是从社会产品价值实现和分配的角度考察，一般很少涉及社会产品创造环节，显然这种分析与对财政收入的部门结构分析有所不同。表 7－11 反映了 1978—2014 年我国国内生产总值的产业构成。

从表 7－10 可知，改革开放以来，我国 GDP 的产业结构发生了重大变化，总的趋势是：第一产业的比重大幅下降，由 28％下降到 10％；第二产业的比重基本维持在 40％以上；第三产业的比重大幅上升，由 24％上升到 50％。与发达国家相比，我国 GDP 的产业构成中，第三产业的比重还很低，发达国家第三产业在 GDP 中的比重已达到 60％以上，提供的财政收入也占整个财政收入的 50％以上。第三产业具有部门众多、生产经营灵活、广泛吸收就业等特点。今后，随着我国经济结构的优化和升级，第三产业在 GDP 和财政收入中的比重将持续上升。

表 7－11　国内生产总值构成①

（单位：％）

年份	国内生产总值	国内生产总值构成				
		第一产业	第二产业			第三产业
				工业	建筑业	
1978	100.0	28.2	47.9	44.1	3.8	23.9
1980	100.0	30.2	48.2	43.9	4.3	21.6
1985	100.0	28.4	42.9	38.3	4.6	28.7
1990	100.0	27.1	41.3	36.7	4.6	31.6
1995	100.0	19.9	47.2	41.0	6.1	32.9
2000	100.0	15.1	45.9	40.3	5.6	39.0
2005	100.0	12.1	47.4	41.8	5.6	40.5
2006	100.0	11.1	47.9	42.2	5.7	40.9
2007	100.0	10.8	47.3	41.5	5.8	41.9
2008	100.0	10.7	47.4	41.4	6.0	41.8
2009	100.0	10.3	46.2	39.6	6.6	43.4
2010	100.0	10.1	46.7	40.1	6.6	43.2
2011	100.0	10.0	46.6	39.8	6.8	43.4

① 表中数据来自历年《中国统计年鉴》，中国统计出版社出版。

续表7－11

年份	国内生产总值	国内生产总值构成				
		第一产业	第二产业			第三产业
				工业	建筑业	
2012	100.0	10.1	45.3	38.5	6.8	44.6
2013	100.0	10.0	43.9	37.0	6.9	46.1
2014	100.0	9.1	43.1	36.3	6.8	47.8
2015	100	9.4	40.7	34.1	6.6	49.9
2016	100	8.6	39.8	—	—	51.6

7.3.5 中央和地方财政收入结构

按目前财政管理体制，我国的国家财政是分别由中央预算和地方总预算构成的两级财政，财政收入也是由中央本级收入和地方本级收入组成的。中央本级收入是指根据现行财政管理体制规定，划归中央财政的税收和非税收入，主要包括消费税、关税等固定收入，增值税、企业所得税、个人所得税等共享收入部分。地方本级收入是指根据现行财政管理体制规定，划归地方财政的税收和非税收入，主要包括房产税、车船使用税、城镇土地使用税等固定收入，增值税、企业所得税、个人所得税等共享收入部分。与之相关的两个概念是中央财政收入和地方财政收入。中央财政收入是指中央财政年度的收入，包括中央本级收入和地方上解收入。2009 年，将地方上解收入与部分中央对地方税收返还作对冲处理后，相应取消地方上解中央收入科目，中央财政收入即为中央本级收入。地方财政收入则是指地方本级收入再加上中央税收返还和转移支付，也即地方政府的可支配财力。

两级财政有各自的具体职能，也形成各自的利益关系，在组织财政收入时，不能只考虑中央或地方的财政收入，必须同时兼顾中央级财政和地方级财政的利益关系。从中央和地方财政收入的结构来看，1978 年，中央本级收入占财政收入的比重为 15.5%，1993 年则是 22.0%；而地方本级收入占财政收入的比重 1978 年高达 84.5%，1993 年为 78%。中央本级收入在财政收入中的比重过低，导致中央政府的宏观调控能力和协调地区差距的能力受到较大的制约，并且对国债的依赖程度也逐渐加大，1992 年，中央财政债务依存度高达 30.46%，超过国际公认的安全线。1994 年的分税制改革则很快就改变了这种局面。1994 年，中央本级收入占财政收入的比重为 55.7%。1995 年至 1997 年，中央本级收入增长率低于地方财政收入增长率，中央本级收入占财政收入的比重由 52.2%下降为 48.9%，而地方本级收入占财政收入的比重则由 44.3%上升为 51.1%。然而，从 1998 年起，中央本级收入占财政收入的比重从根本上扭转了下降的趋势。2002 年，企业所得税不再按行政隶属关系划分，而是由中央和地方共享，个人所得税也是由中央和地方共享。从 2003 年起，企业所得税和个人所得税中央和地方按 6∶4 分成。所得税的共享进一步提高了中央财政收入的比重。中央政府财力的提高增强了中央政府的宏观调控能力。近几年，中央新增财力主要用于少数民族地区、落后地区、贫困地区的转移支付，这对于缩小地区差距、促进落后地区的发展起到重要的作用。

表 7—12　中央和地方财政收入及比重[①]

年份	绝对数（亿元）			比重（%）	
	全国	中央	地方	中央	地方
1978	1132.26	175.77	956.49	15.5	84.5
1980	1159.93	284.45	875.48	24.5	75.5
1985	2004.82	769.63	1235.19	38.4	61.6
1990	2937.10	992.42	1944.68	33.8	66.2
1993	4348.95	957.51	3391.44	22.0	78.0
1994	5218.10	2906.50	2311.60	55.7	44.3
1995	6242.20	3256.62	2985.58	52.2	47.8
2000	13395.23	6989.20	6406.10	52.2	47.8
2005	31649.29	16548.53	15100.76	52.3	47.7
2010	83101.51	42488.47	40613.04	51.1	48.9
2011	103874.43	51327.30	52547.11	49.4	50.6
2012	117253.52	56175.23	61078.30	47.9	52.1

① 表中数据来自历年《中国统计年鉴》，中国统计出版社出版。

续表7－12

年份	绝对数（亿元）			比重（%）	
	全国	中央	地方	中央	地方
2013	129142.90	60198.48	69011.16	46.6	53.4
2014	140370.03	64493.45	75876.58	45.9	54.1
2015	152217.00	69234.00	82983.00	45.5	54.5

注：1. 中央、地方财政收入均为本级收入。
2. 本表数字不包括国内外债务收入。

7.4 非税收入

7.4.1 非税收入的概念及特点

（1）非税收入的涵义

非税收入，也称非税财政收入，是指政府财政收入中除税收收入之外的其他各项收入，是财政收入的一项重要来源。

非税收入有广义和狭义之分。狭义的非税收入是指政府为了公共利益而征收的所有非强制性、需偿还的经常收入。国际货币基金组织（IMF）对非税收入的定义作了如下表述：非税收入是指政府在税收之外取得的收入，它包括因公共目的而获得的不需要归还的补偿性收入，非政府单位自愿和无偿向政府支付的款项，以及非政府单位自愿和无偿向政府支付的款项，具体包括经营和资产收益、罚款收入、收费等。

从广义上说，政府非税收入是指各级政府、国家机关、事业单位、代行政府职能的社会团体及其他组织通过合法程序，依法利用政府权力、政府信誉、国家资源、国有资产向社会成员提供特定公共服务、准公共服务，从而获得的除税收、公债以外的一切收入，是各级政府财政收入体系的有机组成部分。按照建立健全公共财政体制的要求，政府非税收入主要包括以下几项。

①行政事业性收费

它主要包括规费和使用费。规费是指政府部门对居民个人和单位提供特定服务或实施特定行政管理而收取的工本费和手续费，主要有行政规费（如各种证照费、商标注册登记费等）和司法规费（如刑事诉讼费、商标登记费、律师执照费）；使用费是指政府对公共设施使用者按受益原则，依照一定标准而收取的费用。

②政府性基金、附加

它是指各级政府及其所属部门根据法律、行政法规的规定，为专门支持某项事业的发展，按照国家规定程序批准而征收的具有专项用途的资金。政府性基金、附加具有典型的非补偿性，政府凭借行政权力控制、无偿征收，与具有特定目的的税收性质相似，具有“准税收”性质。

③公共资产、资源收入

它主要包括：国有资产（源）有偿使用收入、国有资本经营收益。国有资产（源）有偿使用收入包括土地出让金、海域使用金、探矿权和采矿权使用费，机关事业单位固定资产和无形资产的出售、出让、转让等取得的收入。国有资本经营收益，其形式可以有利润、股利、股息和红利等，还有国有资产出售、转让、拍卖收入等。

④罚款和没收收入

这是指对于违反法律法规行为给予的罚款和没收收入，主要包括公安罚款、交通罚款、建设罚款、工商罚款、法院裁定罚款，以及其他罚款和没收收入。

⑤其他非税收入

它包括以政府名义获得的捐赠收入、主管部门集中收入、彩票发行公益金、部分行业的垄断性收费、政府财政资金产生的利息收入等。社会保障基金、住房公积金，由于其特殊的收支特点和相对独立的运行管理方式，通常不划入政府非税收入范畴。

（2）**非税收入的特点**

非税收入在提取标准上的灵活性以及有偿性等特点，使得它具有税收收入无法替代的特殊作用，其对复杂多变的客观环境有较强的适用性。归纳起来，非税收入有以下几方面的特点：

第一，非税收入的权属主体是政府，即非税收入是财政性资金，应纳入财政管理体系；

第二，政府非税收入的征收理由是明确的，或是补偿政府提供某项服务的成本，或是收回政府某项投资的价值，或是资助某项事业的发展，具有交换和服务的性质，并非单纯地、一般性地增加财政收入，这是非税收入与税收的主要区别；

第三，政府非税收入的征收，必须以法律法规为依据，由省级以上政府决定；

第四，非税收入的内涵远比预算外资金要宽广，它涵盖了除税收之外的所有政府财政收入。

（3）**非税收入的作用**

一般认为，规模适度、结构合理、管理规范的非税收入对促进一国经济发展和社会进步具有积极作用。

①作为税收收入的辅助和补充，弥补财政收入的不足

在大多数国家，税收是财政收入的主要来源，税收收入的增加取决于两种方式：一是在税率不变的情况下扩大税基，二是在税基不变的情况下提高税率。如果由于政治、经济、社会的原因，使这两种增加税收的方式都无法实现，如增税受到选民的抵制和生产者的攻击，经济不景气致使税基萎缩，而财政支出又无法压缩的情况下，必然出现巨额的财政赤字。因此，非税收入作为税收之外的一种经常收入，能在一定程度上弥补财政的拮据，维持公共产品的正常供应，维持国家机构的正常运行。

②非税收入具有广泛的适应性

与税收征收的普遍性、强制性、固定性、无偿性相比，非税收入具有特殊性、自愿性、灵活性、有偿性，在税收无法发挥作用的领域，非税收入具有广泛的适应性。税收的特征决定了税收只能以税法的形式，以国家强制力为后盾，对纳税对象实行普遍的、强制的、无偿的征收。由于社会经济生活的丰富性和复杂性，在某些领域税收不能或者不能较好地发挥作用，同时，如果对这些领域不收取费用，又违背公平原则，也会导致财政收入不足，因而在这些领域国家要以非税收入的方式收取合理的费用，或者获取一定收益。

③非税收入能弥补建设资金的缺口

就转轨中的发展中国家而言，非税收入能在一定程度上弥补建设资金的缺口，促进瓶颈产业的发展，在短期内使国民经济上一个新台阶。20 世纪 80 年代以后，我国在全面启动经济体制改革和现代化建设时，面临巨大的资金需求，如果仅靠税收，根本无法满足财政支出的需要，无法解决财政资金供需的巨大缺口。当时，我国经济基础十分薄弱，市场商品供给严重不足，国民经济严重失调，基础设施十分落后，科技水平低下，劳力素质不高；同时，在社会生活中存在着干部、知识分子需落实政策等历史遗留问题，以及城镇居民生活环境差、人

口与资源矛盾尖锐等诸多问题。百废待兴，百业待举，急需政府筹措大量资金去促进经济发展和社会进步。由于中国以前商品经济并不发达，民间资本极度匮乏，政府又必须承担起资金筹集的职能，所以只能通过非税收入在短时间内收集到所需资金。我国的能源、交通、通讯等基础产业，能在短时间内优先发展，是与能源、交通重点建设基金和电话初装费、月租费等非税收入分不开的。

7.4.2 我国非税收入的构成与规模

我国非税收入是指预算内除税收以外，由各级国家机关、事业单位、代行政府职能的社会团体及其他组织依法利用国家权力、政府信誉、国有资源（资产）所有者权益等取得的各项收入。为了加强政府非税收入管理，规范政府收支行为，健全公共财政职能，保护公民、法人和其他组织的合法权益，根据《政府非税收入管理办法》的规定，非税收入作为政府收入的组成部分，应当纳入财政预算管理，具体包括：A. 行政事业性收费收入；B. 政府性基金收入；C. 罚没收入；D. 国有资源（资产）有偿使用收入；E. 国有资本收益；F. 彩票公益金收入；G. 特许经营收入；H. 中央银行收入；I. 以政府名义接受的捐赠收入；J. 主管部门集中收入；K. 政府收入的利息收入；L. 其他非税收入。

数据显示，改革开放以来，我国政府非税收入由1978年的960.09亿元增长到2005年的8414.91亿元，增长了8.76倍；到2010年，达到11501.49亿元，增长了12倍。我国非税收入占财政性资金的比重呈现下降的趋势，1980年的比重为66.7%，1985年的比重为42.3%，1990年的比重为50%，2000年的比重为26.9%，2005年的比重为17%，2010年的比重为12.9%。

表7－13 我国财政收入、税收收入及非税收入规模（1952－2014）

年份	财政收入 (1)	预算外资金 (2)	财政性资金总额 (3)=(1)+(2)	非税收入 (4)=(3)－(5)	税收收入 (5)	非税收入占 财政性资金比重 (6)=(4)/(3)
1952	173.94			13.62		7.8
1953	213.24			8.91		4.2
1957	303.20			25.33		8.7
1960	573.30			117.78		20.6

续表7－13

年份	财政收入 (1)	预算外资金 (2)	财政性资金总额 (3)＝(1)＋(2)	非税收入 (4)＝(3)－(5)	税收收入 (5)	非税收入占 财政性资金比重 (6)＝(4)/(3)
1963	342.25			51.85		15.1
1976	776.58			275.32		35.5
1978	1132.26	347.11	1479.37	960.09	519.28	64.9
1980	1159.93	557.40	1717.33	1145.63	571.70	66.7
1985	2004.82	1530.03	3534.85	1494.06	2040.79	42.3
1990	2937.10	2708.64	5645.74	2823.88	2821.86	50.0
1995	6242.20	2406.50	8648.70	2610.66	6038.04	30.2
2000	13395.23	3826.43	17221.66	4555.86	12665.80	26.5
2005	31649.29	5544.16	37193.45	6326.42	30867.03	17.0
2006	38760.20	6407.88	45168.08	7531.04	37637.04	16.7
2007	51321.78	6820.32	58142.10	8690.30	49451.80	14.9
2008	61330.35	6617.25	67947.60	10085.80	57861.80	14.8
2009	68518.30	6414.65	74932.95	11829.35	63103.60	15.8
2010	83101.51	5794.42	88895.93	11501.49	77394.44	12.9
2011	103874.43		103874.43	14136.04	89738.39	15.8
2012	117253.52		117253.52	16639.24	100614.28	16.5
2013	129142.9		129142.9	18612.2	110530.70	16.8
2014	140370.03		140370.03	21194.72	119175.31	17.8

注：1. 1993—1995 年和 1996 年的预算外资金收入范围有所调整，1997 年的预算外资金中不包括纳入预算内管理的政府性基金，与以前各年不可比。自 2004 年起，预算外资金收入为财政预算外专户收入。

2. 1978 年以前实行的是高度集中的计划经济体制，国家预算收入主要由税收收入和国营企业上缴利润组成，预算外资金规模很小，在此表中把 1978 年以前年份的预算外资金列作非税收入。

资料来源：根据中国财政部网站《国家财政分项目收入》《预算外资金分项目收入》的数据及国家税务总局网站有关数据整理、计算而得。

7.4.3 我国非税收入的历史沿革

(1) 1949 **年以来至改革开放前的非税收入** (1949—1978)

1949 年到 1978 年也可以称为计划经济阶段。新中国成立初期，经济处于恢复阶段，建立了高度集中的财政体制。三大改造后，国家垄断了财政资源的收入和分配，非税收入基本纳入预算管理。一些地方为了解决城市维护建设的需要，自行设置了一些收入项目，如工商业税附加、屠宰税、交易税和娱乐税附加、政教事业费等。这些资金规模不大，预算外地方政府非税收入主要来源于税收的附加费与定向的专项事业收费，如公有制企业的利润留成、育林基金、养路费、工商税附加、城市公用事业附加等。1953 年，政府非税收入仅有 8.91 亿元，占财政性资金的比重仅为 7.8%。

随着 1958 年财政体制的改革，部分预算内管理项目转为预算外管理，预算外资金不断扩大。截至 1960 年，预算外资金已达到 177.78 亿元，占财政性资金的比重达到 20.6%。随着“调整、巩固、充实、提高”的提出，加强了中央的集中统一，对收费进行清理整顿，使得非税收入规模大幅下降，1963 年非税收入占财政性资金的比重降至 15%。直至“文化大革命”期间，由于经济管理松弛，非税收入比重在 1976 年增至 45%，1978 年达到 65%的高位。这一阶段的非税收入随着财政体制的集权而减少，随着财政体制的分权而增加。

(2) **改革开放初期非税收入的快速增长** (1979—1993)

1978 年起我国进入改革开放的新纪元，由计划经济体制逐步向市场经济体制转变，各类政府基金逐步产生，政府非税收入项目逐步增多，政府非税收入进入了快速增长的时期。

这一时期的政府非税收入基本在预算外管理。1983 年，财政部颁布《预算外资金管理试行办法》，规定预算外资金是政府部门、单位和社会团体为履行政府职能和社会管理职能，依据法律、法规和具有法律效力的规章制度而收取和提存的财政性资金，首次明确了预算外资金是财政性资金，所有权属政府。1986 年，国务院颁布了《关于加强预算外资金管理的通知》(国发[1986] 44 号)，把预算外资金概念予以阐释，预算外资金定义为：“各地区、各部门和各单位依据国家有关规定，自行提取、自行使用的不纳入国家预算的资金”。预算的双轨制至此正式形成，地方政府在政策上能够自由地提取和支配非税收入资金，“自行提取、自行使用”给地方政府相当大的政策弹性，鼓励了地方政府多方筹措资金的热情，使得这一阶段的经济发展迅速。截至1990年，非税收入占财政性资金的比重达到50%。

（3）**分税制改革后非税收入的规范管理**（1994 **年至今**）

为了理顺中央和地方财政的收入支出关系，适应新形势下我国经济进一步发展的要求，我国于1994年开始了“分税制”财政体制改革，按税种规定了中央和地方的收入界限。为了整顿和规范政府非税收入，1996年，国务院颁布了《关于加强预算外资金管理的决定》（国发［1996］29号）的文件，强调“预算外资金是国家机关、事业单位和社会团体为履行或代行政府职能，依据国家法律、法规和具有法律效力的规章而收取、提出和安排使用的未纳入预算管理的各种财政性资金”，把预算外资金纳入到了法制层面，遏制了擅立名目和不依照法制程序的地方政府行为。该决定提出了“收支两条线”的要求，同时还规定了预算外资金的财政专户管理，在实际运作中仅仅达到了专户存储，各级地方政府还是能够享受到全额返还待遇，并得到预算外资金的使用权。

为进一步规范地方非税收入管理，1999年到2004年，我国相继出台了跟进政策。1999年，财政部等五部门联合下发《关于行政事业性收费和罚没收入实行“收支两条线”管理的若干规定》，提出了非税收入纳入预算管理的目标，开启了非税收入实质规范化和预算化管理的进程。2001年，国务院开始进行试点改革，把5个部委依法征收的收入纳入了预算管理，收支全面实现脱钩，进而扩展到28个部委，给非税收入统一建立财政专户，收支脱钩的同时还编制了部门财政综合预算。2003年，财政部颁发《关于加强中央部门和单位行政事业等收入“收支两条线”管理的通知》（财综［2003］29号），对非税收入概念进行了初步界定，并且强调非税收入需全额上缴国库或财政专户进行统一支配。2004年，财政部颁发《关于加强政府非税收入管理的通知》（财综［2004］53号），正式确定了非税收入的概念和涉及范围，为非税收入的规范管理起到了良好的指导作用。此时的非税收入明确了国有资产（或资源）的有偿使用收入、国有资本经营收益、收受的捐赠收入以及彩票公益金等进入非税收入管理体制。

新一轮的财政改革主要实施了部门预算制度、国库集中收付制度和统一的政府采购制度等举措，有效打破了预算外资金体系，非税收入开始进入国库单一账户系统进行管理，同时，部门预算管理也把非税收入部分纳入管理体系。

除此之外，随着行政审批改革的推进，自 2002 年取消 789 项行政审批项目，到 2013 年取消和下放 117 项行政审批项目等事项，已完成 6 轮改革，加速了非税收入规范化进程。

2011 年，中央及地方的所有预算外资金已经纳入预算内体系，我国所有的预算外资金事实上已被取消，“双轨制”的预算制度成为历史，从此，预算制度内外资金体系不再存在。非税收入管理体系的建立有利于解决财政性非税收入体制外循环流动的弊端问题，统一的财政预算制度有效促进了财政管理制度的进步。

复习与思考

1. 怎样理解财政收入概念?
2. 财政收入可做哪些分类?
3. 试分析影响和制约财政收入规模的因素。
4. 说明财政收入结构分析的实践意义。

8. 税收原理

8.1 税收的概念及特征

8.1.1 税收概念

汉语中的“税”字，最早见于《春秋》所记鲁宣公十五年（公元前594年）“初税亩”。“税”由“禾”与“兑”组成，“禾”为谷物，泛指土地出产；“兑”有送达的意思。因此，“税”的本义是社会成员以占有土地为基础把一部分农产品缴给国家，是国家取得财政收入的一种形式。除税以外，中国古代还有赋、租、捐，并与税混合，形成“赋税”、“租税”、“捐税”。但是对于什么是税收，中国古代没有明确的定义。

从理论上系统研究税收问题，是在17世纪中叶由西方资产阶级学者发起的。对税收问题的研究大体分为两个阶段。第一阶段由1662年威廉·配第《赋税论》的出版到1832年海因里希·劳《财政学》的出版。研究者有经济学家和法学家，研究重点是国家为什么征税或凭什么征税。经济学家中，亚当·斯密于 1776 年最早以定义的形式回答了什么是税收的问题。他说：国家经费的大部分必须取自于税收，“人民拿出自己一部分私的收入，给君主或国家，作为一笔公共收入”①。法学家孟德斯鸠于 1784 年将税收定义为“公民所付出的自己财产的一部分，以确保他所余的财产的安全或快乐地享用这些财产”②。第二阶段是从 1832 年海因里希·劳的《财政学》出版到 20 世纪上半叶，研究者主要是财政学家，研究的重点是税收与“私经济收入”及其他“公经济收入”的区别，其中影响较大的有德国财政学家海因里希·劳的定义、英国财政学家巴斯特布尔的定义和美国财政学家塞里格曼的定义。海因里希·劳认为，税收并不是市民对政府的回报，而是政府根据一般市民的义务，按一般的标准向市民的课征。巴斯特布尔认为，税收是人民或私人团体为供应公共机关的事务费用而被强制征收的财富。塞里格曼认为，赋税是政府对于人民的一种强制征收，用以支付谋取公共利益的费用，其中并不包含是否给予特种利益的关系。20 世纪中叶以后，西方对税收问题的研究已很少涉及什么是税收的问题。

马克思主义经典作家对税收的基本属性作了精辟分析。马克思说：“赋税是政府机器的经济基础，而不是其他任何东西。”③“捐税体现着表现在经济上的国家存在，官吏和僧侣、士兵、女舞蹈家、教师和警察、希腊式的博物馆和哥特式的尖塔、王室费用和官阶表，一切童话般的存在物于胚胎时期就已安睡在一个共同的种子——捐税之中了。”④ 列宁说：“所谓赋税，就是国家不付任何报酬而向居民取得的东西。”⑤ 根据马克思主义学说，可以对税收作如下界定：第一，税收是与国家的存在直接联系的，是政府机器赖以存在并实现其职能的物质基础；第二，税收是一个分配范畴，是国家参与并调节国民收入分配的一种手段，是国家财政收入的主要形式；第三，国家在征税过程中形成一种特殊的分配关系，即以国家为主体的分配关系，因而税收的性质取决于社会经济制度的性质和国家的性质。

总结人们对税收的认识成果，我们可以对当代税收概念作如下定义：税收

① 亚当·斯密. 国民财富的性质和原因的研究［M］. 北京：商务印书馆，1974：383.
② 孟德斯鸠. 论法的精神（上册）［M］. 北京：商务印书馆，1981：212.
③ 马克思恩格斯选集（第 3 卷）［M］. 北京：人民出版社，1972：22.
④ 马克思恩格斯选集（第 1 卷）［M］. 北京：人民出版社，1972：181.
⑤ 列宁全集（第 32 卷）［M］. 北京：人民出版社，1972：275.

是国家为满足社会公共需要，依据其社会职能，按照法律规定，参与国民收入中剩余产品分配的一种规范形式。

8.1.2 税收的基本特征

税收同其他财政收入形式相比，具有强制性、无偿性、固定性的特征，即通常所说的税收“三性”。

（1）**强制性**

强制性是指国家以社会管理者身份，用法律形式，对征、纳双方权利与义务的制约。国家征税是凭借政治权力而不是凭借财产所有权，国家征税不受财产直接所有权归属的限制，国家对不同所有者都可以行使征税权。社会主义的国有企业是相对独立的经济实体，国家和国有企业的税收关系也具有强制性特征。这是税收形式和国有企业利润上交形式的根本区别。

税收的强制性是以国家政权的强制力为后盾。根据《中华人民共和国税收征收管理法》的规定，对于依法负有纳税义务的纳税人，如果以偷税、骗税、抗税等形式拒不履行纳税义务，将承担相应的法律责任，税务机关依法可以采用查封、扣押、冻结、拍卖其财产等方式强制追缴所欠税款，并且依法可以对其作出罚款的行政处罚。当事人对税务机关的处罚决定逾期不申请复议、也不向人民法院起诉、又不履行的，作出处罚决定的税务机关可以申请人民法院强制执行。

（2）**无偿性**

无偿性是指国家征税对具体纳税人既不需要直接偿还，也不付出任何形式的直接报酬。无偿性是税收的关键特征。它使税收明显地区别于国债等其他财政收入形式。无偿性决定了税收是筹集财政收入的主要手段，并成为调节经济和矫正社会分配不公的有力工具。税收的无偿性是对具体纳税人而言的。从税收用于满足包括纳税人在内的全社会公共需要的角度来看，税收具有整体的“报偿性”。

（3）**固定性**

固定性是指国家征税必须通过法律形式，事先规定课税对象和课征额度，也称确定性，可以理解为规范性。税收固定性的涵义包括三个层次，即课税对象上的非惩罚性、课征时间上的连续性和课征比例上的限度性。税收的固定性特征，是税收区别于收费、基金、罚没等非税财政收入形式的重要特征。税收的公平原则，以及保证财政收入和调节经济的作用，是以这种固定性为前提的。

8.2 税收术语及分类

8.2.1 税收术语

(1) **征税主体**

征税主体是指法律、行政法规规定代表国家行使征税权的征税机关。在我国，征税主体包括各级税务机关、财政机关和海关。

(2) **纳税主体**

纳税主体又称纳税人，是指法律、行政法规规定负有纳税义务的单位和个人。单位是指法人和非法人组织。

与纳税人相联系的一个概念是负税人。负税人是指最终负担税款的单位和个人。在税负不能转嫁的情况下，纳税人与负税人是一致的；在税负可以转嫁的情况下，纳税人则不是负税人。此外还有与征纳税有关的扣缴义务人，它是指法律、行政法规规定负有代扣代缴、代收代缴税款义务的单位和个人。设置扣缴义务人的目的，在于实现税款的源泉扣缴，防止税款流失。

(3) **课税对象**

课税对象也称征税客体，是指征税主体和纳税主体共同指向的对象，即对什么征税。

课税对象十分广泛，可以是商品、劳务所得，也可以是财产、资源、行为，等等。课税对象是一种税区别于另一种税的标志，如流转税是以流转额为征税客体，所得税是以所得额为课税客体，行为税是以特定的行为为课税客体。对商品与服务课税、对所得课税、对财产课税，是现代税收制度中三大主要类别。

(4) **税目**

税目也称课税品目，是征税客体的具体化，代表着征税界限或征税范围的广度。一般来说，一个课税对象往往包括多个税目，如关税就有近百个税目。

（5）**税源**

税源是指税收收入的源泉，通常有两种用法：一是税务工作用语，如“经济税源调查”中的“税源”，指某种税的征税对象总量及其分布状况，与征税对象是同一客体。二是理论分析用语，指税收收入的经济来源。商品经济条件下，税收收入是当年新创造的国民收入的构成部分，各种税收不论课税对象是什么，从税收收入来源看，总是国民收入分配过程中形成的纳税人的各种收入。因此，在这里税源和征税对象是有明显区别的。

（6）**税基**

税基是指据以计算应纳税额的基数，包括实物量与价值量两类，前者如土地的亩数、房屋的间数、车船的辆数及吨位数等，后者如商品的销售收入、购买商品的支付金额及个人或企业的所得额等。

税基是计税依据之一。在税率不变的情况下，扩大税基会增加税额，缩小税基会减少税额。税基又制约着税率的具体形式和使用标准。在税基为实物量时，税率多为定额税率；在税基为价值量时，税率多为百分比形式的比例税率或累进税率。

（7）**税率**

税率是指应纳税额与计税依据之间的比例，它是计算税额的尺度，代表着征税的深度。税率高低直接关系到国家财政收入的多少和纳税人负担的轻重，是体现税收政策的中心环节。我国税率的基本形式有以下三种：

①定额税率

这是指按照单位征税对象直接规定固定的税额，如220元/吨、0.2元/升。一般适用于从量计征的税种，如城镇土地使用税、耕地占用税等。定额税率的优点是应纳税额取决于征税对象的实物量的大小，不受征税对象价格变化的影响，计算简单；不足之处是税收收入与国民收入不能同步，税负水平与纳税能力脱节。

②比例税率

这是指对同一征税对象，不分数额大小，均规定相同的征收比例。如我国增值税，一般纳税人不论其销售额的大小，规定运用17％的基本税率或13％的低税率；企业所得税不论纳税人所得额的大小，规定一般适用25％的税率（除特殊情况外）。比例税率的优点是计算简便，利于征管；便于不同税目设计不同税率，发挥税率的调节作用。其弊端是不能按照纳税人的纳税能力调节税负。

③累进税率

这是指同一征税对象随数额的增大其征收的比例也随之提高的税率，表现为将征税对象按照数额大小划分成若干等级，不同等级适用由低到高的不同税率。

累进税率又分为全额累进税率、超额累进税率和超率累进税率。A. 全额累进税率是把课税对象的全部按照与之相对应的税率征税，即按课税对象适应的最高级次的税率统一征税。全额累进税率因其累进程度高，纳税人负担重，一般都不采用。我国现行税法也没有采用。B. 超额累进税率，是指将同一征税对象划分为若干等级，每个等级规定相应的税率，分别计算税额。一定数量的征税对象可以同时适用几个等级部分的税率。如我国个人所得税中的工资薪金所得，个体工商户的生产经营所得以及个人对企事业单位的承包、承租经营所得等都采用这种税率。C. 超率累进税率，是指将征税对象数额的相对率划分成若干个等级，每个等级规定相应的税率，一定数量的征税对象可以同时适用几个等级部分的税率。如我国现行土地增值税就采用这种税率。

(8) **起征点与免征额**

起征点指税法规定的对课税对象开始征税的最低界限。免征额指税法规定的课税对象全部数额中免予征税的数额。起征点与免征额有相同点，即当课税对象小于起征点和免征额时都不予征税。两者也有不同点，即当课税对象大于起征点和免征额时，采用起征点制度的要对课税对象的全部数额征税，采用免征额制度的仅对课税对象超过免征额部分征税。在税法中规定起征点和免征额是对纳税人的一种照顾，但两者照顾的重点显然不同，前者照顾的是低收入者，后者则是对所有纳税人的照顾。

8.2.2 税收分类

(1) **流转税、所得税、财产税、特定目的税和资源税**

按照征税对象的不同，我国现行税收可分为商品（货物）和劳务税类、所得税类、财产和行为税类、特定目的税类、资源税类这五大类。

①商品（货物）和劳务税类

这是指以商品生产流通的商品销售收入额，或者以提供劳务的营业额为征税对象的各种税收的统称。现行流转税主要有增值税、消费税、关税等。

②所得税类

这是指以纳税人的所得为征税对象的各种税收的统称，如企业所得税、个人所得税。所得税既可对纳税人的纯收入征税，也可对纳税人的总收入征税。

③财产和行为税

这是指以特定财产和行为为征税对象的各种税收的统称，如房产税、契税，车船税、印花税。

④特定目的税

这是指为了达到特定目的，对特定对象和特定行为征收的一种税，如固定资产投资方向调节税（暂缓征收）、城市维护建设税、车辆购置税、耕地占用税、船舶吨税和烟叶税。

⑤资源税

这是指对在我国境内从事资源开发，就资源和开发条件的差异而形成的级差收入征收的各种税收的统称；有资源税、城镇土地使用税和土地增值税。

（2）**间接税和直接税**

按照税负是否转嫁，可以划分为间接税和直接税。所谓税负转嫁，是指纳税人通过某种方式或手段，将自己应该缴纳的税收转嫁给他人的一种行为。如增值税、消费税以及关税等流转税的纳税人，一般都可以通过商品买卖或劳务提供，将他们所负担的税收转嫁给商品的购买者或劳务的接受者。这种能够转嫁的税收就是间接税。但并非所有税种的税收都可以转嫁出去，如所得税只能由所得的获得者、财产税只能由财产的所有者，自己缴纳并负担税收，即他们所缴纳的税收是无法转嫁的。这种无法转嫁的税收就是直接税。

（3）**从量税和从价税**

按照征税标准，可将税收划分为从量税和从价税。从量税是按征税对象的数量、重量、容量或体积计算的应纳税额，如我国的盐税、车船使用税等。从价税是按征税对象的价格计算应纳税额，大部分税种都采用这一计税方法。

从量税的税额随着征税对象数量的变化，计算简便，但税收负担不尽合理，财政收入不能随价格高低而增减。从价税的应纳税额是随商品价格或劳务收费的变化而变化的，能够体现合理负担的原则，也能保证财政收入的同比例变化。

(4) **价内税和价外税**

以税收与价格的关系为标准，可将税收分为价内税和价外税。价内税是指税金构成价格的组成部分，其计税依据称为含税价格。价外税是指税金附加在价格之外，其计税依据为不含税价格。西方国家的消费税大都采用价外税方式，我国 1994 年税制改革后的增值税，在零售以前各环节采取价外税，在零售环节采取价内税。

(5) **中央税、地方税、中央与地方共享税**

按照税收征收管理权限和税收收入支配权，税收可分为中央税、地方税、中央与地方共享税。中央税是指税收征管权和税收收入归中央政府所拥有的税种，地方税是指税收征管权和税收收入归地方政府所拥有的税种，共享税是指税收征管权和税收收入由中央和地方政府共同分享的税种。

1994 年，我国开始实行分税制财政体制，根据财力与支出责任相结合的原则，将税种统一划分为中央税、地方税和中央与地方共享税。目前，我国的中央税包括消费税、车辆购置税、关税、船舶吨税；地方税包括房产税、城镇土地使用税、耕地占用税、契税、土地增值税、车船税和烟叶税；中央与地方共享税包括增值税、企业所得税、个人所得税、资源税、印花税、城市维护建设税。

8.3 税收原则

税收原则，就是政府征税（包括税制的建立和税收政策的运用）所应遵循的基本准则，是税收工作的指导思想。随着经济的发展、政府职能的拓展和人们认识的提高，税收原则也经历着不断发展、不断完善的过程。

税收原则的思想萌芽可以追溯到很早以前。如在中国先秦时期，就已提出平均税负的朴素思想，对土地划分等级分别征税；春秋时代的政治家管仲则更明确提出“相地而衰征”的税收原则，按照土地的肥沃程度来确定税负的轻重。西方则在重商主义时期就已提出了比较明确的税收原则，如英国经济学家威廉·配第就提出了“公平、便利、节省”等税收原则。但一般认为，最先系统、明确提出的税收原则是亚当·斯密的“税收四原则”，即“公平，确实、便利、节省”原则。此后，税收原则的内容不断得到补充和发展，其中影响最大的当属集大成者阿道夫·瓦格纳提出的“税收四方面九原则”，即财政原则，包括充分原则和弹性原则；国民经济原则，包括税源的选择原则和税种的选择原则；社会公正原则，包括普遍原则和公平原则；税务行政原则，包括确实原则、便利原则，最少征收费用原则。而在现代西方财政学中，通常又把税收原则归结为“公平、效率、稳定经济”三原则。

上述税收原则理论，不仅代表和反映了不同时期对税收的认识，而且基本展示了税收原则理论发展和完善的脉络。

为了建立与社会主义市场经济体制相适应的税收制度，总结我国税制改革的经验，借鉴西方国家税制理论的研究成果，可以将我国的税收原则归纳为“公平、效率、适度和法治”四原则。

8.3.1 公平原则

税收公平原则，就是政府征税，包括税制的建立和税收政策的运用，应确保公平，遵循公平原则。公平原则是税收的基本原则。在亚当·斯密的税收四原则中，公平原则列为首位。古今中外税收的实践表明，税收公平与否往往是检验税制和税收政策好坏的标准。一般说来，税收公平包括普遍征税和平等征税两个方面。

所谓普遍征税，通常指征税遍及税收管辖权之内的所有法人和自然人，即所有有纳税能力的人都应毫无例外地依法纳税。这一公平原则最初是针对特权阶级如皇室、贵族在税收上享有的不合理的豁免权而确立的，后来征税演化为对所有人一视同仁、排除各类区别对待措施等更为全面的税收公平思想。当然，征税的普遍性也不是绝对的，国家出于政治、经济、国际经济交往等方面的考虑，给予某些特殊的纳税人以免税照顾，并不违背这一原则，如对外交使节的税收豁免待遇几乎是一种国际惯例。

所谓平等征税，是指国家征税的比例或数额与纳税人的负担能力相称。它包括横向公平和纵向公平两个方面的涵义。横向公平是指经济条件相同的人负担数额相同的税收，纵向公平是指经济条件不同的人负担不同数额的税收。也就是说，所得多者多征，所得少者少征，无所得者不征。这里的征多征少，往往通过累进税率、差别比例税率、减征免征、加成征收等办法来实现。

税收公平原则的关键是衡量税收公平的标准。在税收公平的标准方面，有两大类观点：受益说和能力说。“受益说”，即以享受政府公共服务的多少作为衡量公平的标准。根据这种标准，从政府公共服务中享受相同利益的纳税人，意味着具有相同的福利水平，因此，应负担相同的税，以体现横向公平；享受到较多利益的纳税人，则具有较高的福利水平，因此，应负担较高的税，以实现纵向公平。现实中，公平的课税以及社会保障方面往往有所体现，但在许多情况下受益水平是不好衡量的。“能力说”是指以纳税能力作为公平标准。如何判断纳税能力，在理论上又有“客观说”和“主观说”之分。按照“客观说”，纳税能力应依据纳税人所拥有的财富、取得的收入或实际支付能力等客观指标来确定。而“主观说”则强调纳税人因纳税所感到的效用的牺牲或效用的减少应相同，或者纳税后的边际效用相同。“利益说”与“能力说”并不矛盾。根据税收无偿性这一特征，这里的利益是指纳税人的共同利益，即满足社会公共需要，是间接的利益。政府如果能通过财政收支提供更多、更好的社会公共产品和服务，纳税人的社会公共需要更好地得到满足，从而提高其纳税能力；纳税能力的提高，反过来又促进公共产品和服务的提高，使纳税人的整体利益得到更好的保障。因此，二者是相互依存、相互促进的关系。

税收公平原则，对于我国建立与社会主义市场经济体制相适应的税收制度具有重要的指导意义。一方面，通过三十多年的改革开放，人们的生活、收入水平有了很大的提高，在收入分配体制上基本打破了“平均主义”这种旧的分配不公，收入档次已适当拉开，但又开始出现一定程度的“贫富悬殊”这种新的分配不公现象。因此，如何运用税收手段调节收入分配，实现收入分配公平，成为税收的重要职能之一。另一方面，由于我国市场发育还相当不健全，存在不公平竞争的外部因素较多，同时适应市场经济发展要求的税制体系也有待进一步完善。因此，如何使税制更具公平，为市场经济发展创造一个公平合理的税收环境，也是我国进一步完善税制改革的重要课题。

8.3.2 效率原则

税收效率原则，是指政府征税要有利于资源有效配置和经济机制运行，提高税务行政管理效率。它可分为税收经济效率原则和税务行政效率原则。

（1）**税收经济效率原则**

这一原则旨在考察税收对经济资源配置和经济机制运行的影响，而检验税收经济效率的标准在于税收超额负担最小化和尽量增加税收的额外收益。税收在将社会资源从纳税人手中转移到政府部门过程中，除了会给纳税人造成相当于纳税额之负担外，还可能在以下两方面给社会带来超额负担：其一，资源配置方面的超额负担。征税一方面减少私人部门的支出，另一方面又增加政府部门的收入。若因征税而导致私人经济利益损失大于因征税而增加的社会经济利益，即发生税收在资源配置方面的超额负担。其二，经济机制运行方面的超额负担。税收作为一种强制的国家占有，总会对纳税人的经济行为产生影响。若因征税对市场经济运行发生了不良影响，干扰了私人消费和生产的最佳决策，同时相对价格和个人行为方式随之变更，即发生税收在经济运行方面的超额负担。由于现实生活中税收超额负担的发生通常不可避免，怎样降低税收超额负担，以一定的税收成本换取较大的经济效率，便成为税收经济效率原则的重心所在。

提高税收经济效率的途径：一是尽可能压低税收的征税数额，减少税收对经济资源配置的影响度；二是尽可能保持税收对市场机制运行的中性，并在市场机制失灵时，将税收作为调节杠杆加以有效纠正。但所有这些都必须以有利于整个经济的有效运转为前提。

（2）**税务行政效率原则**

这一原则旨在考察税务行政管理方面的效率，检验税务行政效率的标准则在于税务支出占税收收入的比重。

在征税过程中，一般会发生两类费用支出：一是管理费用，亦称税务行政费用。即政府部门在实施各种税收计划、征管各个税种过程中所支出的费用。其具体包括：税务机关工作人员工资、薪金和奖金支出；税务机关办公用品和设施支出；税务机关在征税过程中因实施或采取各种方法、措施支付的费用以及为进行税制改革而付出的费用，以及由其他政府部门提供而无须支付的各种劳务等等。二是奉行费用，亦称奉行纳税费用。即纳税单位和个人在依法纳税过程中所支出的费用，具体包括：纳税人因填写纳税报表而雇佣会计师、顾问或职业报税者所花费的费用；公司、企业为个人代缴税款所花费的费用；纳税人花在申报税收方面的时间（机会成本）；纳税人为避税所花费的时间、精力、金钱等等。管理费用相对容易计算，奉行费用则不易计算，特别是纳税人所花时间、心理支出更是无法用金钱计算，更是无精确指标加以衡量，也有人将其称为税收隐蔽费用。

提高税务行政效率的途径：一是运用先进科学的方法管理税务，以节省管理费用；二是简化税制，使纳税人易于理解掌握，并尽量给其方便，以降低执行费用；三是尽可能将奉行费用转化为管理费用，以减少纳税人负担或费用分担的不公，增加税务支出的透明度。

8.3.3 适度原则

税收适度原则，是指政府征税包括税制的建立和税收政策的运用，应兼顾需要和可能，做到取之有度。这里需要是指财政的需要，可能则是指税收负担的可能即经济的承受能力。遵循适度原则，要求税收负担适中，税收收入既能满足正常的财政支出需要，又能与经济发展保持协调和同步，并在此基础上使宏观税收负担尽量从轻。

税收适度这一观点，中国早在周代就已提出并加以运用。到了春秋时期，管仲又作了进一步发展。《管子·权修》中记载："取之有度，国虽小必安；取之无度，国虽大必危。"他还认为："取之有度而民不伤。"他对税收负担与国家安危、经济发展的关系作了明确论述，并以此为指导思想治理国家，终使齐国成为春秋五霸之首。此后，中国历史上不乏开明之士主张并实施税收取之有度的思想，都曾取得了程度不同的成功，稳定了社会，推动了生产的发展。税收适度原则，反映了税收量度与社会经济的辩证关系。一方面，经济决定税收，即经济发展的一定阶段、水平及社会产品总量等，决定了可供税收分配并形成税收收入的社会产品总额；另一方面，税收分配的量度是否合理，会积极或消极地反作用于社会经济发展。税收分配量度合理，即税收在经济或国民所能负担的范围恰当地分配，既基本满足国家建设的资金需要，有利于宏观经济和社会的稳定发展，又兼顾了人民的负担能力，有利于企业的自我发展与人民生活的提高，必将激发企业生产经营和劳动者的热情，促进微观经济发展。如果税收分配量度不合理，当税收分配超过经济和人民的负担能力时，虽然增加了国家的税收收入，但损害了企业自我发展的能力，挫伤了劳动者的积极性，最终会破坏社会经济的持续发展。当税收分配量度过低时，虽然一时减轻了纳税人的负担，有利于微观经济发展和人民生活的暂时提高，但却削弱了国家的整体财政能力，势必延缓宏观经济和社会的整体发展。可见税收适度原则，是国家税收制度建设，特别是宏观税负水平设计的重要指导思想。

8.3.4 法治原则

税收的法治原则，是指政府征税包括税制的建立、税收政策的运用和整个税收管理，应以法律为依据，以法治税。法治原则的内容包括两个方面：税收的程序规范原则和征收内容明确原则。前者要求税收程序（包括税收的立法程序、执法程序和司法程序）法定；后者要求征税内容法定。税收的法治原则，是与税收法学中的“税收法律主义”相一致的。

在以前的税收原则理论中，虽没有明确提出法治原则，但对征税内容要求规定明确早已成为大家公认的税收原则。如我国西晋典农校尉傅玄提出了“有常”原则，即赋役的课征须有明确固定的制度。亚当·斯密则将“确实”原则列为四项税收原则之一，认为征税日期、征税方法等征税内容应明确告诉纳税人，不得随意变更。确实原则作为税收的重要原则一直为后人包括瓦格纳在内所接受。但要使征税内容“确实”，最有效的方式就是以法律形式加以规定。其实，不仅征税内容需要法定，更重要的是征税程序也需要法定，即通过法律规定，来明确和规范整个税收分配行为。

从税收实践看，税收与法律是密切相关的，税收的强制性、无偿性、固定性，都是以税收的法定性为基础的。税收法定原则，从根本上说，是由税收的性质决定的。因为，只有税收法定，以法律形式明确纳税义务，才能真正体现税收的强制性，实现税收的无偿征收，税收分配也才能做到规范、确定和具有可预测性。这对经济决策至关重要。因为，对经营者来说，税收是一种很重要的经营成本，税负的高低在很大程度上影响投资决策。因此，如果税收不规范、不确定，税负无法进行事前预测，那么投资决策分析就难以正常进行。此外，法律的“公开、公正、公平”特性也有助于税收的公平和效率。特别是在征纳关系中，相对于政府，纳税人客观上处于弱势地位，而政府本身又存在增收扩支的冲动和压力。因此有必要通过法律规范来提高纳税人的法律地位，确保纳税人的权利。在我国建立和完善符合市场经济发展要求的税制过程中，提倡和强调税收的法定原则显得尤为重要与迫切。

8.4 税负转嫁与归宿

8.4.1 税负转嫁与归宿的概念

所谓税负转嫁，是指纳税人在缴纳税款之后，通过提高商品销售价格或压低商品购进价格等方式，将部分或全部税款转移给别人负担的一种经济现象。税收归宿是税负转嫁过程的终点。税负转嫁不是一次完成的，也不是无穷尽的，总存在一个不可能再转嫁而要自己负担的阶层如消费者，这一阶层即为税收归宿。

8.4.2 税负转嫁与归宿的形式及条件

（1）**税负转嫁的形式**

①前转（顺转）

纳税人在进行交易时按课税商品的流转方向，用提高价格的办法，把所纳税额向前转嫁给商品的购买者或消费者。这是税负转嫁的基本形式。

②后转（逆转）

纳税人用压低价格的办法把税款向后转嫁给货物或劳务的供应者，如纳税人通过压低购进原材料价格将税负转嫁给原材料生产者。

③混转（散转）

对一个纳税人而言，前转和后转可以兼有，也就是将税款一部分向前转嫁给商品购买者，另一部分向后转嫁给商品供应者。

④税收资本化

税负转嫁的一种特殊形式即应税物品（主要是土地和其收益来源较具永久性的政府债券等资本品）交易时，买主将物品可预见的未来应纳税款从所购物品价格中作一次性扣除。此后名义上虽由买主按期纳税，实际上税款由卖主负担。

⑤消转

消转是指纳税人用降低课税商品成本的办法使税负从新增利润中得到抵补。这既不是提高销价的前转，也不是压低购价的后转，而是通过改善经营管理、提高劳动生产率等措施降低成本、增加利润而抵消税负，所以称为消转。

消转实质上是用生产者应得的超额利润抵补税收，实际上不转嫁，由纳税人自己负担。

（2）**税负转嫁的条件**

制约税收负担能否转嫁、转嫁方向和转嫁程度的因素，主要有三个。

①税种

一般认为，直接课自商品和劳务的税即流转税或间接税，容易转嫁；直接课于企业利润和个人收入的税即所得税或直接税，难以转嫁。前者因为国家对某种商品征税后，会改变该商品的边际成本，从而引起该商品按较高的价格销售，实现税负向前转嫁；此外，由于纳税发生在厂商内部，购买者不了解、也不关心价格组成情况，转嫁起来较容易。后者主要因为直接税属于企业利润和个人收入的分配范畴，不会影响所提供商品（包括劳动力）的边际成本，自然不能通过价格变动来转嫁税负。严格地说，不同税种转嫁的可能性只有难易之分，不存在绝对不能转嫁的问题。理论和现实已经证实，即使是直接税，在一定条件下也可实现一部分转嫁，如企业交纳的所得税，在可能降低工资、延长工时、提高劳动强度的条件下，就有转嫁的可能。

②课税商品供给与需求的相对弹性

西方财政学家认为，税负一般不会出现完全转嫁或实际不能转嫁的情况，大量发生的是由纳税人和其他人各自负担一定比例。纳税人自己负担部分和转嫁出去部分的比例主要受制于课税商品的相对弹性。需求弹性较大、供给弹性较小，税收将主要由纳税人自己承担；反之，税收将主要由其他人负担。图8－1表示需求弹性大于供给弹性时税负的转嫁与归宿情况。

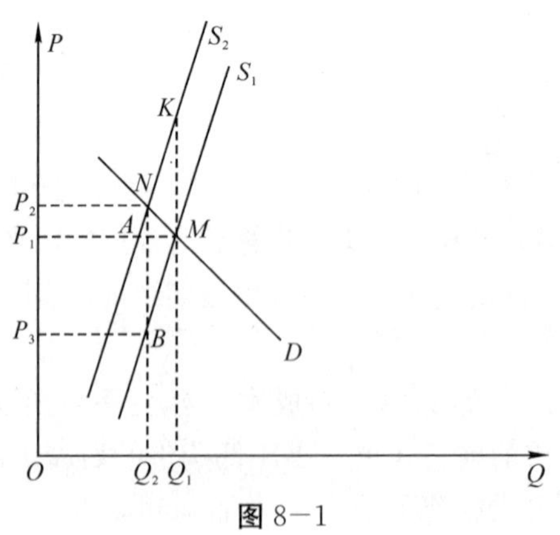

图8－1

假设税前均衡点是M，对应的均衡价格和均衡数量分别是P_1和Q_1，政府对单位商品课以相当于KM的税收，该商品的供给曲线将平行向左移至S_2，税后均衡点为N，由于需求弹性大于供给弹性，故此所征税款的大部分（相当于AB）将由纳税人自己负担，购买者只负担较小部分（相当于NA）。

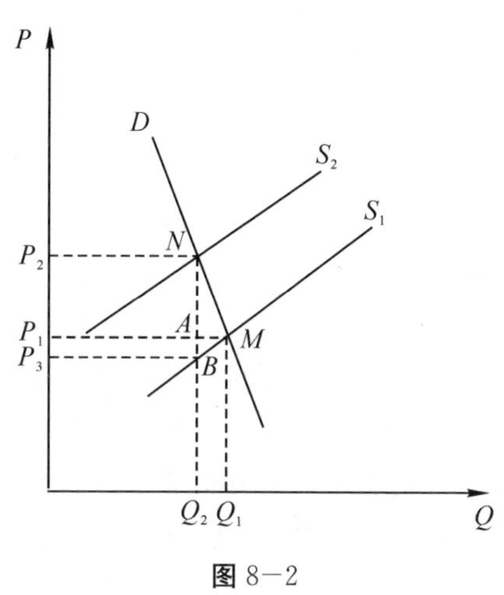

图 8－2

图 8－2 说明供给弹性大于需求弹性时税负的转嫁与归宿情况。由于供给弹性大于需求弹性，税后的购买者支付价格由P_1上升到P_2，供给者所得价格由P_1下降到P_3。政府对单位商品的课税为NB，即P_2-P_3。由购买者和供给者共同负担，购买者承担了大部分税款（相当于NA），供给者只负担了小部分税款（相当于AB），说明由于供给弹性大于需求弹性，税收的大部分向前转移给消费者负担，小部分由供给者本身负担。

税负完全转嫁或完全不能转嫁的情形，理论上分析只能是下列四个条件之一：一是需求完全没有弹性，二是需求有充分弹性，三是供给完全没有弹性，四是供给有充分弹性。在第一和第四种情况下，税收可以完全由购买者负担；在第二和第三种情况下，税收将完全由纳税人自己负担。这四种情况出现的机会很少，较普遍的情况是在这两个极端之间。

③课税商品生产与销售的竞争程度

一般认为，垄断性商品比竞争性商品的税负转嫁容易一些，竞争激烈的商品比缺乏竞争或竞争压力不大的商品税负转嫁困难得多。

影响税负转嫁的因素除了上述三个外，还有纳税企业对某种生产资料在使用上的垄断程度，这决定着税负向后转嫁的可能性和转嫁程度；劳动者是否团结及其供需状况，决定着纳税企业利用降低工资转嫁税款的可能性及程度。此外，还有课税范围、课税方法、生产周期、成本变动趋势等，也会影响税负转嫁。

8.5 税收的经济效应

税收的经济效应是指纳税人因国家征税而在商品抉择、劳动投入和储蓄等方面作出的反应。税收效应旨在考察税收对纳税人经济活动的影响。这种经济影响一般可归纳为收入效应和替代效应。收入效应是指政府征税使纳税人的支出能力下降，用来说明收入购买力下降后人们如何调整购买行为。收入效应表明资源从纳税人手中转移到政府手中，本身不会导致经济无效率。替代效应是指政府征税使纳税人以某种消费或活动方式取代另一种消费或活动方式，用来说明征税后人们如何调整其经济行为。替代效应干预了纳税人的选择，会导致经济无效率。

8.5.1 对消费的收入效应与替代效应

税收对消费者选择的收入效应表现为：政府课税之后，会使消费者可支配收入下降，从而降低商品的购买量，而居于较低的消费水平上。图 8－3 表示征税对消费者选择的收入效应。

图 8－3 中，水平轴和垂直轴分别计量食品和衣物两种商品的数量。假定纳税人的收入是固定的，而且全部收入用于购买食品和衣物，两种商品的价格也是不变的，则将纳税人购买两种商品的数量组合连成一条直线即图中 AD 线，此时纳税人对衣物和食品的需要都可以得到满足。纳税人的消费偏好可以由一组无差异曲线来表示，每条曲线表示个人得到同等满足程度下，在两种商品之间选择不同组合的轨迹。由于边际效用随数量递减，无差异曲线呈下凹状。AD 线与无数的无差异曲线相遇，但只有与其中一条相切，即图中的 i_1，切点为 E_1。在这一点（E_1）上，纳税人以其限定的收入购买两种商品所得到的效用或满足程度最大，即用于衣物的支出为 E_1 与轴线的垂直距离乘以衣物

的价格，用于食品的支出为 E_1 与轴线的水平距离乘以食品价格。

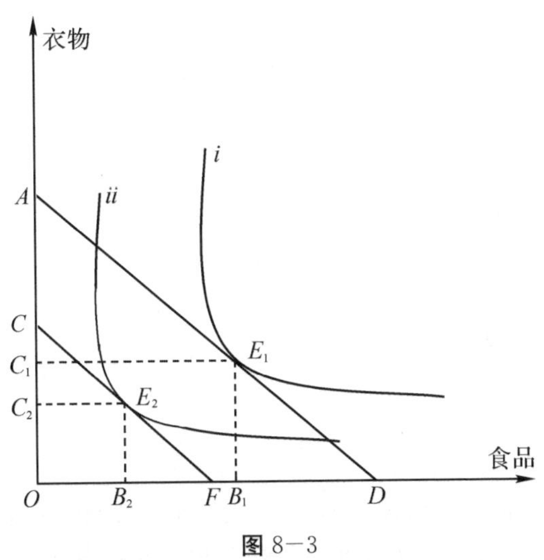

图 8—3

若政府决定对纳税人课征一次性税收（如个人所得税），税款相当于 AC 乘以衣物价格或 FD 乘以食品价格。那么，该纳税人购买两种商品的组合线由 AD 移至 CF。CF 与另一条无差异曲线 ii 相切，切点为 E_2，在这一切点上（E_2），纳税人以其税后收入购买两种商品所得到的效用或满足程度最大，即用于衣物的支出为 E_2 与轴线的垂直距离乘以衣物价格，用于食品的支出为 E_2 与轴线的水平距离乘以食品价格。

由以上分析可以看出，由于政府课征一次性税收而使纳税人在购买商品的最佳选择点由 E_1 移至 E_2，这说明在政府课税后对纳税人的影响，表现为因收入水平下降从而减少商品购买量或降低消费水平，而不改变购买两种商品的数量组合。

税收对消费者选择的替代效应，表现为国家对商品征税，会使被征税的商品价格上涨，造成纳税人减少课税商品购买量，而增加非课税商品（或轻税）商品的购买量，即以无税（或轻税）商品替代课税（或重税）商品。

图 8—4 表示征税对消费者选择的替代效应。

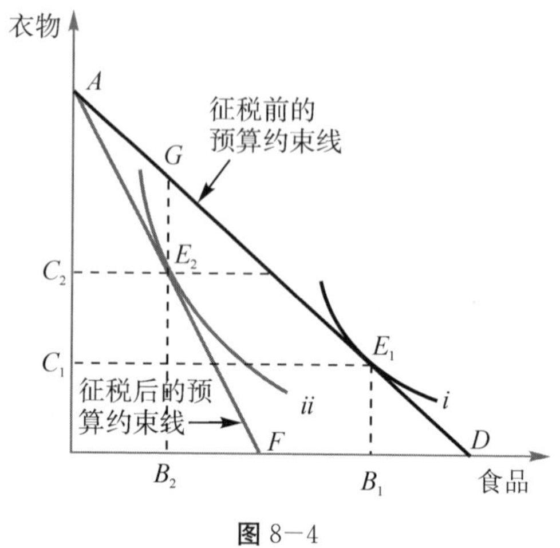

图 8－4

以图 8－4 来说明，仍假定政府不征税或征税前消费者的预算约束线为 AD，与无差异曲线 i 相切于 E_1 点。现假定政府对食品征税，对衣服不征税，那么食品的价格相对上升，新的预算约束线变为 AF，与新的无差异曲线 ii 相切于 E_2点，意味着消费者减少了食品的消费量，由 B_1变为 B_2；增加了对衣服的消费量，由 C_1 变为 C_2。政府征收的税额为 AD 与 AF 之间的垂直距离，即 GE_2。显然，与 E_1 点相比，消费者在 E_2 点有所损失。任何税收都可能是纳税人处于较低的无差异曲线上。重要的问题是：对食品征税是否会使纳税人遭受比征收 GE_2 这么多的税收收入所必需的效用损失更大？如果是这样的话，对食品征税就会产生超额负担。图 8－5 表示对食品征税的超额负担问题。

在图 8－5 中，政府征税前消费者的预算约束线为 AD，与无差异曲线 i 相切于 E_1 点。假定政府对食品征税，消费者的预算约束线变为 AB_3，与新的无差异曲线 ii 相切于 E_2点，征收的税额为 GE_2。如果从消费者那儿拿走一定数额的收入 ME_3，使消费者新的预算约束线 HI 与无差异曲线 ii 相切，切点是 E_3，则意味着这个收入减少量与对食品征税所引致的效用减少是相同的，即消费者在失去这么多的收入与面对食品征税之间没有任何差异。而政府对食品征税所筹集到的税额是 GE_2，ME_3 比 GE_2 超出 E_2N，这说明了对食品征税给纳税人造成的福利损失量实际上超过了它所带来的税收收入，超额负担为 E_2N 的距离。也就是说，政府对纳税人征一个总额税（lump sum tax），使纳税人的预算约束线由 AD 变为 HI，与无差异曲线的切点由 E_1 变为 E_3，筹集

到的税收收入为 ME_3，E_1 到 E_3 的移动表明了总额税对消费的效应，这种变动叫做收入效应，仅是由收入的损失引起的，因为相对价格未受影响。从 E_3 到 E_2 的移动实际上完全由相对价格的变化引起，这种反应叫做替代效应。

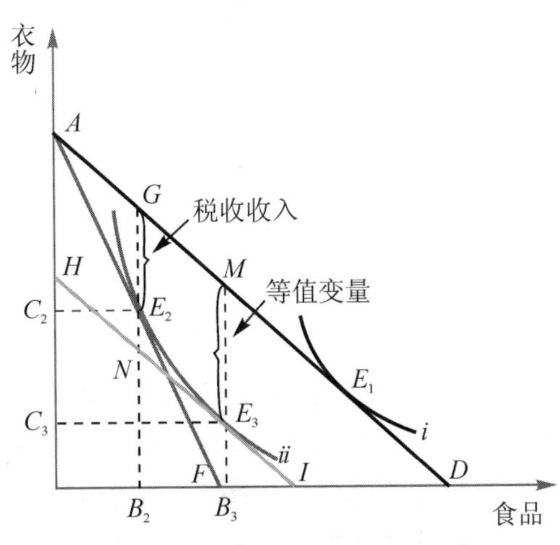

图 8—5　对食品征税的超额负担

8.5.2　税收对劳动供给的影响

劳动力是最基本的生产要素，如果将劳动供给（工作时间和工作努力程度）采用统一的时间尺度来度量，那么人们在劳动市场上的经济抉择，可以看做是将“时间物品”在工作和休闲之间进行分配。与所有资源的使用一样，时间本身也存在着机会成本，它可以被分配在各种可能的用途上。当时间被用于休闲时，休闲的机会成本就是放弃 1 单位工作时间所得到的报酬，即工资率。

税收对劳动供给的收入效应表现在：政府征税会使纳税人可支配收入减少，从而促使其为维持原有的收入水平而减少闲暇的消费，增加劳动投入量。如图 8－6 所示，纵、横轴分别为工资率与劳动时数，S 表示劳动力供给曲线。在初始阶段，若工资水平提高，劳动供给量增加；但当工资水平上升到一定限度之后，劳动力的供给量不再增加，反而减少。因此，劳动力的供给曲线是一条向右弯曲的线。现假定政府对劳动者的工资收入征收个人所得税 W_1、W_2，劳动者的可支配收入由 W_1 降为 W_2，劳动力的供给倾向于增加，劳动时数会

从 L_1 增加到 L_2。

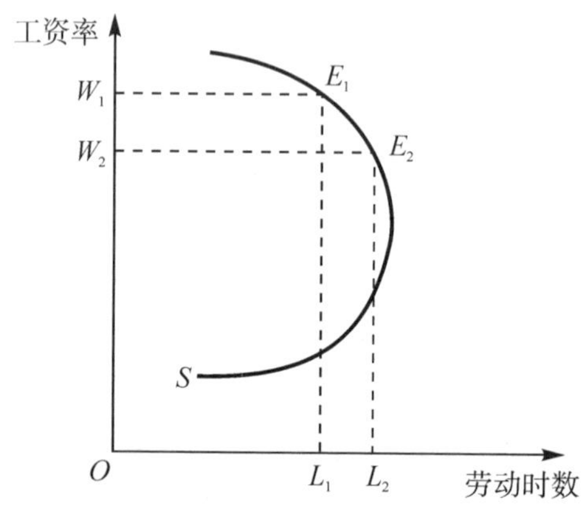

图 8-6 税收对劳动供给的收入效应

税收对劳动供给的替代效应表现在：政府课税会降低闲暇相对于劳动的价格，从而引起纳税人以闲暇代替劳动。如图 8-7 所示，纵轴表示工资率，横轴表示劳动时数；劳动力的供给曲线 S 为一条向右上方倾斜的线，它表示劳动力的供给与工资率成正比，随着工资水平的提高，劳动力的供给倾向于增加；反之，则相反。现假定政府对劳动者的工资征收所得税 W_1W_2，纳税人可支配收入就由税前的 W_1 变为 W_2，随着劳动边际收益的减少，劳动时数也由税前的 L_1 变为税后的 L_2。这表明，如果劳动的供给曲线是向右上方倾斜的，政府征税很可能会使纳税人减少劳动投入量。

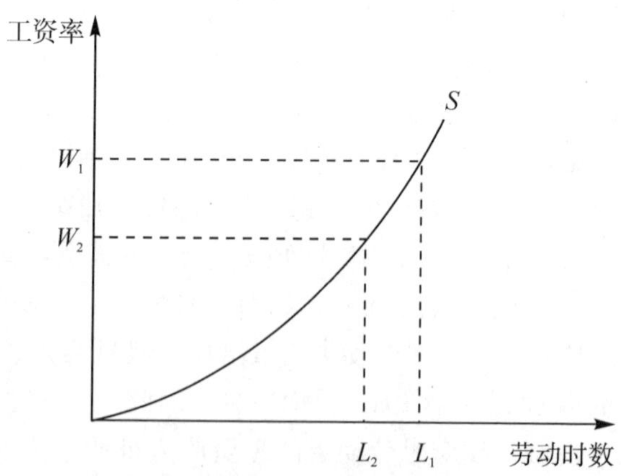

图 8-7 税收对劳动供给的替代效应

8.5.3 税收对储蓄的影响

人们取得的收入不是用于消费就是用于储蓄，而储蓄是未来的消费。因此，消费与储蓄的选择可以被认为是目前消费与未来消费之间的选择。在对储蓄利息所得不征税的情况下，税收对个人储蓄的影响只有收入效应，即征税会减少纳税人的可支配收入，迫使其降低目前的消费和储蓄水平。当对储蓄利息征税时，税收对储蓄将产生收入效应和替代效应。

税收对储蓄的收入效应表现在：政府课税会降低纳税人的可支配收入，从而促使纳税人为维持原有的储蓄水平而减少即期消费。如图 8－8 所示，纵、横轴分别代表纳税人对储蓄和消费的选择，初始时个人对储蓄和消费的选择组合可连成一条直线，即 AB 线。纳税人从储蓄和消费中都可获得满足，一定数量的储蓄和一定数量的消费给他带来的效用无差异，两者的数量组合形成一系列无差异曲线。AB 线所能达到的最高无差异曲线为 I_1，它们在 E_1 点相切，表明消费为 C_1，储蓄为 S'。现假定政府对储蓄利息征收所得税，由于可支配收入减少，纳税人对储蓄和消费的选择组合会发生变化。假定纳税人的储蓄目标是既定的，该纳税人对储蓄和消费的选择组合线变为 AE，它与新的无差异曲线 I_2 相切于 E_2，这时，他选择 C_2 数量的消费。由于 C_2 小于 C_1，表明税收对储蓄产生收入效应。

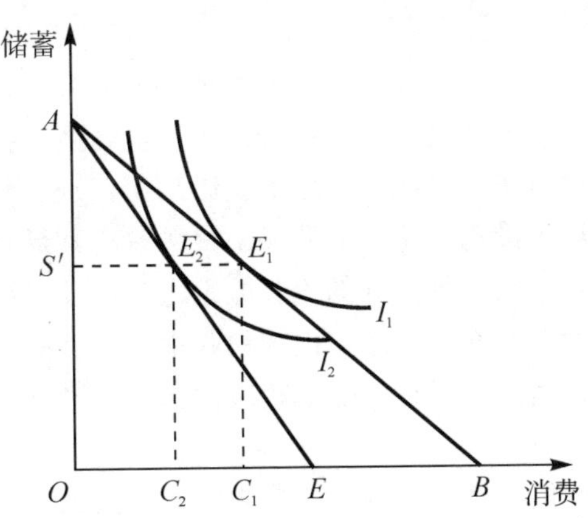

图 8－8 税收对储蓄的收入效应

税收对私人储蓄的替代效应表现在：政府课税会减少纳税人的实际利息收

入，降低储蓄对于纳税人的吸引力，促使纳税人增加即期消费。如图 8－9 所示，纵、横轴分别代表纳税人对储蓄和消费的选择。初始时个人对储蓄和消费的选择组合可连成一条直线，即 AB 线。它与无差异曲线 I_1 相切于 E_1，即他选择 C_1 数量的消费和 S_1 数量的储蓄。现假定政府对储蓄利息征收所得税，纳税人对储蓄和消费的选择组合线为 BS_1，与无差异曲线 I_2 相切于 E_2，纳税人选择 C_2 数量的消费和 S_2 数量的储蓄。征收所得税使纳税人的消费增加、储蓄减少，表明税收对储蓄产生效应。

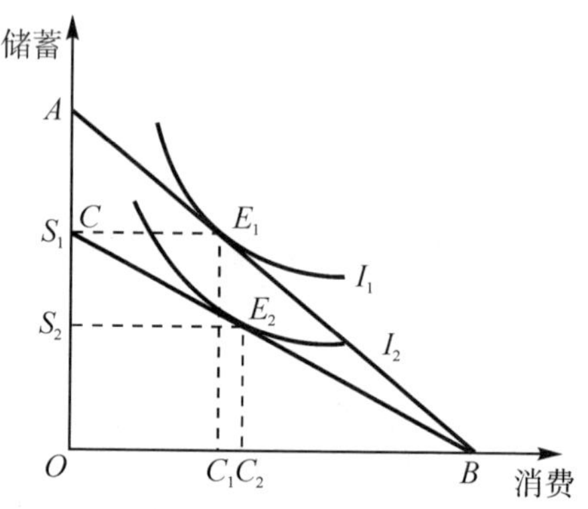

图 8－9　税收对储蓄的替代效应

8.5.4　税收中性

税收中性包括两方面的涵义：一是政府征税使社会所付出的代价以应征税数额为限，除此之外不能让纳税人或社会遭到其他经济牺牲或额外负担；二是政府征税应当避免对市场经济运行发生不良影响，特别是不能超越市场而成为影响资源配置和经济决策的力量，而使经济资源脱离其最有效的使用途径。

税收中性是西方税收学界倡导的税收原则之一，其立论基础在于确信市场机制在资源配置方面上有充分效率，倡导税收中性的目的在于避免税收对市场机制的干扰或扭曲，而让市场在不受干扰或扭曲的条件下调节整个经济活动的运行。

税收中性的较早倡导者为英国新古典学派代表人物 A·马歇尔。他主要着眼于间接税：A. 政府对商品征税，被征税之商品价格上涨，消费者会因此减少征税商品的购买量，而增加非征税商品的购买量，从而承受税收的额外负担。B. 被征税商品的需求弹性越大，消费者对征税商品购买量的减少幅度越大，从而承受的额外负担越大。因此，他主张增加直接税减少间接税，而使税收保持中性。

其后，又有经济学家对直接税的中性问题进行研究，得出了直接税也有干扰市场经济的不良影响的结论：A. 政府对所得征税，劳动者会因此产生两种反应：一是增加劳动时间以弥补纳税损失；二是减少劳动时间，增加闲暇时间。两种完全相反的反应虽可能会彼此抵消，但总会使社会遭受损失。B. 政府对所得征税会妨碍私人资本的形成，尤其会妨碍私人资本对风险项目的投资，影响市场经济的正常活动，因此主张应避免直接税的超额负担。

第二次世界大战之后，西方经济学界普遍推崇凯恩斯主义的政府全面干预经济学说，认为税收可在市场失灵时具有非中性，即主张运用税收杠杆来纠正市场存在的缺陷，调节经济的运行。20 世纪 70 年代后期以来，在政府干预经济部分失灵或失效的情况下，税收中性思潮又有复归。但现在更多的经济学家认为税收毕竟只是调节经济运行的手段之一，在什么情况下保持中性，什么情况下非中性，要看是否有利于经济有效运转来决定。

8.6 国际税收

8.6.1 国际税收的涵义

国际税收是国与国之间在经济交往中因行使各自国家的税收管辖权而发生的税收分配关系，有广义与狭义之分。广义的国际税收是指对所得、财产、流转（主要是关税）课税等引起的国家间的税收分配关系。狭义的国际税收是指两个或两个以上国家对纳税人的跨国所得或财产等同时课税而形成的国家之间的税收分配关系。

国际税收是由于各相关国家的税收活动而形成的税收分配关系，是涉及两个或两个以上国家财政利益的税收活动，而不是一个独立的税种。

（1）**国际税收的形成**

国际税收是国际经济发展到一定历史阶段的产物。随着国际经济交易交往的扩大，纳税人的所得来源没有固定的地域，可能仅来源于一国，也可能来源于多个国家。当某一纳税人的收入所得来源于多个国家时，由于不同国家同时采取居民和地域两种税收管辖权，其结果必然导致多个国家对同一笔跨国的所得行使征税权的交叉。因而一个国家如何征税、征多少税，必然会影响其他国家的财政利益，形成国家之间的税收分配关系，即国际税收。从国际税收实际形成的历史考察，19 世纪末至 20 世纪初，随着国际贸易的发展，税收的国际化问题日益突出，国际税收问题逐渐被许多国家所重视。第二次世界大战后，殖民地和半殖民地国家在政治上纷纷独立，有了独立的征税权；资本的国际流向发生变化，发达国家之间相互投资，超过了对发展中国家的投资；跨国公司的发展，收入来源国际化越来越突出；各国所得税制日益完善，税收国际化问题不仅被各国所重视，而且许多国家还单方面采取措施处理有关国际税收问题。为了公正合理地解决国际税收问题，世界各国在实践中逐渐形成了一系列处理双边或多边税收关系的国际准则和惯例。至此国际税收才逐渐成为一个独立的经济范畴和学科。

（2）**国际税收的内容**

国际税收作为国与国之间的税收分配关系，它涉及的内容主要包括：A. 如何消除或缓解国际双重征税。B. 如何协调国家之间的税收关系和消除对外国纳税人的税收歧视。C. 如何鼓励国际投资。D. 如何防止国际逃税与避税。E. 国际税收协定。

国际税收与国家税收有密切的联系，通过国际税收关系的各种准则和规范来指导、约束各国的税制，并且使之在各国税制中得以体现，国际税收才有意义。可见，国际税收的各种准则、规范制约着各国税制，而各国税制又是国际税收赖以存在的基础。有些观点认为，对某些外国税制进行的研究，就是国际税收；还有的观点认为，国际税收就是各国的涉外税收。事实上，国际税收与外国税制和涉外税收虽有密切的联系，但不属同一个概念。

8.6.2 税收管辖权

（1）**税收管辖权的概念**

从国际法看任何一个独立的国家都拥有其基本主权，包括独立权、平等权、自保权和管辖权。管辖权是由国家权力派生出来的，是国家权力的体现。管辖权的划分通常有属地主义原则、属人主义原则和保护地主义原则。按属地、属人原则，在国际社会中所有主权独立的国家对其领域内的一切人、物、行为、事件均有行使法律的权力。这是国家主权的一个基本属性。按保护地原则，任何人只要损害了本国利益，不论是本国人还是外国人，不论损害者的国籍与所在地域，都要受到该国法律的追究。管辖权主要包括领土管辖权、国籍管辖权和税收管辖权。

所谓税收管辖权，是指国家在税收领域中的主权，是一国政府行使主权征税所拥有的管理权力，具有独立性和排他性，意味着一个国家在征税方面行使权力的完全自主性，在处理本国税务时不受外来干涉和控制，即一国政府有权自行决定对哪些人征税、征收哪些税收以及征多少税。

国家是国际法的基本主体，国家拥有主权意味着国家有权独立自主地处理其内外事务。作为主权国家必须具有一些不可缺少的基本权利，如独立权、平等权、自保权等；而管辖权就是其中一项最重要的基本权利。所谓管辖权，是指在国际社会中国家对其领域内的一切人和物行使国家主权的权力。

（2）**税收管辖权的两个基本原则**

①属人原则

属人原则又称国籍原则，它是指纳税人与征税国之间存在着人身隶属关系，根据这种隶属关系主权国家有权对具有本国公民和居民身份的人实行税收管辖。公民是指具有本国国籍的人，而居民则是居住在本国境内享有相应权利并承担一定义务的人。因此，根据属人原则行使税收管辖权，而这种人身隶属关系又因法人和自然人的身份不同而有所区别：自然人主要是根据个人是否拥有征税国的国籍，或者在征税国是否拥有住所、居所；法人主要根据其是否在征税国国内注册登记，或者其总机构、实际管理机构等是否设在征税国境内。

②属地原则

属地原则又称为领土原则，它是指一国对其领土范围内的一切人和物或者经济活动行使税收管辖权。在国际税收关系中，当征税国和纳税人的各种所得之间存在着经济上的源泉关系，是通过地域连接因素表现出来时，这就是属地性质的联结因素。在国际税法中将所得与征税国之间有着经济上的源泉关系的这一连接因素称为所得来源地。一国根据所得来源地对非居民纳税人在本国的所得行使征税的原则，称为来源原则或来源地税收管辖权。不过非居民在来源地税收管辖权下的纳税义务仅限于从来源国获取的所得。

(3) **税收管辖权的种类**

目前，世界上绝大多数国家都按照属地原则和属人原则实行税收管辖权，具体可分为来源地税收管辖权、居民税收管辖权和公民税收管辖权三种类型。

①居民税收管辖权

居民税收管辖权，亦称居住国税收管辖权，是指在国际税收中，国家根据纳税人在本国境内存在着税收居所这样的联结因素行使征税权力，它是属人原则在国际税收中的体现。它的确立是以纳税人与征税国之间存在着某种属人的联系为前提，这种根据纳税人的居民身份行使税收管辖权的原则也称作从人征税。

征税国与纳税人的居民身份关系的存在是征税国行使居民税收管辖权的前提，对纳税人居民身份的确认是各国确立居民税收管辖权的重要内容。各国适用的判定自然人和法人居民身份的标准大致包括如下几种：

A. 自然人居民身份的确认标准。根据各国的税法制度与实践，通常确认自然人居民身份所采用的标准主要有以下三种：

第一，住所标准。在各国税法中住所标准通常是指人的永久性、固定性居住的住所。住所一般为配偶和家庭的所在地。确定人的住所的永久性和固定性是确定纳税人是否在征税国存在住所的主要标准。法国、瑞士和德国等，都以自然人在征税国是否存在住所作为确定自然人居民身份的标准。

第二，居所标准。居所是指人们经常居住的处所，是住所以外的不具有永久性质的居住场所。一个人只有一个住所，但是可以同时有几处居所。在各国税法实践中，英国、加拿大、澳大利亚等英美法系国家，确定纳税人的身份标准之一就以该纳税人是否在征税国境内拥有居所作为认定自然人居民身份的主要标志。在国际税收实践中，居所标准一般与居住期限相结合，即自然人居民纳税人的身份取决于他在一国境内居住的时间。不过各国税法对居住时间的规定并不一致。例如英国、德国、印度和印尼等规定为半年，中国、美国、日本和巴西等规定为1年。

第三，国籍标准。国籍是个人和某个征税国之间具有的一种特殊的身份隶属法律关系。通常人们可以通过这种身份来确定个人所受管辖的法律及其相应的权利与义务。以国籍作为确定纳税人居民身份的标准，目前仅为美国、墨西哥、菲律宾等少数国家采用。采用国籍标准来确定自然人居民身份，就不会考虑纳税人与征税国之间是否存在着实际的经济利益关系。这种做法必然导致各国税收管辖权利尖锐冲突，使得国际税收关系日趋复杂化。

B. 法人居民身份的确认。各国税法对于法人居民身份确认的标准，主要有以下三种：

第一，法人注册成立地标准。这个标准是指法人居民身份以其在哪一国注册成立而定。凡是在本国境内注册成立的公司即为本国的法人居民纳税人。美国、加拿大、瑞典等国采用此标准。由于法人的注册登记地只能有一个，所以采用此标准的优点是使征税国易于识别法人机构纳税地点；其缺陷是较难反映法人的真实所在，从而使一些跨国公司通过在避税港注册成立公司得以规避有关国家的税收管辖权。

第二，法人实际管理中心所在地标准。该标准是指法人的居民身份是根据法人在何国设有管理和控制中心而定。凡是在本国境内设有该法人实际管理中心即为本国的居民纳税人。所谓管理和控制中心一般是指法人的董事会和监事会的所在地。此标准主要由英国、德国、希腊、瑞士等国采用。此标准的弊端是一些企业可能通过任意设立管理中心以规避有关征税国家的税收管辖权。

第三，法人的总机构所在地标准。该标准是指法人的居民身份是根据法人在何国设有总机构而定。凡是在本国境内设有该法人总机构的即为本国的居民纳税人。此标准主要由日本、法国、中国等国采用。

②公民税收管辖权

公民税收管辖权也称国籍管辖权。它是指征税国和纳税人之间是以公民身份为连接因素的税收管辖权。采用公民税收管辖权仅以国籍标准来确定自然人公民身份，而对该公民在世界范围内的所得和财产行使税收管辖权，不考虑本国国籍纳税人的所得和财产在何处。

③收入来源地税收管辖权

收入来源地税收管辖权或称地域税收管辖权，是指征税国对跨国纳税人在其国境内所得行使征税的权力。它是属地原则在国际税收中的体现，它以作为征税对象的非居民所得来源于征税国领土作为连接因素，也称从源征税。

征税国根据来源地税收管辖权征税，其前提是确定某种所得来源于本国，对非居民的征税仅限于来源于征税国境内的所得，对非居民来自征税国境外的所得无权征税。因此，对非居民纳税所得的来源地的确认标准是各国来源地税收管辖权的主要内容。在国际税收实践中，非居民纳税人在来源国的所得一般包括营业所得、投资所得、劳务所得和财产所得。

A. 对非居民纳税人营业所得的征税。营业所得或营业利润，在各国税法和国际税收协定中通常是指纳税人从事交通运输业、建筑工程承包业、农林畜牧渔业、水利业、商业、服务贸易涉及的金融保险业等行业的经济活动所取得的收入。由于跨国营业所得的多样性，因此对所得来源地的认定标准也是复杂多样，容易产生来源地税收管辖权的重叠和国际双重征税。在国际税收中，对非居民纳税人的跨国营业所得的征税，目前各国通常采用常设机构原则、独立企业原则、实际联系原则和引力原则等来防止国际双重征税。

第一，常设机构原则。这是指仅对非居民纳税人设在征税国境内的常设机构来源于该国的营业所得征税，而对非常设机构的营业所得该国无权征税。所谓常设机构是指外国法人在收入来源国境内设立的固定营业场所。它一般具有三个特征：有一个营业场所，包括房屋、场地与机器设备等；这种营业场所必须是固定的；非居民纳税人通过这种固定场所从事的必须是营业性质的活动。不过，要真正实行常设机构原则，还必须采用独立企业原则。

第二，独立企业原则。这是指将非居民公司的常设机构视为一个独立的纳税实体，将按独立企业进行盈亏计算取得的一切利润归属于该常设机构，使收入来源地国能够从源征税。由于常设机构与国外机构是同一法人，一般常设机构的资金调拨权、经营权和利润均受总机构支配，所以收入来源国要实行来源管辖权，就必须将常设机构按独立的自负盈亏的纳税实体对待，对其来源于该国的营业所得从源征税。这只是从从源征税的角度出发采纳的一种原则，而事实上常设机构并不是独立企业。

第三，实际联系原则。这是指来源地国仅对非居民纳税人的设在本国境内的常设机构有实际联系的所得，即与常设机构本身的经济活动有关的营业利润以及其在来源国的投资利润、贷款利息和特许权使用费等可以归属于常设机构的所得进行征税。对于不归属于常设机构的营业所得，来源国无权征税。

第四，引力原则。这是指非居民公司在收入来源国内虽然设有常设机构，但未经过常设机构所进行的货物销售或其他经营活动是相同的或者是同类的，即使没有经过常设机构，其所获得的营业所得也应归属于常设机构，由收入来源地国从源征税。不过，在一个地域辽阔的国家实行引力原则在实际操作上相当困难，所以我国在对外签订的双边税收协定中并没有采用这一原则。

B. 对非居民纳税人投资所得的征税。投资所得一般是指纳税人从事间接投资活动所取得的股息、红利、利息和特许权使用费等收入。上述投资所得是非居民在东道国境内没有设立常设机构的条件下取得的，或者是虽然设立了常设机构但投资所得按实际联系原则却不归属于常设机构。从有关国际税收协定的内容与实践来看，国际上一般认为来源地国或者居住国均有权对股息、利息和特许权使用费等投资所得行使征税权。由于股权的所得是股息和红利，债权的所得是利息，而知识产权的所得可以是特许权使用费等，因此上述投资所得均具有权利所得的性质。

各国在确认投资所得的来源地时主要采用的是下列两种标准：一种是权利提供人所在地标准，即以权利提供人的所在地为投资所得的来源地；另一种是权利使用人所在地标准，即以权利或资产的使用人或承担投资所得的债务人的居住地为投资所得的来源地。

目前各国对非居民纳税人的投资所得的征税方式，一般采用预提所得税的方式进行，即支付所得的人在向非居民支付股息、利息、特许权使用费等款项时预先要扣缴非居民纳税人应缴纳的所得税额。这是所得税的一种源泉控制征收的方式。预提税税率往往根据收入全额计征，由于不作费用扣除，所以一般低于企业所得税率。

C. 对非居民的个人劳务所得的征税。个人劳务所得包括独立的个人劳务所得和非独立的个人劳务所得。前者主要指个人从事的专业性劳务或其他独立性质的活动而取得的收入，如从事独立的科教文艺等活动以及从事医师、律师、会计师和建筑师等职业而取得的所得；后者一般是指个人由于受雇而取得的薪金、工资和其他相关的报酬。

第一，对非居民的独立个人劳务所得的征税原则。对于非居民的独立个人劳务所得的征税，国际上通常以劳务提供地为准。其分为两种情况：第一种情况是如果非居民在本国境内没有设立固定场所的，而且提供劳务的非居民个人在境内连续或累计停留达一定天数，一般规定为 183 天以上，其所得均可从源征税，未满规定天数的非居民个人劳务所得一般免于征税；第二种情况是如果非居民在征税国境内设有医疗所、律师事务所等固定场所，则对营业所得征税的常设机构原则也适用于非居民的这种固定场所。

第二，对非居民非独立个人劳务所得的征税原则。国际税收协定通常都规定，非居民由于受雇某国而取得的薪金、工资等报酬应在该国纳税，但同时具备下述三项要求的不应当由其居住国征税：第一，在一个纳税年度内连续或累计停留不超过 183 天；第二，支付报酬的人不是征税国的居民；第三，该报酬不是由雇主设在另一国的常设机构或固定场所负担。

D. 对非居民财产所得的征税。非居民的财产所得主要包括不动产所得和资本利得两大类。所谓不动产所得，是指在不转移不动产所有权的情形下，从直接使用、出租或以其他形式使用不动产取得的所得。对于不动产和有形动产的来源地的确定，各国一般以这类财产的坐落国或所在国为其来源国，即位于本国境内的不动产或有形动产的产权人如以出售或使用等方面得到的所得均视为本国境内所得。资本利得是指在转移所有权的情形下，由于出售或转让财产而取得的所得。对于非居民的财产所得的来源地确认，通常以下列标准为原则：

第一，对非居民的跨国不动产所得的征税。根据各国所缔结的国际税收协定，一般规定，对于不动产所得的征税，以不动产的所在地为准，对不动产涵义的解释也以所在国的法律为准。

第二，对非居民的资本利得的征税。各国对于资本利得征税一般以实际发生地或者是否与常设机构或固定场所有关为准。

8.6.3 国际重复征税

(1) 国际重复征税的定义

国际重复征税，是指两个或两个以上国家对跨国从事经济活动的同一纳税人所发生的同一征税对象同时征收相同或类似的税收。其中较为普遍的是双重课税。

国际重复征税具有以下特点：①征税主体的双重性，即对同一纳税人的同一征税对象，由两个或多个国家同时行使征税权。②纳税义务的双重性，即同一纳税人的同一征税对象同时负有向两个或多个国家纳税的义务。③税种的类似性，即两个国家对同一纳税人的同一征税对象所征收的相同或类似的税收。

(2) 国际重复征税产生的原因

国际重复征税产生的主要原因，是有关国家对同一跨国纳税人的同一课税对象或税源在共同行使征税权时因税收管理权的交叉重叠导致的冲突，主要有以下三种形式。

①收入来源地管辖权与居民管辖权的重叠

世界各国在行使税收管辖权时，既可以按照属地原则行使收入来源地管辖权，也可以按照属人原则行使居民管辖权，这样不可避免地造成有关国家对同一跨国纳税人的同一笔跨国所得在税收管辖权上的交叉重叠，从而产生国际重复征税问题。例如，甲国的企业或个人到乙国从事经济活动，甲国要根据居民管辖权征税，乙国要根据收入来源地管辖权征税，当甲乙两国都不放弃各自的征税权时就产生了重复征税。

②居民管辖权的重叠

由于各国认定纳税人居民身份的标准不同，即使有关国家都只行使居民税收管辖权，也会出现同一个跨国纳税人被同时确认为居民的现象，从而产生居民管辖权与居民管辖权的冲突，导致国际重复征税。例如，甲乙两国都采用居民管辖权，且对居民个人的认定都采用时间标准，但有差异。甲国税法规定，凡在甲国居住满 180 天的个人为甲国居民，甲国公民离开甲国满 180 天为甲国非居民。乙国税法规定，凡在乙国居住满 90 天的个人为乙国居民，否则为乙国非居民。某甲国人到乙国从事经营活动，在乙国居住 150 天并取得一笔收入。乙国政府因他在乙国居住已超过 90 天，认定其为乙国居民，对这笔税收使用管辖权征税。而甲国政府也因他离开甲国不满 180 天，认定其为甲国居民，并在他回国后对其行使居民管辖权征税。

又如，一家跨国公司在美国注册成立，实际管理机构设在英国。美国以公司注册地为标准判定该公司为美国居民公司，英国则以公司实际管理机构所在地为标准判定该公司为英国居民公司。由于两国行使居民管辖权所采用的居民公司标准不同，就会出现居民管辖权之间的重叠，从而产生国际重复征税问题。

③收入来源地管辖权的重叠

由于有关国家采取的收入来源地的确定标准不同，即使它们都只行使收入来源地税收管辖权，也会出现有关国家对同一笔收入同时行使收入来源地管辖权的重叠，造成国际重复征税。例如，某甲国人受其甲国雇主委托，到乙国某公司从事技术指导工作，每月的工资报酬由其甲国雇主支付。甲国因该项报酬的支付者在甲国而认定该项所得来源于甲国，并对其行使收入来源地管辖权征税。而乙国则因取得这笔报酬的收入者在乙国从事劳务活动，认定该项收入来源于乙国，因而也要对其行使收入来源地管辖权征税。这样由于对同一笔跨国所得的来源地确定标准不同，出现了两个国家行使收入来源地管辖权的重叠，从而产生国际重复征税问题。

(3) **国际重复征税的减除**

国际重复征税对国际经济的发展具有不利的影响。首先，国际重复征税加重了跨国投资者的税收负担，不利于资金的国际流动；其次，国际重复征税影响商品、劳务、人才、技术的国际流动，对资源的国际优化配置产生阻碍作用；再次，国际重复征税不利于落后地区的经济开发和技术引进。因此，世界各国都积极地寻求减除国际重复征税的途径和方法。

①国际重复征税减除的原则

A. 能够作为国际重复征税加以减除的必须是税，而不是费。

B. 能够作为国际重复征税加以减除的必须是所得税及类似所得税的财产税。

C. 能够作为国际重复征税加以减除的所得税的计税基础必须是所得，即有合法来源的净收入所得加连续性所得。

②国际重复征税减除的方式

国际重复征税减除的方式有三类，即单边免除方式、双边免除方式和多边免除方式。单边免除方式，即一国政府单方面采取措施以免除本国纳税人员负担双重税收的一种方式，而不管对方国家是否同意。双边免除方式，即两个国家之间通过签订双边税收协定来协调双方的税收关系，免除国际双重征税。多边免除方式，即两个以上的国家通过签订避免国际重复征税的多边税收协定，以协调各国之间的税收分配关系，避免国际重复征税的不利影响。

③国际重复征税减除的方法

A. 低税法和扣除法。低税法，是指居住国政府对本国纳税人来源于国外的所得单独制订较低的税率征税，以减轻多重税负。扣除法，是指居住国为了减除国际重复征税，允许本国纳税人将其来源于国外所得在国外缴纳所得税从来源国所得中扣除，就扣除后的部分征税。扣除法同低税法一样，只能在一定程度上减轻纳税人的国际重复征税，但不能彻底免除。

B. 免税法。免税法是指行使居民税收管辖权的国家单方面放弃对本国居民来自国外所得的征税权，从而使国际双重征税得以免除。免税法包括全部豁免和累进豁免两种形式。全部豁免，是行使居民税收管辖权的国家，在法定对其本国居民的国内所得或财产征税时，不考虑居民在国外取得的所得或拥有的财产，只按国内的收入或财产课税。全部豁免对居住国损失较大，因此采用的国家较少。累进豁免，是行使居民税收管辖权的国家对来源于国外所得不予课税，但在确定对其国内所得征税的税率时，有权将本国居民的国外所得与国内所得加以综合计算。累进豁免只适用于实行累进所得税制的国家。

C. 抵免法。抵免法是指一国政府在优先承认其他国家的地域税收管辖权的前提下，在对本国纳税人来源于国外的所得征税时，以本国纳税人在国外缴纳税款冲抵本国税收的方法。它是目前世界各国普遍采用的一种方法。抵免法又可分为直接抵免和间接抵免两种。

直接抵免是直接对本国纳税人在国外已经缴纳的所得税的抵免，它一般适用于统一核算的经济实体的抵免。如对个人在国外缴纳的所得税和公司、企业的国外分支机构缴纳的所得税的抵免，就是直接抵免。

间接抵免一般适用于对公司、企业的国外子公司所缴纳的所得税的抵免。子公司不同于分公司，它与母公司之间虽然存在着控制与依附的关系，但彼此属于不同的企业法人，子公司是独立的经济实体。母公司从子公司分得的利润，是子公司进行税后利润分配时按照股份分得的股息。因此，对母公司从子公司取得的股息计征所得税时，应予抵免的不能是子公司缴纳的全部所得税，而应是母公司分得的那部分股息所分担的所得税额。这种抵免不是根据实纳税额直接进行，而是按换算的股息应分担的税额进行间接抵免。

（4）**税收饶让**

税收饶让也称饶让抵免，是指一国政府对本国纳税人在外国享受的所得税减免税款，视同在国外实际缴纳税款而给予抵免待遇的优惠措施。

税收饶让是税收抵免的延伸，以税收抵免为前提，如果没有税收抵免，就谈不上税收饶让。它实际上是将因减免税未纳或少纳的税款视同已纳税款给予抵免。比如，甲国某总公司在乙国设立一个分公司，该公司来源于乙国的所得100万元，乙国的所得税税率为40%。乙国为鼓励外来投资，对该分公司按20%的税率征收所得税，给予减半征税的优惠。这样，该分公司在乙国本应纳税40万元，但实际上只纳税20万元，甲国政府对该总公司征收所得税时，对其分公司在乙国缴纳的所得税不按实际纳税数额20万元进行抵免，而仍然按乙国税法计算的应纳税额40万元给予抵免。

在国际经济领域中，许多国家特别是发展中国家，为了更好地吸引利用外资，往往采取税收优惠措施，给予减征或免征所得税的照顾。居住国在避免国际重复征税过程中，如果采用豁免法，则对来源国的税收优惠政策不会产生消极影响。但当居住国采取抵免法时，来源国政府对居住国投资者采取的税收优惠措施就可能全部或部分失效，即来源国对外国投资者税收优惠，投资者得不到，而转入其居住国的国库。为了保证税收优惠政策的实效，许多国家都强烈呼吁，居住国在实行税收抵免过程中，必须作出某些让步，这就是税收饶让产生的原因。但是目前世界各国对税收饶让的认识并不一致，有的国家如美国反对税收饶让，而英、法、日等国同意税收饶让。

8.6.4 国际税收协定

(1) 国际税收协定概述

国际税收协定是指两个或两个以上主权国家之间为了解决国际重复征税通过谈判而达成的缔约国之间的国际税收方面权利和义务关系的一种书面协议。它是国际法上调整国家之间的税收管辖权关系和国际税收分配关系的法律表现形式。

第二次世界大战后，经济全球化导致了世界经济的迅速发展，经济的迅速发展又促成了国际税收方面的两个重要变化：首先，世界各国普遍建立了所得税制度以及各国所得税率的普遍提高；其次，跨国公司在全球范围的普遍发展，使收入来源国际化程度日益提高。针对收入国际化趋势，各国政府先后意识到要通过国际税务的合作来防止对所得的国际重复征税，因此促进了各国加速签署相关的国际税收协定。

国际税收协定，大多以经济合作与发展组织于 1977 年 4 月颁布的《关于对所得和财产避免双重征税的协定范本》(简称《OCED 范本》) 或 1979 年 12 月在日内瓦联合国税收条约专家小组会议上通过的《发达国家和发展中国家关于避免重复征税的协定范本》(简称《联合国范本》) 为示范文体。从这两个范本对各国的国际税收协定的规范化作用来看，《OECD 范本》较强调居民税收管辖权的行使，主张居住国应通过抵免法以消除双重征税，而来源地国应大幅度减少课税的管辖范围并降低税率，因此经济合作与发展组织范本是较多适用于发达国家间的税收协定，实际上该范本也已经成为发达国家之间签署双边税收条约的依据；而《联合国范本》则强调收入来源国家的征税管辖权优先于居住国的税收管辖权，主张采纳从源征税原则以扩大收入来源国税收管辖权的范围。该范本不仅能比较合理地照顾发展中国家吸收外资引进技术的实际情况，又能适当兼顾到保护来源国征税权的问题。所以，发展中国家在签订双边税收协定时往往较多地以联合国范本为依据。

（2）**国际税收协定的基本内容**

随着许多国家签署了双边的国际税收协定，以及联合国范本和经济合作组织范本所起到的示范作用，各国签订的国际税收协定的基本内容已经日趋规范化和一致化，其核心内容概括起来有以下几个方面。

①适用范围

涉及适用范围方面的内容主要是用于确定税收协定所规定的人、税种以及时间空间的适用范围三个方面。

A. 对人的适用范围。协定一般以住所或居所为标准来确定自然人或法人的居民身份，并以此确定该居民的纳税义务。纳税人的居民身份一般由各国国内法确定。但在协商一致后要将各国确定居民身份的标准写入协定的条文，缔约国之间亦可以协商方式在协定中确定该自然人或法人纳税人的居民身份，或者是协定中规定一个标准用来确定该法人为哪一国居民。例如我国与日本、德国等国签订的协定，将总机构所在国作为解决法人双重居民身份的标准。

B. 对税种的适用范围。国际税收协定一般只适用于以所得为征收对象的税种。在一些主要的大陆法系国家之间，还适用于财产税和遗产税作为征税对象。

C. 对时间和空间的适用范围。所谓时间的适用范围是指协定的生效和终止时间。所谓空间的适用范围一般是指成员国的领土，国际上的税收协定一般仅适用于缔约国各自的全部领土和水域。

②税收管辖权的划分

国际税收条款的主要内容之一就是双方对税收管辖权的划分。在协定中规定某项所得该由哪一国取得优先或独占的征税权，以此来协调国家间的税收管辖关系，避免国际双重征税。即对征税所得涉及他国或多国的情形下，确定应由哪一国行使优先征税权，由哪一国行使最终征税权以及哪一国行使独占征税权。通过签订国际税收协定，缔约国双方主要规定划分营业所得、投资所得、劳务所得和财产所得等四大类所得的税收管辖权原则，从而合理地划分缔约国各方的税收管辖权范围。

③避免国际重复征税的方法

规定消除国际双重征税的各种方法也是国际税收条款的核心内容。由于国家间对跨国所得同时行使不同的税收管辖权导致的冲突产生了国际双重征税。针对这个问题，税收协定中一般均采取免税法和抵免法来解决。免税法和抵免法这两种方法究竟采用哪一种，一般以本国的国内法为依据。

④无差别待遇

无差别待遇或称反对税收歧视。它指的是缔约国一方国民在缔约国另一方负担的税收或有关纳税的义务条件，在相同的情况下不应比缔约国另一方的国民严重。避免税收歧视，实行税收无差别待遇原则是国际税收的一项基本原则，实际上它也是国民待遇原则在国际税收领域的体现。税收协定中的无差别待遇一般包括国籍无差别、常设机构无差别、费用扣除无差别和资本构成无差别等四个方面的内容，即缔约国一方国民在上述四个方面的税务或者纳税义务条件享有缔约国另一方国民的国民待遇。我国在与其他国家缔结的双边税收协定中也有类似的条款规定。

⑤关于相互协商程序和情报交换条款

国际税收协定的另一个重要内容是加强国家之间税务合作来防止国际逃避税。鉴于跨国逃避税的活动日益猖獗，国际税收协定往往会订立专门性条款，以建立相互协商程序和税务情报交换制度，旨在有效防止国际逃避税现象的发生。

所谓相互协商程序，主要是指缔约双方的税务主管当局之间，在实行双边税收协定时一旦发生争议，或对于涉及该税收协定的适用和解释方面的问题，或者出现该税收协定无明文规定的争议的情况时等方面的协调步骤或者机制。

所谓税务情报交换，是指缔约国双方主管当局应交换为实施协定的规定所需的情报，或缔约国双方关于本协定所涉及的税种的国内法律，按此征税与协定不相抵触的情报。一般的国际税收协定对需交换的情报仅有原则性的规定而无具体范围。通常交换涉及的是在实施税收协定的规定时所需要的情报，如非居民纳税人的所得、纳税以及逃避税的情报，关联企业之间的定价、虚列成本费用、转移利润等情报。

税务情报交换主要有三种方式：经缔约国一方的特别请求，缔约一方自动提出，缔约国双方主动交换。

复习思考题

1. 如何理解税收的基本原则？
2. 税收对商品抉择、劳动供给、储蓄、投资的效应是什么？
3. 研究税负转嫁与归宿有什么现实意义？
4. 谈谈国际重复征税产生的原因及减除方法。

9. 税收制度

9.1 我国税收制度的演变

9.1.1 税收制度概述

(1) 税收制度的概念

对税收制度可以从两个不同的角度来理解。一种理解认为，税收制度是国家各种税收法令和征收管理办法的总称。一个国家为了取得财政收入或调节社会经济活动，必须以法律形式规定对什么征税、向谁征税、征收多少税以及何时何地纳税等，这些规定就构成了一个国家的税收制度。另一种理解认为，税收制度是国家按一定政策原则组成的税收体系，其核心是主体税种的选择和各个税种的搭配。毫无疑问，对税收制度的两种认识都有一定的理论意义和实践价值，前一种认识的侧重点是税收的工作规范和管理章程；后一种认识则以税收活动的经济意义为中心。因此，对税收管理的研究通常以前一种税制涵义为依据，对税收理论的探讨往往以后一种税制涵义为依据。税收制度总是由具体的税种组成的，但组成的方法可以有不同的选择。回顾整个税收理论的演变历史，关于税收制度的组成主要有两种不同的理论主张：一是单一税制理论，即认为一个国家的税收制度应由一个税类或少数几个税种构成，如单一的所得税、单一的消费税、单一的土地税及单一的财产税等。二是复合税制理论，即认为一个国家的税收制度必须由多个税类、多个税种组成，通过多种税的互相配合、相辅相成组成一个完整的税收体系。当然，复合税制并不是否定各税种在功能、作用和地位上的差别，恰恰相反，它往往以某一个税种或者两个税种作为筹集财政收入和调节经济活动的主导，即所谓主体税种；在不影响其他税种作用效果的前提下，优先或者突出主体税种的作用。从世界各国的税收实践来看，由于单一税制缺乏弹性，难以充分发挥筹集财政收入和调节经济的功能，所以并没有哪个国家真正实行过单一税制，世界各国普遍实行的是复合税制。

（2）**税收制度的构成要素**

税收制度的法律形式是税法，而税法是由若干基本要素构成的。这些基本要素包括课税对象、纳税人、税率、纳税环节、纳税期限、减免税等。

前面已经阐释了课税对象、纳税人、税率等内容，下面仅对纳税环节等要素作一介绍。

①纳税环节

纳税环节，是指商品从生产到消费的流转过程中应当缴纳税款的环节。商品从生产到消费要经过生产（或进口）、批发、零售、消费等环节，在同一流转环节也会经过多次流转过程。按照纳税环节的多少，对商品流转额的课税有单环节征税和多环节征税之分。单环节征税是指同一种税，在商品生产流转各环节中只确定一个环节课征，也称为“一次课征制”。多环节征税，是指在商品生产的每一个流转环节都要征税，也称“多次课征制”或“道道征税”。

②纳税期限

纳税期限，是指税法规定的纳税义务发生以后，纳税人应该缴纳税款的时间界限。在税法中明确规定各税种的纳税期限，纳税人在纳税期限内向国家缴纳税款，否则将会受到税法规定的惩罚。纳税期限体现了税收的强制性和固定性。纳税期限的确定包含纳税义务发生时间、纳税期限和纳税时间。

A. 纳税义务发生时间。纳税义务发生时间首先同会计核算原则有关。对商品税而言，在权责发生制的会计核算原则下，一般是以发出商品作为纳税义务发生的依据。而在收付实现制的会计核算原则下，一般是以收到货款作为纳税义务发生的依据。纳税义务发生时间也同结算方式有关，对直接收款、委托银行收款、托收承付和分期付款方式结算的可以分别按发出商品或收到货款作为纳税义务发生的依据。

B. 纳税期限。纳税期限是确定税款的期限。纳税期限的确定同税种的形式有关，如流转税分别规定 1 天、3 天、5 天、10 天、15 天、1 个月为一个纳税期，而所得税一般规定 1 个月、1 个季度为一个纳税期。纳税期限也同纳税人缴纳税款的数额的多少有关。应纳税数额大的，纳税期限的规定应短些；反之，可以稍长一些。

C. 纳税时间。纳税时间是确定申报缴纳税款的时间。对于流转税，以 1 个月为一期的纳税人，于期满后 7 天内报缴税款。纳税义务人以 1 个月为一期纳税的，自期满之日起 15 日内申报纳税。以 1 天、3 天、5 天、7 天、10 天、15 天为一个纳税期的，自期满后 5 日内报缴税款。对于所得税，以 1 个月为一期纳税的，自期满之日起 5 日内预缴税款，并于次月 1 日起 10 日内申报纳税，并结算上期应纳税款。企业所得税按年计算，分月或分季预缴，月份或季度终了后 15 日内预缴，年度终了后 4 个月内汇算清缴。

③减免税

减免税是属于减轻纳税人负担的措施。

A. 减免税。减免税，是指对某些纳税人和征税对象给予鼓励和照顾，减轻纳税人负担的一种特殊的税法规定。减税是对应纳税额减征一部分税款；免税是对应纳税额全部免征。减免税是针对某些特殊情况实行经济调节的手段，它可以从不同的角度进行分类：按照减免税的性质，它可以分为法定减免、特定减免和临时减免；按照其目的，又可以分为政策减免、灾情减免和社会减免。

B. 起征点和免征额。税法中规定减轻纳税人负担的措施，除了减免税以外，还包括起征点和免征额。

④附加、加成

附加和加成是属于加重纳税人负担的措施。

A. 附加。附加，是指地方附加，通常也称作副税，是地方政府在按基本税率征收的正税之外，另外征收的一部分税款。

B. 加成。加成，是指为了实现某种限制政策或调节措施，对特定的纳税人实行的一种加税征收。每加征一成等于加征正税的10%，加二成等于加征20%，依此类推。如现行个人所得税规定，对劳务报酬所得一次性收入极高的可实行加成征收，超过2万元至5万元的部分，按应纳税额加征五成；超过5万元以上部分则加征十成。

⑤违章处理

违章处理，是国家税务机关和司法机关对纳税人在发生违反税法行为时所作的惩罚性的处理规定。它是维护国家税法严肃性的一种必要措施，是税收强制性的具体表现。税务的违章行为主要包括偷税、抗税、欠税、骗税等违章行为。税务违章处理的方法有经济制裁、行政制裁和刑事制裁三种。处罚措施主要包括：加收滞纳金、罚款、扣押财产抵缴、追究刑事责任等。

为保证纳税人的合法权益，税法规定纳税人和税务机关在纳税和违章处理的问题上发生争议时，可以通过税务行政复议的方式，向上一级税务机关提出申诉，请求裁决。若是对裁决不服，还可以在规定期限内向人民法院起诉。

9.1.2 我国税制的历史演进

中华人民共和国成立60多年来，随着国家政治、经济形势的发展，税收制度的建立与发展经历了4个发展阶段：第一阶段是新中国成立初期建立了全国统一的新税制；第二阶段是计划经济时期对税制修正；第三阶段是有计划商品经济时期实行的税制改革；第四阶段是社会主义市场经济时期的税制改革。

(1) 新中国税制的建立

新中国成立初期，面对当时财政经济状况异常困难的局面，新生人民政权的首要任务是平衡财政收支，稳定金融物价，为恢复和发展国民经济创造条件。1950年1月，中央人民政府颁布了《关于统一全国税政的决定》，并同时发布了《全国税收实施要则》。这两个文件是统一全国税政的综合性法规，明确规定了新中国的税收政策、税收制度和税务机构的建立原则等。这两个文件的颁布，标志着新税制的建立。按照新税制，除农业税外，全国统一征收14种税，即货物税、工商业税、盐税、关税、存款利息所得税、薪给报酬所得税、印花税、遗产税、交易税、屠宰税、房产税、地产税、特种消费行为税、车船使用牌照税。其中除薪给报酬所得税和遗产税没有开征外，其余各税在全国范围内统一征收。由于新税制的实施，1950年上半年就出现了“财政收支接近平衡、通货停止膨胀和物价趋向稳定”的局面，对迅速恢复和促进国民经济的发展起了重要作用。

（2）**计划经济时期的税制改革**

20 世纪 50 年代到 70 年代，我国基本上实行的是计划经济管理体制以及与其相适应的税收制度。在这一时期，税制经历了以下几次调整。

①1953 年修正税制

经历了 3 年的国民经济恢复时期，社会主义经济在整个经济成分中的比重不断提高。与之相适应，工商业的经营方式发生了较大的变化，国营商业和合作社大量采用委托加工、代购代销和内部调拨等经营方式，私营经济则采用联合经营、深购远销、产销见面等经营方式，从而使商品流转环节减少，税收收入减少，出现了所谓“经济日益繁荣，税收相对下降”的现象。为了保证国家税收，满足新中国成立初期的大规模建设的需要，政府对原有的税制进行了修正，并于 1953 年 1 月开始实行。这次税制修正方案是根据“保证税收，简化手续”的原则拟订的。方案的主要内容是：首先，对现行工商税条例作了若干修改，重点是试行商品流通税；其次，将其他现行各税进行裁并及调整税率，并把商业环节应纳的营业税提前到工业环节征收；取消特种消费行为税，改称文化娱乐税，其余的并入营业税；粮食交易税改征货物税，棉花交易税并入商品流通税，其他征收交易税的税目，除保留牲畜交易税以外陆续停征。经过 1953 年修正后的税制与修正前的税制相比，税种没有减少，税制结构也基本没有改变，但多种税、多次征的办法有所改变。我国当时共课征 14 种税，即商品流通税、货物税、盐税、关税、农（牧）业税、存款利息所得税、薪给报酬所得税、遗产税、牲畜交易税、屠宰税、城市房地产税、文化娱乐税、车船使用牌照税、契税。其中除薪给报酬所得税和遗产税没有开征外，其余各税在全国范围内统一征收。

②1958 年的税制改革

1956 年，我国基本完成了生产资料私有制的社会主义改造，政治、经济形势发生了重大的变化，原来的工商税制已不能适应新的情况。为此，1958 年对税制进行了较大的改革，内容包括：简化税种，将原商品流通税、货物税、营业税、印花税“四税合一”，并为工商统一税，实行在工业环节和商业零售环节的两次课征制；将工商税中的所得税改成一个独立的税种，即工商所得税；简化征税办法，即对连续生产企业的中间产品，除另有规定外，一般不再征税；全国统一农业税制；废除在新解放区实行的累进税制，在全国范围内统一实行地区差别的比例税率。此后，1959 年停征利息税，1962 年在全国范围内开征了集市交易税，1966 年停征了文化娱乐税。此时，全国共有 11 个税种，即工商统一税、工商所得税、盐税、关税和船舶吨税、农（牧）业税、车船使用牌照税、城市房地产税、集市交易税、牲畜交易税、屠宰税和契税。

③1973 年的简并税制

1973 年，又对税制作了兼并：把企业缴纳的工商统一税及其附加、城市房地产税、车船使用牌照税、屠宰税简并为工商税，但保留城市房地产税、车船使用牌照税、屠宰税，仅对个人和外侨征收；同时，简化税目、税率，即税目由原来的 108 个减为 44 个，税率由原来的 141 个减为 82 个。经过这次税制改革，我国的税收表面上仍为 11 个税种，即工商税（盐税名义上包含在内）、工商统一税、工商所得税、关税和船舶吨税、农（牧）业税、城市房地产税、车船使用牌照税、集市交易税、牲畜交易税、屠宰税和契税；但实际上征税更为简单，对国营企业只征一种工商税，对集体企业只征工商税和工商所得税。

(3) 1979—1993 **年的工商税制改革**

中共十一届三中全会的召开标志着我国进入了改革开放新的历史时期。这一时期，我国税制进行了频繁、重大的改革，初步建立起了适应有计划商品经济要求的税收体系。

在商品课税方面，陆续开征产品税、增值税、营业税、消费税和一些地方工商税取代原有的工商税。

在所得税方面，陆续开征国营企业所得税、集体企业所得税、城乡个体工商户所得税、私营企业所得税、个人收入调节税，健全了所得税体系。

在财产和资源课税方面，陆续开征或恢复城市房地产税、车船使用税、土地使用税、资源税、盐税等税种。

在涉外税制方面，陆续开征了个人所得税、中外合资企业所得税、外国企业所得税。

另外，国家为了实现某些特定的政治、经济目的，还开征了奖金税、城市维护建设税、耕地占用税、烧油特别税、特别消费税。到 1993 年底，我国开征的工商税收种类分为 7 大类 36 个税种，建成了较为完整的税收体系。

(4) 1994 **年的工商税制改革**

党的十四大明确提出建立社会主义市场经济体制的目标，十四届三中全会又作出《关于建立社会主义市场经济体制若干问题的决定》。随着经济体制改革的继续深化，原来的工商税制已经不能完全适应市场经济的要求。其主要问题是：

第一，税负不均，不利于不同所有制、不同地区、不同企业和产品之间的公平竞争。

第二，国家和企业的分配关系与分配形式很不规范，国家除向企业征税外，还向企业征收能源交通重点建设基金和预算调节基金，地方政府和主管部门征集各种形式的基金和管理费，优惠政策也名目繁多。

第三，税收调控的范围和力度不能适应生产要素全面进入市场的要求，对资金市场和房地产市场的调节十分薄弱。

第四，地方税收体系不健全，规模过小，收入和管理的划分不尽合理，不利于完善中央财政与地方财政的分配体制。

第五，内、外资企业仍实行两套税制，矛盾日益突出。1994 年税制改革，其主要内容是全面改革工商税收制度，以适应建立社会主义市场经济体制的要求。其一，全面改革了流转税制，实行了以比较规范的增值税为主体，消费税、营业税并行，内外统一的流转税制。其二，改革了企业所得税制，将过去对国营企业、集体企业和私营企业分别征收的多种所得税合并为统一的企业所得税。其三，改革了个人所得税制，将过去对外国人征收的个人所得税、对中国人征收的个人收入调节税和个体工商户所得税合并为统一的个人所得税。其四，对资源税、特别目的税、财产税、行为税做了大幅度的调整，如扩大了资源税的征收范围，开征了土地增值税，取消了盐税、奖金税、集市交易税等 7 个税种，并将屠宰税、筵席税的管理权下放到省级地方政府，新设了证券交易印花税。

（5）**新时期我国税制改革**

当前，我国已初步建立起符合社会主义市场经济体制要求的税收制度，经济正处于经济周期的上升阶段，宏观调控的重心是保持宏观经济政策的连续性和稳定性，促使经济更加持续快速协调健康地发展。因此，新时期的税制改革不需要像 1994 年那样暴风骤雨式的全面革新，而是分步实施。税制改革必须与财政资源的统筹配置、与其他各方面的改革发展结合起来，在渐进中开展，在协调中推进。

①新时期税制改革的基本原则

按照党的十六届三中全会《中共中央关于完善社会主义市场经济体制若干

问题的决定》，分步实施税制改革应遵循“简税制、宽税基、低税率、严征管”的基本原则。

②新时期税制改革的主要目标

税制改革要以“三个代表”重要思想为指导方针，贯彻科学发展观，适应我国经济和社会发展的要求，进一步发挥税收组织财政收入、调控宏观经济和调节收入分配职能，规范政府参与国民收入分配的方式，营造统一、公平、规范、透明的税收制度环境。具体地说，税制改革的主要目标有以下几个。

A. 进一步统一税法、公平税负。

在现行税制基础上，进一步统一内外税制，统一城乡税制、公平税收负担和税收待遇，促进平等竞争，更大程度地发挥市场在资源配置中的基础性作用。

B. 进一步规范和优化税收制度。

根据市场经济发展的内在要求，构建合理的税制结构，选择适当的主体税种，明确和规范税制要素，提升税法级次，提高税法透明度。

C. 进一步规范政府参与国民收入分配的方式。

通过必要的费改税，确立税收在政府参与国民收入分配中的主导地位，减轻居民和企业的总体负担，提高社会经济效率。

D. 适度提高税收占国民生产总值的比重。

通过税制改革，适度扩大税基，清理税收优惠政策，实施费改税。在加强征管的前提下，确保税收收入的增长与国民经济增长相互协调。

E. 促进税收与经济、社会和自然的协调发展。

坚持全面、协调、可持续的科学发展观，强化税收调控宏观经济、调节收入分配的功能，促进经济、社会和自然之间的统筹协调。

F. 进一步提高税收征管效能。

力求使改革后的税制简便易行，具有较强的可操作性，有利于建立科学严密的税收征管机制，提高税收征管的质量和效率。

G. 合理划分中央与地方之间的税收管理权。

根据中央和地方经济社会事务管理责权的划分，在统一税政前提下，明确界定税权，赋予地方适当的税政管理权，以充分调动中央和地方两个积极性。

③新时期我国的税制改革

党的十六届三中全会通过了《完善社会主义市场经济体制若干问题的决定》，明确了要分步实施税收制度改革。该决定确定了以下改革内容：改革出口退税制度；统一各类企业税收制度；增值税由生产型转为消费型；完善消费税，适当扩大税基；改进个人所得税；实施城镇建设税费改革；在统一税政前提下，赋予地方适当的税政管理权；创造条件逐步实现城乡税制统一。这标志着进入新世纪之后我国新一轮税制改革的开始。2003 年以来，我国税制改革取得了突破性进展。

A. 增值税改革。

2008 年 11 月 10 日，国务院公布修订后的《中华人民共和国增值税暂行条例》、《中华人民共和国消费税暂行条例》和《中华人民共和国营业税暂行条例》。新修订的这三个条例自 2009 年 1 月 1 日起施行。这样，通过对原暂行条例的修订，我国增值税实现了由生产型向消费型转变的重大改革；同时，为了能够同增值税条例有效衔接和适应经济社会发展形势的需要，对原消费税条例和营业税条例也进行了相应修订。增值税改革，大致经历了以下几个阶段：

从 2012 年 1 月 1 日起，在上海交通运输业和部分现代服务业开展营业税改增值税试点。自 2012 年 8 月 1 日起至年底，国务院将营改增试点扩大至 8 省市。

2013 年 8 月 1 日，将营改增推广到全国试行，同时将广播影视服务业纳入试点范围。2014 年 1 月 1 日起，将铁路运输和邮政服务业纳入营改增试点。至此，交通运输业已全部纳入营改增范围。

自 2016 年 5 月 1 日起，中国全面推开营改增试点，将建筑业、房地产业、金融业、生活服务业全部纳入营改增试点。

B. 企业所得税改革。

2007 年 1 月，第十届全国人民代表大会第五次会议审议通过了《中华人民共和国企业所得税法》。新企业所得税法自 2008 年 1 月 1 日起施行，结束了我国长期以来执行两套内外有别的企业所得税税法的历史，内外资企业所得税实现了合并。这次企业所得税改革有很多新的变化：

第一，统一税法并适用于所有内外资企业。新的企业所得税法统一了税法并适用于所有内外资企业。

第二，统一并适当降低税率使内外资企业达到了统一的税负，在整个市场上能够使所有企业处于一个公平竞争的场所。企业所得税税率分为 3 档，新的企业所得税税率是 25%，小型微利企业适用 20%的税率，高新技术企业不受区域限制全部适用 15%的税率。新法颁布之前成立的外商投资企业（“老企业”）如果目前适用较低税率的，在新法实施后也并不会立即调增到25%，而是在未来5年内逐步递增。

第三，统一并规范税前扣除范围和标准。新税法对企业实际发生的各项支出作出了统一规定，内外资企业执行统一的扣除标准和办法，具体各项税前扣除的项目及标准也在实施条例中予以了明确。例如，新企业所得税法规定，企业合理的工资、薪金予以据实扣除；将业务招待费扣除比例规定为发生额的60%，同时规定扣除数额最高不得超过当年销售（营业）收入的5‰；广告宣传费按销售（营业）收入的15%扣除，等等。

第四，统一并规范税收优惠政策。新税法对现行内外资企业所得税优惠政策进行了全面的调整和整合，实现了两个转变：政策体系上将与区域优惠为主转变为以产业优惠为主、区域优惠为辅；优惠方式上将以直接税额式减免转变为直接税额式减免和间接税基式减免相结合。新法中的税收优惠政策基本都集中在高新技术产业上。一般“生产性”和“出口型”外商投资企业只能通过研发活动和投资于资本项目等方法享受税收优惠。

第五，统一并规范税收征管要求。新税法实施后，实行法人所得税制，不具有法人资格的营业机构应当实行法人汇总纳税制度。

C. 个人所得税改革。

个人所得税对于调节社会成员收入分配、缩小贫富差距、发挥“自动稳定器”功能，具有十分重要的作用。然而，现行的个人所得税制存在许多不合理之处。因此，关于个人所得税改革的呼声很高。近些年来，国家也在不断完善个人所得税制，如免征额标准不断上调等等。2005年12月14日，十届全国人大常委会第十次全体会议通过《关于修改〈中华人民共和国个人所得税法〉的决定》，工资、薪金所得费用的扣除标准将从每月800元提高到每月1600元，并规定自2006年1月1日起施行。2007年6月29日，全国人大常委会通过修订，进一步将个人所得税所得费用减除标准提至2000元。2011年6月30日，全国人大常委会表决通过了关于修改个人所得税法的决定，将个人所得税费用扣除标准提高到3500元。现有调整动作，都未真正触及个税改革的实质内容和中心环节。就目前来看，我国的个人所得税制仍然存在以下问题：

第一，税制模式不科学。改革开放初期，我国选择了分类所得税制模式，实行分类定率、分项扣除、分项征收，适应了我国当时个人收入水平低、收入来源单一和容易实现源泉扣缴征收的实际情况。但时过境迁，分项计征已无法适应当前我国经济发展的要求，且落后于国际惯例。一方面，分类所得税制不能全面衡量纳税人的真实纳税能力，使得所得来源多且综合收入高的纳税人少缴税或不缴税，而所得来源少且收入相对集中的纳税人反而要多缴税，在总体上难以实现税负公平，从而与个人所得税调节收入、公平分配的职能目标产生了严重的冲突。另一方面，分类所得税制容易使纳税人钻税法空子，逃避纳税，造成税款流失。由于分类所得税制按照不同税目分别设计税率和费用扣除额，在实际工作中，纳税人往往会有意将自己的收入在不同税目之间互相转换，多次进行扣除费用，已达到少缴甚至不缴税费的目的。

第二，税率设计不合理。我国现行个人所得税区分不同项目适用于 5%～35%和 3%～45%两种超额累进税率和 20%的比例税率，即对工资、薪金适用 5%～45%的 9 级超额累进税率；个体工商户的生产、经营所得，企事业单位的承包、承租经营所得适用 5%～35%的 5 级超额累进税率；其他所得适用 20%的比例税率；对劳务报酬和稿酬所得在实行比例税率的基础上加成或减征。分析其规定，首先，税率设计不公平。一方面，对同一性质所得，适用不同税率，实行区别对待，即对同属劳动所得的工资、薪金和劳动报酬所适用的税率分别为 3%～45%的 9 级超额累进税率和 20%的比例税率，这与税收公平原则背道而驰；另一方面，对资本所得轻征税，劳动所得重征税，即对资本所得适用 20%的比例税率，而对劳动所得最高税率却达到 45%，这与国家鼓励诚实劳动、勤劳致富的政策相抵触。其次，工资、薪金所得超额累进税率级次过多，边际税过高。工资、薪金所得级次 9 级，最高税率达到 45%。然而，我国的现实是长期以来大部分纳税人的工资、薪金所得适用 5%～10%的两档税率，使得 20%以上的税率长久以来形同虚设。

第三，课税范围过窄。我国个人所得税采取正列举方式确定征收范围，凡是没有列举的项目一般不能征税，导致我国现行个人所得税征税范围狭窄。在实际生活中，从事农、林、牧、渔产业中的高收入者的所得未纳入征税范围；从事职业炒股等个人所得未纳入征税范围；附加福利尚未计入应纳税所得额范围。

第四，免征额扣除额偏低。个人所得税实施以来，工资、薪金的免征额尽管从 1980 年的 800 元提高至 2011 年的 3500 元，但与 1980 年相比，我国人均收入提高了 70 多倍，物价也提高了几十倍，而在经历了 31 年后，免征额却仅提高了 3.3 倍。这不但不符合我国物价水平的上涨幅度，也没有考虑到不同家庭在赡养老人子女和用于住房、保险、医疗方面的支出情况，不利于调节贫富差距。3500元的免征额使纳税人中绝大多数是低收入者，使个人所得税在分配收入、缩小贫富差距上的作用并不突出。显然，3500元的免征额过低。

个人所得税的改革应该集中在以下几个方面：

第一，选择合理的税制模式。实行综合与分类相结合的个人所得税制，将有连续性或经营性的收入列入综合所得的征收项目，实行统一的累进税率；对其他所得，按比例税率实行分项征收。

第二，重新合理设计税率。改革现行的税率结构主要有两点：一是减少税率档次，改成4或5级超额累进税率较为合适；二是降低最高边际税率，最高税率应该在35%～40%比较合适。

第三，拓宽税基，扩大课税范围。随着我国经济的飞速发展，个人所得由单一向多元化，相对集中向分散化发展的趋势日益明显；个人收入额来源渠道增多，收入结构日益复杂。虽然个人所得税法规定所有居民和非居民纳税人都必须照章缴纳个人所得税，但许多新出现的所得种类无法征税，造成另一种类型的不公平。

第四，合理确定免征额费用扣除。在市场经济快速发展的今天，应该进一步提高费用扣除标准，主要原因在于：首先，随着我国老龄化人口增多，考虑到纳税人的婚姻、赡养老人方面的支出在增加；其次，考虑到纳税人维持家庭及本人的教育培训费用支出也在增加；最后，根据消费物价指数的增长，我国人均收入在不断提高。之所以主张全国实行统一的标准，一方面有利于人才在经济发达和落后域间合理流动；另一方面防止区域间无休止的竞争，造成中央难以维权的尴尬处境。

D. 资源税改革。

近年来，随着我国经济持续、快速发展，资源产品日益增长的需求与资源有限性、稀缺性的矛盾越来越突出，现行资源税税制存在与经济发展和构建资源节约型社会要求不相适应的问题：一是一些资源产品，特别是原油、天然气等能源产品的现有资源税税额标准已明显偏低，不利于资源的合理开发和节约使用；二是在从量定额征税方式下，资源税税额标准不能随着产品价格的变化及时调整，不利于发挥税收对社会分配的调节作用；三是资源税属于地方税，由于资源税税负较低，地方所获受益不明显。在国际资源性产品日益紧缺的大背景下，推进资源税改革，提高长期过低的资源税税负迫在眉睫。

2010 年 5 月，中央决定在新疆率先进行资源税费改革，自 2010 年 6 月 1 日开始实施。改革的主要内容是将原油、天然气资源税由从量计征改为从价计征；原油、天然气资源税以其销售额为计税依据，实行从价计征，税率为 5%。2010 年 7 月，中央西部开发工作会议决定资源税改革在西部地区普遍推开。对原油、天然气资源税实行从价计征，主要考虑有 3 点：一是原油、天然气是资源税的主要征税品目，目前从量定额的计征方式，资源税税负水平相对较低，实行从价计征有助于缓解主要资源品目高价格与低税负之间的矛盾。二是我国油、气资源相对集中在经济欠发达的中西部地区，实行从价计征使资源税收入与产品价格挂钩，有利于保障地方财政收入，统筹区域协调发展。三是我国原油价格已与国际市场接轨，天然气出厂价格实行政府指导价，实行从价计征具有可行性。为了鼓励一些低品位和难采资源的开采、提高资源回采率，对稠油、高凝油和高含硫天然气和三次采油实施减征资源税的政策。据测算，从计量征收转变为计价征收，按照 5%的税率，按照目前国际原油油价每桶 72 美元左右的价格测算，石油资源税将从原来每吨 30 元增加到每吨 185 元左右。

我国于 1984 年开征资源税，针对资源税的改革在不断推进中。2010 年 6 月 1 日，我国在新疆对原油、天然气资源税开展从价计征改革；2010 年 12 月 1 日，对原油、天然气的从价计征改革扩大到内蒙古、甘肃、四川、青海、贵州等 12 个西部省区；2011 年 11 月 1 日，对原油、天然气的从价计征改革推广到全国范围。2014 年 12 月 1 日，对煤炭资源税由从量计征改为从价计征；2015 年 5 月 1 日，资源税从价计征改革覆盖稀土、钨、钼三个品目。资源税从价计征改革实现了资源税收入与销售额直接挂钩，有效克服了从量定额计征缺乏弹性和逆向调节的问题，同时有效促进了资源的节约利用。

自 2016 年 7 月 1 日起，我国全面推进资源税改革。一是扩大资源税征收范围。首先，在河北省开征水资源税试点工作，采取水资源费改税方式，将地表水和地下水纳入征税范围，实行从量定额计征；其次，逐步将其他自然资源纳入征收范围。二是全面推行从价计征方式，对大部分矿产资源税实施从价计征改革，对经营分散、多为现金交易且难以控管的粘土、砂石，按照便利征管原则，仍实行从量定额计征。三是全面清理涉及矿产资源的收费基金。将全部资源品目矿产资源补偿费费率降为零，停止征收价格调节基金，取缔针对矿产资源违规设立的各种收费基金项目。四是合理确定资源税税率水平，在确定适用税率时要结合矿产企业实际生产经营情况，遵循改革前后税费平移原则，充分考虑企业负担能力。五是合理设置资源税收优惠政策，提高资源综合利用效率。

E. 财产税的改革。

我国现行财产课税制度存在的问题主要有：

第一，财产课税的税种少、税基窄，影响其作用的充分发挥。我国现行的财产课税税种严格说来只有房产税、契税、车船税。1994 年的税制改革虽把遗产税和赠与税列为征收范围，但实际上并未开征。税种少的同时，税基也窄，征收面不宽，加之现行的财产税的税负普遍较低，使得财产课税收入占整个财政收入的比重很小，未能充分发挥组织收入、调节财产水平、公平财富的作用。

第二，财产课税集中的收入少，未能确立在地方政府财政收入的主体地位。我国的财产课税与大多数实行分税制的国家一样，属于地方税收。由于税种少、税基窄、税负低、税源零散、征管难度大，使得财产课税收入较少，只能作为地方政府收入的一个补充部分。加之财产课税的立法权高度集中于中央，税种、税率的设计过于统一，缺少灵活性，地方政府缺少必要的税收自主权，导致征收管理的积极性不高，反过来制约财产税的正常征收。

第三，计税依据不合理，财产评估制度、财产登记制度不健全，征管漏洞较大。以房地产的市场价值作为财产课税的计税依据是比较科学的，这也是各国普遍采用的计税方法。市场价值反映了土地、房产作为经济资源的价值，它不仅包括土地的级差收益，而且包括土地、房屋的时间价值。在市场经济下，任何土地、房产都有时间价值。市场机制越完善，这个价值就越容易体现，得到认可。但是，我国当前是以土地的面积和房产的原值或租金作为计税依据，不能反映土地的级差收益和土地、房产的时间价值。同时，为调节土地的级差收益，采用不同城市、不同地段设置不同税率的方法，结果造成税率设置不合理，并且随意性大，缺乏客观标准。另外，我国财产评估、财产登记制度不健全，房产、土地、户籍等有关管理部门与税务机关的协作配合不够，影响了税收征管的力度，造成财产税收入的大量流失。

应该从以下几个方面完善我国财产课税制：

第一，规范和增加财产税税种。随着市场经济的不断推进，我国财产的私有化程度已有所提高，财产税的税源增加、税基扩大，应适时增加财产课税税种，适当调整某些税种的征收范围，调整税目税率。由于我国公民纳税意识淡薄、征管水平较低等原因，我国的财产税制宜采用按不同财产分别课征的个别财产税制，而不是综合所有财产课征的一般财产税。我国财产税制应包括的税种有：房产税、土地税、不动产税、车船税、契税、遗产税和赠与税。

第二，重视财产税制建设，提高财产课税收入在财政收入中的比重。经过改革开放 30 年的经济高速发展，人们收入水平显著提高，社会分配悬殊问题也日益凸显出来，这一方面使财产税的税源增加、税基扩大，增加财产课税收入成为可能；另一方面也使征收财产税更为必要。因此，要从思想上转变观念，重视财产税制建设，从增加税种、完善税制、加强征管入手，适当增加财产课税收入。

第三，健全税收立法，堵塞税收征管漏洞。财产课税有关的税收立法要尽早出台，使税收法规健全，规范和指导各税的征收管理。强化税收征收管理，完善税务稽核、征管手段，提高税收征管人员的业务素质，堵塞税收漏洞。同时，要建立严密的财产登记制度和有权威的财产评估制度，加强税务机关与有关部门的配合协调机制。

第四，完善有关财产课税制度的设计。

a. 完善房产税，改革内外有别的房产税制度，对外资征收的房地产税改为与内资统一的房产税。扩大税基。我国现行房产税的征税范围对城乡居民住宅免税，随着住宅商品化的发展和人们收入水平的提高，私人拥有的房产会不断增加，应在一定条件下，对私人拥有一定数量的房产课税，扩大房产税税基。

b. 完善土地税。从加强对土地的取得、占用和转让等各环节进行有效的调节和控制的角度出发，首先，全国范围内土地资源的占有使用征收一般土地税，征税范围从城镇扩展到农村。在保证农民总体负担水平不变或略有下降的前提下征收一般土地税，且规定较低的税率予以照顾。这既有利于统一我国的土地税制，又有利于规范土地用途标准，使前者起到调节级差收入的作用，后者达到调节土地使用结构的目的。其次，扩大契税的征收范围，保护单位和个人依法取得土地使用权的权利。这样有利于保障使用者的合法权益，创造稳定的出让、转让秩序。征收契税有利于保护国有土地资源，对目前有的地方为吸引投资竞相降低出土地让价格，有一定的制约作用。

c. 开征遗产税和赠与税，调节高收入。我国尽早开征遗产税和赠与税，既符合国际惯例，又保障了我国的经济权益。在税制模式上选择总遗产税制和总赠与税制。我国的遗产继承无需经过法院的认定，继承人可自行分割交接；同时，我国公民的纳税意识短期内无法提高。基于这些实际情况，我国宜选择总遗产税制和总赠与税制，既保证税源可靠、税收收入及时，又简便易行，适用于我国的征管水平并为纳税人所接受。

F. 农村税费改革。

农村税费改革是党中央和国务院为了减轻农民负担、深化农村改革、加快解决“三农”问题而做出的重大决策，是贯彻“三个代表”重要思想、全面建设小康社会的根本要求。2000 年农村税费改革在安徽省进行试点，改革由点到面逐步推进，2003 年试点范围扩大到全国。农村税费改革的主要内容可以概括为“三个取消，一个逐步取消，两个调整和一项改革”，即：取消屠宰税，取消乡镇统筹款，取消教育集资等专门面向农民征收的行政事业性收费和政府性基金；逐步减少直到全部取消统一规定的劳动积累工和义务工；调整农业税政策，调整农业特产税征收办法，规定新农业税税率上限为 7%；改革村提留征收和使用办法，以农业税额的 20%为上限征收农业税附加，替代原来的村提留。

农村税费改革自 2000 年起从安徽开始，通过逐步扩大试点省份，到 2003 年在全国铺开。从 2004 年开始，改革进入深化阶段。改革的主要内容是：清理化解乡村不良债务；取消牧业税和除烟叶外的农业特产税；取消农业税试点并逐步扩大试点范围，对种粮农户实行直接补贴、对粮食主产区的农户实行良种补贴和对购买大型农机具的农户给予补贴；推进乡镇机构改革、农村义务教育和县乡财政体制改革。吉林、黑龙江等 8 个省份全部或部分免征了农业税，河北等 11 个粮食主产区降低农业税税率 3 个百分点，其他地方降低农业税税率 1 个百分点。2005 年，全国有 28 个省份全面免征了农业税，河北、山东、云南也按中央要求将农业税税率降到 2%以下。2005 年 12 月 29 日，十届全国人大常委会第十九次会议高票通过决定，自 2006 年 1 月 1 日起废止《农业税条例》，取消除烟叶以外的农业特产税，全部免征牧业税，中国延续 2600 多年的“皇粮国税”走进了历史博物馆。

从 2006 年起，中国全面取消农业税，比原定用 5 年时间取消农业税的时间表，整整提前了 3 年。2006 年，全国取消农业税后，与农村税费改革前的 1999 年相比，中国农民每年减负总额将超过 1000 亿元，人均减负 120 元左右。全国取消农业税表明，中国在减轻农民负担，实行工业反哺农业、城市支持农村方面有了重要突破。

9.2 商品课税

9.2.1 商品课税的特征和功能

商品课税是指所有以商品和劳务的流转额为征税对象的税种，国际上统称为“货物与劳务税”。同其他税种相比，商品课税有以下特点。

(1) **商品课税的征收具有隐蔽性**

商品课税在形式上由商品的生产者或销售者缴纳，而实际上所缴纳税额通常部分地附加在商品售价中，转嫁给消费者负担。因此，所有消费者都负担了商品税。由于这种隐蔽性，消费者并没有感觉到征税的压力，征税阻力较小。这一特性使商品课税备受各国政府青睐。商品课税在保证政府公共收入稳定方面，具有其他税种不可替代的作用。

(2) **商品课税的征税对象为商品和劳务的流转额，税收负担易于转嫁**

该流转额可以是营业总额、周转额或者扣除某些项目后的增值额，由此形成了商品课税的不同种类。由于商品课税以流转额为计税依据，在税率既定的前提下，税额大小直接依存于商品和劳务价格的高低及流转额的多少，而与成本和费用水平无关。因此，商品课税又被称为流转课税。

(3) **征税面广，税源普遍**

商品课税一般采用比例税率。除少数税种实行定额税率外，实行比例税率制，是商品课税的一个重要特征。商品课税是对商品和劳务征税，随着社会经济的发展，生产出来的商品越来越多，进入流通的商品和劳务也越来越多，可征收的商品和劳务也越来越多，税源普遍。此外，没有成本费用的扣除问题，所以税基宽广。商品和劳务的这一特点，有利于保证财政收入的充沛、及时和稳定。

(4) **商品课税计征简便**

一方面，商品课税采用比例税率或从量计征，相对于所得税和财产税，商品课税在计算手续上简单，便于征收；另一方面，商品课税是对生产和销售者征税而不是个人征收，因此，纳税人较少，便于管理。

(5) **税收分配具有累退性**

商品课税一般不考虑纳税人经济条件和负担能力上的差别，采用比例税率征收。从表面上看，比例税率使纳税人消费多的多纳税，消费少的少纳税，是公平合理的；但实际上，由于消费者的收入有很大的差别，随着个人收入的增加，边际消费倾向下降，即个人消费支出占收入的比重下降。如果按消费支出比例征税，则税收占个人收入的比重必然下降，形成高收入者税负轻、低收入者税负重，使商品税具有明显的累退性，这不符合税收量能负担的公平原则。

由于商品课税与商品价格相联系，在国内会干扰市场运行并形成分配不公，在国际上会阻碍资金、劳动力和商品的自由竞争与流动。总之，商品课税是特征鲜明、功能突出、缺陷也明显的一个税类。

9.2.2 我国现行商品课税的主要税种

我国商品课税有多个具体税种，主要包括增值税、消费税和关税。

(1) **增值税**

增值税是指以商品（含应税劳务）在流转过程中产生的增值额作为计税依据而征收的一种流转税。

①增值税的特征

A. 多环节征税，税不重征。从征税环节看，增值税实行多环节征税。商品从生产到消费要经过诸多环节，增值税几乎存在于商品流转的每个环节，即只要商品在这个环节有增值就要对其征税。从计税方法看，增值税实行税款抵扣制。即纳税人应纳的增值税，是以应税商品的销售收入或营业额计算的税额，扣除纳税人为生产经营而购进的原材料或劳务已经负担的税额。这种税款抵扣的做法，变相地实现了仅就增值额部分征税，克服了传统流转税对已税销售额重复征税的弊端。

B. 中性。它是指税收应当尽量避免对生产经营者的活动造成影响。增值税实行的是价外税，征税多少与纳税人的价格无关。这样增值税对纳税人的投资、定价、成本和利润核算等都不产生影响，纳税人可以按照社会需求和资源条件，自行配置生产要素组织生产、经营，无论经济如何发展，增值税始终保持中性。

C. 税收转嫁。增值税纳税人虽是生产经营者，负税人却是购买者。按照税款抵扣制，纳税人应缴纳的增值税，是其以本环节销售部分的税额扣除上一环节购进部分已经负担的税额之差。这里购进部分负担的税额正是上一个环节纳税人应该缴纳的增值税。即每个环节纳税人的增值税，是通过商品或劳务的销售或提供，转嫁给下一个环节的纳税人，并最终转嫁给消费者。

D. 内在稽核机制。增值税的税款抵扣制，是凭发票注明税款抵扣制。纳税人购进货物时必须要求对方开具发票，以此作为抵扣购进货物负担税款的凭据，由此产生了增值税内在自动稽核的链条机制，起着监督和制约的作用。

②增值税的类型

增值税是对商品或劳务中的增值部分征税。从理论上分析，增值额是指一定时期内劳动者在生产过程中新创造的价值额。从税收征管实际看，增值额是指商品或劳务的销售额扣除法定外购项目金额之后的余款。根据对纳税人所购入的固定资产价值的处理不同，增值税可以分为以下三种类型。

A. 生产型增值税。生产型增值税，是指在计算增值额时不允许将外购固定资产的价款（包括年度折旧）从商品和劳务的销售额中抵扣。由于作为增值税课程对象的增值额相当于国民生产总值，因此将这类增值税称为生产型增值税。

B. 收入型增值税。收入型增值税，是指允许纳税人在计算增值额时从商品和劳务销售额中扣除本期购进的用于生产应税产品或劳务的固定资产价值。这一计税依据相当于国民收入，因此称之为收入型增值税。

C. 消费型增值税。消费型增值税，是指允许纳税人在计算增值额时从商品和劳务销售额中扣除当期购进的固定资产总额的一种增值税。也就是说，厂商的资本投入品不算入产品增加值，这样，从全社会的角度来看，增值税相当于只对消费品征税，其税基总值与全部消费品总值一致，故称为消费型增值税。

不同类型的增值税对财政收入和纳税人的影响也不一样。从财政收入角度看，生产型增值税的收入效益最大，消费型增值税的收入效应最小；从纳税人角度看，生产型增值税的激励程度最小，消费型增值税的激励程度最大。由于发达国家经济实力较强，普遍采用消费型增值税；而发展中国家的经济基础差，财政收入有限，为保证财政收入的稳定，一般采用生产型增值税或收入型增值税。

③增值税的基本内容

现行的《中华人民共和国增值税暂行条例》于 1993 年 12 月颁布，2008 年 11 月 5 日国务院修订通过。

A. 纳税人。在中华人民共和国境内销售货物或者提供加工、修理修配劳务以及进口货物的单位和个人，为增值税的纳税人，应当依照该条例缴纳增值税。

纳税人分为一般纳税人和小规模纳税人。其划分的基本标准是：第一，纳税人年应税销售额的大小。对于从事货物生产或提供应税劳务的纳税人，以及从事货物生产或者提供劳务为主，并兼营货物批发或零售的纳税人，年应税销售额在50万元（含）以下的，为小规模纳税人。对上述规定以外的纳税人，年应税销售额在80万元（含）以下的，为小规模纳税人。应税行为年销售额超过500万元的“营改增”试点纳税人，应向主管税务机关申请办理增值税一般纳税人资格登记。第二，会计核算水平。年应税销售额未超过规定标准的纳税人，会计核算健全、能够提供准确税务资料的，可以向主管税务机关办理一般纳税人资格登记，成为一般纳税人。

B. 征收范围。根据《中华人民共和国增值税暂行条例》的规定，增值税征税范围为销售货物或提供加工、修理修配劳务、应税服务以及进口货物。

C. 税率。自2017年7月1日起，我国增值税税率结构进行简并，取消13%，即基本税率17%，低税率11%、6%，零税率。其中，纳税人销售或进口货物（除适用低税率和零税率的以外），提供加工、修理修配劳务，有形动产租赁服务适用17%税率；销售或进口粮食、食用植物油、自来水、暖气、冷气、热水、煤气、石油液化气、天然气、沼气、居民用煤炭制品、图书、报纸、杂志、饲料、化肥、农药、农机、农膜、农业产品，以及国务院规定的其他货物适用11%税率；提供交通运输、邮政、基础电信、建筑、不动产租赁服务，销售不动产，转让土地使用权，适用税率为11%；提供现代服务（租赁服务除外）、增值电信服务、金融服务、生活服务，销售无形资产适用6%税率。

D. 税收减免。根据《中华人民共和国增值税暂行条例》（2008年修订），增值税的免征项目主要包括：农业生产者销售的自产农产品；避孕药品和用具；古旧图书；直接用于科学研究、科学试验和教学的进口仪器、设备；外国政府、国际组织无偿援助的进口物资和设备；由残疾人的组织直接进口供残疾人专用的物品；销售自己使用过的物品。除前款规定外，增值税的免税、减税项目由国务院规定。任何地区、部门均不得规定免税、减税项目。

E. 征收管理。增值税的征收管理制度主要包括以下几点：

第一，增值税专用发票的管理。增值税专用发票，既是纳税人从事生产经营活动的商业凭证，又是记载发票开具方应纳税额和发票接受方抵扣进项税额的合格证明。它对增值税的计算与管理有着决定性的作用。增值税专用发票只限于增值税一般纳税人使用，小规模纳税人和非增值税纳税人不得使用。如果一般纳税人的会计制度不健全，不能准确提供有关增值税税务资料的，也不能领购、使用增值税专用发票。专用发票要求设专人保管并存放于专门场所，税款抵扣联要按规定装订成册，不得擅自销毁、损毁或丢失。

第二，纳税期限和申报期限。《增值税暂行条例》第 23 条规定，增值税的纳税期限为 1 日、3 日、5 日、10 日、15 日或者 1 个月或者 1 季度。纳税人的具体纳税期限，由主管税务机关根据纳税人应纳税额的大小分别核定；不能按照固定期限纳税的可以按次纳税。纳税人以 1 个月或者 1 季度为一期纳税的，自期满之日起 15 日内申报纳税；以 1 日、3 日、5 日、10 日或 15 日为一期纳税的，自期满之日 10 日内预缴税款，于次月 1 日起 10 日内申报纳税并结清上月应纳税款。

（2）**消费税**

消费税是指对消费品和特定的消费行为按消费流转额征收的一种税。我国现行消费税是 1994 年税制改革后建立起来的，是在普遍征收增值税的基础上，选择部分商品再征一道消费税，因而属于特别消费税。现行的《中华人民共和国消费税暂行条例》于 2008 年 11 月 5 日经国务院修订通过，自 2009 年 11 月 1 日起实行。

①消费税的特征

A. 选择性征收。从消费税征税范围看，只是选择部分消费品或消费行为征税，与增值税的普遍征收形成鲜明对比。

B. 单环节课征。消费品从生产到消费的整个流转过程，只规定一个环节征税。与增值税的多环节征税不同。

C. 税率、税额的差别。消费税应税项目规定了高低不等的税率、税额，以体现消费税的个别调节。

D. 税收转嫁性。消费税可通过消费品的销售转嫁给消费者。

②消费税的基本内容

A. 纳税人。消费税的纳税人是指在中华人民共和国境内生产、委托加工和进口该条例规定的消费品的单位和个人，以及国务院确定的销售该条例规定的消费品的其他单位和个人。

B. 征税范围。消费税的征税范围是指在中华人民共和国境内生产、委托加工和进口的应税消费品。

消费税的征税范围，是根据我国目前经济发展状况、居民消费水平、消费结构及财政需要，并借鉴发达国家的通行做法等因素确立的。消费税的征税范围概括起来可以归纳为下列五类：第一，过度消费会对人类健康、社会秩序、生态环境等方面造成危害的消费品，如烟、酒及酒精、鞭炮和烟火等。第二，奢侈品和非生活必需品，如贵重首饰及珠宝玉石、化妆品等。第三，高能耗及高档消费品，如小汽车、摩托车。第四，不能再生和不可替代的能源，如石油、柴油。第五，具有财政意义的消费品，如汽车轮胎。

C. 税目和税率。按照现行的《消费税暂行条例》的规定，征收消费税共设置了15个税目，分别是烟、酒及化妆品、贵重首饰及珠宝玉石、鞭炮焰火、成品油、汽车、摩托车、小汽车、高尔夫球及球具、高档手表、游艇、木质一次性筷子、实木地板、电池、涂料。我国消费税采用比例税率和定额税率两种形式，以适应不同应税消费品的实际情况，详见表9－1。

表9－1　消费税税目、税率表

<table>
<tr><th colspan="2">税目</th><th>税率</th></tr>
<tr><td colspan="3">一. 烟</td></tr>
<tr><td colspan="2">1. 卷烟</td><td></td></tr>
<tr><td rowspan="2">生产、进口、委托加工环节</td><td>甲类卷烟—调拨价70元（不含增值税）/标准条以上（含70元）</td><td>56%加0.003元/支</td></tr>
<tr><td>乙类卷烟—调拨价70元（不含增值税）/标准条以下</td><td>36%加0.003元/支</td></tr>
<tr><td colspan="2">商业批发环节</td><td>11%加0.005元/支（2015年5月10日起）</td></tr>
<tr><td colspan="2">2. 雪茄烟</td><td>36%</td></tr>
<tr><td colspan="2">3. 烟丝</td><td>30%</td></tr>
<tr><td colspan="3">二. 酒及酒精</td></tr>
<tr><td colspan="2">1. 白酒</td><td>20%加0.5元/500克（或者500毫升）</td></tr>
<tr><td colspan="2">2. 黄酒</td><td>240元/吨</td></tr>
</table>

续表9－1

税目		税率
3．啤酒	(1) 甲类啤酒：每吨出厂价（含包装物和包装物押金）在3000元（含3000，不含增值税）以上	250元/吨
	2) 乙类啤酒：每吨出厂价（含包装物和包装物押金）在3000元（不含增值税）以下	220元/吨
4．其他酒		10%
三．高档化妆品		15%（2016年10月1日起）
四．贵重首饰及珠宝玉石	1．金银首饰、铂金首饰和钻石及钻石饰品	5%
	2．其他贵重首饰和珠宝玉石	10%
五．鞭炮、焰火		15%
六．成品油		
1．汽油		1.4元/升
2．石脑油		1.4元/升
3．溶剂油		1.4元/升
4．润滑油		1.4元/升
5．柴油		1.1元/升
6．航空煤油		1.1元/升
7．燃料油		1.1元/升
七．摩托车	气缸容量为250毫升	3%
	气缸容量250毫升以上	10%
八．小汽车		
1．乘用车		
(1) 气缸容量（排气量，下同）在1.0升（含1.0升）以下的		1%

续表9－1

税目		税率
(2) 气缸容量在1.0升以上至1.5升(含1.5升)的		3%
(3) 气缸容量在1.5升以上至2.0升(含2.0升)的		5%
(4) 气缸容量在2.0升以上至2.5升(含2.5升)的		9%
(5) 气缸容量在2.5升以上至3.0升(含3.0升)的		12%
(6) 气缸容量在3.0升以上至4.0升(含4.0升)的		25%
(7) 气缸容量在4.0升以上的		40%
2. 中轻型商用客车		5%
3. 超豪华小汽车		生产、进口环节按子税目1和子税目2的规定征收 零售环节：10%
九. 高尔夫球及球具		10%
十. 高档手表		20%
十一. 游艇		10%
十二. 木制一次性筷子		5%
十三. 实木地板		5%
十四. 电池	铅蓄电池	4%(2016年1月1日起实施)
	无汞原电池、金属氢镍蓄电池、锂原电池、锂离子蓄电池、太阳能电池、燃料电池、全钒液流电池	免征
十五. 涂料		4%

D. 税收减免。消费税的目的是调节和控制消费，一般不予减免。为了鼓励出口，我国借鉴国际惯例，对纳税人出口的应税消费品免征消费税，但不包括国家限制出口的消费品。

E. 纳税环节。我国现行法规关于消费税的纳税环节具体规定如下：第一，纳税人生产的应税消费品，于销售时纳税。纳税人零售的金银首饰（含以旧换新），于零售时纳税；用于馈赠、赞助、集资、广告样品、职工福利、奖励等方面的金银首饰，于移送时纳税；带料加工、翻新改制的金银首饰，于受托方交货时纳税。第二，纳税人自产自用的应税消费品，用于连续生产应税消费品的不纳税，用于其他方面的于移送使用时纳税。第三，委托加工的应税消费品，由受托方在向委托方交货时代收代缴税款。委托加工的应税消费品，委托方用于连续生产应税消费品的，所纳税款准予按规定抵扣。第四，进口应税消费品，于报关进口时纳税。

(3) **关税**

关税是指国家对进出关境或国境的货物和物品征收的一种税。关税的征税对象是准许进出境的货物和物品。货物是指贸易性商品；物品指入境旅客随身携带的行李物品、个人邮递物品，各种运输工具上的服务人员携带进口的自用物品，馈赠物品以及其他方式进境的个人物品。现行的《中华人民共和国进出口关税条例》自 2004 年 1 月 1 日实施。自 2016 年 4 月 8 日起，跨境电子商务零售进口商品按照货物征收关税和进口环节增值税、消费税。单次交易限值为人民币 2000 元，个人年度交易限值为人民币 20000 元。在限值以内进口的跨境电子商务零售进口商品，关税税率暂设为 0%，进口环节增值税、消费税取消免征，暂按法定应纳税额的 70%征收。超过单次限值、累加后超过个人年度限值的单次交易，以及完税价格超过 2000 元限值的单个不可分割商品，均按照一般贸易方式全额征税。

①纳税人

进口货物的收货人、出口货物的发货人、进境物品的所有人，是关税的纳税义务人。

②征税范围

中华人民共和国准许进出口的货物、进境物品，除法律、行政法规另有规定外，海关依照该条例规定征收进出口关税。

③税目和税率

进口关税设置最惠国税率、协定税率、特惠税率、普通税率、关税配额税率等税率。对进口货物在一定期限内可以实行暂定税率。出口关税设置出口税率。对出口货物在一定期限内可以实行暂定税率。

原产于共同适用最惠国待遇条款的世界贸易组织成员的进口货物，原产于与中华人民共和国签订含有相互给予最惠国待遇条款的双边贸易协定的国家或者地区的进口货物，以及原产于中华人民共和国境内的进口货物，适用最惠国税率。

原产于与中华人民共和国签订含有关税优惠条款的区域性贸易协定的国家或者地区的进口货物，适用协定税率。

原产于与中华人民共和国签订含有特殊关税优惠条款的贸易协定的国家或者地区的进口货物，适用特惠税率。

原产于上述所列以外国家或者地区的进口货物，以及原产地不明的进口货物，适用普通税率。

④计税依据

我国关税主要采用从价计征的办法，即以商品或货物的完税价格为依据征收关税。进口货物的完税价格由海关以符合条件的成交价格以及该货物运抵中华人民共和国境内输入地点起卸前的运输及其相关费用、保险费为基础审查确定。出口货物的完税价格由海关以该货物的成交价格以及该货物运至中华人民共和国境内输出地点装载前的运输及其相关费用、保险费为基础审查确定。

9.3 所得课税

9.3.1 所得课税的特征和功能

所得课税是以所得额为课税对象的税种的总称。所得税是现今国际上通行的税种，但是其历史较短。1798 年，英国为了满足军费的开支，创设了所得税。进入 19 世纪以后，大多数资本主义国家相继开征了所得税，并逐渐成为大多数发达国家的主体税种。

(1) **所得课税的特征**

所得课税具有的特征和优点为以下几点。

①税负相对公平

所得课税是以纯收入或净所得为计征依据，并一般实行多所得多征，少所得少征的累进征税办法，合乎量能纳税的原则。同时，所得课税往往规定起征点、免征额及扣除项目，可以在征税上照顾低收入者，不会影响纳税人的基本生活。

②一般不存在重复征税问题，不影响商品的相对价格

所得课税是以纳税人的总收入减去准予扣除项目后的应税所得额为课征对象，征税环节单一，只要不存在两个以上的课税主体，则不会出现重复征税，因而不致影响市场的运转。所得税的应税所得额不构成商品价格的追加，且不易转嫁，因而一般不会干扰各类商品的相对价格。

③有利于维护国家的经济权益

在国际经济交往与合作不断扩大的现代社会，跨国投资和经营的情况极为普遍，必然存在跨国所得。对跨国所得征税是任何一个主权国家应有的权益，这就需要利用所得税可以跨国征税的天然属性，参与纳税人跨国所得的分配，维护本国权益。

④课税具有弹性

所得来源于经济资源的利用和剩余产品的增加，从长远来看，随着资源利用效率的提高，剩余产品也会不断增长，因而所得税不仅税源可靠，而且可根据国家的需要灵活调整，以适应政府支出的增减。

所得税也存在某些缺陷，主要有：第一，所得税的开征及财源受企业利润水平和个人收入水平的制约；第二，所得税的累进税率会在一定程度上抑制纳税人的生产和工作积极性；第三，税收管理较为复杂。所得税对企业和个人的所得征税，由于个人纳税户数量多、税额小、税源分散，因而征收成本高、难度大。同时，所得税是对净所得征税，对企业而言，在成本核算和管理上有一定难度。因此，所得课税要求政府有较高的信息收集能力，要求企业具有健全的财务会计制度和一定的管理基础。在发展中国家广泛推行所得课税往往遇到困难。

（2）**所得课税的功能**

所得税是国家筹集财政资金的重要手段，也是促进社会公平分配和稳定经济的杠杆，所得税的后两种功能在当今社会备受重视，并成为各国社会和经济政策的主要工具。所得税是一种有效的再分配手段，它通过累进税率可以缩小社会贫富和企业之间实际收入水平的差距；通过减税、免税对具有特殊困难的纳税人给予种种照顾，从而缓解社会矛盾。所谓税收的社会政策，主要是指所得税政策。由于所得税的弹性较大，因而政府可以根据社会总供给和总需求的

平衡关系灵活调整税负水平，抑制经济波动：当经济过热，社会总需求过大时，企业和个人的所得会大幅度增加，纳税人缴纳个人所得税的税率档次也要攀升，缴纳的税收自然会增加，从而可以抑制纳税人的投资和消费冲动，促进经济稳定；反之，当经济萧条，纳税人收入下降时，适用税率自动下降，又可以刺激投资和消费，促进经济复苏。具有这种功能的所得税被称为“内在稳定器”、“人为稳定器”。所得税内在的稳定功能，在西方发达国家中构成国家财政政策的核心内容。

9.3.2 我国现行所得课税的主要税种

(1) 个人所得税

我国现行的《中华人民共和国个人所得税法》于1980年9月10日第五届全国人民代表大会第三次会议通过，随后，经过全国人大1993年10月第一次修正，1999年8月第二次修正，2005年10月第三次修正，2007年6月第四次修正，2007年12月第五次修正，2011年6月第六次修正，形成现行的个人所得税法。现行个人所得税法，是在总结历史经验和借鉴外国有益做法的基础上，充分体现了公平税负、简化税制、合理调节的指导思想，充分体现了对高收入者征收、对中低收入者少征或不征的原则，标志着我国个人所得税制度逐步走向法制化、科学化、规范化和合理化。

现行个人所得税法的主要内容如下。

①纳税人

个人所得税的纳税义务人，包括中国公民、个体工商户以及在中国有所得的外籍人员（包括无国籍人员）和香港、澳门、台湾同胞。上述纳税义务人依据住所和居住时间两个标准，区分为居民和非居民，分别承担不同的纳税义务。

居民纳税义务人是指在中国境内有住所，或者无住所而在中国境内居住满1年的个人。居民纳税义务人对中国政府负有无限纳税义务，即对从中国境内和境外取得的所得应依法纳税。非居民纳税义务人是指在中国境内无住所又不居住或者无住所而在境内居住不满1年的个人，对中国政府承担有限纳税义务，即仅就其来源于中国境内取得的所得应依法纳税。

②课税对象

个人所得税的课税对象是个人所得。按税法规定，应纳税的个人所得包括：A. 工资、薪金所得；B. 个体工商户的生产、经营所得；C. 对企事业单位的承包经营、承租经营所得；D. 劳务报酬所得；E. 稿酬所得；F. 特许权使用费所得；G. 利息、股息、红利所得；H. 财产租赁所得；I. 财产转让所得；J. 偶然所得；K. 经国务院财政部门确定征税的其他所得。

③适用税率

个人所得税根据不同的项目所得，适用不同的税率（见表 9－2、9－3）。

A. 工资、薪金所得，适用超额累进税率，税率为 3％至 45％。

B. 个体工商户的生产、经营所得和对企事业单位的承包经营、承租经营所得，适用 5％至 35％的超额累进税率。

C. 稿酬所得，适用比率税率，税率为 20％，并按应纳税额减征 30％。

D. 劳务报酬所得，适用比率税率，税率为 20％。对劳务报酬所得一次收入较高的，可以实行加成征收，具体办法由国务院规定。

E. 特许权使用费所得，利息、股息、红利所得，财产租赁所得，财产转让所得，偶然所得和其他所得，适用比例税率，税率为 20％。

表 9－2　个人所得税税率（工资、薪金所得适用）

级数	全月应纳税所得额		税率（％）	速算扣除数
	含税级距	不含税级距		
1	不超过 1500 元的	不超过 1455 元的	3	0
2	超过 1500 元至 4500 元的部分	超过 1455 元至 4155 元的部分	10	105
3	超过 4500 元至 9000 元的部分	超过 4155 元至 7755 元的部分	20	555
4	超过 9000 元至 35000 元的部分	超过 7755 元至 27255 元的部分	25	1005
5	超过 35000 元至 55000 元的部分	超过 27255 元至 41255 元的部分	30	2755
6	超过 55000 元至 80000 元的部分	超过 41255 元至 57505 元的部分	35	5505
7	超过 80000 元的部分	超过 57505 元的部分	45	13505

表 9—3 个人所得税税率

(个体工商户的生产、经营所得和对企事业单位的承包经营、承租经营所得适用)

级数	全年应纳税所得额		税率(%)	速算扣除数
	含税级距	不含税级距		
1	不超过 15000 元的	不超过 14250 元的	5	0
2	超过 15000 元至 30000 元的部分	超过 14250 元至 27750 元的部分	10	750
3	超过 30000 元至 60000 元的部分	超过 27750 元至 51750 元的部分	20	3750
4	超过 60000 元至 100000 元的部分	超过 51750 元至 79750 元的部分	30	9750
5	超过 100000 元的部分	超过 79750 元的部分	35	14750

④应纳税所得额的计算和缴纳

A. 工资、薪金所得，以每月收入额减除费用 3500 元后的余额，为应纳税所得额。

B. 个体工商户的生产、经营所得，以每一纳税年度的收入总额，减除成本、费用以及损失后的余额，为应纳税所得额。

C. 对企事业单位的承包经营、承租经营所得，以每一纳税年度的收入总额，减除必要费用后的余额，为应纳税所得额。

D. 劳务报酬所得、稿酬所得、特许权使用费所得、财产租赁所得，每次收入不超过 4000 元的，减除费用 800 元；4000 元以上的，减除 20%的费用，其余额为应纳税所得额。

E. 财产转让所得，以转让财产的收入额减除财产原值和合理费用后的余额，为应纳税所得额。

F. 利息、股息、红利所得，偶然所得和其他所得，以每次收入额为应纳税所得额。

G. 个人将其所得对教育事业和其他公益事业捐赠的部分，按照国务院有关规定从应纳税所得中扣除。

我国个人所得税目前采取分项定率、分项扣除、分项征收的模式。个人所得税，以所得人为纳税义务人，以支付所得的单位和个人为扣缴义务人。在两处以上取得工资、薪金所得或者没有扣缴义务人的，以及具有国务院规定的其他情形的，纳税义务人应当按照国家规定办理纳税申报。

⑤税收减免

免纳个人所得税的项目有如下方面。

A. 省级人民政府、国务院部委和中国人民解放军军以上单位，以及外国组织、国际组织颁发的科学、教育、技术、文化、卫生、体育、环境保护等方面的奖金；

B. 国债和国家发行的金融债券利息；

C. 按照国家统一规定发给的补贴、津贴；

D. 福利费、抚恤金、救济金；

E. 保险赔款；

F. 军人的转业费、复员费；

G. 按照国家统一规定发给干部、职工的安家费、退职费、退休工资、离休工资、离休生活补助费；

H. 依照我国有关法律规定应予免税的各国驻华使馆、领事馆的外交代表、领事官员和其他人员的所得；

I. 中国政府参加的国际公约、签订的协议中规定免税的所得；

J. 经国务院财政部门批准免税的所得。

(2) **企业所得税**

企业所得税，是指我国境内的企业和其他取得收入的组织的生产经营所得和其他所得征收的所得税。现行的《中华人民共和国企业所得税法》自 2008 年 1 月 1 日起施行。

①纳税人

企业所得税的纳税义务人，是指在中华人民共和国境内的企业和其他取得收入的组织，具体包括国有企业、集体企业、私营企业、联营企业、股份制企业、中外合资经营企业、中外合作经营企业、外国企业、外资企业、事业单位、社会团体、民办非企业单位和从事经营活动的其他组织。考虑到个人独资企业、合伙企业属于自然人性质企业，没有法人资格，股东承担无限责任，因此，企业所得税法及其实施条例将依照中国法律、行政法规成立的个人独资企业、合伙企业排除在企业所得税纳税人之外。

企业分为居民企业和非居民企业。划分居民企业和非居民企业采用“注册地标准”和“实际管理机构标准”的双重标准。根据注册地标准，将依法在中国境内成立的企业，具体界定为依照中国法律、行政法规在中国境内成立的企业、事业单位、社会团体以及其他取得收入的组织，为居民企业。根据实际管理机构标准，规定在外国（地区）注册的企业、但实际管理机构在我国境内的，也认定为居民企业，需承担无限纳税义务。据此，居民企业是指依法在中国境内成立，或者依照外国（地区）法律成立但实际管理机构在中国境内的企业。非居民企业是指依照外国（地区）法律成立且实际管理机构不在中国境内但在中国境内设立机构、场所的，或者在中国境内未设立机构、场所，但有来源于中国境内所得的企业。

②征税对象

企业所得税的征税对象是指企业的生产经营所得、其他所得和清算所得。

③适用税率

企业所得税实行比例税率。

A. 基本税率为25%。适用于居民企业和在中国境内设有机构、场所且所得与机构、场所有关联的非居民企业。

B. 低税率为20%。适用于在中国境内未设立机构、场所的，或者虽设立机构、场所但取得的所得与其所设机构、场所并没有实际联系的非居民企业。

④应纳税所得额

企业每一纳税年度的收入总额，减除不征税收入、免税收入、各项扣除以及允许弥补以前年度亏损后的余额，为应纳税所得额。

收入总额是指企业以货币形式和非货币形式从各种来源取得的收入，包括：A. 销售货物收入；B. 提供劳务收入；C. 转让财产收入；D. 股息、红利等权益性投资收益；E. 利息收入；F. 租金收入；G. 特许权使用费收入；H. 接受捐赠收入；I. 其他收入。

收入总额中的下列收入为不征税收入：A. 财政拨款；B. 依法收取并纳入财政管理的行政事业性收费、政府性基金；C. 国务院规定的其他不征税收入。

企业实际发生的与取得收入有关的、合理的支出，包括成本、费用、税金、损失和其他支出，准予在计算应纳税所得额时扣除。A. 企业发生的合理的工资薪金支出，准予扣除。B. 企业发生的职工福利费支出，不超过工资薪金总额14%的部分，准予扣除；企业拨缴的工会经费，不超过工资薪金总额2%的部分，准予扣除；除国务院财政、税务主管部门另有规定外，企业发生的职工教育经费支出，不超过工资薪金总额2.5%的部分，准予扣除；超过部分，准予在以后纳税年度结转扣除。C. 业务招待费，对内资企业全年销售

（营业）收入净额在 1500 万元及其以下的，不超过销售（营业）收入净额的 5‰；全年销售（营业）收入净额超过 1500 万元的，不超过该部分的 3‰，准予扣除。D. 企业发生的符合条件的广告费和业务宣传费支出，除国务院财政、税务主管部门另有规定外，不超过当年销售（营业）收入 15%的部分，准予扣除；超过部分，准予在以后纳税年度结转扣除。E. 企业发生的公益性捐赠支出，在年度利润总额 12%以内的部分，准予在计算应纳税所得额时扣除。F. 企业为开发新技术、新产品、新工艺发生的研究开发费用，未形成无形资产计入当期损益的，在按照规定据实扣除的基础上，按照研究开发费用的 50%加计扣除；形成无形资产的，按照无形资产成本的 150%摊销。财税［2017］34 号文规定，科技型中小企业开展研发活动中实际发生的研发费用，未形成无形资产计入当期损益的，在按规定据实扣除的基础上，在 2017 年 1 月 1 日至 2019 年 12 月 31 日期间，再按照实际发生额的 75%在税前加计扣除；形成无形资产的，在上述期间按照无形资产成本的 175%在税前摊销。

在计算应纳税所得额时，下列支出不得扣除：A. 向投资者支付的股息、红利等权益性投资收益款项；B. 企业所得税税款；C. 税收滞纳金；D. 罚金、罚款和被没收财物的损失；E. 个人所得税法第 9 条规定以外的捐赠支出；F. 赞助支出；G. 未经核定的准备金支出；H. 与取得收入无关的其他支出。

亏损弥补：企业纳税年度发生的亏损，准予向以后年度结转，用以后年度的所得弥补，但结转年限最长不得超过 5 年。

⑤境外已纳税款抵扣

企业取得的所得已在境外缴纳的所得税税额，可以从其当期应纳税额中抵免，抵免限额为该项所得依照个人所得税法规定计算的应纳税额；超过抵免限额的部分，可以在以后 5 个年度内，用每年度抵免限额抵免当年应抵税额后的余额进行抵补。居民企业从其直接或者间接控制的外国企业分得的来源于中国境外的股息、红利等权益性投资收益，外国企业在境外实际缴纳的所得税税额中属于该项所得负担的部分，可以作为该居民企业的可抵免境外所得税税额，在个人所得税法规定的抵免限额内抵免。

⑥税收减免

企业的下列所得，可以免征、减征企业所得税：A. 从事农、林、牧、渔业项目的所得；B. 从事国家重点扶持的公共基础设施项目投资经营的所得；C. 从事符合条件的环境保护、节能节水项目的所得；D. 符合条件的技术转让所得。

符合条件的小微企业，减按20%的税率征收企业所得税。可以享受企业所得税优惠政策的小微企业，是指从事国家非限制和禁止行业，并符合下列条件的企业：一是工业企业，年度应纳税所得额不超过30万元，从业人数不超过100人，资产总额不超过3000万元；二是其他企业，年度应纳税所得额不超过30万元，从业人数不超过80人，资产总额不超过1000万元。

《财政部、税务总局关于扩大小型微利企业所得税优惠政策范围的通知》(财税〔2017〕43号）规定，自2017年1月1日至2019年12月31日，符合条件的小型微利企业，无论采取查账征收方式还是核定征收方式，其年应纳税所得额低于50万元（含50万元）的，均可以享受规定的其所得减按50%计入应纳税所得额、按20%的税率缴纳企业所得税的政策。

国家需要重点扶持的高新技术企业，减按15%的税率征收企业所得税。

9.4 资源税与财产税

9.4.1 资源税

资源税是指以各种应税自然资源为课税对象、为了调节资源级差收入并体现国有资源有偿使用而征收的一种税。资源税在理论上可区分为对绝对矿租课征的一般资源税和对级差矿租课征的级差资源税。一般资源税就是国家对国有资源，如我国宪法规定的城市土地、矿藏、水流、森林、山岭、草原、荒地、滩涂等，根据国家的需要，对使用某种自然资源的单位和个人，为取得应税资源的使用权而征收的一种税。级差资源税是国家对开发和利用自然资源的单位和个人，由于资源条件的差别所取得的级差收入课征的一种税，体现在税收政策上就叫做“普遍征收，级差调节”，即所有开采者开采的所有应税资源都应缴纳资源税；同时，开采中、优等资源的纳税人还要相应多缴纳一部分资源税。

(1) 资源税和特点与作用

①资源税的特点

A. 征税范围较窄。自然资源是生产资料或生活资料的天然来源，它包括的范围很广，如矿产资源、土地资源、水资源、动植物资源等。目前，我国的资源税征税范围较窄，仅选择了部分级差收入差异较大，资源较为普遍，易于征收管理的矿产和盐列为征税范围。随着我国经济的快速发展，对自然资源的合理利用和有效保护将越来越重要，因此，资源税的征税范围应逐步扩大。中国资源税目前的征税范围包括矿产品和盐两大类，实行从价定率或从量定额征收。自 2016 年 7 月 1 日起，我国在河北省开征水资源税试点工作，将地表水和地下水纳入征税范围。

B. 实行差别税额从量征收。我国现行资源税实行从量定额、从价定率征收，一方面，税收收入不受产品价格、成本和利润变化的影响，能够稳定财政收入；另一方面，有利于促进资源开采企业降低成本，提高经济效率。同时，资源税按照“资源条件好、收入多的多征；资源条件差、收入少的少征”的原则，根据矿产资源等级分别确定不同的税额，以有效地调节资源级差收入。

C. 实行源泉课征。不论采掘或生产单位是否属于独立核算，资源税均规定在采掘或生产地源泉控制征收，这样既照顾了采掘地的利益，又避免了税款的流失。这与其他税种由独立核算的单位统一缴纳不同。

②资源税的作用

第一，调节资源级差收入，有利于企业在同一水平上竞争。

第二，加强资源管理，有利于促进企业合理开发、利用。

第三，与其他税种配合，有利于发挥税收杠杆的整体功能。

（2）**我国资源税的主要内容**

①纳税人

根据《中华人民共和国资源税暂行条例》的规定，在我国境内开采应税矿产品与生产盐的单位和个人，为资源税的纳税义务人，应缴纳资源税。

②征税范围

现行的资源税法规定，资源税的征税范围包括矿产品和盐。矿产品主要包括原油、天然气、煤炭、其他非金属矿原矿、黑色金属矿原矿，有色金属矿。盐包括固体盐和液体盐。

③计税依据

现行资源税计税依据是指纳税人应税产品的销售额或销售数量和自用数量。资源税法规定：纳税人开采或者生产应税产品销售的，以销售数量为课税数量；纳税人开采或者生产应税产品自用的，以自用数量为课税数量。

④税目、税额

资源税税目、税额包括 5 大类，在 5 个税目下面又设有若干子目。现行资源税的税目及子目主要是根据资源税应税产品和纳税人开采资源的行业特点设置的，包括原油、天然气、煤炭、金属矿、其他非金属矿。

表 9－4 资源税的税目税额幅度表

<table>
<tr><th colspan="2">税 目</th><th>税率幅度</th></tr>
<tr><td colspan="2">一、原油</td><td>6%～10%</td></tr>
<tr><td colspan="2">二、天然气</td><td>6%～10%</td></tr>
<tr><td>三、煤炭</td><td>焦煤和其他煤炭</td><td>2%～10%</td></tr>
<tr><td rowspan="10">四、金属矿</td><td>铁矿</td><td>1%～6%</td></tr>
<tr><td>金矿</td><td>1%～4%</td></tr>
<tr><td>铜矿</td><td>2%～8%</td></tr>
<tr><td>铝土矿</td><td>3%～9%</td></tr>
<tr><td>铅锌矿</td><td>2%～6%</td></tr>
<tr><td>镍矿</td><td>2%～6%</td></tr>
<tr><td>锡矿</td><td>2%～6%</td></tr>
<tr><td>钨</td><td>6.5%</td></tr>
<tr><td>钼</td><td>11%</td></tr>
<tr><td>未列举名称的其他金属矿矿产品（原矿或精矿）</td><td>税率不超过 20%</td></tr>
<tr><td rowspan="9">五、非金属矿</td><td>稀土</td><td>轻稀土，按地区执行不同的适用税率（山东为 7.5%）；中重稀土，精矿销售额的 27%。</td></tr>
<tr><td>石墨</td><td>3%～10%</td></tr>
<tr><td>硅藻土</td><td>1%～6%</td></tr>
<tr><td>高岭土</td><td>1%～6%</td></tr>
<tr><td>萤石</td><td>1%～6%</td></tr>
<tr><td>石灰石</td><td>1%～6%</td></tr>
<tr><td>硫铁矿</td><td>1%～6%</td></tr>
<tr><td>磷矿</td><td>3%～8%</td></tr>
<tr><td>氯化钾</td><td>3%～8%</td></tr>
</table>

续表9－4

税　目		税率幅度
五、非金属矿	硫酸钾	6%～12%
	井矿盐	1%～6%
	湖盐	1%～6%
	提取地下卤水晒制的盐	3%～15%
	煤层（成）气	1%～2%
	黏土、砂石	每吨或立方米 0.1～5 元
	未列举名称的其他非金属矿产品（原矿或精矿）	从量税率每吨或立方米不超过 30 元；从价税率不超过 20%
六、盐	海盐	1%～5%

⑤资源税的减免

第一，开采原油过程中用于加热、修井的原油免税。

第二，纳税人开采过程中由于意外事故等造成损失的，可照顾减免税。

第三，国务院规定的其他减免税项目。

9.4.2 财产税

（1）财产税的概念

财产税类是以法人或自然人拥有和归其支配的财产为对象所征收的一类税收。财产，是指在某一个时点纳税人拥有的财富存量，一般包括两大类，一是不动产，如土地、房屋等；二是动产，又可分为有形动产和无形动产两种。有形动产包括企业的经营设备、商品设备等收益财产和家庭消费品等消费财产；无形动产包括现金、银行存款和各种有价证券等。财产税不是单一的税种名称，而是一个税类。财产税分为两大类，一类是对财产的所有者或者占有者课税，包括一般财产税和个别财产税。一般财产税是对纳税人的所有财产综合课征，个别财产税是对纳税人的某种财产单独课征。另一类财产税是指对财产的转移课税，如遗产税、继承税和赠与税。

（2）财产税的特点

第一，土地、房产等不动产的位置固定，标志明显，作为课税对象具有收入上的稳定性，税收不易逃漏。

第二，符合量能纳税的原则，有利于收入分配。征收财产税可以防止财产过于集中于社会少数人，调节财富的分配，体现社会分配的公正性。财产税是对所得税的补充，是在所得税对收入调节的基础上，对纳税人占有的财产作进一步的调节。财产的多少反映着纳税人的贫富，因此，财产税调节的重点是富人，有利于缩小贫富差距。

第三，纳税人的财产分布地不尽一致，当地政府易于了解，便于地方因地制宜地进行征收管理。因此，世界许多国家和地区都将财产税作为税制中的辅助税种，划入地方税。

（3）**我国财产税的主要内容**

我国现行税制中的房产税、车船税、船舶吨税、契税等都属于财产税。

房产税是以房屋为征税对象，以房屋的余值或租金收入为计税依据，向产权所有人征收的一种财产税。其特点为：属于财产税中的个别财产税；征税范围限于城镇的经营性房屋；区别房屋的经营使用方式规定征税方法。我国房产税的征税范围仅限于城市、县城、建制镇和工矿区房屋。房产税对经营自用的房屋，以房产原值一次减除10%至30%的损耗价值以后的余额为计税依据，按1.2%征税。对于出租的房屋，以租金收入为计税依据按12%征税。房产税实行按年征收，分期缴纳。

契税是以所有权发生转移、变动的不动产为征税对象，向产权承受人征收的一种财产税。契税的征税对象是发生土地使用权和房屋所有权权属转移的土地和房屋，具体包括以下内容：国有土地使用权出让、土地使用权的转让、房屋买卖、房屋赠与、房屋交换、承受国有土地使用权支付的土地出让金。其中，对国有土地使用权出让、土地使用权出售和房屋买卖的计税依据为交易的成交价格。对土地使用权赠与和房屋赠与的计税依据由征收机关参照土地使用权出售、房屋买卖的市场价格核定。对土地使用权、房屋交换的计税依据按所交换的土地使用权、房屋的价格差额。契税实行幅度税率，税率幅度为3%～5%。

车船税是以车船为征税对象，向拥有并使用车船的单位和个人征收的一种税。车船税的征税对象是行驶于公共道路的车辆，和航行于国内河流、湖泊或领海口岸的船舶。车船税的税额可分为车辆税额和船舶税额。船舶吨税是对规定的船舶征收的一种税收，纳税人主要包括在我国港口行驶的外国籍船舶、外商租用的我国籍船舶、中外合营企业使用的我国或者外国籍船舶、我国租用的航行国外或者兼营国内沿海贸易的外国籍船舶。

9.5 环境保护税

环境保护税是指国家为了保护生态环境，防止自然资源枯竭，促进资源再生，保护生态平衡的目的，对破坏生态环境、破坏自然资源的生产和消费行为征收相应数量的税收。环境保护税是通过税收的手段来实现环境与自然资源的保护和有效的利用。

9.5.1 环境保护税的理论依据

环境保护税是由英国经济学家庇古（A. C. Pigou）最先提出的，他的观点已经为西方发达国家普遍接受。欧美各国的环保政策逐渐减少直接干预手段的运用，越来越多地采用生态税、绿色环保税等多种特指税种来维护生态环境，针对污水、废气、噪音和废弃物等突出的“显性污染”进行强制征税。

庇古注意到了环境污染对社会所造成的损害，并对此加以研究以寻求解决办法。他指出，企业的生产过程往往会带来废气、污水、噪音等污染，这种污染并不由企业自身来承担，而是给其他生产者和消费者带来了损害，对企业而言这就是一种外部成本。而治理外部成本就要花费社会资源，这也视为是外部成本导致的效率损失。

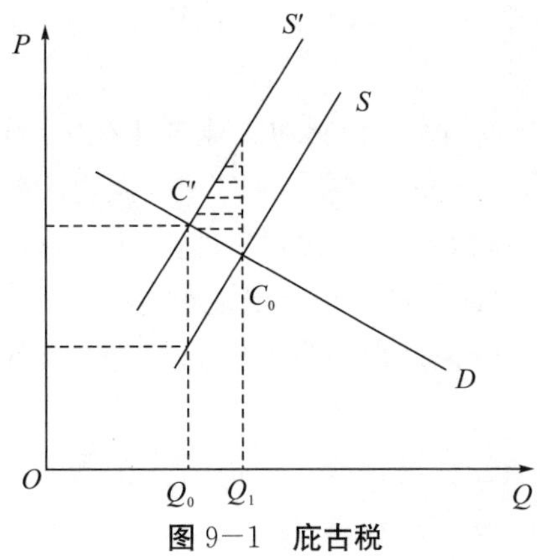

图 9-1 庇古税

在图 9－1 中，D 为需求曲线，S 为企业的内部成本曲线，S'为包含了企业外部成本的社会边际成本曲线，S 与 S'之间的垂直距离 C_0C'就是外部边际成本。在一个竞争性的市场上，企业根据需求曲线和内部边际成本来确定产量，产出水平将为 Q_1。从整个社会利益的角度看，这个产量是无效率的，因为符合效率的产出水平是由社会边际成本曲线与需求曲线的交点来决定的，即 Q_0的产出水平。如何才能使产出水平有 Q_1减少至 Q_0呢？庇古提出了庇古税（Pigouvian Tax）的主张，即政府可以按照生产企业造成的边际外部成本的大小对企业征税，使税收成为企业内部成本的一部分，这样就把外部成本内部化了。征税使企业的内部边际成本曲线由原来的 S 上升到 S'，以 S'和 D 的交点来决定产出水平，从而使产量为 Q_0达到了有效率的产出水平。这种使外部成本内部化的税收被人们称为庇古税。

庇古提出了两种征税办法。一种是向每单位的产品征收一个给定数额的税收，税收的大小由外部边际成本的价值量来决定。由于造成环境污染的企业的产量比较容易确认，因而课税对象也能确定下来。另一种方法是直接按外部成本征税，也就是对企业排放的污水、废气以及其他有害物质的数量来征税。最关键的问题是确定外部成本的价值。政府征税的目的是使企业的产出由边际社会收益和边际社会成本来决定，达到有效率的产量，而并非消除污染。

庇古税的提出为人们解决外部成本问题、提高社会的经济效率提供了思路。荷兰是征收环境保护税比较早的国家，为环境保护设计的税收主要包括燃料税、噪音税、水污染税等，其税收政策已为不少发达国家研究和借鉴。此外，1984 年意大利开征了废物垃圾处置税，作为地方政府处置废物垃圾的资金来源，法国开征森林砍伐税，欧盟开征了碳税。目前，欧美国家征收的环境税概括起来有：

A. 对排放污染所征收的税，包括对工业企业在生产过程中排放的废水、废气、废渣及汽车排放的尾气等行为课税，如二氧化碳税、水污染税、化学品税等。

B. 对高耗能、高耗材行为征收的税，也可以称为对固体废物处理征税，如润滑油税、旧轮胎税、饮料容器税、电池税等。

C. 为减少自然资源开采、保护自然资源与生态资源而征收的税，如开采税、地下水税、森林税、土壤保护税。

D. 对城市环境和居住环境造成污染的行为征税，如噪音税、拥挤税、垃圾税等。

E. 对农村或农业污染所征收的税，如超额粪便税、化肥税、农药税等。

F. 为防止核污染而开征的税，主要有铀税。

这些环境税收手段加强了环保工作的力度，取得了显著的社会效益和经济效益。芬兰全国二氧化碳的排放量已从 80 年代初的每年 60 万吨减少到几万吨；美国多年来坚持利用环保税收政策，促进生态环境的良性发展，取得了显著成效，其中最明显的例子是虽然汽车数量不断增加，但目前二氧化碳的排放量却比 70 年代减少了 80%，空气质量得到很大的改善。

9.5.2 环境保护税的税制设计

(1) 课税对象与纳税人的选择

从欧美发达国家征收的环保税来看，环境保护税的课税对象是直接污染环境的行为和在消费过程中会造成环境污染的产品。具体来说，环境保护税是对排放各种废气、废水、固体废物、噪音、森林砍伐与草场毁损等行为征税。例如，荷兰的环境保护税由燃油税、能源调节税、铀税、水污染税、废物税、垃圾税、噪音税、狗税和碳税等税种组成。

环境保护税设立的原则主要有三个：一是“污染者付费”原则，环境保护税应对环境污染者课征。从理论上讲，为了保护环境，抑制或减少污染物的排放，环境保护税应把所有有排放污染物行为的单位和个人作为纳税人，以直接体现“污染者付费”原则。但在实践中，纳税人的选择还必须充分考虑其他重要因素，如征收费用最少原则、税款是否便于控管等。因此，在确定纳税人时，有些税目可以将有排放污染物行为的单位和个人作为纳税人，有些则可以将使用危害环境产品的单位和个人作为纳税人。二是“受益者付费”原则，对环境保护的所有受益者征税，如江河的源头区、防风固沙区、洪水调蓄区等区域的保护与建设，由所有受益者按照一定的分担机制承担相应的责任。在实践中，如何确定纳税人及其受益份额有一定的难度。三是“使用者付费”原则，对取得、占用或消费资源的行为征税。纳税人应是占用耕地、采伐利用木材和非木质资源、矿产资源开发的企业和个人。

(2) 税基和税率的确定

对应税排污行为，应以污染物的实际排放量作为税基。采用定额税率，实行从量课征。对实际排放量难以确定的，可根据纳税人的设备生产能力及实际产量等相关指标测算排放量。由于以污染物排放量作为环境保护税税基具有能直接刺激企业通过自主选择增加防治污染的设备或通过改进生产工艺过程来减少废物排放和技术测量便利、成本较低等优点，通常为世界各国首选。

对应税包装物，可根据纳税人的应税销售收入按比例税率课征，也可以按照销售数量采用定额税率课税。环境保护税的负担水平，直接决定其征收效果，在设计税率时必须认真研究测算。环境保护税税收负担的确定，就污染行为而言，应高于企业为治理污染采取技术措施的预期边际成本；就应税包装物的生产而言，应高于其与“绿色包装物”之间的成本差额。

(3) **税种选择**

理想的环境保护税制通常包括以下几个税种。

①大气污染税

大气污染税主要是对排放二氧化碳和二氧化硫的行为征税。

二氧化碳税是为了控制二氧化碳的排放而征收的一种环境保护税。英国较早开征了此税，其计税依据为二氧化碳的排量及浓度。征收此税的主要目的是通过鼓励减少使用矿物燃料，尤其是含碳量高的燃料，从而减少二氧化碳的排放。二氧化硫税是对排放到空中的二氧化硫污染物征收的一种税，以控制废气排放。1972 年，美国率先开征此税。美国税法规定，二氧化硫浓度达到一级和二级标准的地区，每排放一磅硫分别课税 15 美分和 10 美分，以促使生产者安装污染控制设备，同时转向使用含硫量低的燃料。

②水污染税

水污染税是对排放废水的行为征收的一种税。废水包括工业废水、农业废水和生活废水。废水排放会造成水体污染，威胁人类的生产、生活。目前许多西方工业化国家均对水质污染行为进行征税。20 世纪 70 年代起，美国、日本、新加坡、德国、挪威、荷兰等国先后开征了水污染税。其中以德国的水污染税制度最为完善。1976 年，德国制定了世界上第一部征收排污税的法律《向水源排放废水征税法》。规定纳税人对废水的直接排放要依法纳税。它以废水的“污染单位”(相当于一个居民 1 年的污染负荷) 为基准，实行统一的税率，普遍征收。同时规定，当排放废水达到特定的废水最低标准时，可以减免税款，纳税人用于改善废水设施的投资可以抵免应缴税款。另一个典型国家是荷兰，其征收水污染税的标准是“人口当量”(相当于每人每年排入水域的污染物数量)，纳税对象包括企业、家庭和个人。该税由省级政府所属的 30 个水资源委员会负责征收，税率根据排放物的耗氧量和重金属的含量来确定，不同的水资源保护区实行不同的税率。

③固体废物税

固体废物税是对固体废弃物征收的一种税，其课税对象包括饮料包装物、废纸、纸制品和旧轮胎等。该税可以根据废弃物的实际体积定额征收，也可以根据废弃物的体积和类型定额征收。美国、法国、挪威和澳大利亚等国规定对旧汽车轮胎在生产或销售环节征收此税。

④噪音税

噪音税是对机器的所有者、使用人在特定地域内使机器产生超过一定分贝噪音的行为所征收的一种税。美国、荷兰、德国、日本等国均已开征此税。美国规定对使用洛杉矶等机场的每位乘客和每吨货物征收 1 美元的噪音税，用于对机场周围居住区的隔音开支。日本、德国则按飞机着陆架次对航空公司征收噪音税。荷兰是政府对民用飞机的使用者在机场周围产生噪音的行为征收噪音税，其税基是噪音的产生量，税收收入用于在飞机场附近安装隔音设施，安置搬迁居民等。

⑤森林砍伐与草场毁损税

森林砍伐与草场毁损税是对森林砍伐与草场毁损的行为征收的一种税。对森林砍伐与草场毁损行为征税，以避免和防止生态破坏行为。

9.5.3 我国环境保护税的主要内容

《中华人民共和国环境保护税法》已由中华人民共和国第十二届全国人民代表大会常务委员会第二十五次会议于 2016 年 12 月 25 日通过，自 2018 年 1 月 1 日起施行。我国的环境保护税法是党的十八届三中全会提出“落实税收法定原则”要求后，全国人大常委会审议通过的第一部单行税法，也是我国第一部专门体现“绿色税制”、推进生态文明建设的单行税法。

环境保护税法的总体思路是由“费”改“税”，即按照“税负平移”原则，实现排污费制度向环保税制度的平稳转移。法案将“保护和改善环境，减少污染物排放，推进生态文明建设”写入立法宗旨，明确“直接向环境排放应税污染物的企业事业单位和其他生产经营者”为纳税人，确定大气污染物、水污染物、固体废物和噪声为应税污染物。实行环境保护费改税有利于解决排污费制度存在的执法刚性不足、地方政府干预等问题；有利于提高纳税人环保意识和遵从度，强化企业治污减排的责任；有利于构建促进经济结构调整、发展方式转变的绿色税制体系；有利于规范政府分配秩序，优化财政收入结构，强化预算约束。

（1）**纳税人**

在中华人民共和国领域和中华人民共和国管辖的其他海域，直接向环境排放应税污染物的企业事业单位和其他生产经营者为环境保护税的纳税人，应当依照税法规定缴纳环境保护税。

（2）**征税对象**

环境保护税的课税对象是应税污染物。应税污染物是指《中华人民共和国环境保护税法》所附《环境保护税税目税额表》、《应税污染物和当量值表》规定的大气污染物、水污染物、固体废物和噪声。

（3）**计税依据和应纳税额**

应税污染物的计税依据，按照下列方法确定：

A. 应税大气污染物按照污染物排放量折合的污染当量数确定；

B. 应税水污染物按照污染物排放量折合的污染当量数确定；

C. 应税固体废物按照固体废物的排放量确定；

D. 应税噪声按照超过国家规定标准的分贝数确定。

环境保护税应纳税额按照下列方法计算：

A. 应税大气污染物的应纳税额为污染当量数乘以具体适用税额；

B. 应税水污染物的应纳税额为污染当量数乘以具体适用税额；

C. 应税固体废物的应纳税额为固体废物排放量乘以具体适用税额；

D. 应税噪声的应纳税额为超过国家规定标准的分贝数对应的具体适用税额。

（4）**税收减免**

下列情形，暂予免征环境保护税：

A. 农业生产（不包括规模化养殖）排放应税污染物的；

B. 机动车、铁路机车、非道路移动机械、船舶和航空器等流动污染源排放应税污染物的；

C. 依法设立的城乡污水集中处理、生活垃圾集中处理场所排放相应应税污染物，不超过国家和地方规定的排放标准的；

D. 纳税人综合利用的固体废物，符合国家和地方环境保护标准的；

E. 国务院批准免税的其他情形。前款第五项免税规定，由国务院报全国人民代表大会常务委员会备案。

纳税人排放应税大气污染物或者水污染物的浓度值低于国家和地方规定的污染物排放标准30%的，减按75%征收环境保护税。纳税人排放应税大气污染物或者水污染物的浓度值低于国家和地方规定的污染物排放标准50%的，减按50%征收环境保护税。

表 9－5　环境保护税税目税额表

<table>
<tr><th colspan="2">税目</th><th>计税单位</th><th>税额</th><th>备注</th></tr>
<tr><td colspan="2">大气污染物</td><td>每污染当量</td><td>1.2元～12元</td><td></td></tr>
<tr><td colspan="2">水污染物</td><td>每污染当量</td><td>1.4元～14元</td><td></td></tr>
<tr><td rowspan="4">固体废物</td><td>煤矿石</td><td>每吨</td><td>5元</td><td rowspan="4"></td></tr>
<tr><td>尾矿</td><td>每吨</td><td>15元</td></tr>
<tr><td>危险废物</td><td>每吨</td><td>1000元</td></tr>
<tr><td>冶炼渣、粉煤灰、炉渣、其他固体废物（含半固态、液态废物）</td><td>每吨</td><td>25元</td></tr>
<tr><td rowspan="6">噪声</td><td rowspan="6">工业噪声</td><td>超标1～3分贝</td><td>每月350元</td><td rowspan="6">1. 一个单位边界上有多处噪声超标，根据最高一处超标声级计算应纳税额；当沿边界长度超过100米有两处以上噪声超标，按照两个单位计算应纳税额。
2. 一个单位有不同地点作业场所的，应当分别计算应纳税额，合并计征。
3. 昼、夜均超标的环境噪声，昼、夜分别计算应纳税额，累计计征。
4. 声源一个月内超标不足15天的，减半计算应纳税额。
5. 夜间频繁突发和夜间偶然突发厂界超标噪声，按等效声级和峰值噪声两种指标中超标分贝值高的一项计算应纳税额。</td></tr>
<tr><td>超标4～6分贝</td><td>每月700元</td></tr>
<tr><td>超标7～9分贝</td><td>每月1400元</td></tr>
<tr><td>超标10～12分贝</td><td>每月2800元</td></tr>
<tr><td>超标13～15分贝</td><td>每月5600元</td></tr>
<tr><td>超标16分贝以上</td><td>每月11200元</td></tr>
</table>

表 9—6 应税污染物和当量值表

<table>
<tr><td>污染物</td><td colspan="2">污染当量值（千克）</td></tr>
<tr><td colspan="3">一、第一类水污染物污染当量值</td></tr>
<tr><td>1. 总汞</td><td colspan="2">0.0005</td></tr>
<tr><td>2. 总镉</td><td colspan="2">0.005</td></tr>
<tr><td>3. 总铬</td><td colspan="2">0.04</td></tr>
<tr><td>4. 六价铬</td><td colspan="2">0.02</td></tr>
<tr><td>5. 总砷</td><td colspan="2">0.02</td></tr>
<tr><td>6. 总铅</td><td colspan="2">0.025</td></tr>
<tr><td>7. 总镍</td><td colspan="2">0.025</td></tr>
<tr><td>8. 苯并（a）芘</td><td colspan="2">0.0000003</td></tr>
<tr><td>9. 总铍</td><td colspan="2">0.01</td></tr>
<tr><td>10. 总银</td><td colspan="2">0.02</td></tr>
<tr><td colspan="3">二、第二类水污染物污染当量值</td></tr>
<tr><td>污染物</td><td>污染当量值（千克）</td><td>备注</td></tr>
<tr><td>11. 悬浮物（SS）</td><td>4</td><td></td></tr>
<tr><td>12. 生化需氧量（BOD_5）</td><td>0.5</td><td rowspan="3">同一排放口中的化学需氧量、生化需氧量和总有机碳，只征收一项。</td></tr>
<tr><td>13. 化学需氧量（COD_{cr}）</td><td>1</td></tr>
<tr><td>14. 总有机碳（TOC）</td><td>0.49</td></tr>
<tr><td>15. 石油类</td><td>0.1</td><td></td></tr>
<tr><td>16. 动植物油</td><td>0.16</td><td></td></tr>
<tr><td>17. 挥发酚</td><td>0.08</td><td></td></tr>
<tr><td>18. 总氰化物</td><td>0.05</td><td></td></tr>
<tr><td>19. 硫化物</td><td>0.125</td><td></td></tr>
<tr><td>20. 氨氮</td><td>0.8</td><td></td></tr>
<tr><td>21. 氟化物</td><td>0.5</td><td></td></tr>
<tr><td>22. 甲醛</td><td>0.125</td><td></td></tr>
</table>

续表9－6

污染物	污染当量值（千克）	
23. 苯胺类	0.2	
24. 硝基苯类	0.2	
25. 阴离子表面活性剂（LAS）	0.2	
26. 总铜	0.1	
27. 总锌	0.2	
28. 总锰	0.2	
29. 彩色显影剂（CD－2）	0.2	
30. 总磷	0.25	
31. 单质磷（以P计）	0.05	
32. 有机磷农药（以P计）	0.05	
33. 乐果	0.05	
34. 甲基对硫磷	0.05	
35. 马拉硫磷	0.05	
36. 对硫磷	0.05	
37. 五氯酚及五氯酚钠（以五氯酚计）	0.25	
38. 三氯甲烷	0.04	
39. 可吸附有机卤化物（AOX）（以Cl计）	0.25	
40. 四氯化碳	0.04	
41. 三氯乙烯	0.04	
42. 四氯乙烯	0.04	
43. 苯	0.02	
44. 甲苯	0.02	
45. 乙苯	0.02	
46. 邻—二甲苯	0.02	

续表9－6

污染物	污染当量值（千克）	
47. 对—二甲苯	0.02	
48. 间—二甲苯	0.02	
49. 氯苯	0.02	
50. 邻二氯苯	0.02	
51. 对二氯苯	0.02	
52. 对硝基氯苯	0.02	
53. 2，4—二硝基氯苯	0.02	
54. 苯酚	0.02	
55. 间—甲酚	0.02	
56. 2，4—二氯酚	0.02	
57. 2，4，6—三氯酚	0.02	
58. 邻苯二甲酸二丁酯	0.02	
59. 邻苯二甲酸二辛酯	0.02	
60. 丙烯腈	0.125	
61. 总硒	0.02	

三、PH 值、色度、大肠菌群数、余氯量水污染物污染当量值			
污染物		污染当量值	备注
1. PH 值	1. 0～1，13～14 2. 1～2，12～13 3. 2～3，11～12 4. 3～4，10～11 5. 4～5，9～10 6. 5～6	0.06 吨污水 0.125 吨污水 0.25 吨污水 0.5 吨污水 1 吨污水 5 吨污水	PH 值 5～6 指大于等于 5，小于 6；PH 值 9～10 指大于 9，小于等于 10，其余类推。
2. 色度		5 吨水・倍	
3. 大肠菌群数（超标）		3.3 吨污水	大肠菌群数和余氯量只征收一项。
4. 余氯量(用氯消毒的医院废水)		3.3 吨污水	

续表 9—6

四、禽畜养殖业、小型企业和第三产业水污染物污染当量值 （本表仅适用于计算无法进行实际监测或者物料衡算的禽畜养殖业、小型企业和第三产业等小型排污者的水污染物污染当量数）			
类型		污染当量值	备注
禽畜养殖场	1. 牛	0.1 头	仅对存栏规模大于 50 头牛、500 头猪、5000 羽鸡鸭等的禽畜养殖场征收。
	2. 猪	1 头	
	3. 鸡、鸭等家禽	30 羽	
4. 小型企业		1.8 吨污水	
5. 饮食娱乐服务业		0.5 吨污水	
6. 医院	消毒	0.14 床	医院病床数大于 20 张的按照本表计算污染当量数。
		2.8 吨污水	
	不消毒	0.07 床	
		1.4 吨污水	

五、大气污染物污染当量值	
1. 二氧化硫	0.95
2. 氮氧化物	0.95
3. 一氧化碳	16.7
4. 氯气	0.34
5. 氯化氢	10.75
6. 氟化物	0.87
7. 氰化氢	0.005
8. 硫酸雾	0.6
9. 铬酸雾	0.0007
10. 汞及其化合物	0.0001
11. 一般性粉尘	4
12. 石棉尘	0.53
13. 玻璃棉尘	2.13

续表 9-6

污染物	污染当量值（千克）
14. 碳黑尘	0.59
15. 铅及其化合物	0.02
16. 镉及其化合物	0.03
17. 铍及其化合物	0.0004
18. 镍及其化合物	0.13
19. 锡及其化合物	0.27
20. 烟尘	2.18
21. 苯	0.05
22. 甲苯	0.18
23. 二甲苯	0.27
24. 苯并（a）芘	0.000002
25. 甲醛	0.09
26. 乙醛	0.45
27. 丙烯醛	0.06
28. 甲醇	0.67
29. 酚类	0.35
30. 沥青烟	0.19
31. 苯胺类	0.21
32. 氯苯类	0.72
33. 硝基苯	0.17
34. 丙烯腈	0.22
35. 氯乙烯	0.55
36. 光气	0.04

续表 9－6

污染物	污染当量值（千克）
37. 硫化氢	0.29
38. 氨	9.09
39. 三甲胺	0.32
40. 甲硫醇	0.04
41. 甲硫醚	0.28
42. 二甲二硫	0.28
43. 苯乙烯	25
44. 二硫化碳	20

复习思考题

1. 简述税收制度及其构成。
2. 所得课税的特点与功能是什么?
3. 商品课税的特点与功能是什么?
4. 我国现行税种制存在什么样的问题？如何进一步完善我国现行的税制?

10. 国 债

10.1 国家信用

10.1.1 国家信用的概念

在实践中，为了同银行信用相区别，国家信用专指国家财政信用，亦简称财政信用。

国家信用，就是以国家（包括中央政府与地方政府）为主体依据借贷原则筹集和运用财政资金的分配方式，反映以国家为主体的一种借贷关系。对国家信用概念的理解，主要表现在下面几点：

第一，国家信用的主体是国家，具体包括各级政府及其财政部门。

第二，国家信用依据的是借贷原则，与依据国家政治权力和财产权利参与一部分社会产品或国民收入分配的财政形式，如税收、上缴国有资产收益和经常性支出等有着严格的区别，届时需还（收）本付（取）息，是一种特殊的财政分配形式。

第三，国家信用不仅包括资金的有偿筹集，而且包括资金的有偿使用，国债只是国家信用的一种基本形式。

第四，就有偿筹集资金而言，国家及其代表者是债务人；从有偿使用资金来看，国家及其代表者则是债权人。

第五，国家信用有偿筹集和运用的是财政属性的资金，区别于国家银行筹集和运用的信贷资金。尽管依据借贷原则是各种信用形式的共性，但国家信用具有财政分配最基本的属性，必须贯彻国家财政方针政策，以实现财政职能为目的。

10.1.2　国家信用的产生和发展

由于社会分工的发展，私有财产的出现，商品交换的增多，原始社会内部发生了财富的分化。早在原始公社制度瓦解时就出现了信用关系，以后愈来愈频繁。以国债为基本形式的国家信用，在奴隶制国家开始萌生，到封建制国家则已相当发达，在资本主义社会更得到了大规模的发展。

国家信用的发展表现为从国家信用的实物形式向货币形式的发展；从单一国债形式（收入信用）到国家信用收入、支出配套成体系的发展；从单纯的弥补财政赤字到考虑国家信用的经济影响而自觉运用其调节职能的发展；从纳入传统的经常性收入预算到设立专门的国家信用基金预算管理的发展。从不同社会形态的国家信用发展角度进行考察，国家信用的 3 个发展时期如下。

（1）**古老的国家信用——国家信用的萌芽期**

这个时期可称为国家信用发展的第一个历史阶段。古老的国家信用包括君主借债或政府借贷，它是建立在奴隶社会和封建社会的经济基础之上的。古老的国家信用主要具有如下特点：

第一，古老的国家信用具有国家和君主个人借债相统一的特点。

第二，古老的国家信用时断时续，兴废无常，尚未确定为经常性的国家信用制度，因而不具有连续性而具有波动性。

（2）**国家信用制度的确立——国家信用的形成期**

这个时期又可称为国家信用发展的第二个历史阶段。国家信用制度产生于封建社会末期，确立于资本主义经济基础之上。国家信用之基本形式就是国债，即以政府的名义举借的债务。在这个时期，国家信用有如下特点：

第一，对封建国家的国家信用制度进行改革，把国家信用制度建立在资本主义经济基础之上。

第二，改进财政预算制度，制定发行公债以及公债还本付息的规定。

第三，国家不轻易举债，且政府信誉较好。

第四，国家信用主要是作为弥补政府财政赤字的手段。

(3) **现代的国家信用——国家信用的发展期**

这个时期可称为国家信用发展的第三个历史阶段。从时间上看，这个时期大致可从19世纪末、20世纪初开始。至今，随着经济发展，人们对国家信用筹集、吸引资金和调节经济的功能的认识进一步深化，要求在经济运行中，把国家信用作为国家筹集、运用和管理资金的重要手段，成为国家自觉调节经济的杠杆。概言之，现代国家信用是建立在发达的商品经济基础之上的，它具有如下特点：

第一，国家信用形式复杂多样，不仅包括多种信用收入，而且包含信用支出，具有多样性。

第二，国家信用不仅是弥补财政赤字的手段，而且是国家有意识地调节经济和促进经济发展的重要杠杆，具有发展性。

第三，国家信用有一套相对独立的管理体系，收入和支出讲究对称性、周转性。

第四，国家信用与预算收支、银行信用紧密联系，既相互对立又相互制约与协调，具有联动性。

10.1.3 国家信用的基本形式

国家信用的基本形式包括国家信用收入（国债、政府主权外债等）和国家信用支出（财政资金的各种有偿使用）。国家信用收入包括国内信用收入和国际信用收入。国内信用收入是国家以债务人身份向国内居民、企业、团体等取得的信用收入，它形成国家的内债；而国际信用收入是国家以债务人身份向国外居民、企业、团体和政府等取得的信用收入，它形成国家的外债。所以国家举借的债务，包括内债和外债，总称为国债。

我国国家信用的基本形式是国债券。新中国成立以来，我国先后发行过人民胜利折实公债、国家经济建设公债、国库券、凭证式国债、记账式国债等。

10.2　国债概述

10.2.1　国债的涵义

按国际惯例，政府举借的债务称为国债或公债。中央债被称为国债，地方债被称为公债。具体而言，国债是指中央政府依据有借有还的信用原则在国内外发行债券，或向外国政府、银行借款所形成的国家债务。

国债是政府一种非经常性财政收入。因为国家发行债券或借款实际上是中央政府通过债务融资使政府可支配的资金增加，债务收入可纳入广义的财政收入统计口径。

国债具有自愿性、有偿性、灵活性等特点。国债的自愿性是指国债的发行或认购建立在认购者自愿承购的基础上，人们是否购买、认购多少，完全由认购者自己决定，这一形式特征使国债与其他财政收入形式明显区别开来；国债的偿还性是指政府发行的债券或借款到期不仅要还本，而且还要按事先规定的条件向债权人支付一定数额的利息；国债的灵活性是指国债发行与否、国债期限以及发行额度等，一般完全由政府根据财政资金的余缺状况灵活加以确定，而非通过法律形式预先规定。

国债是一个特殊的债务范畴。国债与私债的本质区别在于发行的依据或担保物不同。民间借债一般需要以财产或收益为担保，国债的担保物不是财产和收益，而是政府的信誉。由于国债信誉高、风险低，通常被称为“金边债券”①。

国债是在私债的基础上发展和演变而来的，产生于奴隶社会。进入封建社会，政府举债规模增大。进入资本主义社会，随着商品经济和信用经济的发展，国债规模、种类以及国债市场得到了快速发展。目前，不管社会制度如何、经济发展水平怎样，几乎所有的国家都把国债作为政府重要的财政资金融资手段。

---

① 早在 17 世纪，英国政府经议会批准、开始发行以税收保证支付本息的政府公债，该公债信誉度很高。当时发行的英国政府公债带有金黄边，因此被称为“金边债券”。

10.2.2 国债的功能

(1) 弥补财政赤字

当国家财政靠税收、费用等财源难以满足财政支出需要时，国债资金的筹集往往成为财政弥补赤字、平衡预算收支的重要手段。为国家财政筹集资金弥补财政赤字是国债产生的重要动因，也是世界各国财政实践的普遍做法。发行国债弥补财政赤字，实质上是将不属于国家支配的闲置或沉淀的民间资金在一定时期内有偿转移给国家使用，是社会资金使用权的单方面让渡，没有直接增大流通中的货币量，对社会货币资金的供求没有实质影响，一般不会带来通货膨胀。国债在弥补财政赤字方面，不仅具有灵活性、对经济的副作用少，而且在筹集财政资金的同时，发挥了对社会资金存量的有效配置。

短期国债具有调节预算年度内财政收支不平衡的作用。财政支出的时间和数量常常与财政收入获得的时间和数量不一致，这种不一致可以通过发行短期国债来调节，财政根据收支状况确定短期国债发行的时间、期限、数量，满足预算年度内的财政支出需要。

当然，政府也不能过于依赖债务融资来弥补财政赤字。如果财政赤字规模过大、国债发行过多，难以避免政府只有借新债还旧债，走上财政收支恶性循环的道路。此外，由于社会闲置或沉淀的资金总量有限，规模过大的国债发行往往会导致社会资金供不应求，从而降低社会的投资和消费水平，甚至导致通货膨胀。

(2) 筹集建设资金

弥补财政赤字是从平衡财政收支的角度说明国债的功能，筹集建设资金是从财政支出或资金使用角度来说明国债的功能。从国债发行方式、目的和用途上看，许多国家在发行国债时对国债的目的和用途有明确的规定，有的国家还以法律的形式对国债的发行进行约束。我国 20 世纪 50 年代发行的“国家经济建设国债”和 80 年代中发行的重点建设债券和重点企业债券（其中包括电力债券、钢铁债券、石油化工债券、有色金属债券），就明确规定了发行的目的是为了筹集建设资金。国家财政通过适度举债，将社会上的消费资金、临时闲散资金及保险基金等，引导到国家重点建设项目上来，变为生产建设资金，改善了社会投资结构、产业结构和投资环境，促进了国民经济协调稳定发展。

（3）**调节经济**

国债为财政政策和货币政策相配合的有机衔接提供了结合点，是政府实施宏观经济调控的重要手段。一方面，扩大国债的发行规模是国家实施扩张性财政政策的主要手段；另一方面，国债为中央银行实现调节货币供求、引导市场利率、开展公开市场业务等货币管理职能提供了可靠的、有效的操作手段。国债调节经济的功能具体表现在以下方面。

①适度的国债发行可以调节社会总供给与总需求的总量平衡和结构平衡

政府通过发行国债，将社会暂时闲置的消费资金集中起来，将其转向公共设施和基础设施或将资金沉淀下来，从而减缓总需求压力；反之，国家通过偿还本息又可刺激总需求。同时，国家通过确定适当的国债支出结构将国债资金引导到国家重点建设事业上，有助于调节投资与消费资金的比例，调整投资结构和产业结构，增加有效供给。此外，适度的国债发行可以有效控制货币供应量。当现实流通中的货币供应量大于货币需求量时，发行国债可以把流通中的一部分货币转化成沉淀的资金，只要政府不把这部分国债收入作为支出安排出去，即可达到紧缩的目的，抑制社会的过度投资行为；反之亦然。

②国债是中央银行公开市场业务的重要手段和对象

中央银行通过公开市场操作，可实施对货币供给和资本市场的宏观调控。国债是中央银行进行公开市场业务最合适的工具。国债的总量、结构对公开市场操作的效果有重要的影响。如果国债规模过小，央行在公开市场上的操作对货币供应量的控制能力就非常有限，不足以使利率水平的变化达到央行的要求；如果国债品种单一，持有者结构不合理，中小投资者持有国债比例过大，公开市场操作就很难进行。由于国债的发行量是由财政主动控制的，财政可以根据公开市场操作的需要发行足够的国债，进而配合中央银行实现对货币流通的调节。

③增强财政对利率的影响力

通过国债发行量、国债期限结构及国债利率的灵活操作，使国家财政增强对利率的影响力。国债是一种收入稳定、风险极低的投资工具，这一特性使得国债利率处于整个利率体系的核心环节，国债的发行与交易有助于形成市场基准利率。国债的发行能够满足社会不同资金持有者的要求，吸收处于不同闲置状态的资金，从而影响金融市场上的资金供求状况，引起利率的升降。由于长期国债的利率要高于短期国债，国债的期限结构调整也能发挥对市场利率的调节作用。这样，政府通过对资本市场利率走势进行干预和引导，间接发挥调控经济、诱导民间投资的作用。

10.2.3 国债的种类

现代世界各国的国债形式多样、名目繁多，构成了复杂的债务体系。为了便于进行国债管理，有必要按照国债的举债形式、发行地域、流动性、偿还期限等标准进行分类，由此形成国债的种类。

（1）**国家借款和发行债券**

以国家举债的形式为标准，国债可以分为国家借款和发行债券。国家借款是最原始的举债形式。现代国家在向外国政府、银行、国际金融组织等举借外债和本国中央银行借债时主要采取这种形式。在应债主体很多的情况下，国债应采用发行债券的形式。

（2）**内债和外债**

以国债筹措和发行的地域为标准，国债可以分为内债和外债。内债是在本国的借款和发行的债券。外债则是向其他国家政府、银行、国际金融组织的借款和在国外发行的债券。

（3）**长、中、短期国债**

以国债的偿还期限为标准，国债可以分为长、中、短期国债。一般将偿还期限在 1 年以内的国债称为短期国债，10 年以上的称为长期国债，介于二者之间的称为中期国债。上市国债多为中短期国债，不上市国债多为长期国债。

（4）**可流通国债和不可流通国债**

以债券的流动性为标准，国债可以分为可流通国债（如记账式国债）和不可流通国债（如储蓄国债）。国家的借款通常是不能转让的，只有债券才有上市转让的可能。债券能否上市转让，即是否具有流动性是决定债券吸引力大小的重要因素。我国现有的储蓄国债是不可流通的国债，记账式国债是可流通的国债。

储蓄国债是财政部主要面向广大居民个人发行的、不可流通转让的、但是可以提前兑取的国债。储蓄国债具有类似储蓄又优于储蓄的特点，适合希望获得稳定收益的个人投资者。按照债权登记方式划分，储蓄国债包括以纸质记账方式为特征的储蓄国债（凭证式），和以电子记账方式为特征的储蓄国债（电子式)。

记账式国债又名无纸化国债，是由财政部通过无纸化方式发行的、以电脑记账方式记录债权，并可以上市交易的债券。记账式国债以记账形式记录债权、通过证券交易所的交易系统发行和交易，可以记名、挂失。投资者进行记账式证券买卖，必须在证券交易所设立账户。由于记账式国债的发行和交易均无纸化，效率高、成本低、交易安全，已成为世界各国发行国债的主要形式。

(5) **其他**

按利率是否浮动为标准，国债可分为固定利率国债和浮动利率国债；按是否附息为标准，可分为附息债、零息债等；按付息频率为标准，可分为到期一次性还本付息国债、按年付息国债、按半年付息国债等。

近年来，我国国债品种管理策略为：以发行内债为主，以发行固定利率债券为主，逐步提高记账式国债发行比重，全部记账式国债跨市场发行，提高储蓄国债管理电子化水平。

10.2.4 国债的结构

国债的结构是指一个国家各种性质债务的互相搭配以及各类债券收入来源的有机组合。国债的结构与国债的种类密切相关。从理论上讲，前述所有各类国债在整个国债体系中的地位，各类国债的相互联系和互相制约关系，都属于国债结构研究的内容。在实践中，为世界各国所重视且有较大经济影响的国债结构包括国债的期限结构、利率结构、持有者结构等。

(1) **期限结构**

国债期限是指国债从发行到偿还的时间间隔。根据一般的期限分类，短期国债的期限在 1 年以下，中期国债的期限在 1 年到 10 年之间（或 1 年至 5 年之间），长期国债的期限在 10 年以上（或 5 年以上）。一个国家的国债往往是由各种不同长短期限的国债所组成。若国债期限结构缺乏均衡合理的分布，易于导致国债偿还集中到期，难以发挥国债的调节作用，也不利于投资者的多样化选择。从 1994 年起，为了使期限结构合理化，我国已经开始适量发行短期国债和长期国债。发行短期国债，主要用于平衡国库短期收支，同时作为中央银行公开市场操作的工具；长期国债通常用于周期较长的基础设施或重点建设项目。

近年来我国国债期限管理的策略为：适量发行超长期国债和短期国债，定期滚动发行关键期限记账式国债，促进二级市场流动性提高，均衡偿债压力。目前，我国国债的发行期限已日渐丰富。从3个月到50年不等。其中，储蓄国债为3年或5年期，记账式国债的期限已覆盖了从91天到50年共13个品种。2001年6月我国首次发行15年期国债，同年7月首次发行20年期国债，2002年5月推出了30年期国债，2009年11月推出50年超长期国债。2014年年末，国债平均剩余期限为7.8年（不含外债），比2013年年末缩短0.28年。在2014年年末的国债余额中，剩余期限1年及以下的占10%，1～5年（含5年）的占40%，5～10年（含10年）的占33%，10年以上的占17%。① 目前，我国关键期限国债占记账式国债发行总量远远超过50%，充分满足了各类投资机构对1～10年期国债的偏好，同时提高了关键期限国债在二级市场的活跃程度，“期限全面、关键突出”的结构特点为国债收益率曲线提供了准确定位。

（2）**利率结构**

国债利率是国债利息占国债票面金额的比率。利率对于国债发行者和国债投资者来说有不同的作用。对于国债发行者，利率是其负担大小的表示；而对于国债投资者，利率则是其收益大小的表示。在发达的金融市场上，国债利率又是影响市场利率的重要因素，或者国债利率本身就可能成为金融市场的基准利率。不同的国债可以有不同的利率，或者更确切地讲，不同期限的国债会有不同的利率，因此，国债的利率结构是与国债的期限结构有联系的。

（3）**持有者结构**

国债持有者指结构是各应债主体（各类企业和各阶层居民）实际认购和持有国债的比例，又称为应债资金来源结构。若社会财富分配不均，贫富差距较大，社会资金集中在少数企业和个人手中，国债持有者则比较集中；若社会财富分配较平均，社会资金分散在企业和个人手中，国债持有者则相对比较分散。

（4）**其他**

近年来我国国债的种类日渐丰富，各类国债的发行额及余额能反映我国国债的流动性。2014年我国实际举借国债17876亿元。2014年年末实际国债余额为95655亿元，占国内生产总值的15%，较2013年年末降低0.3个百分点。

---

① 中华人民共和国财政部・中国财政情况（2014—2015）[M]. 北京：经济科学出版社，2015.

从国债余额品种结构看，2014 年年末实际国债余额中，内债为 94676 亿元，外债为 979 亿元，分别占全部国债余额的 99%和 1%。内债余额中，储蓄国债为 9684 亿元，包括 3762 亿元凭证式国债和 5922 亿元电子式国债，占全部国债余额的 10.1%；记账式国债为 84992 亿元，包括 69490 亿元普通国债和 15502 亿元特别国债，占全部国债余额的 88.9%。

当前，我国财政部已充分考虑发展国债市场需要和投资者需求，正适时调整国债发行策略，使国债结构呈现出“品种均衡、期限全面、关键突出”的特点。

10.2.5　国债发行与还本付息

(1) 国债发行

国债发行是指国债售出或被个人、企业认购的过程，它是国债运行的起点和基础环节。国债既是政府筹集资金的手段，又是认购者的投资工具。发行者的目标是以最小成本筹集所需的资金，认购者的目标是以最小的投资获取最大的收益。协调双方利益目标的手段是国债的发行条件——票面利率、偿还期限和发行价格，决定发行条件的关键和核心是国债发行方式。

世界各国通用的国债发行方式有 4 种：①直接发行方式，即发行主体直接向个人或机构投资者销售国债；②连续发行方式（随买方式），即发行主体预先不确定发行条件，而是委托销售网点和代理销售机构随行就市地调整发行条件；③承购包销方式，即由发行主体与承销人共同协商发行条件，签订承销合同，明确双方权利义务关系，由承销人向投资者分销；④公募招标方式，即通过金融市场公开招投标确定发行条件。投标、招标方式的特点是通过市场机制确定发行条件，具有较强的适应性和生命力，是当今世界各国的主导发行方式。

改革开放以来，我国国债发行曾采用行政分配、承购包销、柜台销售、招标发行等多种方式。目前，我国国债发行采用的是定向发售、承购包销和招标发行相结合的模式。其主要表现为：以差额招标方式向国债一级承销商出售可上市国债；以承销方式向各地的国债承销机构销售不上市的储蓄国债（凭证式国债）；以定向发售方式向社会保障机构、保险公司出售定向国债。

(2) 国债的还本与付息

①国债还本方式

国债到期后，政府就要依据发行时的约定，按期偿还本金。国债本金的偿还数额虽然是固定的，但政府在偿还方式上有很大的选择余地。常见的国债偿还方式有分期逐步偿还法、抽签轮次偿还法、到期一次偿还法、市场购销偿还法、以新替旧偿还法等。不管采取什么偿还方式，国债的还本总是一种财政负担，这就要求国债的偿还必须有稳定且充足的资金保障。还本资金有以下来源：一是通过国家预算设置偿债基金；二是将每年国债偿还数额作为财政支出项目（如“债务还本”）列入当年支出预算；三是通过举借新债偿还旧债，这种偿还方式可以使国债长时间延续下去，故成为世界各国偿还国债的基本手段。

②国债的付息

国债发行后，除零息债外，政府需按发行约定在债务存续期间支付债务利息。由于国债在发行时已规定了利率，政府在国债付息方面需要对付息次数、时间、方法等做出相应的安排。国债付息有按期分次支付法和到期一次支付法两种主要支付方式。由于付息方式上的不同，政府在每一年度应付的利息和实际支付的利息并不完全一样。通常情况下，应付额会大于实付额而形成一笔利息上的债务。

10.2.6 国债市场

国债券是一种有价证券，证券市场是有价证券交易的场所，政府通过证券市场发行和偿还国债，意味着国债进入了交易过程，进行国债的证券的交易市场即为国债市场。国债市场按照国债交易的层次或阶段可分为两个部分：一是国债发行市场，二是国债流通市场。国债发行市场指国债发行场所，又称国债一级市场或初级市场，是国债交易的初始环节，一般是政府与证券承销机构如银行、金融机构和证券经纪人之间的交易，通常由证券承销机构一次全部买下发行的国债。国债流通市场又称国债二级市场，是国债交易的第二阶段。一般是国债承销机构与认购者之间的交易，也包括国债持有者与政府或国债认购者之间的交易。它又分证券交易所交易和场外交易两类。证券交易所交易是指在指定的交易所营业厅从事的交易，不在交易所营业厅从事的交易称为场外交易。其中，场外交易主要指银行间债券市场和商业银行柜台交易市场。从交易量看，银行间债券市场是中国债券市场交易的主体场所，在中国债券市场发挥主导作用。

（1）**证券交易所市场**

我国现有上海证券交易所国债市场和深圳证券交易所国债市场两个场内市场。在交易所市场内，参与者包括除商业银行和信用社以外的金融类和非金融类机构，如证券公司、保险公司、基金公司和城乡居民等。证券交易所市场开展了国债的现券买卖和回购业务。由于历史原因，深圳证券交易所国债市场规模较小，我国交易所国债发行注册托管和流通市场交易额的绝大部分都是在上海证券交易所完成的。在沪、深两证券交易所发行上市的记账式国债通过两交易所各自的登记，结算公司办理债券的托管清算和结算。

（2）**银行间债券市场**

银行间债券市场和柜台市场统称为场外市场。全国银行间债券市场是指依托于中国外汇交易中心暨全国银行间同业拆借中心（简称同业中心）和中央国债登记结算有限责任公司（简称中央登记公司）的，包括商业银行、农村信用联社、保险公司、证券公司等金融机构进行债券买卖和回购的市场。银行间债券市场目前已成为我国债券市场的主体部分，记账式国债的大部分在该市场发行并上市交易。由于公开市场业务需以发达的债券市场为基础，完善的银行间债券市场可为央行的公开市场业务操作奠定良好的基础。

（3）**柜台交易市场**

柜台交易市场是指在商业银行营业网点进行债券买卖的市场。通过柜台交易市场发行债券的最大优势是为广大居民个体认购国债提供便利条件。凭证式国债和储蓄国债（电子式）不能流通，可以提前兑付，提前兑付的风险一般由负责承销的商业银行、邮政储蓄部门承担。

10.2.7　中国国债管理阶段

国债管理是指财政部代表中央政府制定并执行中央政府债务结构（包括债务品种结构和债务期限结构）管理计划或战略的过程，目标是在中长期的时间范围内，尽可能采用最低的资金成本和可承受的市场风险的管理方式，确保中央政府的筹资及支付需求得到及时满足。

新中国成立以后，我国的国债管理经过 3 个阶段。

(1) **新中国成立初期国债管理阶段** (1949－1958)

1950 年，为了保证仍在进行的革命战争的供给和恢复国民经济，政府发行了“人民胜利折实公债”。1954～1958 年，为了进行社会主义建设，国家分 5 次发行了“国家经济建设公债”。新中国的国债从无到有，国债管理也开始积累发行管理经验。20 世纪 50 年代累计发行的 41.95 亿元的“人民胜利折实公债”和“国家经济建设公债”于 1968 年全部偿清后，我国很长时间未发行任何债券，形成了一个“既无外债，又无内债”的时期。

(2) **国债发行额管理阶段** (1981—2005)

我国政府于 1979 年恢复举借外债后，于 1981 年通过并发布了《中华人民共和国国库券条例》，恢复内债发行。为控制国债规模，自 1981 年起至 2005 年，我国一直采用控制国债年度发行额的方式管理国债规模。该阶段，国债管理主要在国债发行制度、发行品种、发行期限结构及宏观调控手段等方面经历了较大的变化发展。

①国债发行制度由行政分配、承购包销制度过渡到国债承销团制度

改革开放初期，国债发行主要依靠政治动员和行政分配的方法，发行效率较低。1991 年，财政部尝试通过承购包销方式发行部分国债，这标志着国债一级市场的初步建立。之后，财政部逐步取消了行政分配手段，国债发行实行承购包销方式。1993 年，国债一级自营商制度建立；1996 年，财政部首次尝试利用公开招标发行记账式国债。1997 年，银行间市场正式形成，并于 1999 年在场内恢复使用公开招标的发行方式。从 2000 年起，财政部开始在银行间和交易所市场分别建立国债承销团，又于 2005 年实现二者的统一，逐步确立了目前的国债发行制度，即国债发行以国债承销团制度为基础，储蓄国债采用承购包销方式，记账式国债采用公开招标方式跨市场发行。

②国债发行品种逐步规范化，国债载体由实物券过渡到电子记账和购买凭证

1993 年以前发行的国债均为实物国债，印制、保管、调运成本很高，容易出现假券问题。1993 年，财政部首次采用电子记账方式发行国债；1994 年，引入凭证式品种，并开始发行重点面向个人投资者的凭证式国债品种。随后逐步提高记账式国债发行比重，减少直至取消了实物国债发行。

③国债发行期限结构合理化

国债发行形成了从 3 个月到 30 年的短、中、长期合理分配的期限结构，

基本上满足了投资者的多样化需求。同时，将 1 年、3 年、7 年和 10 年期记账式国债作为关键期限品种定期滚动发行。

④国债调控宏观经济手段日益多样化

从 1994 年开始，中央财政赤字完全通过发行国债来弥补，国债成为弥补财政赤字的主要手段。1998 年，向四大国有商业银行发行 2700 亿元特别国债，专项用于补充这四家国有商业银行资本金。2003 年，向中国人民银行发行 1660 亿元转换国债，用于解决 1994 年以前历年财政向央行借款的历史遗留问题，彻底理顺了财政部与中国人民银行之间的财务关系。

（3）**国债余额管理阶段**（2006 **年—至今**）

经全国人大常委会批准，自 2006 年开始，财政部从实行国债发行额管理转变为实行国债余额管理，实现了国债管理方式的重大变革。国债余额管理的主要内容是：当年期末国债余额不得突破每年全国人民代表大会审批的当年年末国债余额限额。每年一季度在中央预算批准前，由财政部在该季度到期国债还本数额以内合理安排国债发行数额。国债余额管理的实施为财政部根据财政收支、国债还本付息情况和债券市场需求，灵活、滚动发行中、短期国债，优化国债期限结构打开了通道。此外，国债余额管理也为财政部加强国债管理与中央国库现金管理的有效配合，提前公布国债发行计划提供了条件。

随着国债余额管理的推进，国债市场不断发展，规模显著扩大，品种日益丰富，制度逐步健全，功能不断增强，效率明显提高。国债收益率曲线不断完善，国债基准地位不断加强。

①国债宏观调控功能逐步增强

每年预算筹资任务圆满完成，有力地支持了财政政策的顺利实施和国民经济的健康发展；同时，也改善了宏观调控，支持了经济持续健康较快发展。2007 年，财政部发行了 15500 亿元特别国债购买外汇作为中国投资有限公司资本金，对于缓解流动性过剩和推进外汇储备管理体制改革发挥了积极作用；也促进了财政政策和货币政策的协调配合，改善了宏观调控，完善了国债收益率曲线。

②国债管理更加规范、公开、透明

国债管理的规范程度和透明度是衡量一国国债管理水平的重要指标。目前，我国国债发行、兑付等各项管理都建立了较好的制度体系，管理公开、规范、透明。我国已经形成了按年公布关键期限记账式国债发行计划，按季公布当季国债发行计划，每半年向全国人大和社会报告国债管理及市场发展情况，按年公布当年国债还本付息明细及兑付方法等规范做法；同时，各相关管理部门加强了沟通协调，通过国债季度筹资会等多种途径增进了与国债承销团成员的沟通，使我国国债管理透明度显著上升，促进了国债市场的健康发展。

③国债规模管理、结构管理和风险管理水平明显提高

在国债规模管理方面，实行国债余额管理，财政部可以更灵活地根据经济金融形势和财政筹资需要，优化国债期限结构，完善国债收益率曲线，降低国债筹资成本。在国债结构管理方面，适时调整国债发行策略，合理分配了储蓄国债与记账式国债发行比重。在国债风险管理方面，制定并完善了国债风险管理模型，建立了国债风险预警机制，加强了内部制度化管理，切实防范了操作风险。

④国债发行技术达到国际较为先进的水平

我国国债承销团制度有力地支持了国债发行，大量机构投资者促进了国债二级市场的发展。储蓄国债已经成为普通百姓所喜爱的投资品种。在包销机制之外，增加了代销机制，电子化水平也有所提升。在记账式国债发行中，成功推出混合式招标方式。近几年的实践经验证明，混合式招标方式兼有荷兰式和美国式招标方式的优点，较好地引导了国债承销团成员理性投标，调动了国债承销团成员投标的积极性；多次成功运用连续发行方式，并逐步减少了国债招投标中的相关限定，如基本承销额、投标利率上下限、试点商业银行记账式国债柜台额度分配等，提高了国债发行的市场化程度。

⑤国债二级市场稳步发展

我国采取了多项措施，拓展了国债市场的深度和广度。一是引进了国债质押式回购、买断式回购等新的交易品种，在提高效率的同时，较有效地控制了风险；二是建立了商业银行记账式国债柜台市场，并逐步增加柜台交易品种；三是建设了交易所固定收益证券综合电子平台，丰富了市场层次；四是实行国债净价交易，通过新制度、新机制、新技术提高了国债交易结算效率，吸引了更多的投资者参与国债市场。

⑥国债收益率曲线不断完善，国债基准地位不断加强

我国通过推动建立统一互联的国债市场、逐渐加大跨市场发行记账式国债的数量和比重、滚动发行关键期限国债和短期国债、优化关键期限国债结构等多种措施，完善了国债收益率曲线，进一步发挥了国债市场的基础性作用。

10.2.8 国债的经济效应分析——李嘉图等价定理

对国债的经济影响分析，当代比较著名的理论当属李嘉图等价定理(Ricardian Equivalence Theorem)。

1974年，美国宏观经济学家罗伯特·巴罗在其发表的《政府债券是净财富吗?》的著名论文中，从新古典宏观经济学视角，通过深奥的数学推理发现，赤字融资的补偿性财政政策是无效的。在政府支出既定的条件下，发债和征税的经济效应是一样的。1976年，詹姆斯·布坎南首次将巴罗的上述观点命名为“李嘉图等价定理”。李嘉图等价定理构成了20世纪80年代以来新古典宏观经济学的一个重要内容。巴罗的上述思想，最初应该归功于19世纪英国古典经济学大师大卫·李嘉图。李嘉图在其代表作《政治经济学及赋税原理》中写道：“如果为了一年的战争支出而以发行公债的方式征集2000万英镑，这就从国家的生产资本中取去了2000万英镑。每年为偿付这种公债利息而征课的100万镑，只不过由付这100万镑的人手中转移到收这100万镑的人手中，也就是由纳税人手中转移到公债债权人手中。实际的开支是那2000万镑，而不是为那2000万镑必须支付的利息，付不付息都不会使国家增富或变穷。政府可以通过赋税的方式一次征收2000万镑，在这种情形下，就不必每年征课100万镑。但这样做并不会改变这一问题性质。”①

李嘉图等价定理认为，政府支出是通过发行国债进行债务融资还是进行税收融资是没有任何区别的，即发行国债和征收税收等价。其核心观点是：国债仅仅是延迟的税收，当前为弥补赤字发行的国债的本息在将来必须通过征税偿还，而且税收的现值与当前的财政赤字相等。国债发行带来的减税会被家庭和个人完全转化为储蓄，政府储蓄的减少便被家庭和个人的储蓄增加所抵消，国民经济的总储蓄并没有因为政府是举债还是征税而变化，利率也就不可能随之发生变化，消费的整个路径因而未发生变化。李嘉图等价定理的前提建立在理性预期、生命周期假说、永久收入假说和利他主义假说等理论基础上。从本质上说，李嘉图等价定理是一种中性原理，认为无论是选择征收一次性总量税，还是发行国债为政府支出筹措资金，对于居民的消费和资本的形成（国民储

① 大卫·李嘉图. 李嘉图著作通信集（第1卷）[M]. 北京：商务印书馆，1981：208.

蓄）没有任何影响方面的差异。

李嘉图等价定理是否成立具有深远的政策意义。如果李嘉图等价定理成立，发行国债等于未来的税收。当前由政府发行国债而增加的支出和消费者减少的消费正好相等，总需求不变，扩张性财政政策因而是无效的。罗伯特·巴罗复活李嘉图等价定理，主要是想通过这一定理证明公债、财政政策对经济增长的无效性，以此来反驳20世纪30年代开始盛行的凯恩斯主义的理论观点与政策主张。

包括新凯恩斯主义的典型代表詹姆斯·托宾（James Tobin）在内的许多学者对李嘉图等价定理提出了质疑，主要观点有：第一，李嘉图等价定理的核心假设是理性预期，要求现在的父母能够通晓理性预期模型，并能够用来测算和调整当前的收入和未来的收入，但这个假设显然过于理想化。第二，李嘉图等价定理假设消费者是利他的，而且要求消费者在遗留财产给后代时不能给子孙留下债务。然而，我们从常识中知道，给子孙留下负值遗产的消费者，并不一定就不关心其后代的福利。现实生活中具有利他主义思想的父母们不多，且很少有人会把因发债而不增税所增加的收入储蓄起来留给后人。第三，李嘉图等价定理实际上假定，当公债代替征税时不会产生再分配效应，并且各个消费者的边际消费倾向是无差别的。但实际上，减税的效应不会均匀地落在每个消费者身上，各个消费者之间的边际消费倾向也是不同的。以公债代替征税所发生的收入再分配过程，就可能引起总消费量的变动，进而影响国民收入的变动。这时，李嘉图等价定理就失效了。第四，李嘉图等价定理实质上假定税收只是总额税，因而举债对课税的替代只会造成一种税收的总额变化。但是，在现实生活中，政府所课征的税收并非一次性总付的人头税，大多数税种都是针对特定的经济行为而设立的。这即是说，税收的变化（由公债来代替）会影响经济主体人的行为，而经济行为的变化就意味着李嘉图等价定理不再成立。

尽管李嘉图等价定理是否成立还存在学术上的争议，但该定理给人们在分析国债时带来了新的分析思路：首先，李嘉图等价定理揭示了政府举债的实质是以公众未来的税收替代了眼前的税收。因此，控制国债规模以及全面分析公债替代税收所产生的财政效果，对政府制定财政政策具有十分重要的意义。其次，政府债券在多大程度上影响公众的消费支出，进而影响国民收入水平，取决于公众对举债与未来税负关系程度的认识。当经济出现萧条时，政府采取发行公债而不是增加税收的做法，会刺激目前的消费，对总需求能施加扩张性影响，凯恩斯主义的财政政策在短期内是可以行得通的。在非充分就业的条件下，由此而引起的总需求的扩大，将会增加产量和就业。但是，长期大量的国债会损害经济的增长和居民福利。

10.3 国债负担与国债适度规模

10.3.1 国债的负担

各个国家的经济实践已经充分证明，国债不仅存在一个负担问题，而且如何衡量处理国债负担也是财政理论与实践的重要内容。国债负担可以从三个方面来分析：其一，国债作为认购者收入使用权的让渡，这种让渡虽是暂时的，但对其经济行为会产生一定的影响，所以认购人必须考虑自己的负担能力。当然国债偿还会给债权人带来报偿，有时这种报偿甚至超过认购者的边际损失，最终抵消国债负担。但就国债发行和认购这一环节来说，国债负担总是客观存在的。其二，国家或债务人负担。国家借债是有偿的，到期要还本付息，尽管国家借债时获得了经济收益，但偿债却体现为一种支出，借债的过程也就是国债负担的形成过程，所以国家借债要考虑偿还能力，只能量力而行。其三，纳税人负担。不论国债资金的使用方向效益高低如何，还债的收入来源最终还是税收，即国家债务最终是由纳税人负担的。马克思所说的国债是一种延期的税收，就是指国债与税收的这种关系。

国债不仅形成一种当前的社会负担，而且在一定条件下还会向后推移。就是说，由于有些国债的偿还期较长，使用效益又低，连年以新债还旧债并不断扩大债务规模，就会形成这一代人借的债转化成下一代甚至几代人负担的问题。如何合理减轻国债负担，是国债研究的一个重要问题。

10.3.2 国债的适度规模

(1) 国债适度规模的理论分析

从理论上说，国债的适度规模或者最佳规模，是指国债规模处于这样一种数量状态下，该状态使国债的积极影响达到最大化，换言之，能使得国债的净正面效应达到最大化的国债规模即为国债的适度规模。这一基本关系可用直角坐标系表示（见图 10－1）。

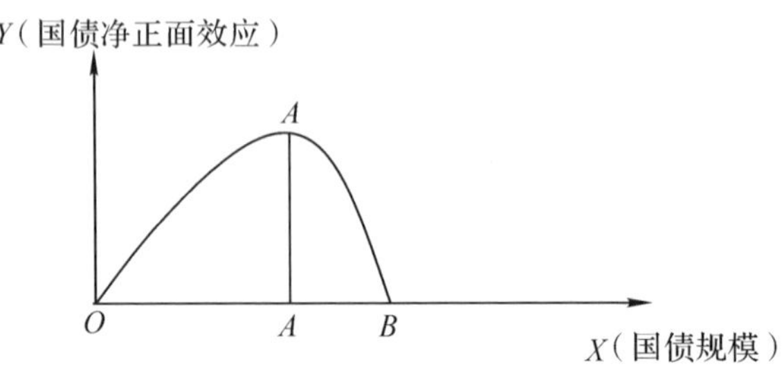

图 10－1　国债规模与国债效应模型

在图 10－1 中，X 轴表示国债的规模，Y 轴表示国债的净正面效应。在原点 O 上没有国债发行，也就不存在国债的外在影响或效应。随国债的发行及其规模的扩大，其净正面效应首先表现为一条 Y 轴对应值的上升曲线。在曲线达到顶点 A 以前，国债的净正面效应随着国债规模的扩大而增长；到达 A 点时，国债的净正面效应最大化；在其后随国债规模的继续扩大，其净正面效应反而下降。与顶点对应的国债规模为 X 轴上的 A 点，这一点即为理论上的最佳国债规模，或适度国债规模区间中的中点。国债规模超过 A 点后，每增加一单位国债，其负效应就会明显增加，从而使国债的总体正效应呈现一条下滑曲线，如果超出过多（经过 B 点后净正效应为负）将造成危机性的后果。许多材料告诉我们，越过 A 点之后国债正效应的下滑曲线是相当陡峭的，很快便落入“债务陷阱”的阶段。

国债的适度规模是国债正面净效应最大化时的国债规模，而不是国债的最大可能规模。潜在的国债最大规模可以认为是国家信用崩溃的临界点所对应的国债规模。在非经济强制的条件下，国债规模甚至可以达到“竭天下之财而举一家”的地步。因此在正常情况下，值得讨论的问题是国债规模究竟以多大为宜，而绝不是国债规模的单纯最大化问题。迄今为止各国国债运作的实践，也反复证明了这一点。

国债的适度规模客观存在，但在具体实践中却往往很难把握其具体数量界限。把国债规模控制在适度的区间之内，并使其尽可能地趋近于最佳点，是国债管理的重要目标之一。这就需要从国债规模的影响因素出发来进行必要的分析探讨，以求科学认识国债发行的需要和可能，进而决定较为适宜的国债规模。

在现实经济中，影响或决定国债规模的因素是多层次、多方面的。从宏观经济来看，诸如经济的发达程度、当时的经济周期区位、经济的增长率和效益指标、居民收入分配和消费水平、全社会投资规模和结构合理性程度、财政收支状况和金融深化程度等等因素，都会影响国债适度规模的大小。从国债自身的运作来看，国债的管理水平与结构状况，诸如筹资成本、期限安排、品种搭配、偿还方式和国债资金的使用方向与使用效益，均会构成决定国债适度规模大小的因素。

（2）衡量国债适度规模的主要指标及其国际比较

国债不是一个孤立的经济范畴，它与一个国家的国民经济和财政收支状况是密不可分的。判断和确定一国的国债是否适度，不能只看国债本身的绝对值，它不能准确地反映一个国家的偿债能力与财务负担状况，而必须用被国际上公认并使用的指标和经济数据来对各国的国债规模进行考察，并依此对该国的国债发行规模做出理性的分析。

目前国际上通用的衡量国债规模的主要指标如下。

①国债负担率

国债负担率的公式如下：

$$\text{国债负担率}=\frac{\text{当年国债余额}}{\text{当年国内生产总值}}$$

由于国债的应债来源，从国民经济总体看就是GDP，所以国债规模通常是用当年国债余额占GDP的比重来表示，称为国债负担率。该指标反映了国家债务的相对规模，在其他条件不变的情况下，政府的国债负担率越高意味着，国民经济的应债能力越差。欧洲《马斯特里赫特条约》（下称《马约》）规定，赤字率为3%和国债负担率60%是成员国限制线。不过，欧盟提出：只要债务融资的出发点是为了弥补财政赤字，且应债主体有意愿并有能力购买国债，在利率不提高的情况下，就不会引起通货膨胀，在这种情况下赤字和债务的规模可以相对大一些。需要说明的是，《马约》标准是20世纪90年代欧共体成员国加入欧洲经济货币联盟的标准，是在特殊历史条件下制定的安全系数很高的风险控制标准，并非科学论证的结果，只有一定的参考价值。2013年，我国的国债余额为86750.46亿元，国债负担率为15.25%，我国显性债务的国债负担率很安全。但是还应看到，我国有不小规模的隐性赤字和债务，甚至有专家认为我国广义的债务负担率已超过了100%。当前政府要注重防范财政风险。

②借债率

借债率的公式为：

$$借债率=\frac{当年国债发行额}{当年国内生产总值}$$

这个指标反映了当年国内生产总值对当年国债增量的利用程度，国债借债率的警戒线为10%。2013年，中国国债发行额为16949.32亿元，GDP为568845.20亿元，借债率为2.98%。总体而言，我国借债率处于安全区间。

③债务依存度

债务依存度的公式为：

$$债务依存度=\frac{当年国债发行额}{当年财政支出}$$

债务依存度反映了一个国家财政支出有多少是依靠发行国债来实现的。债务依存度过高时，表明财政支出过分依赖债务收入，财政处于脆弱状态，并对财政的未来发展构成潜在威胁。这一指标有两种口径：一是用当年的国债收入额除以当年的全国财政支出额，叫做国家财政的债务依存度；另一个是用当年的国债收入额除以当年的中央财政支出额，叫做中央财政的债务依存度。国际公认的中央财政的债务依存度安全线为20%～25%，国家财政的债务依存度为15%～25%。在国债大规模发行期间，我国中央财政债务依存度不容乐观。

为准确反映中央财政支出对国债的依存度，专家建议对上述传统公式进行调整。由于国债的还本通常采取“发新债还旧债”的方式，还本部分不构成当年财政支出，因此，国债的还本部分在计算国债依存度时应排除在外。债务依存度的公式可调整为：债务依存度=当年财政赤字（当年国债发行款-还本数）/中央财政本级支出

④偿债率

债率的公式为：

$$偿债率=\frac{当年还本付息额}{当年财政收入}$$

这个指标反映政府财政偿还债务的能力。一国财政偿债能力越大，政府举债的承受能力越大。偿债率的国际公认安全线是10%。自20世纪90年代以来，我国每年国债偿债率大都超过了该警戒线。这一方面是由于我国国债期限

设计不合理，在“借新债还旧债”的债务模式下导致债务还本付息过于集中；另一方面是由于在财政收入总量有限的情况下，国债规模的扩张速度过快、债务成本过高。

10.3.3　政府直接隐性债务和或有债务

世界银行专家哈纳·波拉科瓦（Hana Polackova）把政府承担的所有债务分为直接债务和或有债务两类。直接债务是指任何情况下都要承担的债务，可以通过某些特定的因素来预测和控制，如政府的内外债、法定养老金负债等。或有债务是指由某一或有事项引发的债务，该债务的发生取决于或有事项是否发生以及由此引发的债务是否最终要由政府来承担，即取决于或有债务成为政府直接债务的转化面、转化概率。

从债务风险的角度可将政府债务分为显性债务和隐性债务两类，显性债务为法律或合同所认可的政府债务，隐性债务为反映公众期望和利益集团压力的政府道义上的债务。

由此可将政府债务分为 4 类：直接显性债务、直接隐性债务、或有显性债务、或有隐性债务。

我国直接显性债务主要包括国债、地方政府债券等。直接隐性债务主要是社会保障资金缺口所形成的债务。或有显性债务有两个来源，其一来自公共部门债务，如公共部门非国债债务；其二来自国债投资项目的配套资金，我国长期建设国债项目方大多向银行申请中长期配套贷款，由此形成数额不小的或有债务。或有隐性债务主要来自金融机构不良资产、国有企业未弥补亏损、对供销社系统及农村合作基金会的援助等。

鉴于我国当前除了直接显性债务外还存在大量的直接隐性债务和或有债务，在分析政府债务规模时，应将各种债务合并统计，计算综合债务负担率。

10.3.4　中国地方政府债务

（1）地方政府债务

地方政府债务是指地方各级政府机关、事业单位或其他组织，以政府的名义向国内或境外承诺或担保的，负有直接或间接偿还责任的债务。按照法律责任主体，地方政府债务分为以下三类：第一类是政府负有偿还责任的债务，即由政府部门举借，以财政资金偿还的债务；第二类是政府负有担保责任的或有债务，即由非财政资金偿还，地方政府提供直接或间接担保形成的或有债务，债务人出现偿债困难时，地方政府要承担连带责任；第三类是其他相关债务，即由相关企事业等单位自行举借用于公益性项目，以单位或项目自身收入偿还的债务，地方政府既未提供担保，也不负有任何法律偿还责任，但当债务人出现偿还困难时，政府可能需给予一定救助。目前，我国地方政府债务主要是第一类，即地方政府债券的形式。地方政府债券分为一般债券和专项债券。一般债券纳入公共财政预算，用于弥补赤字；而专项债券主要是为公益性项目建设筹集资金，偿债的资金来源是公益性项目对应的政府性基金或专项收入。

我国地方政府债务有段时期曾主要表现为或有债务和隐性债务，原因与地方财政困难以及预算法相关规定有关。自 1995 年 1 月 1 日起施行的《中华人民共和国预算法》（以下简称《预算法》）规定："除法律和国务院另有规定外，地方政府不得发行地方政府债券。"为促进本地经济发展，地方政府纷纷成立融资平台公司，通过平台公司向银行借款或发行债券，以避免地方政府债券难以发行引起的融资困难，但相应带来了地方政府隐性债务和或有债务规模的逐年上涨。由于这类债务缺乏监管，地方财政风险日益突出。

2015 开始实施的新修订的《预算法》规定，除法律另有规定外，地方政府及其所属部门不得为任何单位和个人的债务以任何方式提供担保。经国务院批准的省、自治区、直辖市的预算中必需的建设投资的部分资金，可以在国务院确定的限额内，通过发行地方政府债券举借债务的方式筹措。《预算法》明确规定地方政府及其所属部门不得通过政府债券以外方式举债，这也意味着地方政府传统的融资平台和融资模式结束，取而代之的将是更加规范的省级地方债券。

从实际情况看，中华人民共和国成立以来，在 20 世纪 50 年代末和 60 年代初发行过地方政府债券，80 年代以后到 2009 年之前发行的都是国债。1998—2004 年实施积极财政政策时，我国中央政府代地方政府举债并转贷地方用于国家确定项目的建设。由于国债转贷地方是中央发债，地方使用，不列中央赤字。因此，转贷资金既不在中央预算反映，也不在地方预算反映，只在往来科目列示，不利于监督。同时，由于举借债务与资金使用主体脱节、责权不清、增加了中央财政负担和风险。为了应对国际金融危机、拉动内需、刺激经济增长，我国于 2009 年 3 月开始，由财政部为新疆、四川等 14 个省、自治区和宁波、深圳代理发行 2000 亿元的地方政府债券。当时由于地方政府债券发行渠道尚未建立，2009 年和 2010 年地方政府债券由财政部代理发行，代办还本付息。2011 年至 2013 年，经国务院批准，上海等地区试点在国务院批准的额度内自行发行债券，但仍由财政部代办还本付息。经国务院批准，2014 年上海等 10 个地区开展了地方政府债券自发自还试点工作。我国 2014 年新修订的《预算法》规定，经国务院批准的省、自治区、直辖市的预算中必需的建设投资的部分资金，可以在国务院确定的限额内，通过发行地方政府债券举借债务的方式筹措。

（2）**加强政府性债务管理**

当前，我国政府性债务管理有待加强。国家审计署审计长刘家义于 2016 年 6 月 29 日向全国人大常委会作 2015 年度中央预算执行和其他财政收支的审计工作报告时披露了地方政府债务审计情况。审计署重点审计了 11 个省本级、10 个市本级和 21 个县。从审计情况看，有关部门和地方建立健全举债融资和风险预警机制，完善了相关制度，政府债务管理得到进一步加强。至 2015 年底，11 个省本级政府债务余额 8202 亿元，或有债务余额 10 970 亿元。审计发现的主要问题有：A. 部分地方发债融资未有效使用；B. 有的地区仍通过违规担保、集资或承诺还款等方式，违规或变相举债。对上述问题，有关部门正在研究强化债务管理，相关地方正在积极整改。

国务院于 2014 年发布了《关于加强地方政府性债务管理的意见》。该意见的总体要求是，按分清责任、规范管理、防范风险、稳步推进的原则，疏堵结合，修明渠，堵暗道，赋予地方政府依法适度举债融资权限，建立“借、用、还”相统一的规范的地方性债务管理机制，坚决制止地方政府违法违规举债。财政部于 2015 年制定的《地方政府一般债券发行管理暂行办法》明确规定，对弄虚作假、存在违法违规行为的登记结算机构、承销机构、信用评级机构等，列入负面名单并向社会公示，并要求财政部驻各地财政监察专员办事处加强对一般债券发行、资金使用和偿还等行为的监督检查。

加强地方政府债务管理。首先，应切实加强地方政府债务限额管理。合理确定地方政府债务总限额，对地方政府债务余额实行限额管理，将地方政府债务分类纳入预算管理。其中，一般债务纳入一般公共预算管理，主要以一般公共预算收入偿还，当赤字不能减少时可采取借新还旧的办法。专项债务纳入政府性基金预算管理，通过对应的政府性基金或专项收入偿还；政府性基金或专项收入暂时难以实现，如收储土地未能按计划出让的，可先通过借新还旧周转，收入实现后即予归还。其次，建立健全地方政府债务风险防控机制。全面评估和预警地方政府债务风险，抓紧建立债务风险化解和应急处置机制，健全地方政府债务监督和考核问责机制。最后，妥善处理存量债务。对甄别后纳入预算管理的地方政府存量债务，属于公益性项目债务的，由地方政府统筹安排包括债券资金在内的预算资金偿还，必要时可以处置政府资产；属于非公益性项目债务的，由举借债务的部门和单位通过压减预算支出等措施偿还；对政府负有担保责任或可能承担一定救助责任的或有债务，地方政府要依法妥善处置。

10.4 外债

10.4.1 外债的涵义

政府外债是指财政部代表我国政府对外举借的债务，以国家主权信用为基础，又称主权外债，包括国际金融组织贷款、外国政府贷款和境外发行本外币债券3种形式，可分为中央财政统借统还和统借自还两类。中央财政统借统还指财政部统一借入并安排中央财政预算资金对外偿还（计入国债余额）；统借自还是指财政部统一借入，最终由实际使用贷款的部门或项目单位负责偿还（不计入国债余额）。

截至2014年12月底，我国累计借入外债1533.71亿美元，债务余额716.49亿美元，其中：世界银行、亚洲开发银行等国际金融组织贷款累计提款700.07亿美元，贷款余额337.26亿美元；日本、德国、法国、科威特等27个国家及其金融机构的双边优惠贷款累计提款553.84亿美元，贷款余额223.81亿美元；境外发行本外币债券60笔，累计发行金额折合279.8亿美元，债券余额155.42亿美元。

1998年政府部门职能调整后，政府外债工作由财政部统一负责。财政部对政府外债实行借、用、还全过程管理，以资金、财务、债务为主线，通过健全制度和机制、强化监督管理和绩效评价，努力实现从重贷款规模向重质量和效益转变、从重贷款筹借向重使用和偿还转变、从重资金引进向资金和智力引进并重转变，不断提高政府外债管理工作的科学化和规范化水平。

10.4.2　外债的功能

前文将国债的功能概括为弥补财政赤字、筹集建设资金和调节经济三方面，这个概括也适用于外债，但外债功能的发挥具有不同于内债的特点。首先，外债弥补财政赤字的功能表现为平衡政府的国际收支。任何参与国际政治经济活动的国家都有国际收入和支出，而国际收入和支出的关系也有平衡、盈余（顺差）和赤字（逆差）三种状态。国际收支是用外币核算的，国际收支出现逆差也必须用外币来弥补。当国家拥有外汇储备时，可以动用外汇储备弥补当年国际收支逆差；而当国家外汇拮据时，就需要举借外债来弥补。外债的这一功能与内债弥补国内财政赤字的功能是相同的，只是运动形式不同而已。其次，筹集建设资金是外债的主要功能。举借外债的首要目的是补充国内建设资金不足，加速本国经济建设。这种功能表现为两个方面：一是通过举借外债，购入本国短缺的原材料和设备；二是通过举借外债，引进先进设备和先进的科学技术，促进本国生产效率的提高，并最终实现民族经济的腾飞。比较起来，后一个方面则更为重要，它是世界各国特别是广大的发展中国家举借外债的主要目的。再次，外债的经济调节功能是“增量型”的。外债首先表现为资金的流入，也就是国内资金的增加同时反映社会可支配商品量的增长。当社会总需求超过总供给时，举借外债使外国商品流入可以缓解供求关系；当社会产业结构或产品结构失调时，举借外债可以使薄弱的环节得到加强，而又不影响其他产业和产品生产的正常发展。总之，外债的总量调节不是压而是补，外债的结构性调节不是缩减而是加强，是一种“增量”的或“注入式”的调节，与内债通过对社会资源再分配进行的“消长式”调节是不同的。

10.4.3　外债的种类与结构

外债由政府借款和在国外发行外币债券两部分组成。政府借款包括向外国政府借款、国际金融机构借款、国外商业银行借款以及出口信贷等形式。发行外币债券包括委托国外金融机构发行和直接发行两种类型。

外债也有长期、中期、短期之分，形成与之相适应的外债期限结构。外债又有币种之分和币种结构。与币种选择相适应，外债还有持有者的差别，并形成外债的来源结构或持有者结构。

正确选择外债种类和结构是合理运用外债的重要环节。从外债种类选择上看，国际金融机构和外国政府的贷款条件一般比较优越即低息或无息，偿还限期较长，但贷款用途往往受到一定限制。外国商业银行贷款的利息较高，但限制条件较少，资金来源比较充裕。向国外发行外币债务的限制条件最少，但要顺利发行，发行国政府必须具备较高的国际信誉，而且利息高、发行费用大。各国政府在举借外债时，必须根据资金用途和偿还条件，权衡利弊，对各类外债加以选择。

从外债结构选择上看，外债期限结构合理才有利于外债的还款和使用，在可能的情况下应尽量扩大长期债务，减少短期债务。短期外债占全部外债25％以下是各国公认为合理的外债期限结构。

10.4.4 外债的负担与限度

外债也有一个负担与限度问题。作为国债一部分的国家外债收入来源于国外，是债权国与债务国国家间的债务关系，各国政府必须从本国偿债能力的角度来全面考虑负担问题。外债的限度来源于外债的负担。合理的外债负担和限度是通过具体的相对指标确定的。国际上通用的指标有三个：偿债率、负债率和债务率。

(1) **偿债率**

它是衡量一国还款能力的指标。其公式为：

$$偿债率=\frac{当年应偿还债务本金+当年应付债务利息}{当年贸易和非贸易外汇收入}\times 100\%$$

国际上公认的偿债率指标在20％以下是安全的，超过这一警戒线就有发生偿债危机的可能。

(2) **负债率**

它是衡量一国外债负担的综合指标，全面反映该国偿债能力与外债规模的对应关系。其公式为：

$$负债率=\frac{外债余额}{当年国内生产总值}\times 100\%$$

国际上公认的负债率警戒线为25%。

(3) **债务率**

它是衡量一国负债能力和风险的指标。其公式为：

$$债务率=\frac{外债余额}{当年贸易和非贸易外汇收入}\times 100\%$$

国际上公认的债务率指标是100%，如果超过100%，说明债务国债务负担过重。

复习与思考

1. 简述国债的功能。
2. 简述国债的分类。
3. 分析国债余额管理制度的基本做法及其对完善国债管理的意义。
4. 简述并评价李嘉图等价定理。
5. 联系实际分析我国近期的国债规模和负担。
6. 简述外债的功能。

11. 政府预算

11.1 政府预算概述

11.1.1 政府预算的概念

政府预算是指经法定程序审核批准的具有法律效力的政府财政收支计划，是政府筹集、分配和管理财政资金及进行宏观调控的重要工具，是维护统治阶级利益和实施财政监督管理的重要手段。通常，狭义的预算指预算文件或预算书，而广义的预算则包括预算编制、审查批准、执行调整、决算、审计监督等预算过程。政府预算有时也被称为国家预算。从形式上看，预算是一个具有法律地位和技术性的文件，是按一定标准将财政收入和支出分门别类地列入特定的表格，可以使人们清楚地了解政府的财政活动，反映政府在年度内进行财政收支活动所应达到的各项收支指标和收支总额之间的平衡关系。从实际经济内容来看，政府预算的编制是对财政收支的计划安排或编制财政收支平衡表，预算的执行是财政资金的筹措和使用过程，预算的年终决算是政府预算执行的总结。所以，政府预算反映政府活动的范围、方向和政策，决定着财政配置资源的规模和方向，进而决定着整个社会资源在各部门之间配置的比例和结构。正因为政府收支安排同全体社会成员的切身利益息息相关，所以政府预算格外受到社会关注。

11.1.2 政府预算的原则

政府预算的原则是国家选择预算形式和体系的指导思想，是一国预算立法、编制及执行所必须遵循的基本准则。

各国常用的预算原则主要内容如下。

(1) **全面完整原则**

预算全面完整原则是指政府的预算应包括政府的全部预算收支项目，不得有隐瞒、造假情况，不允许在预算规定范围之外还有任何以政府为主体的资金收支活动，一国或一级政府预算应按照统一的政策和程序进行编制、执行。

要保证预算的全面完整，其重要的标准是预算报告的全面完整。一是各级政府预算应包括本级和所属下级政府的财政信息；二是政府的全部收入和支出都应当纳入预算；三是财政政策目标、宏观经济计划、预算的政策基础和可确认的主要财政风险等财政决策依据要完整反映；四是预算编制要求由中央政府统一制定后，各级预算要按要求设立统一的预算科目，每个科目都严格按照统一的口径、程序进行计算和填列。

(2) **公开透明原则**

公开透明原则是指政府预算应该是对全社会公开的文件，其内容应为全社会了解，并且，预算资金的运行过程要公开透明，易于监督。

政府预算始终承担着公开政府财政的职责，除涉及国家机密的内容外，经权力机关批准的预算、预算调整、预算执行情况的报告及报表，应当及时向社会公开，便于老百姓了解政府活动的范围和方向，保证知情权和监督权。预算公开透明原则就是要把“看不见的政府”变为“看得见的政府”，实行阳光财政，确保政府预算的民主性、公开性，从而有效约束政府的权力。

(3) **执行有序原则**

预算一旦经立法机构审议批准，就成为具有法律效力的文件，各级政府、各预算部门和单位就应该按照批准的预算执行。未经法定程序，不得调整预算。

各级政府、各预算部门和单位在预算得到批准后，应按照预算确定的收入任务，依法积极组织预算收入。按预算支出计划，及时合理拨付预算资金。不允许有任何没有纳入预算的或超过预算边界的财政收支。预算执行中的刚性特征，使其成为约束政府行为的制度“笼子”。

（4）**绩效管理原则**

预算绩效管理原则强调预算支出的责任和效率，要求在预算编制、执行、监督的全过程中更加关注预算资金的产出和结果，将绩效理念融入预算管理全过程，使预算绩效管理与预算编制、预算执行、预算监督一起成为预算管理的有机组成部分。它要求政府部门不断改进服务水平和质量，花尽量少的资金、办尽量多的实事。

与一般经济主体活动不同，政府财政支出结果的考评指标是多元的。政府预算的绩效指标除了经济、政治指标外，更多的应反映社会发展和公众满意度等指标。绩效指标的多元性，决定了政府绩效预算测算和评价的复杂性，在对政府预算进行绩效评价时，应对不同的预算项目采用不同的评价方法。

（5）**平衡稳健原则**

平衡稳健原则要求国家预算收支应保持平衡，使预算的结余或赤字在可控的范围内，以保持政府预算的稳健。这是对政府预算决策最为关键的约束之一。预算收支保持平衡是世界各国对政府行为约束的常用准则。

政府应按照法定的预算年度编制预算，全年的财政收支活动汇总后应保持平衡。在预算被作为调控手段后，预算收支平衡将突破以往简单的年度预算平衡，可以是在一定条件下跨预算年度的周期平衡。

（6）**监督问责原则**

监督问责是现代预算制度的重要原则之一，该原则要求政府部门及其人员在预算的编制、执行等过程中受到法律法规的监督约束，一旦违法必然追究其相应法律责任。

现代公共预算制度的核心功能是法定授权，法律赋予了政府获取与使用公共资源的权力，政府在行使权力的过程中就应当受到监督和制约。只有让权力受到监督、滥用权力受到惩罚，才能保证权力得到公正、公平地使用。预算作为国家治理体系的重要工具，势必要发挥其对权力的监督问责作用，规范和制衡政府管理预算收支行为。因此，应加强权力机构对预算编制的监督，强化部门单位预算主体责任，通过审计、财政监督检查以及社会监督等形式检查财经法规制度执行情况，对政府部门及其人员违反财经纪律行为追究其相应法律责任。

11.1.3 政府预算的功能

（1）政府预算是财政分配资金的主要手段

财政分配职能主要通过政府预算进行。政府预算直接集中了相当数量的以货币表现的社会资源，国家通过收取税收和利润、发行国债等手段把分散在各地区、各部门、各企业单位和个人手中的一部分国民收入集中上来，形成国家预算收入。政府根据社会共同需要，将集中的国民收入——预算收入在全社会范围内以财政投资、一般公共服务支出等形式进行再分配，保证国家重点建设、行政、国防和基本公共服务等方面的需要，用于维持政府活动，保障国家安全，提供公共物品和服务。总之，通过事先安排年度财政收支计划，便于各级政府了解财政资金的来源和使用情况，全面合理安排资金收支，更好地实现财政职能。

（2）政府预算是进行宏观调控的重要杠杆

政府预算是实现经济发展、社会进步以及国家进行宏观调控的财力保证，也是调节和控制社会经济活动的重要经济杠杆。预算调控作用主要体现在能够控制社会总供求、调节经济结构和公平分配这三方面。此外，政府预算能够反映政府财政政策导向，体现了政府实施的是紧缩、扩张还是平衡的财政政策，强化政府的宏观调控职能。

（3）政府预算综合反映和监督国家的经济运行状态

国民经济各部门、国家金库、企事业单位以及财政部门内部各职能单位，都要按规定及时向预算部门反映情况，另外企业利润水平、工资水平、价格水平等信息都要直接或间接地反映到预算上来，这就使预算管理工作形成灵敏的信息系统。预算收入反映国民经济发展规模和经济效益水平，预算支出反映各项建设事业发展的基本情况。因此，通过政府预算的编制和执行，便于从宏观方面反映国民经济发展的情况和存在的问题，为决策部门提供经济信息。

11.1.4 政府预算的类别

世界上最初的政府预算编制十分简单，政府只需将财政收支数据按一定程序填入特定的表格。因此，政府预算曾被称为政府收支一览表。随着政府财政收支活动的丰富化和复杂化，政府预算逐步成为包括多种预算形式和预算方法的复杂系统。

（1）**单式预算与复式预算**

以形式差别为依据，政府预算可分为单式预算与复式预算。单式预算，是指国家财政收支计划通过统一的一个计划表格来反映；复式预算，是指国家财政收支计划通过两个或两个以上的计划表格来反映。

在政府收支中有四大类数字特别重要，即：①由税收、政府性收费等形成的经常性收入；②由国防费、一般公共服务等形成的政府经常性支出；③由国债、经常性收支结余等形成的资本性收入；④由政府投资形成的资本性支出。在如何组合这四方面数字上，形成了单式预算和复式预算。单式预算把各类收入包括经常性收入和资本性收入合计为预算收入，将各类支出包括经常性支出和资本性支出合计为预算支出，只形成一张收支平衡表。复式预算是根据这样一个假定，即政府的经常性收入和支出应当是盈余或平衡的，但资本性收支允许不平衡。为分清财政赤字产生的原因是来自经常性支出膨胀还是资本性支出扩张，有必要将预算收支平衡表编成两张收支平衡表。复式预算比较典型的形式是经常预算和资本预算。复式预算的第一张表称为经常性预算收支平衡表，主要包括经常性收入和经常性支出。复式预算的第二张表称为资本性（建设性）预算收支平衡表，主要反映资本性收支的对比关系。由此可见，复式预算的功能除了建立分类的财政收支平衡关系外，还包括控制政府的预算赤字特别是经常性预算赤字。不过，在预算分经常性预算和资本性预算的条件下，预算赤字主要表现为资本性预算赤字，似乎赤字是因为政府经济建设支出过多，但现实并不完全如此。

单式预算有利于反映预算的整体性和统一性，可以明确体现政府财政收支规模和基本结构。在政府收支规模较小、收支结构较为简单等条件下，单式预算便于立法机构审议和公众监督，可满足政府预算管理的需要。单式预算的不足是不能清晰反映各项预算收支的性质。

复式预算体现了不同预算收支的性质和特点，政府通过编制两个或两个以上的表格分别进行管理，既能反映财政预算资金的流向和流量，又能全面反映资金的性质和收支结构，有利于提高预算编制质量，加强预算监督，但在反映政府预算整体性和统一性方面不如单式预算。我国新修订的《预算法》，取消了老版本中“中央预算和地方各级政府按照复式预算编制”这一条款要求。

（2）**增量预算和零基预算**

以内容上的差别为依据，政府预算可分为增量预算和零基预算。增量预算，是指财政收支计划指标是在以前财政年度预算实际执行情况的基础上，考虑了预算期内国家政策变化、财力增加额及支出实际需要量等因素，相应增加或减少有关项目的预算数额，以确定未来一定期间收支的一种预算方法。增量预算又叫基数预算，是我国预算编制过程中常用的方法之一。该方法的优点在于简便易行、编制效率高；缺点是收支基数的科学性、合理性难以界定，主观随意性较大。

零基预算，是指财政收支计划的确定，只以对社会经济发展的预测为依据，不考虑以前的各项财政收支基数。从理论上看，零基预算是完全新编制年度预算。零基预算的明显优点是有利于优化支出结构，提高预算效率，控制预算规模。编制零基预算时，要求决策者依据事情的轻重缓急统筹考虑，使财政资金好钢用在刀刃上，获得最佳的效益。零基预算的缺点表现为：一是不是所有的预算项目都能采用零基预算，有些财政收支在一定时期内具有刚性，如国债还本付息支出、公务员的工资福利支出等。二是每年对所有收支都进行审核，耗费大量人力、物力和财力，难免有不必要的浪费。

世界各国的预算，无论是单式预算还是复式预算，主要采用增量预算法。

（3）**中央预算和地方预算**

按预算层次来分，政府预算可分为中央预算和地方预算。由于多数国家的政府分为两级：中央政府和地方政府。所以，政府预算作为政府基本财政收支计划可分为中央预算（中央政府预算）和地方预算（地方政府预算）。原则上一级政府对应一级预算，在现代社会大多数国家都实行多级预算。

我国实行一级政府一级预算，设立中央，省、自治区、直辖市，设区的市、自治州，县、自治县、不设区的市、市辖区，乡、民族乡、镇五级预算。全国预算由中央预算和地方预算组成。

中央一般公共预算包括中央各部门（含直属单位，下同）的预算和中央对地方的税收返还、转移支付预算。其中，中央一般公共预算收入包括中央本级收入和地方向中央的上解收入，中央一般公共预算支出包括中央本级支出、中央对地方的税收返还和转移支付。中央一般公共预算中必需的部分资金，可以通过举借国内和国外债务等方式筹措，举借债务应当控制适当的规模，保持合理的结构。对中央一般公共预算中举借的债务实行余额管理，余额的规模不得超过全国人民代表大会批准的限额。

地方预算由各省、自治区、直辖市总预算组成。地方各级总预算由本级预算和汇总的下一级总预算组成；下一级只有本级预算的，下一级总预算即指下一级的本级预算。没有下一级预算的，总预算即指本级预算。地方各级一般公共预算收入包括地方本级收入、上级政府对本级政府的税收返还和转移支付、下级政府的上解收入。地方各级一般公共预算支出包括地方本级支出、对上级政府的上解支出、对下级政府的税收返还和转移支付。地方各级预算按照量入为出、收支平衡的原则编制，除《预算法》另有规定外，不列赤字。经国务院批准的省、自治区、直辖市的预算中必需的建设投资的部分资金，可以在国务院确定的限额内，通过发行地方政府债券举借债务的方式筹措。

预算的级次如图 11－1 所示。

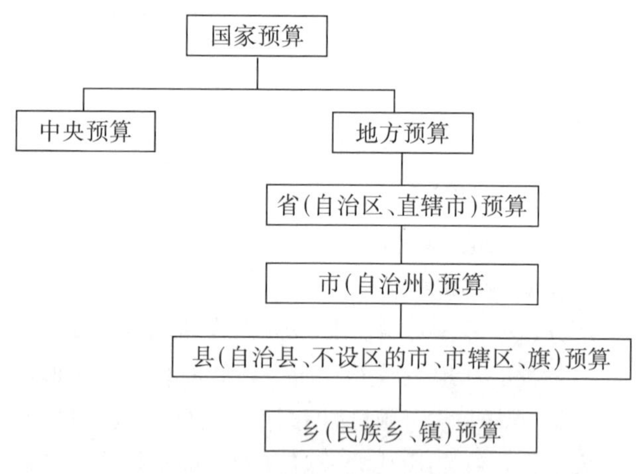

图 11－1　国家预算管理级次

我国中央预算主要承担国家的安全、外交和中央国家机关运转所需的经费，调整国民经济结构、协调地区发展、实施宏观调控的支出以及由中央直接管理的事业发展支出，因而在政府预算体系中占主导地位。地方预算担负着地方行政管理和经济建设、文化教育、卫生事业等支出，它在政府预算中占有重要地位。

在国家预算的划分上，还有其他各种预算名称。有些是政府预算政策的代名词，如充分就业预算，事实上是一种预算政策。中长期预算实际上是政府的中长期财政状况的预测，是对年度预算具有指导功能的财政发展规划，具体包括了两年或两年以上的开支需求的预算。我国《预算法》规定，各级政府应当建立跨年度的平衡机制，这是对现行单一年度预算平衡机制的一种改进。由于年度预算审核重点由收支平衡转到支出政策上，收入预算从任务改为预期，预算确定的收支平衡状态在执行中有可能被打破。为确保财政的可持续，就要建立跨年度预算平衡机制，一方面是建立跨年度弥补预算赤字的机制，另一方面是建立中长期重大事项科学论证的机制，对一些重大项目不能一年一定政策，要有长远考虑，通过实行中期财政规划管理，强化其对年度预算的约束性，增强财政政策的前瞻性和财政可持续性。

项目预算、行为预算和绩效预算是某些建设项目或某些行政支出的安排和核算方法，属于工程预算或行政事业单位预算的范畴。绩效预算是指根据成本一效益比较的原则，决定支出项目是否必要及其金额大小的预算形式。绩效预算带来了预算方法的改变，把市场经济的成本核算等理念融入公共管理之中，将政府预算建立在可衡量的绩效基础上，从制度上强化了政府的内控机制。此外，还有些预算则是预算执行情况的考核方法。

11.1.5 预算年度

预算年度，是指任何一个国家预算的编制和实现都要有时间上的界定，它是预算收支起讫的有效期限，通常为一年。

目前世界各国普遍采用的预算年度有两种：一是历年制预算年度，即从每年 1 月 1 日起至同年 12 月 31 日止。二是跨年制预算年度，即从每年某月某日开始至次年某月某日止，中间历经 12 个月，但却跨越了两个年度，如美国的预算年度是从每年的 10 月 1 日开始到次年的 9 月 30 日止；英国的预算年度是从每年的 4 月 1 日开始到次年的 3 月 31 日止。我国实行的是历年预算年度，即从每年 1 月 1 日起至同年 12 月 31 日止。

11.2 我国政府预算体系

2014 年修订后的《预算法》明确规定，政府的全部收入和支出都应当纳入预算，预算包括一般公共预算、政府性基金预算、国有资本经营预算、社会保险基金预算，各项预算应当保持完整、独立。《预算法》为完善中国特色的预算体系奠定了法制基础，确保全口径政府预算体系全面反映政府财政收支总量、结构和管理活动。

11.2.1 一般公共预算

一般公共预算是指政府凭借国家政治权力、以税收为主体无偿取得财政收入，用于保障和改善民生、维持国家行政职能正常行使、保障国家安全等方面的收支预算。按照收支管理范围，一般公共预算可分为财政总预算和部门预算。

总预算是指各级政府将本级政府和下级政府的年度财政收支计划汇总编成的预算。国家总预算由中央各部门（含直属单位）预算和省（自治区、直辖市）总预算组成。

部门预算反映本级各部门（含直属单位）所属所有单位全部收支的预算，由部门机关及所属各单位预算组成。本级各部门是指与本级政府财政部门直接发生预算缴款、拨款关系的国家机关、政党组织和社会团体（中央部门含军队），直属单位是指与本级政府财政部门直接发生缴款、拨款关系的企业和事业单位。单位预算是指列入部门预算的国家机关、社会团体和其他单位的收支计划。

一般公共预算收入包括各项税收收入、行政事业性收费收入、国有资源（资产）有偿使用收入、转移性收入和其他收入。

一般公共预算支出按照其功能分类，包括一般公共服务支出，外交、公共安全、国防支出，农业、环境保护支出，教育、科技、文化、卫生、体育支出，社会保障及就业支出和其他支出。一般公共预算支出按照其经济性质分类，包括工资福利支出、商品和服务支出、资本性支出和其他支出。

11.2.2 政府性基金预算

政府性基金预算是指对依照法律、行政法规的规定在一定期限内向特定对象征收、收取或者以其他方式筹集的资金，专项用于特定公共事业发展的收支预算。政府性基金属于政府非税收入，全额纳入财政预算，实行“收支两条线”管理。

政府性基金预算应当根据基金项目收入情况和实际支出需要，遵循“以收定支、专款专用、收支平衡、结余结转下年安排使用”的原则，各项政府性基金按照规定用途安排，不得挪作他用。基金收入预算根据上年度征收任务完成情况和本年度征收任务及征收标准调整变化情况等确定；基金支出预算根据基金收入情况，按规定的用途、支出范围和支出标准编列。属于基本建设项目的应按基本建设投资管理的有关规定编报基本建设支出预算。

11.2.3 国有资本经营预算

国有资本经营预算是对国有资本收益作出支出安排的收支预算。国有资本经营预算是对政府在一个财政年度内国有资本收支活动进行价值管理和分配的工具，反映国有资本所有者与国有资本经营者之间的收益分配和再投资关系。国有资本经营预算应当按照收支平衡的原则编制，不列赤字，并安排资金调入一般公共预算。

11.2.4 社会保险基金预算

社会保险基金预算是对社会保险缴款、一般公共预算安排和其他方式筹集的资金，专项用于社会保险的收支预算。社会保险基金预算应当按照统筹层次和社会保险项目分别编制，做到收支平衡。2014 年，我国社会保险基金预算的编制和执行正式纳入了《预算法》的规范范畴，我国社会保险基金预算的管理、执行和监督有了明确的法律规范，迈入了法制化的新阶段。

由于我国目前还不具备将政府性基金预算和国有资本经营预算直接并入一般公共预算的条件，要直接一步到位还有困难。因此，《预算法》规定了政府性基金预算、国有资本经营预算和社会保险基金预算要与“一般公共预算”衔接，这是将来政府预算管理改革的一个方向。

11.3 我国政府预算管理的职权和程序

政府预算管理是国家依据法规对预算资金的筹集、分配、使用进行的组织、协调和监督等活动。政府预算管理职权分别由各级人民代表大会、各级政府以及各级财政部门承担，并相应进行管理。政府预算管理的对象是预算资金运动的过程和结果，包括预算资金的筹集、分配和使用三个阶段。

11.3.1 政府预算管理职权

预算管理职权是指国家预算方针政策、预算管理法律法规的制定权、解释权和修订权；国家预决算的编制和审批权；预算执行、调整和监督权等。在我国，凡全国性的财政方针政策、法律法令都由中央统一制定，其解释权、修订权也归中央。各地方有权制定地区性的财政预算管理制度，但不能违反全国的统一规定，并应注意对毗邻地区的影响。根据《中华人民共和国预算法》，预算管理相关职权的具体划分如下。

（1）各级人民代表大会及人大常委会的预算管理职权

全国人民代表大会审查中央和地方预算草案及中央和地方预算执行情况的报告；批准中央预算和中央预算执行情况的报告；改变或者撤销全国人民代表大会常务委员会关于预算、决算的不适当的决议。全国人民代表大会常务委员会监督中央和地方预算的执行；审查和批准中央预算的调整方案；审查和批准中央决算；撤销国务院制定的同宪法、法律相抵触的关于预算、决算的行政法规、法定和命令；撤销省、自治区、直辖市人民代表大会及其常务委员会制定的同宪法、法律和行政法规相抵触的关于预算、决算的地方性法规和决议。

县级以上地方各级人民代表大会审查本级总预算草案及本级总预算执行情况的报告；批准本级预算和本级预算执行情况的报告；改变或者撤销本级人民代表大会常务委员会关于预算、决算的不适当的决议；撤销本级政府关于预算、决算的不适当的决定和命令。

县级以上地方各级人民代表大会常务委员会监督本级总预算的执行；审查和批准本级预算的调整方案；审查和批准本级政府决算；撤销本级政府和下一级人民代表大会及其常务委员会关于预算、决算的不适当的决定、命令和决议。

乡、民族乡、镇的人民代表大会审查和批准本级预算和本级预算执行情况的报告；监督本级预算的执行；审查和批准本级预算的调整方案；审查和批准本级决算；撤销本级政府关于预算、决算的不适当的决定和命令。

（2）**国务院和各级政府的预算管理职权**

国务院编制中央预算、决算草案；向全国人民代表大会作关于中央和地方预算草案的报告；将省、自治区、直辖市政府报送备案的预算汇总后报全国人民代表大会常务委员会备案；组织中央和地方预算的执行；决定中央预算预备费的动用；编制中央预算调整方案；监督中央各部门和地方政府的预算执行；改变或者撤销中央各部门和地方政府关于预算、决算的不适当的决定、命令；向全国人民代表大会、全国人民代表大会常务委员会报告中央和地方预算的执行情况。

县级以上地方各级政府编制本级预算、决算草案；向本级人民代表大会作关于本级总预算草案的报告；将下一级政府报送备案的预算汇总后报本级人民代表大会常务委员会备案；组织本级总预算的执行；决定本级预算预备费的动用；编制本级预算的调整方案；监督本级各部门和下级政府的预算执行；改变或者撤销本级各部门和下级政府关于预算、决算的不适当的决定、命令；向本级人民代表大会、本级人民代表大会常务委员会报告本级总预算的执行情况。

乡、民族乡、镇政府编制本级预算、决算草案；向本级人民代表大会作关于本级预算草案的报告；组织本级预算的执行；决定本级预算预备费的动用；编制本级预算的调整方案；向本级人民代表大会报告本级预算的执行情况。经省、自治区、直辖市政府批准，乡、民族乡、镇本级预算草案、预算调整方案、决算草案，可以由上一级政府代编，并报乡、民族乡、镇的人民代表大会审查和批准。

（3）**各级财政部门的预算管理职权**

国务院财政部门具体编制中央预算、决算草案；具体组织中央和地方预算的执行；提出中央预算预备费动用方案；具体编制中央预算的调整方案；定期向国务院报告中央和地方预算的执行情况。

地方各级政府财政部门具体编制本级预算、决算草案；具体组织本级总预算的执行；提出本级预算预备费动用方案；具体编制本级预算的调整方案；定期向本级政府和上一级政府财政部门报告本级总预算的执行情况。

（4）**中央和地方各部门的预算管理职权**

各部门编制本部门预算、决算草案；组织和监督本部门预算的执行；定期向本级政府财政部门报告预算的执行情况。

（5）**中央和地方各单位的预算管理职权**

各单位编制本单位预算、决算草案；按照国家规定上缴预算收入，安排预算支出，并接受国家有关部门的监督。

11.3.2 政府预算管理程序

政府预算管理的流程是指一个相对完整的预算管理运行过程，按照各个运行阶段的管理内容，主要分为预算规划与决策、预算编制与审批、预算执行与决算、预算审计与评价、预算控制与监督等阶段，核心内容是预算的编制与审批、执行、调整及决算。

政府预算管理的程序如下。

（1）**实施预算编制前的准备工作**

编制前的准备工作包括国务院制定经济增长计划，下达预算编制的指示；财政部门测算预算收支指标；修订政府预算科目和制定总预算表格；财政部门制定并颁发国家预算科目和表格，具体组织部署预算编制事项。

（2）**编制和审批政府预算**

政府预算分为总预算和单位预算两部分。单位预算由各主管部门及所属单位编制；总预算由财政部门在各主管部门单位预算的基础上汇总编制。为了更好地结合各地区、各部门的具体情况，保证政府预算收支的综合平衡，政府预算编制一般采用自下而上和自上而下相结合的“两上两下”程序。

我国在每年的年中就开始了对下年预算的编制工作，国务院要下达中央预算编制的通知，对编制下年预算提出要求，同时还向地方下达编制地方预算的通知。一般在每年 7 月底以前，中央各部门需按统一的部门预算编报格式，编制本部门预算报送财政部，此为“一上”。财政部要在 10 月底以前根据国务院审定的中央预算（草案）确定分部门预算分配方案，向各中央部门下达预算控制数，此为“一下”。中央各部门根据财政部下达的预算控制数编制“二上”预算（预算表及预算附表），并于12月上中旬将部门预算报送财政部。财政部审核汇总后编制中央预算（草案），于年底前报国务院审批，拟提请全国人大审议的中央有关部门的预算也一并上报。

次年1月中上旬，财政部将次年中央预算（草案）送全国人大常委会预算工作委员会，预算工作委员会从工作层面进行预先审查，为初审和审批做准备。次年2月上中旬，财政部将次年中央预算（草案）提交全国人大财政经济委员会，由财政经济委员会进行初步审查。次年3月上中旬，全国人民代表大会审查批准中央预算草案，法定预算正式产生。财政部自全国人民代表大会批准中央预算之日起30日内，批复各中央部门预算，此为“二下”。各中央部门自财政部批复本部门预算之日起15日内，批复所属各单位预算，并负责具体执行。地方政府部门预算编制方式和编制程序与中央政府相同。

（3）**执行政府预算**

经过各级人民代表大会批准的预算具有法律效力，必须通过预算执行来完成。预算执行是各级财政预算的具体组织实施，是国家预算组织实现收入、支出、平衡和监督过程的总称。国家预算执行的依据是“法”，主要包括年度预算以及法律、法规和制度。我国《预算法》规定，各级预算由本级政府组织执行，具体工作由本级政府财政部门负责。具体而言，各级政府是预算执行的组织领导机关；各级财政部门在本级政府的领导下具体负责预算的组织实施；各级预算收入征收部门是负责预算收入的征收管理机关；国家金库是具体经办预算收入的收纳及库款支拨的机关；有关部门和有关单位是部门预算和单位预算的执行主体。执行预算的主要内容包括：预算规定的收入任务，必须保证完成，做到及时足额上缴国库；预算规定的各项支出，必须及时足额拨付；要加强预算执行中的管理和监督。各级政府对于必须进行的预算调整，必须报请同级人大常委会审批，未经批准不得调整预算。各级财政部门要监督检查本级各部门预算的执行，做好预算执行情况的分析，并向本级政府和上一级财政部门报告预算执行情况，保证预算收支任务的圆满完成。

（4）**编制政府决算**

政府决算是指经法定程序批准的年度政府预算执行结果的会计报告，是各级政府在年度内预算的收入和支出的最终结果，是预算管理中一个必不可少的重要阶段。政府决算由决算报表和文字说明两部分构成，通常按照我国统一的决算体系汇编而成，包括中央级决算和地方总决算。根据《预算法》规定，各级政府、各部门、各单位在每一预算年度后，应按国务院规定的时间编制决算，以便及时对预算执行情况进行总结。

政府决算与政府预算体系构成一样，都是按照国家的政权结构和行政区域来划分的。根据我国宪法和国家预算管理体系的具体规定，一级政府建立一级预算，凡是编制预算的地区、部门和单位都要编制决算。行政单位由执行单位预算的国家机关编制，事业单位决算由执行单位预算的事业单位编制。参加组织预算执行、经办预算资金收纳和拨款的机构，如国库、税务部门、国有企业利润监缴机关也要编制年报和决算。

11.4 我国预算管理制度的改革和建设

11.4.1 我国预算管理制度的演进

1949 年新中国成立之后，我国预算管理制度演进的过程，可分为 4 个阶段。

(1) **形成阶段**：1949—1951 **年**

1951 年 3 月，政务院颁发《关于一九五一年度财政收支系统划分的决定》，将财政收支由高度集中、统一于中央人民政府，改为在中央的统一领导下，实行中央、大行政区、省（市）三级财政。随着财政体制的构建，较为系统的政府预算制度也逐步形成。1951 年 8 月，政务院颁布《预算决算暂行条例》，规定了国家预算的组织体系，各级人民政府的预算权，各级预算的编制、审查、核定、执行的程序，决算的编制与审定程序等。随着上述各种预算法规的颁布和实施，我国的政府预算制度初步建立起来。

(2) **长期稳定阶段**：1952—1992 **年**

在这 40 年间，尽管经济体制、财政体制发生多次变化，但政府预算制度从总体上而言则保持相对稳定。这段时期，我国的政府预算制度具有典型的计划经济特征，主要表现为：在预算形式上采用单式预算；预算编制原则上贯彻国民经济综合平衡原则；预算编制方法上使用基数法编制预算；预算编制程序采用自下而上和自上而下、上下结合、逐级汇总的方法；预算管理总体上比较粗放，预算编制法制性不强、透明度不高，存在着非程序化和非规范化等问题。

(3) **初步改革阶段**：1992—1998 **年**

1992 年，为适应社会主义市场经济发展的要求、强化预算管理，我国开始对传统的政府预算制度进行改革，实施了一系列改革措施，包括 1992 年实施《国家预算管理条例》、实行复式预算、1994 年部分地方政府开始实行零基预算改革、自 1995 年起实施《中华人民共和国预算法》、1996 年国务院发布《关于加强预算外资金管理的决定》、1998 年实施新的预算会计制度。

(4) **深化改革阶段**：1998 **年—至今**

随着建立公共财政框架目标的确立，我国的政府预算制度改革速度开始加快，改革进入深化阶段，相继实施了以下预算改革措施：编制部门预算、深化"收支两条线"管理改革、改进政府收支科目分类、实施国库集中收付制度、推行政府采购制度、建设"金财工程"、实施预算公开和绩效预算改革、修订《预算法》等。修订后的《预算法》规范了预算资金范围界定、预算编制、预算执行等预算管理环节，初步建立起与公共财政相适应的政府预算制度框架，并在提高预算管理水平、加强预算约束力方面取得了较好效果。

11.4.2 我国预算管理工作改革方向

我国近期预算管理工作重点涉及以下内容。

(1) **部门预算**

部门预算是指政府部门依据国家有关政策法规及其履行职能需要，由基层预算单位开始编制，逐级上报、审核、汇总，经财政部门审核后提交立法机关依法批准的涵盖部门各项收支的年度财政收支计划。自 2000 年开始，我国开始试编部门预算。2001 年，部门预算在全国全面铺开。"十一五"期间，全国县级以上政府都实行了比较规范的部门预算。部门预算具有以下优点：一是一个部门行使各项职能所需要的经费保障全部在一本预算中反映，改变了部门按不同支出功能分类的经费分别编制预算的状况，从而使预算在形式上更加完整，既反映财政部门直接安排的预算拨款，又反映有分配权的部门安排的资金；二是一个部门所有资金全部编入一本预算，使预算在内容上更加全面；三是预算由基层汇总形成，汇总后的预算不仅包括收支总数，还包括全部部门收支的单位构成，在单位分类下还有功能分类构成，使预算反映的内容更加细化。部门预算的实施，严格了预算管理，增加了政府工作的透明度，是防止腐败的重要手段和预防措施之一，是当前财政改革的重要内容。

部门预算近期的改革重点一是实行推进中期财政规划和部门滚动规划管理，由财政部门会同各部门研究编制三年滚动财政规划，对未来三年重大财政收支情况进行分析预测，对规划期内一些重大改革、重要政策和重大项目，研究政策目标、运行机制和评价办法，通过逐年更新滚动管理，强化财政规划对年度预算的约束性。二是积极推行部门预算公开，提高预算的透明度。

（2）**政府采购制度**

政府采购制度是以公开招标、投标为主要方式选择供货商（厂商），从国内外市场为政府部门或所属团体购买商品或劳务的一种制度。2003 年 1 月 1 日，我国实施《中华人民共和国政府采购法》，政府采购行为从此有了法律的约束。从 2009 年开始，各单位上报“一上”、“二上”部门预算时均要编报政府采购预算。无特殊情况，原则上凡使用部门预算资金安排的政府采购项目应全部在政府采购预算中反映，未按要求事先编报政府采购预算的，不得组织政府采购活动，对涉及执行中申请变更政府采购方式的，财政部将不予审批。政府采购制度在实现经济社会发展目标、提供优质高效公共服务、提高政府治理能力等方面发挥积极作用。今后将完善政府采购法规制度体系，推进政府购买服务等各项改革工作，进一步发挥政府采购政策功能，强化政府采购监督管理，加强信息化和标准化建设，提高政府采购透明度。

（3）**国库集中收付制度**

国库集中收付制度是指一种对财政资金实行集中收缴和支付的制度，即财政部门建立国库单一账户体系，所有财政性收入都要通过国库单一账户体系直接缴入国库或财政专户，所有财政性支出都要通过国库单一账户体系支付给收款人或用款单位的财政资金管理模式。国库单一账户是国库集中收付制度的核心，通过国库单一账户对资金进行集中管理。1999 年开始，财政部推动国库集中收付制度改革。我国于 2001 年在一些地区进行了国库集中支付制度的改革试点，2002 年扩大试行范围，“十五”期间全面推广。经过十多年的改革实践，我国国库集中收付制度无论是支出还是收入管理，覆盖的资金范围越来越广，对我国财政资金管理产生了深远影响。国库集中收付制度增强了财政资金的安全性、规范性和有效性，提高了预算执行透明度，从机制上保证财政资金及时足额上缴国库或财政专户，建立了对预算单位的全面监控体系。今后在加强国库现金管理、提高国库集中支付制度的覆盖面等方面还需要进一步深化改革。

（4）**政府预算绩效管理**

预算绩效是指预算资金所达到的产出和结果。预算绩效管理是政府绩效管理的重要组成部分，是一种以支出结果为导向的预算管理模式。它强化政府预算为民服务的理念，强调预算支出的责任和效率，把财政资金分配与政府部门的绩效紧密结合起来，要求在预算编制、执行、监督的全过程中更加关注预算资金的产出和结果。推进预算绩效管理，有利于提升预算管理水平、增强单位支出责任、提高公共服务质量、节约公共支出成本。

从管理流程上来看，预算绩效管理是一个由绩效目标管理、绩效运行跟踪监控管理、绩效评价实施管理、绩效评价结果反馈和应用管理的综合系统，逐步建立"预算编制有目标、预算执行有监控、预算完成有评价、评价结果有反馈、反馈结果有应用"的预算绩效管理机制。政府预算的绩效管理，一是要以政府预算决策的社会机会成本作为评价预算决策的重要依据，二是政府预算决策过程中要考虑各个施政方案的成本和收益，提高财政支出效率，以对有限的资源作出最有效的配置。

我国于 2014 年修订的《预算法》首次以法律形式明确了我国公共财政预算收支中的绩效管理要求，并将绩效的思维贯穿于预算编制、预算执行、决算以及预算审查的各个环节之中。首先，在总则中"讲求绩效"首次被作为一条重要原则，和统筹兼顾、勤俭节约、量力而行、收支平衡相并列。其次，在预算编制环节中，要求参考上一年预算执行情况、有关支出绩效评价结果和本年度收支预测，按照规定程序征求各方面意见后，进行编制。各部门、各单位应当按照国务院财政部门制定的政府收支分类科目、预算支出标准和要求，以及绩效目标管理等预算编制规定，根据其依法履行职能和事业发展的需要以及存量资产情况，编制本部门、本单位预算草案。"绩效目标"的概念也被首次引入《预算法》。第三，在预算审查和批准环节中，要求各级人民代表大会有关专门委员会，要向本级人民代表大会主席团提出关于总预算草案及上一年总预算执行情况的审查结果报告。审查结果报告应当包括提高预算绩效的意见和建议。第四，在预算执行和监督环节中，要求各级政府、各部门、各单位应当对预算支出情况开展绩效评价。第五，在决算环节中，要求县级以上各级人民代表大会常务委员会和乡、民族乡、镇人民代表大会对本级决算草案，要重点审查支出政策实施情况和重点支出、重大投资项目资金的使用及绩效情况。

财政支出不仅需要透明，也要讲求预算支出的责任和效率，注重绩效。大力推进预算绩效管理，已成为当前和今后财政预算管理工作的重要内容。

复习与思考题

1. 政府预算的涵义是什么？
2. 我国政府预算体系包括哪些内容？
3. 常见的政府预算分类有哪些？
4. 政府预算的原则是什么？
5. 近期我国预算管理制度改革的主要内容有哪些？

12. 财政体制

12.1 财政体制的概念与类型

12.1.1 财政体制的概念和实质

财政体制，通常也称为预算管理体制，是处理政府间财政关系的基本制度，包括政府间支出责任划分、收入划分和财政转移支付等基本要素。财政体制的核心，是各级预算主体的独立自主程度以及集权和分权的关系。所谓集权与分权，就是在中央与地方之间合理划分职权，分工负责，在中央统一领导下，照顾到地方的利益，充分发挥他们的积极性与主动性，以便更好地为社会主义现代化建设这一共同目标服务。但是，由于中央和地方所处的地位不同，考虑和处理问题时的角度不同，在其根本利益一致的前提下也还存在着各种矛盾，如国家整体利益与地方局部利益之间的矛盾、需要与可能的矛盾、集中与分散的矛盾等。建立财政体制的根本任务，就是通过正确划分中央政府和各级地方政府预算的收支范围，规定预算管理权限及相互间的制衡关系，使国家财力在各级政府间和各区域间合理分配，保障相应级次政府的财政资金的需要。

12.1.2 财政体制的类型

根据财力的集中与分散、集权与分权程度的不同，财政体制大体上分为以下类型。

（1）**高度集中的财政体制**

这种体制的基本特点是财力与财权高度集中于中央，对地方基本上实行“统收统支”的办法，地方的财权很小，机动财力很少。我国新中国成立之初国民经济恢复时期，曾实行过这种类型的体制。这在当时特定的历史条件下，对集中我国必要的财力，恢复和调整国民经济起过积极的作用，但它不利于发挥地方各级财政部门当家理财的积极性，故在正常时期不宜采取这种体制。

（2）**以中央集权为主，适当下放财权的体制**

其特点是财力和财权的相当大部分仍集中在中央，同时给地方一定的机动财力和财权，但都比较小。在 1980 年以前的多数年份里，中国实行的是这种体制。其缺点是仍不利于充分调动地方的积极性。

（3）**中央对地方实行多种形式的预算包干体制**

其特点是在中央统一领导和统一计划下，地方有较大的财权，地方财力大大增强。从 1980 年开始，我国实行“划分收支、分级包干”体制，简称财政包干体制。财政包干体制是对原来体制的重大突破，主要表现在地方预算初步成为责、权、利相结合的相对独立的一级预算主体。经过几次调整，从 1988 年开始形成对不同地区实行不同的 6 种包干方法：收入递增包干、总额分成、总额分成加增长分成、上解额递增包干、定额上解、定额补助。这种体制进一步调动了地方理财的积极性，但也存在不少问题，主要是中央集中的财力过少，负担过重；地方政府热衷于利润大、见效快的加工工业投资，导致重复建设严重，地区产业结构趋同；中央与地方的收支之间相互挤占，关系没有理顺；地方财力虽大大增强，但财权不独立，尚不是真正相对独立的一级预算；地区间贫富差距拉大；各地区包干方法多种多样，缺乏规范性。

（4）**建立在分税制基础上的分级预算管理体制**

明确社会主义市场经济体制目标后，我国从 1994 年开始实行分税制财政体制，其基本内容是：根据中央政府和地方政府的不同职能划分支出范围；按税种划分各级预算的固定收入来源，分别设置机构，分别征收；各级政府有独立的预算权，中央预算与地方预算彻底分开，分别编制，自求平衡；中央预算通过转移支付制度实现对地方预算的调剂和控制。

12.1.3 财政体制的内容

预算收支范围的划分实际上是确定各级政府的事权和财权。预算收支范围的划分，关系到财政体制的运行是否有效率、各层次的公共需要能否有效满足，是财政体制设计的核心问题。

（1）**一级政权、一级预算主体**

一级政权、一级预算主体，各级预算相对独立，自求平衡。在分级分税预算体制中，最高权力机关只审批中央预算，地方预算由本级立法机关审批。各地经常性预算收入由本级税收、收费收入和中央补助组成，以上收入不能满足需要时，允许发行地方债券，自求平衡。

（2）**财政支出范围的划分**

各级政府的事权是划分各级预算收支范围的基本依据。事权范围划分的基本依据是公共需要的层次性和集权与分权关系。实际上，各级政府的职责任务是财政职能在各级政府间具体界定的结果。现代市场经济中的财政职能包括资源配置职能、收入分配职能和经济稳定与发展职能，而不同级次的政府所承担职能的侧重面有所不同。由于社会公共需要和公共物品是分层次的，资源配置职能要根据公共物品的受益范围在各级政府间具体划分。全国性公共物品的受益范围覆盖整个国家，凡本国公民或居民都可以无差异地享有它所带来的利益，因而适合于由中央来提供；区域性和地方性公共物品的受益范围局限于某一地区以内，适合于由地方来提供；而受益具有地区外溢性的公共物品，即公共物品的正效益扩展到辖区以外，则适合由主受益地区举办，中央给以补助，或中央与地方联合出资。收入分配职能的划分首先应考虑在全国范围内实现公平目标。中央在制定收入分配政策、协调收入分配水平和控制收入分配差距上要担负主要责任，如确定所得税制度、制定和实施社会保障政策等。地方政府主要是在国家统一的政策法规框架内，根据当地的实际情况，采取适当的调整和补充措施。稳定经济则主要是中央政府的职能，因为经济稳定是就整个社会经济而言的，地方经济的稳定从属于国家经济的稳定，若在地方运用财政政策来稳定当地经济，由于生产要素能在地区间自由流动，因而难以产生应有的乘数效应，无法达到预期的政策目标；同时，地方政府也不拥有货币供给、利率调整、进出口水平控制等相关的政策工具。

在现实生活中，事权范围的划分体现在国家对各级政府具体职责的规定上，如：按部门或单位的隶属关系，一级政府管辖的部门或单位由该级政府负责投资，中央与地方共同安排的项目由双方共同出资；按政策的制定权，一级政府出台的政策，由该级政府落实所需的资金，或由该级政府为主利益所涉方适当分担等等。

（3）**财政收入的划分**

事权的划分决定支出的划分，而支出的划分又制约收入的划分。一级政府本级预算收入划分多少，以何种收入为主，应视该级政府的基本支出需要而定，尽可能使财权或财力和事权达到统一。

财政收入的划分与一国的政治、经济和财政体制模式，历史传统，税制结构等具有内在联系。在我国计划经济时期的财政体制模式下，预算收入的划分曾采取过统收统支、收入分类分成、收支包干等具体办法。市场经济条件下的财政体制模式通常采用分税制，但分税制的具体做法在各国也不尽相同。在收入划分比例上，中央财政居主导地位，保证中央的调控权、调控力度。在税收划分方法上，有的按税种划分，各级政府都有自己的主体税种，大宗收入的税种归中央，适合地方政府经营的税种归地方；有的对同一税种按不同税率分享，并通过中央的基础税率限制地方税率；有的实行分成或共享制，将属于中央的税种按一定比例分给地方，或者属于地方的税种按一定比例分给中央，双方共享。

（4）**预算调节制度**

预算收支范围的划分并不能完全实现中央及地方各级政府财政收支均衡。由于划分收支的标准不同，一般会形成支出方偏重于地方政府、收入方偏重于中央的分配格局，从而造成不同级次预算主体之间的收支不对称。此外，由于经济相对落后地区的预算收支难免存在缺口，部分区域性公共产品存在受益的地区外溢性，需要在地区间进行利益协调。因此，在既定的预算收支范围划分的基础上进行收支水平的调节是必要的。这种调节包括各级预算间的纵向调节和各地区预算间的横向调节，前者称为纵向转移支付，后者称为横向转移支付。调节的目标是使公共资金公平分配和有效使用，并达到各级政府事权和财力的最终统一。

当前世界上实行的转移支付制度，基本上有三种类型：第一种类型是以美国为代表的补助金制度，补助形式分为一般补助和专项补助两种。一般补助不限用途，补助数额按因素法设计出规范化的计算公式，分别计算出各个州的补助数额，没有讨价还价的余地；专项补助是指定或附加一定的条件，体现中央的宏观调控政策。第二种类型是德国的财政平衡法，分为纵向平衡和横向平衡。纵向平衡是指联邦与州之间的平衡，主要是靠调整增值税在中央与地方之间的分成比例来调剂，各州享受的分成比例不同。横向平衡是指州际平衡，即按照一定标准将各州分为富州和贫困州，富州要上交一部分收入，专门用于补助贫困州。第三种类型是日本的税收返还制度。日本设置国家让与税、国家下拨税和国库支出金，实行税收返还。国家让与税共有 5 个税种，由中央统一征收，按一定比例下拨地方使用，专用于航空交通。国家下拨税是指国税中的个人所得税、法人税和酒税，由国家按收入的一定比例下拨给地方使用，用以平衡各个地方预算。国库支出金则类似于美国的专项补助。

我国根据本国的实际情况，借鉴国外经验，正在探索一种比较合理、规范的转移支付制度。

各国的财政体制是适应本国的政治经济制度和历史传统逐渐形成的，就体制整体而言是相对稳定的，只是集权与分权的关系及其相应的调节方法有经常的调整。

12.2 分税制财政体制

12.2.1 分税制的内涵与特征

分税制，是在合理划分中央与地方政府事权范围的基础上，主要按税种来划分各级政府的预算收入，各级预算相对独立，负有明确的平衡责任，各级次间和地区间的差别通过转移支付制度进行调节的一种财政体制。其要点是：一级政府一级预算，各级预算相对独立、自求平衡；在明确划分各级政府职责的基础上划分各级预算支出范围；收入划分实行分税制，划分主要按税种来确定，也可对同一税种按不同税率分配或实行共享制；对预算收入水平的差异通过政府间转移支付制度加以调节。

分税制在不同国家有不同的具体形式，其基本特征如下。

(1) **规范性**

分税制的规范性主要体现在两个方面：一是各级政府收支范围的划分和调节制度的安排是规范的。支出范围的划分严格以事权范围的规定为依据，收入范围的划分在遵循财权与事权相匹配的原则基础上，主要以税种或税权的标准来确定，预算调节制度的安排要充分体现公平与效率相结合的原则，并有规范的计算依据。同时，分税制中的各种基本制度在全国具有统一性，如中央税或地方税的税种或税权在全国各地的划分是一致的。二是分税制的运作过程是规范的，各级政府各司其职，收入分征、分管。

(2) **层次性**

分税制财政体制具有明显的层次性。各级财政在划定的收支范围内安排本级财政活动，负有明确的平衡责任。一级财政既不能任意向外转移自身的财政负担，也不能随意包揽应由其他级次财政承担的事务。分税制的这种层次性，有利于明确各级财政的职责，调动各方面的积极性，提高财政管理的效能。

(3) **法制性**

分税制要求对各级政府事权、财权的划分及其相互关系要以一定的法律法规的形式加以规定，这是市场经济的法制化在财政活动领域的体现。法制性可以增强预算管理的透明度，加强制约和监督，同时法制性也能保障财政体制的稳定性，使国家财政管理体系的运行不受一般政治经济事件的影响。实际上，因为分税制所具有的规范性和标准化特征，使其能从法律法规的高度对其基本原则和内容加以明确规定。所以，在财政体制中，也只有分税制才能实现法制性的要求。

在我国社会主义市场经济快速发展的情况下，推行分税制具有很强的现实意义。第一，分税制可以规范和稳定中央与地方之间的财政分配关系，减少相互之间的利益冲突和摩擦，使中央和地方有效配置各自的财力。第二，分税制有利于增强中央政府的宏观控制能力。因为，通过分税制对公共财力的划分能确保中央财政的主导地位，使国家的收入分配调节和宏观政策的实施有必要的财力保证。第三，分税制有利于打破地区分割，规范地方政府行为，避免地方政府为争夺财政收入而实行地方保护，促使生产要素的合理流动和全国统一市场的形成。第四，分税制能改变企业隶属于某一级政府的状况，既有利于企业真正成为独立的市场经济主体，也有利于政府致力于提高公共产品供给的效率和公共服务的水平。

12.2.2 中国分税制财政体制改革

(1) 我国分税制改革的背景

改革开放后，中国财政体制由集权制转成了分权制，最有代表性的是20世纪80年代初开始的“分灶吃饭”。该体制后来有各种各样的演变，80年代末到90年代初相对稳定的6种大包干或者其他的包干形式也是“分灶吃饭”下的一种包干制、分成制。1992年，党的十四大提出社会主义市场经济体制的目标后，在立足国情的基础上，借鉴成熟市场经济国家的经验，中央把原来的行政性分权改为经济性分权，跳出了过去按照行政隶属关系组织财政收入的一种分权模式，走上分税制的道路。这种分税分级的财政体制是跟市场经济的总体要求相配套的，使整个政府财力运作的规范性和地方理财的稳定性也都大大提升了。

(2) 分税制改革的基本原则

我国的分税制是指在划分中央与地方事权的基础上，确定中央与地方财政支出范围，并按税种划分中央与地方预算收入的财政管理体制。

1994年，我国分税制改革的基本思路是：按照中央与地方政府的事权划分，合理确定各级财政的支出范围；根据事权与财权相结合原则，将税种统一划分为中央税、地方税和中央地方共享税，并建立中央税收和地方税收体系，分设中央与地方两套税务机构分别征管；科学核定地方收支数额，逐步实行比较规范的中央财政对地方的税收返还和转移支付制度；建立和健全分级预算制度，硬化各级预算约束。

党的十七大的报告提出了“健全中央和地方财力与事权相匹配的体制”，改变了推进多年的“财权与事权相匹配”的财政体制改革导向。虽然从“财权”到“财力”的表述仅有一字之差，但却是对我国财政理论的创新，为我国财政体制改革确定了应遵循的基本原则——中央和地方财力与事权相匹配的原则。

要理解清楚这个原则，需要首先准确理解事权、财权和财力的内涵。

事权是指各级政府完成职能所享有的提供公共物品、管理公共事务的权力。只有在市场与政府职能得到明确界定、各级政府职能得以清晰定位的条件下，才能保证政府事权划分的科学性和合理性。

财权是指各级政府为了满足一定的支出需求而筹集财政收入的权力，主要包括税收立法权、征收管理权和政策调整权。这三种权力不必同时归于某一级政府。其中，税收立法权是税权中最关键的权力。

财力是指一级政府所拥有的可支配的货币形式的财政资源。一般来说，一级政府所拥有的财力大小主要受到一级政府所享有的财权的大小、经济发展条件和水平、来自上级政府的转移支付水平等因素的影响。这里的财力并不是指一级政府全部可用财力，而是指可用财力中可由本级政府自主调控使用的财力。

在事权、财权、财力三大要素中，事权处于核心地位，是财权和财力划分的基础，而财权和财力则是保障事权履行的手段。一般情况下，一级政府事权越大，财力就越强。不过，拥有财力的一级政府却并不一定拥有相应的财权。其原因在于，财力大小还受制于本级政府辖区内财政资源的丰裕程度。因此，一些经济落后的地方，即使有了财权，其所能获得的财政收入也是有限的，甚至无法获得。

从理论上分析，我国地方政府没有开征新税种的权力，财权不完整。从实践来看，分税制改革后中央政府拥有了更大的财权，而省级政府特别是省级以下的基层政府则承担了较其财权来说要大很多的事权和支出责任，分税制改革实践也不能实现“事权与财权相匹配”。事实上，由于我国处于社会转型期，区域发展不平衡、城乡差距过大、收入分配不公等矛盾突出，需要中央政府适当集中财权来整体统筹。这在客观上造成我国各级政府的财权与事权的不平衡。

财力是各级政府有效履行其事权的重要保障，财力与事权相匹配，才能使各级政府能够提供本层级负责提供的公共产品和服务。一方面，在财力与事权不相匹配的情况下，会造成基层财政困难。比如，县、乡两级政府承担着义务教育、基层医疗卫生事业、农业基础设施等刚性很强的事权，却并不拥有与其义务相对称的财权，会造成基本公共服务供给不足。另一方面，财力与事权不相匹配可能会导致地方政府短期行为，扰乱正常的政治、经济秩序。比如，地方政府可能热衷于 GDP 的增长大搞“三高项目”，违规借债、实施“土地财政”等。

因此，无论在理论上还是实践上，“财力与事权相匹配”才是促进我国财政体制完善的基本原则。

（3）我国分税制的财政体制改革的主要内容

①中央与地方的事权和支出

根据现在中央政府与地方政府事权的划分，中央财政主要承担国家安全、外交和中央国家机关运转所需经费、调整国民经济结构、协调地区发展、实施宏观调控所必需的支出以及由中央直接管理的事业发展支出。1994 年分税制改革时，中央和地方支出及随后的调整情况如下：

中央政府主要承担国防、武警、重点建设、中央单位事业经费和中央单位职工工资五大类支出，具体包括：国防费，武警经费，外交和援外支出，中央级行政管理费，中央统管的基本建设投资，中央直属企业的技术改造和新产品研制费，地质勘探费，中央安排的农业支出，中央负担的国内外债务的还本付息支出，以及中央负担的公检法支出和文化、教育、卫生、科学等各项事业费支出。

地方财政主要承担本地区政权机关运转所需支出，以及本地区经济、事业发展所需支出，具体包括地方行政管理费，公检法支出，民兵事业费，地方统筹安排的基本建设投资，地方企业的改造和新产品试制经费，农业支出，城市维护和建设经费，地方文化、教育、卫生等各项事业费以及其他支出。

近期中央与地方财政事权和支出责任划分改革的具体内容见下一节。

②中央与地方的收入划分

根据事权与财权相结合的原则，按税种划分中央与地方的收入。将维护国家权益、实施宏观调控所必需的税种划为中央税，将同经济发展直接相关的主要税种划为中央与地方共享税，将适合地方征管的税种划为地方税。1994 年分税制改革时，中央和地方收入划分及随后的调整情况如下：

中央固定收入：关税，海关代征消费税和增值税，消费税，铁道部门、各银行总行、各保险公司总公司等集中交纳的收入（包括营业税、利润和城市维护建设税），未纳入共享范围的中央企业所得税、中央企业上交的利润等。

中央与地方共享收入：增值税 2016 年 5 月之前中央分享 75%、地方分享 25%，2016 年 5 月 1 日全面“营改增”之后，中央分享 50%、地方分享 50%；纳入共享范围的企业所得税和个人所得税中央分享 60%，地方分享 40%；资源税按不同的资源品种划分，海洋石油资源税为中央收入，其余资源税为地方收入；证券交易印花税中央分享 97%，上海、深圳分享 3%。

地方固定收入：房产税，车船税，印花税（不含证券交易印花税），耕地占用税，契税，烟叶税，土地增值税，国有土地有偿使用收入等。地方企业上缴利润，城镇土地使用税，城市维护建设税（不含铁道部门、各银行总行、各保险公司总公司集中交纳的部分），原是地方固定收入来源之一。

③中央财政对地方税收返还数额的确定

1994 年分税制改革后，为了保护地方既得利益格局，中央采取“维持存量，调整增量”的方针，制定了中央对地方的税收返还办法。2002 年、2009 年税收返还办法分别进行了调整。现行中央对地方税收返还包括增值税、消费税返还和所得税基数返还。其中，增值税、消费税返还（“两税”返还）以各地上划中央增值税、消费税增长率为基础逐年递增。[①]

④原体制“中央补助，地方上解”以及有关结算事项的处理

为了顺利推进分税制改革，实行分税制以后原体制的分配格局暂时不变，过渡一段时间以后，再逐步规范化。原体制中央对地方的补助继续按规定补助。原体制地方上解仍按不同体制类型执行：实行递增上解的地区，按原规定继续递增上解；实行定额上解的地区，按原确定的上解额，继续定额上解；实行总额分成地区和原分税制试点地区，暂按递增上解办法。

（4）推进中央与地方财政事权和支出责任划分改革

财政事权是一级政府应承担的运用财政资金提供基本公共服务的任务和职责，支出责任是政府履行财政事权的支出义务和保障。改革开放以来，中央与地方财政关系经历了从高度集中的统收统支到“分灶吃饭”、包干制，再到分税制财政体制的变化，财政事权和支出责任划分逐渐明确。但要看到，新的形势下，现行的中央与地方财政事权和支出责任划分还不同程度存在不清晰、不合理、不规范等问题。

2016 年 8 月，国务院印发了《关于推进中央与地方财政事权和支出责任划分改革的指导意见》（国发〔2016〕49 号，以下简称《意见》）。《意见》提

① 2009 年，简化中央与地方财政结算关系，将地方上解与中央对地方税收返还作对冲处理，相应取消地方上解中央收入科目。同时，增加“成品油价格和税费改革税收返还”科目，用来反映实施成品油税费改革后，按照有关规定相应返还给地方的消费税等收入。因此，从 2009 年开始，税收返还科目口径与以前年度有较大变化。

出的主要改革内容如下。

①推进中央与地方财政事权划分

第一，适度加强中央的财政事权。坚持基本公共服务的普惠性、保基本、均等化方向，加强中央在保障国家安全、维护全国统一市场、体现社会公平正义、推动区域协调发展等方面的财政事权；强化中央的财政事权履行责任，中央的财政事权原则上由中央直接行使；中央的财政事权确需委托地方行使的，报经党中央、国务院批准后，由有关职能部门委托地方行使，并制定相应的法律法规予以明确。对中央委托地方行使的财政事权，受委托地方在委托范围内，以委托单位的名义行使职权，承担相应的法律责任，并接受委托单位的监督。要逐步将国防、外交、国家安全、出入境管理、国防公路、国界河湖治理、全国性重大传染病防治、全国性大通道、全国性战略性自然资源使用和保护等基本公共服务确定或上划为中央的财政事权。

第二，保障地方履行财政事权。加强地方政府公共服务、社会管理等职责。将直接面向基层、量大面广、与当地居民密切相关、由地方提供更方便有效的基本公共服务确定为地方的财政事权，赋予地方政府的充分自主权，依法保障地方的财政事权履行，更好地满足地方基本公共服务需求。要逐步将社会治安、市政交通、农村公路、城乡社区事务等受益范围地域性强、信息较为复杂且主要与当地居民密切相关的基本公共服务确定为地方的财政事权。

第三，减少并规范中央与地方共同财政事权。现阶段，针对中央与地方共同财政事权过多且不规范的情况，必须逐步减少并规范中央与地方共同财政事权，并根据基本公共服务的受益范围、影响程度，按事权构成要素、实施环节，分解细化各级政府承担的职责，避免由于职责不清造成互相推诿。要逐步将义务教育、高等教育、科技研发、公共文化、基本养老保险、基本医疗和公共卫生、城乡居民基本医疗保险、就业、粮食安全、跨省（区、市）重大基础设施项目建设和环境保护与治理等体现中央战略意图、跨省（区、市）且具有地域管理信息优势的基本公共服务确定为中央与地方共同财政事权，并明确各承担主体的职责。

第四，建立财政事权划分动态调整机制。财政事权划分要根据客观条件变化进行动态调整。在条件成熟时，将全国范围内环境质量监测和对全国生态具有基础性、战略性作用的生态环境保护等基本公共服务，逐步上划为中央的财政事权。对新增及尚未明确划分的基本公共服务，要根据社会主义市场经济体制改革进展、经济社会发展需求以及各级政府财力增长情况，将应由市场或社会承担的事务交由市场主体或社会力量承担，将应由政府提供的基本公共服务统筹研究划分为中央财政事权、地方财政事权或中央与地方共同财政事权。

②完善中央与地方支出责任划分

第一，中央的财政事权由中央承担支出责任。属于中央的财政事权，应当由中央财政安排经费，中央各职能部门和直属机构不得要求地方安排配套资金。中央的财政事权如委托地方行使，要通过中央专项转移支付安排相应经费。

第二，地方的财政事权由地方承担支出责任。属于地方的财政事权原则上由地方通过自有财力安排。对地方政府履行财政事权、落实支出责任存在的收支缺口，除部分资本性支出通过依法发行政府性债券等方式安排外，主要通过上级政府给予的一般性转移支付弥补。地方的财政事权如委托中央机构行使，地方政府应负担相应经费。

第三，中央与地方共同财政事权区分情况划分支出责任。根据基本公共服务的属性，体现国民待遇和公民权利、涉及全国统一市场和要素自由流动的财政事权，如基本养老保险、基本公共卫生服务、义务教育等，可以研究制定全国统一标准，并由中央与地方按比例或以中央为主承担支出责任；对受益范围较广、信息相对复杂的财政事权，如跨省（区、市）重大基础设施项目建设、环境保护与治理、公共文化等，根据财政事权外溢程度，由中央和地方按比例或中央给予适当补助方式承担支出责任；对中央和地方有各自机构承担相应职责的财政事权，如科技研发、高等教育等，中央和地方各自承担相应支出责任；对中央承担监督管理、出台规划、制定标准等职责，地方承担具体执行等职责的财政事权，中央与地方各自承担相应支出责任。

③加快省以下财政事权和支出责任划分

省级政府要参照中央做法，结合当地实际，按照财政事权划分原则合理确定省以下政府间财政事权，将部分适宜由更高一级政府承担的基本公共服务职能上移，明确省级政府在保持区域内经济社会稳定、促进经济协调发展、推进区域内基本公共服务均等化等方面的职责；将有关居民生活、社会治安、城乡建设、公共设施管理等适宜由基层政府发挥信息、管理优势的基本公共服务职能下移，强化基层政府贯彻执行国家政策和上级政府政策的责任。

省级政府要根据省以下财政事权划分、财政体制及基层政府财力状况，合理确定省以下各级政府的支出责任，避免将过多支出责任交给基层政府承担。

《意见》是国务院第一次比较系统地提出事权和支出责任划分，即从政府公共权力纵向配置角度推进财税体制改革的重要文件，是当前和今后一个时期科学、合理、规范划分各级政府提供基本公共服务职责的综合性、指导性和纲领性文件。

12.2.3　政府间转移支付制度

政府间转移支付是在各级政府间或同级政府之间通过财政资金的无偿拨付来调节各预算主体收支水平的一项制度。在分级财政体制中，收支的划分不可能使各级预算主体的收支完全对应，并且同级预算主体之间在收支对应程度上存在差异，因此需要运用转移支付方式实行财政体系内各级次和各地方预算收支的最终均衡。

我国目前分税制中保留了原体制中的中央对地方的定额补助、专项补助和地方上解及有关结算事项的规定，还增加了中央对地方的税收返还，相应形成了多种形式的政府间转移支付制度。

（1）**纵向转移支付**

我国（纵向）转移支付由一般性转移支付（含原财力性转移支付）和专项转移支付构成。[①]

一般性转移支付是指为弥补财政实力薄弱地区的财力缺口、均衡地区间财力差距、实现地区间基本公共服务能力的均等化，由上级政府安排给下级政府的补助支出，资金接受者可根据实际情况自主统筹安排资金用途。目前，一般性转移支付包括体制补助、均衡性转移支付、民族地区转移支付补助、调整工资转移支付补助、农村税费改革补助、县级基本财力保障机制奖补资金、结算补助、体制上解、一般公共服务转移支付、公共安全转移支付、社会保障和就业转移支付等。专项转移支付是指为实现特定的宏观政策及事业发展战略目

① 自 2009 年起，为进一步规范财政转移支付制度，我国财政部将中央对地方的转移支付，简化为一般性转移支付、专项转移支付两类。其中，一般性转移支付包括原财力性转移支付，主要是新增一些科目，将补助数额相对稳定、原列入专项转移支付的教育、社会保障和就业、公共安全、一般公共服务等支出改为一般性转移支付；其下原一般性转移支付补助名称修改为均衡性转移支付。例如，2015 年中央对地方一般性转移支付决算数为 28455.02 亿元，专项转移支付决算数为 21623.63 亿元。

标，以及对委托下级政府代理的一些事务或上下级政府共同承担事务进行补偿而设立的补助资金，资金接受者需按规定用途使用。专项转移支付重点用于教育、医疗卫生、社会保障、农林水事务等公共服务领域。专项转移支付又分成需要地方配套和不需要配套的两种。需要配套的转移支付是上下级政府共同承担的事物，地方必须承担配套资金和其他投入，其中，有的按照地区差别确定配套比例，有的是全国确定统一的配套比例。不需要配套的转移支付主要是指对少数几个边疆民族地区实施的优惠扶持政策，是国家综合考虑这些地区经济社会发展以及国家安全发展大局而做出的。

一般性转移支付和专项转移支付各有特点：前者便于地方统筹安排，但不便于对绩效结果进行考核；后者不利于地方统筹安排，专款专用，但可以体现中央的政策导向，便于监督考核。两者关键在于科学设置、合理搭配，发挥好各自的作用。

近年来，我国转移支付制度调整和完善了财政转移支付结构。加大了一般性转移支付力度，清理、整合了专项转移支付项目，将需要较长时期安排补助经费且数额相对固定的项目，划转列入一般性转移支付，提高了一般性转移支付的规模和比例。针对我国目前政府间转移支付制度的法制建设滞后，转移支付补助资金的使用及管理尚缺乏有效约束和效益评估的现状，中央已经启动有关财政转移支付资金的立法程序，力求通过法律形式规范和完善财政转移支付资金及项目资金安排，使财政转移支付资金和项目资金分配更加公平、合理、规范、高效。

（2）**横向转移支付**

在国外，经济合作与发展组织（OECD）国家（如德国）在中央对地方的纵向财政转移支付之外建立了横向财政转移支付体系；这个体系是通过财政收入在各州之间以及州内各市镇之间的横向转移，提高贫困州或市镇的财政收入，缩小贫困地区与富裕地区之间的财政收入差距。横向转移支付的具体做法是：由德国联邦政府和州政府财政部门分别测算出全国居民平均税收额和本州居民平均税收额，如果某州的居民平均税收额大于全国居民平均税收额2%以上，这个州就属于富裕州，它就要向贫困州转移资金；如果某州的居民平均税收额只相当于全国居民平均税收率95%以下，那么该州就被列为贫困州，它可以得到来自富裕州的转移支付；如果某州的居民平均税收额相当于全国居民平均税收额的95%～102%，这个州既不转移支付也得不到转移支付。通过实行纵向和横向财政转移支付制度，德国有效地实现了上下级政府之间以及各个地区之间的均衡发展目标。

在中国，目前尚未建立起规范的横向转移支付制度，相关理论研究和实践探索尚处于初级阶段。虽然如此，但具有横向转移支付性质的“对口支援”早已存在，是在中央政府的鼓励和安排之下，各省、地区之间出现的一种非正式的横向转移支付。从 1979 年中央作出《加速边疆地区和少数民族地区建设》的决定以来，省际间的对口支援活动在全国活围内蓬勃开展。到了 20 世纪 90 年代后，支援方与被支援方的范围继续扩大，特别是 1994 年中央对西藏实施“分片负责、对口支援、定期轮换”，具有横向转移支付性质的“对口援助”制度逐步建立起来了。到 2015 年，各援藏单位实施了对口援藏项目 7615 个，累计投资资金 260 亿元。2008 年四川汶川特大地震后，其他各省市提供了汶川地震灾区援建项目，援助四川的重建资金达 400 亿元，加快了灾区的恢复重建。自 2010 年开始，国家决定实施“对口援疆”；到 2015 年，实施合作项目 1200 多个，到位资金 250 亿元。此外，目前部分省市已具雏形的生态转移支付、通过设立“横向转移支付调节金”在同一市域范围内对经济相对薄弱的区县进行转移支付等形式都是未来横向转移支付制度发展的方向。

应当看到，这种具有横向转移支付性质的对口支援，在解决边疆民族地区的发展问题、应对特大自然灾害等方面发挥了重要的作用，体现中国政治经济制度的优势。目前，我国各种形式的对口支援涉及工业、农业、商贸、科技、人才、文教、卫生、扶贫、劳务等各个领域，包括了地区间援助主体与受援助地区部门内部、行业内部的人力、财力、物力等的广泛支援。事实证明，地方政府间的转移支付，对平衡地区经济发展、缩小贫富差距、解决突发危机等发挥了重要作用。同时，这种横向转移支付是在没有综合平衡支援省市与受援省市之间的财力基础上进行，通常是由政府根据当地、当时的情况做出的决定，财政支出的公平性有待于提高。此外，我国各级政府之间的这种对口支援，虽然没有以法律形式固定下来，也没有明确各对口关系的援助条件与金额，是一种未通过立法予以确认的非规范的横向帮扶措施，但它的存在就已经说明了我国事实上存在具有中国特色的横向转移支付制度。

12.2.4 分税制财政体制的成效与问题

（1）分税制财政体制改革取得的成效

总体上看，分税制财政体制改革取得了显著成效，基本适应了社会主义市场经济发展。

①国家财力显著增强

1994年的财税改革较好地处理了国家与企业、个人的分配关系，规范了中央与地方的分配关系，充分调动了各级政府促进经济发展、加强税收征管的积极性。我国财政收入保持了较快增长势头，财政实力不断壮大。

②中央调控能力增强

实施分税制财政体制后，逐步建立了中央财政收入稳定增长的机制，为提高中央本级收入占全国财政收入的比重提供了必要条件。中央本级收入占全国财政收入的比重提高，大大增强了中央财政财力再分配能力，中央对地方财政转移支付快速增长，为中央均衡地区间财力差异提供了财力保障。同时，通过转移支付，特别是实施“三奖一补”政策，建立了缓解县乡财政困难的激励约束机制，调动了中央和地方共同提高县乡财政保障能力的积极性。

③加强和改善了国家宏观调控

分税制财政体制改革将烟、酒等商品的消费税全部划归中央，将大部分增值税、所得税归中央，有利于削弱一些地方粗放发展加工业和盲目投资上项目（包括小烟厂、小酒厂）的冲动。近年来，地方经济产业结构和发展方式都有调整和转变，各级地方政府根据本地区实际寻找新的经济增长点，培植新财源。通过转移支付制度，中央财政在实现基本公共服务均等化、支持民族地区发展、支持革命老区发展、支持边境地区发展、支持欠发达地区发展等方面成效突出。

（2）分税制财政体制存在的突出问题

①各级政府事权范围和各级预算主体的支出职责缺乏科学、合理的界定

在中央政府和地方政府的事权划分上，有些事权划分十分明确，但大部分事权是交叉的。各级政府的支出职责并没有细化，离规范的分级预算体制还有差距，各级政府支出越位和缺位现象仍然存在。

②中央可支配财力增长有限

分税制改革的基本目标之一是大幅度提高中央财政收入占全国财政收入的

比重，实际执行的结果是：这一收入比重形式上有较大的提高，但中央本级收入主要不用于中央本级支出，大部分通过税收返还和转移支付等形式补助给了地方（主要是中西部地区），相应形成地方财政收入并用于安排地方财政支出。地方特别是中西部地区本级支出中相当一部分来自中央财政的税收返还和转移支付。扣除对地方的税收返还后，中央可支配财力实际增长依然有限。

③财权划分不够科学、合理

首先，在税种划分中，中央政府将数额较大、较稳定的税种划归本级或作为共享税；而留给地方的税种小而杂，税源分散。

其次，现行分税制只是将某些税种以及共享税的部分收入划归地方，其收入安排、使用权属于地方；但税收立法权、开征权、停征权、政策管理权等都属于中央。地方只享有征收管理权及制定一些具体征税办法和补充措施的权限，不利于地方因地制宜地安排财政预算和进行财政管理。实施分税制后的税收征管分散，造成了征管范围交叉、征税成本高等一系列问题。

④税收返还和转移支付制度存在制度性缺陷，均等化转移支付占比低

目前的转移支付形式有自上而下的税收返还、体制补助、结算补助和专项拨款，还有自下而上的地方上解，形式多样，透明度较差，政策性调节较弱。其中的税收返还机制成为制约分税制改革的重要因素之一。税收返还在账面上大幅地提高了中央财政收入比重，但没有增加中央的实际收入，也不能发挥转移支付的政策调节作用。并且，由于各地税收返还基数不同，税收返还机制明显有利于富裕地区，助长地区间财力差距扩大。此外，我国大量公共服务项目主要由专项转移支付承担，专项转移支付中一些项目建设内容重复且管理部门多，拨款的依据和标准不规范，随意性强，立项审批不规范，资金使用不规范、不透明。

⑤县、乡财政困难

分税制改革后，财政的事权重心下移，财权重心上移。中央政府和省地方政府从财力分配的比重来看都有所提升，市一级政府也可以通过各种手段把财力往本级政府集中，特别是市管县的地方，这个权力更大。上面三级的财力比重都上升，那么下面两级的财力比重自然而然地就下降，造成我国目前的县、乡财政困难。由于财力分布格局不合理，部分地区基层财政困难日益突出，从而异化出地方政府依赖“土地财政”、乱收费、违规借债等问题。

⑥省以下财政体制调整不到位

分税制改革后，部分地区没有根据经济发展情况的变化适时调整省以下财政体制。我国地方政府有省、市、县、乡 4 个层次，这种层次较多的政权结构加大了分税制改革纵向深化的难度。省以下各级政府的收入划分大都采用比例分成、共享税、按企业隶属关系划分等方法。这种财政体制离真正意义上的分税制还有一定差距。

⑦财政运行的监督制度建设滞后

首先，财政运行监督的法制建设滞后。尽管我国已相继颁布实施了预算法、预算法实施细则、会计法等财税法律法规，但由于这些法律法规有其自身独特的规范对象，对财政监督仅限于原则性规定，缺乏完整性和系统性。特别是在财政监督的职责权限、监督范围和内容、监督程序和步骤等方面并无详细规定。

其次，财政监督管理机制弱化。财政监督方式尚不规范，财政监督方法比较单一，也不够规范，财政内部监督较为薄弱。

再次，财政监督和其他经济监督的有效性和协调性不足。我国的财政监督由税务监督、审计监督和社会监督共同构成完整的监督体系，负责对经济运行秩序实施监督。这些监督主体职责分工应该明确，监督内容应各有侧重，但机构监督允许适当交叉，逐步形成相互监督、相互制约、相互促进的工作格局。现在存在的主要问题是财政监督与其他经济监督的关系尚未理顺，各个监督主体之间的职责分工还不甚明确，“多头检查”、重复检查的现象还时有发生。

12.2.5 近期分税制财政体制改革的思路

分税制财政体制改革的思路是围绕推进基本公共服务均等化和主体功能区建设，加速推进中央与地方财政事权和支出责任划分改革，健全中央政府和地方政府财力与事权相匹配的体制；推进省直管县财政管理方式改革，逐步建立县级基本财力保障机制；提高一般性转移支付的规模和比例，加快完善统一、规范、透明的财政转移支付制度。

(1) 科学、明确地界定各级政府的事权和支出责任

中央与地方事权和支出责任划分是理顺政府间财政关系的前提和基础，是推进国家治理体系和治理能力现代化的重要方面。当前，分税制中几个突出问题是：中央与地方收入划分需要进一步理顺、中央对地方专项转移支付需要进一步清理整合、地区间基本公共服务均等化需要大力推进、财政资金的使用效益需要进一步提高等。这些都需要以明确政府的财政事权划分并相应界定各级政府的支出责任为前提。从财政事权划分入手推进财税体制改革可以起到“牵一发而动全身”的效果。国务院于 2016 年印发的《关于推进中央与地方财政事权和支出责任划分改革的指导意见》，对中央与地方财权事权和支出责任划分提出了明确的指导原则和改革路线图。但这项改革需要做大量细致工作。近期，财政部相关划分标准正在制定中，力争取得实质性进展。

（2）**培育地方税主体税种**

加快税制改革，完善地方税制体系，加大力度培育地方税主体税种。当前，应加大房产税、城市维护建设税等税种的征管，适时开征物业税。通过税制调整，提高地方增加财政收入的积极性，这是分税制进一步完善的重要目标。

（3）**完善财政转移支付制度**

第一，提高一般性转移支付在全部转移支付中的比重，逐步降低直至最终取消税收返还制度，最终将其纳入一般性转移支付形式。

第二，完善一般性转移支付资金分配计算公式，改进标准支出和标准收入的测算范围和内容，提高指标的科学性和可获得性。

第三，重点加强中央和省级财政转移支付有效调节地区间社会事业发展差距的功能，逐步增加均等化转移支付。

第四，对于专项转移支付，要控制和缩小专项转移支付的规模和范围，加强对专项转移支付的审批管理，注重对资金使用情况的监督。

第五，逐步取消落后地区专项拨款配套资金制度。

第六，在明确划分各级政府事权的基础上，尽快建立和完善省以下的一般转移支付制度，并通过立法的方式规范我国的转移支付体系。

（4）**通过“省直管县”财政改革继续推进财税管理体制创新**

中央政府应继续推进“省直管县”财政管理体制改革，减少财政管理层次，扩大县级行政审批权限，提高行政效率和资金使用效益；理顺试点工作中暴露出来的管理体制问题，同时也积极探索其他制度创新；特别应着手建立健全中央直接对县的转移支付制度，切实化解基层政府财政困难，大力提高基层政府的公共服务提供能力；同时，进一步完善“乡财县管”制度，进一步理顺和规范乡镇财政支出管理，严格控制乡镇财政供给人数的增长。

复习与思考

1. 简述财政体制的涵义。
2. 什么是分税制？
3. 论述我国目前的分税制财政体制的主要内容。
4. 简述当前我国财政转移支付的主要形式。
5. 你对完善当前我国分税制财政体制有何对策建议？
6. 当前应如何推进中央与地方财政事权和支出责任划分改革？

13. 财政平衡

13.1 财政收支的矛盾与平衡

13.1.1 财政平衡

财政收支矛盾是财政分配的基本矛盾。任何国家在任何经济发展阶段的财政都面临财政收支总量关系的处理问题。如果一个国家在一定时期（通常为一年）财政收支大致相等，我们就说这个国家的财政是平衡的。

财政平衡是一个相对概念，略有结余和略有赤字都是财政平衡的表现形式。在预算表里，财政收支平衡表现为预算执行的结果是支出等于收入，但实际生活中，财政收支过程总是在不同幅度的盈余或赤字中循环往复地交替进行的。所以，这种纯粹的预算平衡不过是收支对比的一种理想状态，只能作为预算的编制和执行的参照准则。财政平衡是在一定数量基准下的相对平衡，略有结余应视为基本平衡，略有赤字也应属于基本平衡。

考察财政平衡要重视财政平衡与财政均衡的关系。因为财政平衡通常是指在财政年度内①公共收支数量基本相等的关系。如果有财政结余，就意味着财政资金没有得到充分而有效地利用；如果有财政赤字，就意味着政府的入不敷出、国库拮据，无疑会对资源配置产生不良影响，造成通货膨胀压力。在其他条件不变的情况下，政府应当尽量实现财政收支平衡。又因为财政是政府调节经济运行的一个有力杠杆，对于政府理财来说，财政收支本身平衡固然重要，但由此造成国民经济的不利影响，那么，这种财政平衡并无多大意义。因此，要从财政均衡角度来理解财政平衡。所谓财政均衡，是指在一定时期内社会总供给和总需求的规模与结构保持基本平衡情况下的财政收支状况。在社会主义市场经济条件下，宏观经济稳定是财政的主要职能之一。为了保持社会总供求的基本平衡，特定年度的财政收支可以是平衡的，也可以是不平衡的。在财政承受能力允许的范围内，我们需要的当然是财政均衡而非财政平衡。

考察财政平衡要密切注意财政平衡的真实性，注意区分出虚假的财政平衡。由于种种原因，我国的财政收支状况存在非真实性的情况。例如实行“财政性挂账”，将当年收不抵支的差额通过技术处理结转到下一年，减少当年财政赤字。有的地方政府为了完成税收“任务”，收“过头税”，寅吃卯粮等。此外，我国财政中存在不少隐性债务，如社会保障基金缺口；或有债务，如国有商业银行不良资产、国有企业未弥补亏损、地方政府违规担保等。一旦这些债务成为现实并最终由政府来承担，必将导致中央财政和地方财政支出扩张，引起财政赤字。财政虚假平衡或者非真实的财政收支状况都是危险的，它们会导致政府决策失误，应引起决策者充分的重视。

13.1.2 财政平衡的计算口径

目前计算财政结余或赤字，通常有以下两种不同的口径：

财政赤字（结余）=（经常收入+债务收入）-（经常支出+债务支出） (1)

财政赤字（结余）=经常收入-经常支出 (2)

① 中国的财政年度是1月1日至12月31日，而美国则是4月1日至第二年3月31日。

第一种计算方法［公式（1）］把债务收支视为正常的财政收支。有不少国家如苏联、日本等国，采用过这种方法。我国自1953年至1993年，也采取这种方法计算结余或赤字，计算出的财政赤字被称为“硬赤字”。这样，即使财政经常支出大于经常收入，只要不向银行透支，账面上的收支仍然可以保持平衡，有时甚至表现为结余。但由于财政收支在社会总需求中的调节方向和力度的信息失真，人们对财政困难认识不足，难以准确分析财政支出对经济运行的影响。

第二种计算方法［公式（2）］是计算财政结余或赤字的最通常使用的口径，所计算出的财政赤字在我国被称为“软赤字”，后文将详述。与“硬赤字”是将债务收入和支出、与经常性收入和支出一起计入正常的财政收入与支出不同，而“软赤字”计算时，债务收入不列入财政收入，而债务的偿还也不列入财政支出，但利息的支付列入经常性支出。这种方法被国际上广大国家采用，国际货币基金组织编制的政府财政统计年鉴中，也采用这种计算方法。按这种计算方法，如果财政出现赤字，就表明财政在正常支出之外增加了一笔支出，它可能会增加社会总需求。对于这个差额，政府一般以非税收收入的形式给予弥补（如发行国债）。这种计算方法的优点是可以比较真实地反映一国财政收支状况，有利于债务的准确监测和控制，也有利于准确分析财政支出对经济运行的影响。我国从1994年起，在政策意向上不把国债作为组织正常财政收入的工具，官方提供的财政收支数据已不含债务收支，但债务利息支出没有列入经常性支出，这与国际通行方法仍不一样，计算出的赤字值与其他国家的赤字值仍不可比。从2000年开始，我国债务利息支出被列入经常性支出，衡量财政平衡的方法已与国际通行方法接轨。

13.1.3 财政收支的基本状态

一定时期内一国财政收入和财政支出之间的数量对比关系主要表现为三种情况：财政盈余（结余）、财政赤字和财政平衡。国家预算执行后财政收入大于财政支出的余额为财政盈余，财政支出大于财政收入的差额为财政赤字，财政收入与支出在总量上相等时为财政收支平衡。其公式为：

财政赤字（盈余）＝财政支出－财政收入　　（3）

财政赤字（盈余）≈（购买性支出＋转移性支出）－税收收入总额　　（4）

从图 13－1 可直观地看到财政平衡状况。

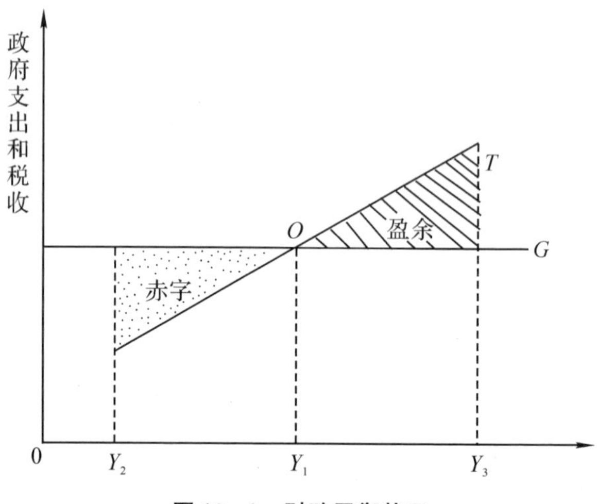

图 13－1　**财政平衡状况**

为方便分析，可假定财政支出量不随 GDP 的变动而变动，而税收收入量近似等于财政收入量并与 GDP 成正比例变动。从图13－1中可以看出，财政收入不是总与财政支出相等，在低的 GDP 水平下，财政收入小于财政支出，产生财政赤字；在高的 GDP 水平下，财政收入大于财政支出，产生财政盈余。在 O 点，财政收入与财政支出相等，出现财政平衡。

与财政赤字相关的概念有预算赤字、决算赤字和赤字财政。预算赤字是指在编制预算时就出现的预算支出大于预算收入的差额。决算赤字是指预算执行结果收不抵支的差额。预算赤字和决算赤字通常都被泛指为财政赤字。预算有赤字并不意味着预算的执行结果也一定有赤字，因为在预算执行过程中可以通过增收或节支的途径实现财政平衡。同理，决算出现赤字，可能是预算赤字引起的，也可能是预算执行过程中出现新的减收增支因素引起的。因此，预算赤字与决算赤字往往并不相等。赤字财政是指国家有意识地用赤字来调节经济的一种政策，即在编制年度国家预算时就安排了列有赤字的财政收支计划的一种政策。赤字财政的实施通过预算赤字扩大政府支出的规模，刺激社会有效需求的扩大。它的基本思想是由凯恩斯提出的，至今已成为世界各国调节经济的一种主要财政政策。

从经济内容上分析，财政收支恰好相等在理论上是成立的，但从实际经济运行来看几乎是不存在的。世界上经常有预算盈余的国家数量不多，出现预算赤字或决算赤字的情况倒是各国财政状况的一种常态。

13.1.4 财政收支的矛盾

财政收入与财政支出是财政分配活动的两个环节，两者处于对立统一之中。一方面，财政收入和财政支出互相制约。财政收入是财政支出的来源，财政收入的多少决定财政支出的规模；而财政支出是财政收入的运用，财政支出的规模、增长速度和支出结构又制约着经济发展和经济效益，从而间接决定着财政收入的规模和增长速度。另一方面，财政收支之间经常出现不一致。产生收支矛盾的因素有经济方面的原因，如经济运行的波动和经济管理水平的变化不可避免地造成财政盈余和赤字；也有制度方面的原因，如税收制度的不合理和财政管理体制的缺陷都会导致财政不平衡的出现；还有政策方面和自然因素方面的原因，如政府利用财政政策相机抉择调节经济时财政决策的失误、财政收支在时间和地区上的不一致、出现自然灾害等因素也会导致财政不平衡。所以，在一个财政年度内，财政收支在数量上几乎总是不相等的，经常出现支出大于收入或收入大于支出。

正因为财政收支之间存在相互联系、相互制约的辩证关系，使得财政收支之间的矛盾有可能向相对的平衡转化。财政工作的主要任务就是要认识到财政收支之间的内在联系，经常了解财政收支动态，深入分析造成财政收支矛盾的各种因素，及时采取措施，促进财政收支矛盾向平衡转化。

13.1.5 中国财政收支的平衡状态

表 13－1 列出了我国历年的财政收支数据。从数据中可以看出，在财政收支逐年上升的情况下，财政赤字也以不容乐观的速度攀升。对财政赤字的分析，在下文中有详细介绍。

自改革开放以来，我国财政支出占 GDP 的比重和财政收入占 GDP 的比重均呈现出一个快速下降又缓慢回升的变化趋势。

财政支出占 GDP 比重的变化，最切近实际地反映了财政活动规模，说明了政府职能的变化。在改革开放初期，政府对经济干预的作用还很强，因而财政支出占 GDP 的比重很高。随着经济的转轨，政府干预领域减少，政府职能有了很大的削弱，该比重开始下降。1998 年以后我国两次实施积极财政政策，财政支出领域扩大，基础设施领域内国债项目增多，财政支出结构优化，带来了财政支出比重的迅速上升。

财政收入占 GDP 的比重在改革开放以后开始下降，这是我国开始逐步实行分配体制改革，给企业放权让利以及国民收入分配向个人倾斜所导致的结果。但该比重下降幅度过大，到 1995 年最低时才 10.3%，说明我国政府可使用的社会资源已相当少，政府的正常运转面临危险。在这样的情况下我国调整了财政税收体制，该比重才逐渐上升。不过，由于我国政府总收入还包括政府性基金和社会保障资金等，在财政收入占 GDP 比重低水平下仍保证了政府的正常运行。但当该比重过高时，又需警惕政府对经济的过度干预。

表 13－1　我国财政收支总额及增长速度

年份	财政收入（亿元）	财政收入占GDP 比重（%）	财政支出（亿元）	财政支出占GDP 比重（%）	增长速度（%）	
					财政收入	财政支出
1978	1132.26	31.1	1122.09	30.8	29.5	33
1994	5218.1	10.8	5792.62	12.0	20.0	24.8
1995	6242.2	10.3	6823.72	11.2	19.6	17.8
1996	7407.99	10.4	7937.55	11.2	18.7	16.3
1997	8651.14	11.0	9233.56	11.7	16.8	16.3
1998	9875.95	11.7	10798.18	12.8	14.2	16.9
1999	11444.08	12.8	13187.67	14.7	15.9	22.1
2000	13395.23	13.5	15886.50	16.0	17.0	20.5
2001	16386.04	14.9	18902.58	17.2	22.3	19.0
2002	18903.64	15.7	22053.15	18.3	15.4	16.7
2003	21715.25	16.0	24649.95	18.1	14.9	11.8
2004	26396.47	16.5	28486.89	17.8	21.6	15.6
2005	31649.29	17.3	33930.28	18.5	19.9	19.1
2006	38760.20	18.3	40422.73	19.1	22.5	19.1
2007	51321.78	19.9	49781.35	19.3	32.4	23.2

续表13－1

年份	财政收入（亿元）	财政收入占GDP比重（%）	财政支出（亿元）	财政支出占GDP比重（%）	增长速度（%）	
					财政收入	财政支出
2008	61330.35	20.4	62592.66	20.8	19.5	25.7
2009	68476.88	20.4	75873.64	22.6	11.7	21.2
2010	83101.51	20.3	89874.16	21.8	21.3	17.8
2011	103874.43	21.4	109247.79	22.5	25.0	21.6
2012	117253.52	21.9	125952.97	23.3	12.9	15.3
2013	129209.64	22.0	140212.10	23.6	10.2	11.3
2014	140370.03	22.1	151785.56	23.6	8.6	8.3
2015	152217.00	22.5	175768.00	26.0	8.4	15.8

上表中的全国财政收入（支出）是中央本级收入（支出）和地方本级收入（支出）之和。由于存在中央预算稳定调节基金、地方财政结转等因素的影响。全国财政赤字计算不是简单地将财政收入减去财政支出。以 2015 年财政收支数据为例，全国一般公共预算收入 152216.65 亿元，比 2014 年同口径增长 5.8%，加上使用结转结余及调入资金 8055.12 亿元，收入总量为 160271.77 亿元；全国一般公共预算支出 175767.78 亿元，增长 13.2%，加上补充中央预算稳定调节基金 703.99 亿元，支出总量为 176471.77 亿元。收支总量相抵，赤字 16200 亿元，与预算持平。①

13.2 财政平衡的特征

13.2.1 财政周期平衡

在一个经济周期内，由经济繁荣时的盈余来抵补经济衰退时的赤字，从而在一个经济周期内实现收支平衡。这种财政平衡成为“财政周期平衡”。因为

① 数据来源于财政部《关于 2015 年中央和地方预算执行情况与 2016 年中央和地方预算草案的报告》。

社会总供求的均衡是实现经济持续、稳定增长的前提条件。而在市场机制的自发作用下，社会总供求的失衡则是经常的现象。为了实现社会总供求的均衡，客观上需要通过财政收支差额来调节供求总量。在这种情况下，如果我们仍然强调财政收支的年度平衡，不但不能熨平经济波动，而且可能加大经济波动。由于经济波动的周期通常超过一年，因而财政收支平衡的实现也只能是长期的。发挥财政调节作用，主动选择年度不平衡，保持经济的稳定增长。由于经济波动往往表现为经济过热和经济衰退的交替，因而事实上存在由经济过热时的财政盈余来抵补经济衰退时的财政赤字，从而实现周期平衡的可能性。

实现财政周期平衡的途径主要有：一是用经济高涨时的财政盈余清偿经济衰退时的债务，通过反周期操作来实现周期内的平衡，使经济衰退时产生的债务能够用经济高涨时财政的盈余来偿还。二是保持合理的财政扩张和紧缩力度，使财政扩张带来的债务能够由紧缩带来的盈余抵消。当然，可能出现财政的扩张措施在经济未达到充分就业的状态时就停止，因此要求使财政对经济的调节作用保持一个合理的度。

13.2.2 财政动态平衡

财政是政府促进经济发展的重要手段，在经济发展早期财政为促进经济发展而产生的赤字通过经济发展进入中期和成熟期后的盈余来弥补，这样就可以实现财政收支的动态平衡。在经济发展的早期阶段，政府投资在社会总投资中占有较高的比重。公共部门要为经济发展提供社会基础设施以及其他用于人力资本的投资等。这些投资对于处于经济发展早期阶段的国家步入“起飞”，以至于进入发展的中期阶段是必不可少的。在发展的中期阶段，政府投资还应继续进行，但这时的政府投资只是对私人投资的补充。而在经济发展进入中期阶段以后，私人经济得到了发展，政府投资支出压力减小，尽管支出总量仍呈扩张趋势，但收入增长速度会更快，财政收支相抵会有盈余，因而经济发展早期阶段的赤字可由经济发展步入中期阶段以后的盈余来弥补。这就实现了财政收支的动态平衡。显然，财政收支要实现动态平衡是基于财政是促进经济发展的手段这一认识前提。

实现财政动态平衡的主要途径有：一是充分发挥财政促进经济增长的作用。财政作为政府的经济行为，要对整个社会的资源配置过程、收入分配过程以及宏观经济的运行进行有效调节，实现资源的优化配置、收入的公平分配以及经济的稳定增长。当然，在这一过程中，财政的作用是辅助性的，市场的作用是基础性的，政府不能替代市场，而是要积极纠正市场的失效。二是保证财政资金正确的使用方向和提高资金使用效益。在经济发展的早期，私人资本的力量比较薄弱，财政资金不应当去从事竞争性项目投资，而是要从事私人资本的确没有能力投资而又是社会经济发展所必需的基础性项目投资以及社会基础设施建设。三是适时增加收入以清偿早期为促进经济增长而欠下的债务。通过优化税制、提高税务征管人员的政治业务素质、采用现代化的征管手段以及采用合理的征管模式来增加收入，提高非国有经济的财政贡献率。

13.2.3 财政整体平衡

财政收支的整体平衡是指全部的财政收入与全部的财政支出在数量上大致相等，而不是部分财政收支的大致相等。财政分配是一个完整的体系，其收入的筹集和支出的安排之间平衡与否，显然应从整体的角度来考察，如果收入和支出的核算范围可以任意调整，则考察财政收支是否平衡就丧失了一个起码的标准。同时，财政收支平衡是包含所有预算收支在内的整体平衡。此外，财政收支平衡作为财政管理追求的目标，自然也就体现为在财政系统的整体中实现收入要素与支出要素之间的整体平衡。总之，按照市场经济的要求，合理界定财政收支范围及内容，建立以税收为主体的收入体系来支持以公共财政支出体系，形成财政收支总体对称的合理格局。

实现财政整体平衡的主要途径有：一是合理界定财政收入范围。实现财政收支的整体平衡，对财政收入而言，主要是解决收入的“缺位”问题，把应该纳入收入体系的收入纳入核算范围。二是合理界定财政支出范围。市场经济条件下政府安排的财政支出最终都应该是向社会提供公共产品和部分准公共产品。

13.2.4 财政综合平衡

财政收支平衡仅是经济综合平衡中的一个局部平衡，必须从国民经济综合平衡的角度来研究财政平衡。实现了局部平衡，综合平衡未必能实现，而要实现综合平衡，有时需要牺牲局部平衡。国民经济综合平衡的目标是社会总供求平衡，相对于社会总供求平衡，财政平衡本身不是目的，而是手段，所以财政收支的综合平衡是指财政收支的安排应该有利于实现经济的综合平衡，而不是仅仅局限于实现财政收支本身的平衡。

这里，我们重点分析财政平衡与总量平衡的关系。

实现社会供求平衡的同时也实现财政平衡是一种经济平衡的理想状态，但社会供求平衡往往是通过财政的不平衡来实现的。例如，当经济萧条时，政府可以用加大财政投资、增加转移性支出、减少税收等方法增加社会总需求，以财政赤字换取经济的均衡。当经济处于繁荣期时，财政可以通过相反的措施抑制需求，实现经济的稳定。不过，当经济总量平衡时，财政赤字的增加并不一定增加需求总量，它可以由其他经济部门的结余来弥补。在这里，我们可以通过对总量平衡的恒等式的理解来考察财政平衡与总量平衡、非政府经济部门平衡和对外贸易平衡之间的关系。

在开放经济中，总量平衡的恒等式是：

$$C+S+T+M\equiv C+I+G+X \tag{5}$$

其中，等式左边和右边的 C 分别表示用于消费的收入和支出，S 表示非政府部门的储蓄；T 表示政府收入（主要是税收）；M 表示进口；I 表示非政府部门的投资；G 表示政府支出（忽略转移性支出）；X 表示出口。

恒等式的左边代表总供给的收入流量，右边代表总需求的支出流量。这个恒等式可以理解为，社会总供求平衡意味着在一定时期内作为总供给的收入流量恒等于作为总需求的支出流量。当企业的非意愿存货投资不为零时，则可能出现供大于求或供不应求。

将公式（5）做适当变换，我们可以得出预算恒等式：

$$G-T\equiv (S-I)+(M-X) \tag{6}$$

等式左边表示预算收支平衡状况，当 $G=T$，预算平衡；当 $G>T$，预算出现赤字；当 $G<T$，则有财政结余。

等式右端由非政府部门的储蓄、投资账户和对外贸易经常账户组成。当 $S<I$ 时，非政府部门的储蓄小于投资，非政府部门的储蓄、投资账户出现赤字。反之，则出现结余。当 $M<X$，出现贸易顺差，对外贸易经常账户有结余；当 $M>X$ 时，则出现贸易赤字。

为了更清楚地理解这个恒等式，我们从一个封闭型经济开始讨论，即不考虑 M 和 X，公式（6）可理解为：

$$G-T\equiv S-I \tag{7}$$

将之转换为常见形式后，即可表达为：

$$\text{财政赤字}=\text{非政府部门储蓄}-\text{投资账户结余} \tag{8}$$

公式（8）表达了一个重要的经济原理：一个部门的赤字，正好是另一个部门的盈余。在封闭经济条件下，财政预算的赤字可以由非政府部门的储蓄、投资账户的结余来弥补，使社会总供给等于社会总需求。这意味着，财政赤字的弥补（政府多支出的一部分）可以来自民间的储蓄盈余（非政府部门少支出的那一部分），财政赤字的增加可以不影响国内需求总量。

在开放经济条件下弥补财政赤字，不仅可以用民间储蓄来弥补，还可以动用国际资源。动用社会资源的弥补形式不同，对社会总需求的影响就会出现一些差异。

假定 $M-X>0$，贸易经常账户为赤字，这意味着一部分国外资源流入国内补充了国内总供给。在其他条件不变的情况下，谁动用了这部分国外资源，则取决于 S 和 I 的关系。其具体情况如下：

$S>I$。这表明非政府部门也有结余。为实现经济均衡而产生的财政赤字，是政府既动用国外资源也动用国内结余资金的结果。赤字同时以两种方式加入总需求：用国内结余资金弥补的赤字，会以替代支出的方式，改变总需求结构，但不改变需求总量；用国外资源弥补的赤字，会以新的需求方式叠加在原有的需求量上，增加社会总需求。

$S=I$。这表明非政府部门储蓄等于投资。非政府部门既不占用其他部门的资源，也不为其他部门提供结余资源。财政赤字全部由国外净流入的资源弥补，全部赤字会叠加在原有总需求之上。

$S<I$。这表明非政府部门储蓄、投资账户也出现赤字，而政府财政也是赤字，两个部门都必须从国外筹集资金，所有的赤字都使得总需求扩张。

通过以上的恒等式分析，可以得出以下结论：

第一，财政平衡是社会总供求平衡中的一部分，研究财政平衡必须结合国民经济整体平衡，就财政本身研究财政平衡难以得出全面的、正确的结论。

第二，国民经济整体平衡的目标是社会总供求的大体平衡，财政平衡只是其中一个局部平衡，是实现社会总供求平衡的一种手段。在特殊情况下，财政失衡能换取社会总供求的平衡。

第三，财政收支平衡是政府进行宏观调控的重要手段。财政平衡可以直接调节社会总需求，间接调节社会总供给。

总之，脱离国民经济的综合平衡，将财政孤立出来，即便能实现单独平衡，也只能是一种消极平衡。当然，有时为实现国民经济综合平衡，要付出财政收支失衡的代价，但这是暂时的。从长远看，国民经济综合平衡的实现有利于财政收支平衡的实现，因而从根本上讲二者是一致的。

但是，国民经济的综合平衡是难以在市场机制的自发作用下实现的。在市场经济条件下，居民（家庭）、企业和对外部门的经济行为，主要是接受市场的调节。它们的货币收支活动都是为了实现特定的目标。居民要实现效用最大化，企业和对外部门要实现利润最大化。而国民经济的综合平衡虽然从长远看与它们所追求的目标是一致的，但由于思考问题的角度不同、认识能力的局限以及眼前利益和长远利益的矛盾使它们很难按照实现经济综合平衡的目标来调整自己的行为。而财政收支作为政府的经济行为，必然要调整自身的收支来实现经济的综合平衡，这是由财政分配主体的特殊性决定的。

实现财政收支综合平衡的主要途径，关键是要找准国民经济综合失衡的原因，并针对不同的成因采用不同的对策。社会总供求失衡的原因很多，可能出自家庭部门、企业部门、对外部门，也可能出自银行信贷部门，还可能是由于财政自身收支失衡所引起。虽然不论哪种原因的失衡，都可通过财政收支来加以调整，但调整的效果会有区别。如果经济综合失衡的原因并不是由于财政收支失衡所引起，那么财政的调整往往就具有暂时性特征，是“治标”的调整，因此若要从根本上解决问题则必须“对症下药”，本着“治病除根”的原则采取专门对策。

此外，我们也吸取传统“四平”理论的精华。后文要提到中国的财政平衡思想，即财政收支、信贷收支、外汇收支和物资供求之间的综合平衡。“四平”理论认为，财政平衡是综合平衡的关键，银行信贷收支平衡是综合平衡的反映，外汇收支平衡是综合平衡的补充，物资供求平衡是综合平衡的基础。尽管这一理论是计划经济时代的理论，不过，当前仍有一定的借鉴意义：其一，以平衡求平衡。财政、信贷、物资、外汇分别保持平衡可实现国民经济综合平衡，并且它们在综合平衡中居于不同的地位。其二，抓主要矛盾。财政收支平衡是综合平衡的关键的判断，抓住了计划体制下制约综合平衡的主要矛盾。而银行信贷收支平衡则是市场经济条件下实现经济综合平衡的关键。

13.3 财政赤字

13.3.1 财政赤字的分类

不同类型的财政赤字，内涵有所不同。对财政赤字概念本身的理解差异，在很大程度上直接影响到对财政平衡状况及财政赤字有害还是无害的判断，所以有必要了解财政赤字的分类及其内涵。

（1）**硬赤字和软赤字**

政府预算收支有广义和狭义之分。广义的预算收入包含政府的一切进款或收入（如税收收入、非税收收入等无偿收入和国债收入等有偿收入），预算支出则是包含了债务支出的财政支出，依照这种计算口径计算出的赤字就被称为“硬赤字”。狭义的预算收入和支出不含债务收支，其差额即为“软赤字”。“软赤字”的计算方法是国际上通行的计算方法。对财政赤字进行比较时，为了使国与国之间或一国在不同时期的财政状况具有可比性，通常不用财政赤字的绝对额比较，而以财政赤字与GDP或GNP的相对额来表示。“硬赤字”和“软赤字”的详细区别见上文。

（2）**结构性赤字和周期性赤字**

结构性赤字是经济处于充分就业状态，政府取得相应的充分就业收入水平下发生的预算赤字，也称充分就业赤字。周期性赤字是实际的预算赤字超过结构性赤字的差额。结构性赤字将赤字作为外生变量来看待，假定赤字不受经济周期的影响，而周期性赤字将赤字作为内生变量来看待，它的数量随经济周期波动（尤其指失业周期）的波动而变动。借助图13－2可以说明结构性赤字和周期性赤字的差别。

在图13－2中，纵轴代表货币额，横轴代表国民收入水平，MM'和LL'分别代表公共支出水平，TT'代表税收总额，TT'线是一条向右上角倾斜的直线，表明税收是国民收入的函数。当国民收入为Y_1时，公共支出为OM，这时支出与税收相等，预算平衡。若以Ye表示充分就业时的国民收入水平，在

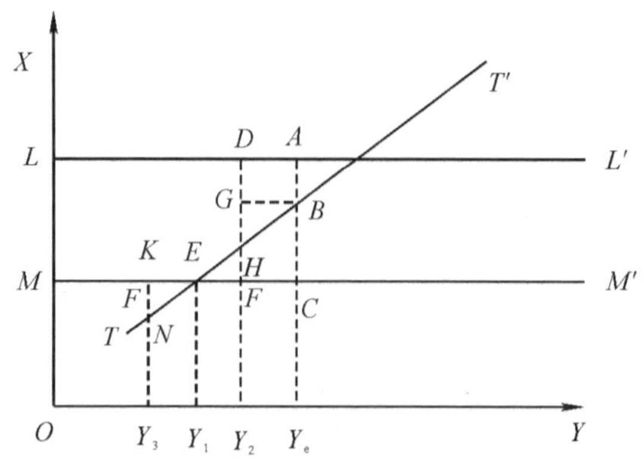

图 13－2 周期性赤字与结构性赤字

公共支出为 OM 时，财政预算出现盈余 BC。当公共支出增加到 OL，若经济仍处于充分就业状态，原来的预算盈余就转变为预算赤字 AB，这样的赤字就是结构性赤字。若 Y_2 为政府支出为 OL 时实际的国民收入水平，则实际的预算赤字为 HD，假设 $AB=DG$，则周期性赤字为 $HD-DG=HG$，即实际的预算赤字超过结构性赤字的差额。

从图 13－2 中，还可以看到经济衰退和扩张性财政政策对预算赤字的影响。假定国民收入水平为 Y_1，这时财政收支平衡。当其他条件不变，公共支出由 OM 增加到 OL，使得国民收入由 Y_1 增加到 Y_2，由于税收的增加额小于公共支出的增加额，出现财政赤字 HD，这种赤字就主要是由于政府实行扩张性财政政策引起的。若公共支出仍为 OM，税率不变，而经济出现衰退，这时社会投资减少，国民收入水平会随之从 Y_1 下降到 Y_3，并相应引起税收减少，出现财政赤字 KN，这样的财政赤字就可看做是由于经济衰退引起的赤字。

13.3.2 预算结余和赤字的处理

(1) 预算结余的处理

当政府的预算收入超过支出时，便会产生预算盈余。对这些预算盈余的处理主要有 3 种方法：A. 让盈余资金闲置，不准它进入民间部门；B. 偿还以前的政府债务；C. 把这些盈余资金分配给社会有关部门。第一种选择多发生在通货膨胀时期，为了不使政府支出增加或不使公众手中的货币增加，避免增加社会总需求，政府把财政部的闲置资金冻结起来。如果政府已经举借了债务，并且不需要对经济加强紧缩，这时政府可采取第二种措施，对债务进行有选择的偿还。相比较而言，第三种选择较少采用。总之，预算盈余的处理不同，其所产生的乘数效应的程度会有差异，对公共部门、民间部门以及每一部门内部不同资源的利用方式的影响也有所不同。

（2）**预算赤字的弥补**

出现赤字意味着财政收进的货币满足不了必需的开支，那么弥补这个缺口的货币从何而来？汉森在 1945 年发表的《财政政策选择的三种模式》一书中，提出了发行公债、增加税收、增加居民储蓄等方法。目前大部分学者认同的弥补财政赤字的方法有：动用往年财政结余，发行国债（内债和外债），向银行借款，发行货币等。在这些方法中，通过发行国债进行债务融资，是弥补财政赤字的常规方法。

弥补财政赤字方式对经济影响的重要性远大于赤字规模对经济的影响。比如，弥补同样规模的赤字，采取发行货币方式与举借债务方式，对经济的影响可能不一样，采取举借内债与举借外债的方式造成的政策效果也不一样。可以说，弥补赤字的每种方式对政府都意味着一种风险和收益的组合，赤字的弥补必须结合特定经济和体制背景进行具体分析。

①动用往年财政结余

用往年财政结余弥补财政赤字，一般不会引起国民收入超经济分配，对国民经济运行的影响不大，是弥补方法中较理想的一种方法。但随着政府职能的扩张，各国大部分年份都是赤字，出现结余的年份很少，且结余量也不大。因此，靠动用财政结余来弥补赤字不是实施的主要方式。

②发行国债

通过政府向国内个人、企业发行债券来弥补财政赤字是各国弥补财政赤字通行的做法，也是弥补财政赤字的可靠办法。一般而言，向国内公众举债，带来的是购买力由民间部门向政府部门的转移，改变的是货币持有者结构，没有带来货币总量的扩大，一般不会直接引起通货膨胀。我国近期的赤字弥补方式中，发行国债是最主要的一种方式。如果扣除通过货币融资弥补的财政赤字，那么国债就是过去所有财政赤字（财政盈余为财政赤字的负值）累积的总和，即国债是一个存量概念，赤字是一个流量概念。

③向银行借款

向中央银行借款来弥补赤字，一般是在动用结余和发行政府债券还不能弥补赤字的情况下被迫采取的措施。这种方法在有些国家较常使用。《中国人民银行法》颁布后，我国中央银行不得向财政提供借款和透支，亦不得直接购买政府债券。

④发行货币

当一国财政赤字过大或财政形势严峻时，政府可以通过印刷一定数量的钞票（不兑现纸币）的形式弥补赤字。一方面，政府从扩大基础货币发行而获取更多的归政府支配的实际资源量，即政府向境内货币持有者征收了一种隐含税收——“铸币税”(seigniorage tax)；另一方面，当货币发行量超过经济需要造成通货膨胀时，使货币持有者蒙受实际货币余额损失，并使政府所欠的国内债务价值降低，从而“有意无意地”课征了一道“暗税”——“通货膨胀税”(inflation tax)。以这种形式的“征税”来增加财政收入，政府实行起来要比直接增加税收容易得多，且不具有偿还性，因此在特定条件下成为一种收益高的弥补财政赤字的政策。但是，这种形式易产生通货膨胀预期，导致政府债务信誉下降，最终加剧经济波动，甚至产生恶性通货膨胀。实际上，由于大部分国家的货币发行权掌握在中央银行手里，这种弥补财政赤字的方法很少被采纳。

此外，变卖国有资产等方法也是弥补财政赤字的可选方法。

13.3.3 财政赤字的经济影响

财政赤字在当今世界上是一种国际现象。关于财政赤字对经济影响的看法，各国理论界存在较大的分歧，主要观点集中为两类。第一种观点将财政赤字视为“罪恶的魔鬼”，认为它会导致通货膨胀，形成虚假购买力，加剧消费与投资比例的失调等等。另一种观点则认为对财政赤字应采取具体问题具体分析的态度，连年的巨额财政赤字对经济的危害是不能否认的，但在一定条件下，财政赤字有诸多的积极性，灵活地运用财政赤字是政府宏观调控的重要手段。我们认同第二种观点，因为它比较客观地分析了财政赤字对经济的影响。由于财政赤字对经济的影响主要取决于赤字的弥补方式，财政赤字对经济影响的进一步分析可结合财政赤字的弥补方式从以下几个方面入手。

(1) **财政赤字与货币供给**

中国经济界有一种流行的说法：财政有赤字，银行发票子。这个说法描述了财政赤字与现金发放的关系，但这个论点绝非是在任何情况下都适用的。

①向银行借款弥补财政赤字对货币供给的影响

当财政向中央银行借款弥补财政赤字时，会增加基础货币量。但财政借款是否会引起货币供给过度，不能简单地作出结论。随着经济的增长，对货币的需求必然增加，从而要求增大货币供给量。每年由于经济增长引起的货币需要量对应着一定量的基础货币（由中央银行发放），这个规模的基础货币可视为财政借款的最大限额。只要财政借款不超过这个限额，就不会引发通货膨胀，或者说，只要银行能控制住贷款规模，就能避免财政向银行借款时导致货币供应过量。不过，银行要合理控制信贷规模避免受到赤字的影响，在实践上几乎做不到。这是因为，赤字数额是在年终结算时才能知道，当赤字发生时银行已来不及缩小信贷总规模，增加的货币进入流通领域。而且，新的预算年度要通过压缩信贷规模促使货币回笼也难以实现，因为强制压缩各银行的信贷规模会引起一系列调整，也会引起企业方面的抵制。

②发行国债弥补财政赤字对货币供给的影响

发行国债来弥补财政赤字对货币供给的影响，需要结合购买主体进行具体分析。居民或企业包括商业银行购买国债，一般只是购买力的转移或替代，不会引起增加货币供给的效应。因为财政通过商业银行购买国债获取货币后，表现为商业银行在中央银行的准备金减少，但财政支出后，准备金又会恢复，货币供给规模不变。企业或居民购买国债，若以现金或活期存款支付，则 M_1 相应缩小，财政再用于支出，又会形成 M_1 的供给，因而 M_1 供给规模大致不变；若用储蓄或定期存款购买，当财政支出后，M_1 的规模有可能增加，但 M_2 口径的货币供给总规模仍然大致不变。

(2) **财政赤字扩大总需求的效应**

财政赤字对需求的总量和结构都可能会产生影响。一方面，由政府扩大购买性支出和转移性支出造成的财政赤字可以作为新的投资需求和消费需求叠加在原有总需求水平上，增加总需求规模；另一方面，也可以通过不同的弥补方式，使得财政赤字只是替代其他部门需求而构成总需求的一部分，从而仅改变总需求结构，并不增加总需求规模。

财政赤字是否扩大总需求，带来国民收入超经济分配，应从赤字弥补方式来分析。国民收入超经济分配实质上是指总需求大于总供给，货币供给量大于货币需求量。假定财政赤字由财政结余或举债方式弥补，引起国民收入超分配的可能性不大。但财政向银行透支或发行货币弥补赤字，则以是否引起了超过经济需要的货币供给为标准，若造成通货膨胀，就带来了国民收入的超分配。

（3）**财政赤字的挤出效应和挤入效应**

实行扩大政府投资的扩张性财政政策导致的财政赤字，将会产生挤出效应，即由于政府投资的扩大，一部分社会财富由民间部门（企业、居民）转移到政府部门掌握使用，产生了政府部门对民间部门在资源占有与使用量上的挤出。从挤出效应理论来看，财政赤字对民间部门投资的挤出效应是通过利率机制来实现的。即在货币名义供给量不变的情况下，扩大政府投资，商品市场上购买产品和劳务的竞争加剧，物价上涨，从而推动市场利率上升。利率上升抑制了民间投资的增加，最终政府投资挤出了民间部门的投资，实行的扩张性财政政策对增加社会总投资的作用并不明显。不过，在资源闲置的经济中，不会出现政府投资的完全挤出。首先，财政扩张将提高收入，使储蓄增多，导致利率不会上升到完全抑制民间部门投资的地步。其次，在存在失业从而产量有可能扩张的条件下，当政府支出增加时，中央银行能通过增加货币供给配合财政扩张（即货币需求增大时货币供给也增大），利率一般不会上升，从而也不必然出现挤出效应。很多发展中国家的经验表明，经济不发达国家普遍存在私人投资对利率反应不灵敏、挤出效应不明显的现象。我国尚未完全实现利率市场化，利率对财政赤字的反应灵敏度不太高，所以此种形式的挤出效应在中国比较微弱。

政府采取赤字政策扩大一些领域的投资，还会产生另一种表现形式的挤出效应：由于政府投资领域的增加，使民间部门在这些领域的投资受到排挤，即所谓的“国进民退”，进而削减其投资量并通过反向的乘数效应减少国民收入，结果是部分或全部抵消政府增加投资创造的国民收入。

挤入效应（拉动效应），是指政府支出增加带动投资需求和消费需求的增长，使得国民收入和私人投资有所增加。赤字支出的很大一部分用于基建投资和改善民生，对刺激经济增长、带动民间部门投资和消费起到了不可磨灭的作用。

总之，赤字会通过利率上扬抑制民间投资，又可以促使经济增长增加民间投资，社会总投资最终是增还是减，取决于社会资源利用状态和挤出效应与挤入效应的力量对比。

(4) **财政赤字与国债发行**

发行国债是世界各国弥补财政赤字的最常用也是最可靠的方法。应指出的是，财政赤字与国债相互影响，发行国债是弥补财政赤字的主要手段，也是增大财政赤字的主要因素。在政府财政收入未形成有效增长机制的情况下，用国债来弥补财政赤字，债务会随着财政赤字的增长而增长，而债务利息也会进一步增加，增大财政赤字，财政不得不依靠借新债还旧债，使财政赤字与国债陷入恶性循环。当前许多发达国家和发展中国家，都面临着赤字与债务同时增长的局面。

国债利息率是国债发行中应注意的一个问题。国债的利息率关系到政府的债务成本，不能为顺利完成发行任务而制定过高的利率。当国债利息率低于国民生产总值的增长率时，才有可能靠税收的自然增长偿还利息，不加大财政赤字。否则，超额部分也要靠借新债来偿还，加重财政负担。

由此可见，发行国债虽然是弥补财政赤字的一种可靠来源，但国债规模和结构对财政赤字有非常重要的影响，政府对国债的发行和管理不可等闲视之。

13.3.4 中国财政赤字的成因与治理

(1) **我国财政赤字的形成原因**

改革开放以来，我国财政几乎连年出现赤字。关于我国财政赤字的形成原因，各界人士进行了深入的分析。其主要观点认为，财政赤字产生的原因，首先是与经济周期有关。当经济繁荣时，由于税收收入大幅度增长，财政出现盈余或赤字规模缩小。当经济衰退时，税收收入下降，但由于财政支出的刚性特征，财政支出仍保持以前规模。当内需不足、经济增长速度下降以及就业形势严峻时，为启动需求扩大的财政投资和社会保障支出还会扩大支出规模。因此，在经济衰退期往往出现财政赤字。其次，财政赤字产生的原因与政府职能的不断扩大相联系。计划经济体制下政府投资是社会总投资的主渠道，基建规模过大、重复建设、盲目投资是导致财政赤字的主要原因。经济体制改革以后，由于投资比重下降，政府投资对财政赤字的影响力减弱，产生赤字的主要原因是政府为经济体制改革的变迁所付出的成本（机会成本）。具体而言，政府对国有企业进行了一系列的放权让利改革，预算体制也发生了重要变化，政府可支配的财力大大减少。而财政支出急剧上升，使得财政越来越无法应付经济增长的要求，造成了财政困境。由于分税制改革带来的地方财政困难以及基本公共服务的城乡、地区、个人之间的差异，需要政府加大民生领域支出，引起财政赤字规模增大。再次，财政赤字与税收征管和财政资源分配的信息不对称有关。由于信息上的不对称，财政资源使用时缺乏足够的监督，财政支出容易超出合理使用规模，产生道德风险，我国国有企业的亏损和公共工程的低效益就充分证明这点。也由于信息上的不对称，加上税收征管中的疏漏，使得税务机关不能将税收应收尽收。这类财政支出的扩张和财政收入的减少很大程度上影响了我国财政赤字的形成。最后，外部冲击也是形成财政赤字的重要原因。在国家遭遇天灾人祸和政治冲突时，抗洪救灾、地震灾后重建、反恐怖支出、国防费等开支都会导致财政支出大规模上升。

关于财政赤字成因的讨论，还涉及我国财政赤字是内生变量还是外生变量的问题。财政赤字是内生变量，是指财政赤字是由经济体系内部的各种经济变量以及微观经济主体的经济行为形成的。财政赤字是外生变量，是指财政赤字是政府实行某种经济政策造成的，而不是经济变量或微观经济主体的经济行为形成的。实际上，外生变量和内生变量是可以相互转化的。一旦采取了经济体制改革或实行新政策，就可通过经济运行机制导致或加剧财政赤字，外生变量就转化为内生变量。

在国外，赤字膨胀的原因还与长时期的高利率和政治僵局有关。由于实际利率过高，意味着政府对未偿还债务（主要是对到期债务再延期）的利息支付成本上升，造成借新债还旧债，赤字规模继续扩大。赤字膨胀的另一个因素是政治僵局：增加税收和减少支出，虽可以减少赤字，但都不受公众欢迎。只要没有危机，没有一个政治家愿意为削减预算赤字而冒风险。这样，预算赤字会继续扩大，而债务利息支付也会不断扩大。

（2）**我国控制财政赤字的途径**

控制财政赤字，首要任务是合理控制支出规模，调整财政支出结构，规范政府行为。削减过多的行政事业性经费，政府逐渐退出盈利性投资领域等措施，成为控制财政支出、缩小财政赤字的当务之急。当然，由于政府支出中大部分具有刚性特征，削减财政支出操作起来难度较大。在调整财政支出结构中，政府还应加大对民生领域和社会事业支持保障力度。

其次，预算赤字的控制还应从提高经济运行效率、转变经济发展方式入手。财政状况的改善有赖于经济基础的改善，这是一个“做蛋糕”和“分蛋糕”的关系。在财政支出规模和税率不变的前提下，经济效率提高，财政收入也提高，财政赤字就会缩减，甚至转向结余。因此，实现经济发展方式的转变，有重点地支持基础产业以及一些重点企业、高科技产业的发展，促进企业制度创新和技术创新等，有助于增加财政收入，缩小财政赤字。

再次，强化税收征管。控制财政赤字离不了“开源”，所以，一切提高财政收入的措施都是减少财政赤字的办法。我国纳税人的纳税意识不强，偷税、逃税现象严重，造成大量的财政收入流失，因此加强税收征管以增加税收收入是控制财政赤字的一个重要途径。

此外，依据经济的实际情况渐进地推行经济体制改革，特别是税收制度、社会保障制度、投资体制等对财政收支影响较大的体制改革，降低体制改革带来的机会成本，将有助于减少财政赤字。

13.3.5 西方经济学家对财政赤字的不同论点

古典经济学家将预算赤字看成是经济系统的外生变量，简单地认为赤字是战争、自然灾害或政府挥霍浪费的结果，主张平衡预算。亚当·斯密、李嘉图等古典经济学家虽然在赤字是否损害个人资本的积累力、债务负担是否会引起分配不公等问题上有不同的看法，但对举债引起的长期债务对经济的损失都忧心忡忡。李嘉图还提出了举债等于征税的看法，他的理论观点被后来的巴罗等人称为“李嘉图等价定理”。在 19 世纪中期到 20 世纪初，尽管许多西方国家没有在实践中保持预算收支的平衡，但也总希望用盈余来弥补赤字，预算平衡甚至成为政治家们必不可少的竞选纲领。

凯恩斯是第一个把赤字财政作为国家宏观经济政策的经济学家。在他的理论体系中，赤字成为政府主动干预经济的政策工具。在有效需求不足时期，政府可以通过反周期的赤字财政政策扩大有效需求，使经济走出低谷并达到充分就业状态。凯恩斯理论统治西方经济学界多年，财政赤字几乎成为治疗经济顽症的灵丹妙药。

20 世纪 70 年代以后，由于滞胀的出现，新古典经济学派取代了凯恩斯学派。其代表学者对斟酌使用的财政政策和与之相关的赤字财政政策持批评和怀疑态度，认为财政赤字是出现滞胀和破坏经济的罪魁祸首，是不负责任的前人留给后人的抵押贷款。例如，供给学派反对赤字财政政策，主张实行预算平衡的财政政策，主张通过减税和削减社会福利支出来消除财政赤字。货币主义认为，没有相应的货币政策的配合，纯粹的财政政策是无效的，赤字会导致通货膨胀。

13.4 财政平衡理论的发展

13.4.1 财政平衡思想与实践的发展

在自由经济时期，西方经济学家一般反对国家干预，主张经济自由。这种思想在预算的基本准则上表现为预算平衡。至第一次世界大战前，实现预算平衡一直是各国制定预算的基本准则，预算出现赤字则被认为是财政管理不善。实际上，除发生特殊事件外，各国的预算收支也通常能够保持平衡。第一次世界大战期间，很多国家税收收入由于经济受到战争的影响而大量减少，而军事支出大大增加，为平衡预算收支，各国政府付出了税收负担增加以及失业增多的代价。

1929—1933 年的世界经济危机导致各国财政收入急剧下降和财政赤字迅速增加。随着经济危机的进一步加深，凯恩斯提出的包括赤字财政理论在内的宏观经济理论被政府所采纳。该理论主张通过财政政策对总需求进行管理，打破传统的预算平衡原则，用预算赤字的增减来调节经济，实现充分就业这一宏观经济目标。这意味着当出现经济衰退时，政府不应考虑如何实现预算平衡，而应减少税收和增加公共支出，使社会购买力和有效需求相应增加，阻止经济衰退的继续恶化。事实上，各国政府为了从经济危机中尽快复苏，相继采取了扩张性财政政策，产生了庞大的财政赤字。20 世纪 30 年代中期，各国经济先后复苏，在税收增加的同时，用于应付危机的各种支出减少，财政赤字随之减少。

第二次世界大战结束后，在扩张性财政政策理论仍影响着各国财政政策制定的同时，补偿性财政理论逐渐成为新兴的主流思想。补偿性财政政策主张不单纯追求预算收支本身的平衡，而是要在社会产品供需之间发生差距时，通过合理安排预算收支，弥补总供求之间的差距，使经济保持均衡状态。

20 世纪 50 年代以来，虽然没有爆发世界性战争，但各国经济危机仍频繁出现，尤其以 1973—1975 年的石油危机最为典型，美国在其后出现了滞涨的现象。主张紧缩公共开支的各种学派，如货币主义学派、供给学派和理性预期学派等，在经济理论中占据了主流地位。货币主义学派认为，财政支出扩张将导致利率上升，对民间部门投资产生挤出效应，在经济中不能产生新的就业机会，故实施赤字财政是得不偿失的。而且，预算赤字引起货币供给量同需求量之间的巨大差距将导致经济波动。供给学派认为，从预算赤字对供给的影响看，如果预算赤字是由减税引起的，则有助于生产力的提高和供给的扩大，对经济将产生长远的扩张效应；如果预算赤字是因政府的公共支出扩张而引起，由于政府部门的效率一向低于民间部门，政府部门的扩张必然会降低总体的生产力，从而对经济将产生长久的停滞或紧缩效应。因此，解决滞涨的关键是减税和削减财政开支，增加社会产品的供给，增加就业和对产品的需求。理性预期学派对预算平衡的观点是，政府预算赤字的扩大相当于公众未来税负的提高，有理性预期的公众会减少目前的消费支出，民间部门经济紧缩的效果刚好抵消掉预算赤字的扩张效果，因此赤字政策对社会产出和所得的影响极其有限。

各国近期实践证明，实施平衡预算政策已成为当代解决世界性财政难题的共同政策发展方向。近年来我国连续出现的赤字和政府债务剧增的情况，也说明了政策实际执行的困难。

13.4.2 不同的财政平衡理论

西方国家在不同时期，根据其经济状况依次采取了年度预算平衡论、周期预算平衡论以及功能财政理论（充分就业预算平衡论）。

（1）**年度预算平衡论**

年度预算平衡理论（the annually balanced budget fiscal norm）是以量入为出为中心的理论，经古典经济学家创立后，作为政府财政预算的基本理论延续了一个多世纪。该理论主张实行严格的预算平衡，即每个财政年度的收支都要保持基本平衡；而且，预算规模要小，财政支出要节俭。古典经济学派年度预算平衡的基本观点主要有以下方面：

第一，政府对民间经济部门发行公债，会使得原本是民间部门用作生产投资的资本被挪作政府花费，从而延缓民间部门的发展。

第二，政府支出是非生产性的，用发行公债支持的赤字支出会造成巨大的浪费。

第三，政府的赤字支出必然导致通货膨胀。

第四，年度预算平衡是控制政府支出增长的有效手段。

但是，年度预算平衡在理论和实践上都遇到了不可解决的问题。首先，强调年度预算平衡会使政府在解决严重的经济衰退时，缺乏有效的财政政策手段。其次，年度预算平衡实际上起到了加剧经济波动的作用。例如，在通货膨胀时期，由于国民生产总值的增加，政府税收自动增加，而政府支出变化不大。在这种情况下，为了保持预算平衡，避免出现财政盈余，政府面临三种选择：要么降低税率，要么增加开支，要么这两种措施一起采用。显然，这三种做法都会加大社会总需求，对已出现的通货膨胀火上浇油。同理，在经济衰退时期，保持预算平衡实际上是对已出现的衰退雪上加霜。

尽管年度预算平衡理论有许多缺点，但它主张对政府的过度行为进行控制，使公共部门的相对规模不至于过大，这是有积极意义的。

（2）**周期预算平衡论**

20 世纪 30 年代的世界性经济危机的爆发，使主张政府干预经济的理论处于支配地位，周期预算平衡论成为当时预算准则的主流思想。

周期预算平衡论（the cyclically balanced budget fiscal norm）主张在发挥财政政策熨平经济周期波动时，实现预算收支在一个经济周期内保持基本平衡，而不是在某一个特定的财政年度内保持平衡。其基本观点概括如下：

第一，在经济衰退时期，政府应该减少税收，增加支出，主动使预算产生赤字。其目的在于直接扩大财政投资和社会消费，并间接刺激民间部门的投资和消费的扩大，从而提高社会有效需求水平。

第二，在经济繁荣时期，政府应该增加税收，紧缩支出，主动使预算产生盈余。其目的在于直接压缩财政投资和社会消费，并间接抑制民间部门的投资和消费的增长，从而降低社会有效需求水平。

第三，在上述情况下，政府财政不仅发挥了反经济周期的功能，而且还能使预算保持平衡。但这时的平衡，不是年度平衡，而是周期平衡。即从整个经济周期来看，繁荣时期的盈余可以抵消衰退时期的赤字。所以，即使预算不在每一个预算年度保持平衡，也会在整个经济周期内保持平衡。

在现实经济生活中，周期预算平衡很难实现。首先，对经济周期的正确预测难以实现。周期预算需要对经济周期进行预测，使预算周期与经济周期保持一致。但事实上，几乎没有对经济周期能够进行准确预测的先例。其次，周期预算平衡是以经济周期有规律发展为前提的，但由于经济繁荣与衰退时间长短不一定相同，在繁荣时期产生的盈余总额不一定等于衰退时期的赤字总额，经常出现的情况是预算有赤字的年份多，甚至有时整个周期都没有盈余，理论的假设前提不能成立。所以，严格的周期平衡只是一种巧合，经济体系没有一种能够确保周期对称出现的内在机制。再次，有些制度因素也妨碍周期预算平衡论的实现。由于减少公共支出（特别是社会福利支出）和增加税收常常受到公众的反对，政府常常存在一种内在的支持预算赤字而反对预算盈余的倾向。所以，即使周期是对称的，但由于这种制度的偏好也将阻碍这种理论的准确运用。

周期预算平稳论如图 13－3 所示。

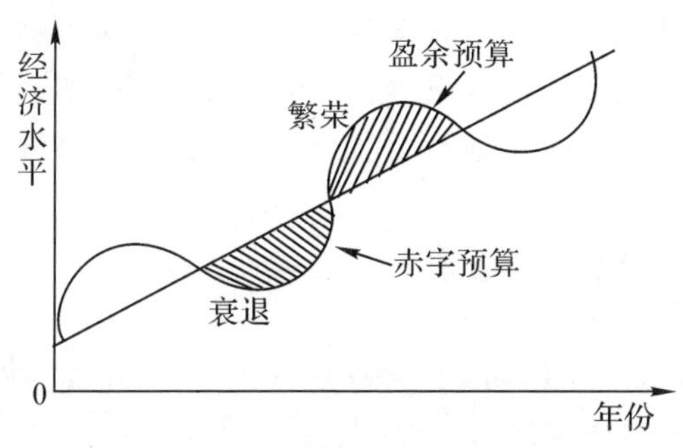

图 13－3　**周期预算平衡论**

（3）**功能财政理论（充分就业预算平衡论）**

功能财政理论（the functional finance fiscal norm）是把稳定经济作为第一目标的财政政策理论。美国经济学家 A·L·勒纳在 20 世纪 40 年代发表文章，明确提出“功能财政”的预算准则。该理论的核心思想是，政府财政的基本功能是稳定经济，财政政策的运用应着眼于其对经济所产生的结果，而不应过多考虑这些政策是否遵循了既定的传统学说。功能财政论的基本观点如下：

第一，无论是年度的还是周期的平衡预算，只具有第二位的重要性。政府财政的基本功能是稳定经济，这才是最重要的。为达到稳定经济的目的，长期坚持盈余或赤字都是可取的。

第二，政府预算的首要目的，是实现充分就业和物价稳定。财政预算准则的选择应考虑其对经济的功能，不应只关心税收收入与公共支出是否平衡，不应为达到预算平衡而置经济平衡于不顾。

第三，政府的债务只有在需要时才能发生。即在私人部门持有较少的货币用于支出，而政府需要拥有更多的公债时才能向私人部门借债。

第四，政府的货币支出超过政府的货币收入的差额，若不能用私人部门持有的用来购买公债的货币弥补，政府则应印刷新货币；反之亦然。

功能财政论将预算平衡与否的判断，从实际的预算收支差额转向对经济进行分析，这是预算平衡理论的重大转变。这一理论证明了经济衰退期存在预算赤字的必要性，从而为连年不断的预算赤字提供了避风港。

但是，功能财政论是一个宏观静态理论，也有其局限性。例如，在通货膨胀时期，不管什么类型，只要实施一揽子减少总支出的办法，就可以取得货币稳定，但可能出现牺牲经济长远发展利益的局面。因此，功能财政论对平抑短期的周期波动效果比较理想，而对长期的经济增长影响不够明显。此外，这一理论在实际运用中，由于存在认识时滞、执行时滞等因素，可能出现错过政策措施实施的最佳时机，或者实施不恰当的政策加重了经济波动的情况。

13.4.3 中国的财政平衡学说

我国于1950年统一了财政收支管理、物资管理和现金管理，实行“统一财经”。1953年，由于缺乏经验，当年就把上年财政结余的二十多亿元资金几乎全部用于基本建设支出，一度出现了财政收支紧张。这次教训使大家认识到财政平衡、信贷平衡与物资平衡的关系。1956年，由于增加基本建设支出，财政出现赤字，市场供给紧张。在这种情况下，陈云同志等领导结合我国当时的具体实践，创造性地运用马克思主义的社会再生产原理，提出“三平”理论。这里的“三平”是指财政收支、信贷收支和物资供求三者之间的综合平衡，这三方面因素在综合平衡中的作用表现为：财政平衡是综合平衡的“关键”，信贷平衡是“综合反映”，物资平衡是“基础”。首先，财政平衡本身应坚持“略有结余”的方针，财政平衡了，就不会增加货币发行，而且财政有结余可以保证信贷收支平衡。其次，在统收统支体制下，银行的资金来源狭窄，超过贷款需要的资金要靠财政给予支持。因此，财政平衡必须考虑信贷平衡，否则，即使财政收支本身平衡，社会资金总体上仍是不平衡的。再次，资金运动与物资运动要结合，追求物资供求平衡是“三平”的最终目标。实际上，当时只要预算内基建与“三材”（钢材、木材和水泥）平衡，就可以保证物资供求的大体平衡，也就可以保证国民经济的综合平衡。随着对外经济交往的不断扩大，在“三平”的基础上加上外汇收支平衡形成了“四平”理论。

由此可以看到，“三平”理论是计划经济体制下的财政平衡理论，在施行的三十多个年头里，为社会主义现代化建设立下了汗马功劳。在市场经济体制下，市场在资源配置中起决定性作用，资金管理体制、价格体制、政府的职能作用、企业和居民的经济行为等与以前大不相同，“三平”理论已不适用于当今的经济实践。举例而言，随着统收统支体制的破除，财政收入占国民收入的比重急剧下降，财政与银行的关系发生了变化，企业的信贷资金急剧增加，“财政是关键”这一论点已难以成立；同样，国民经济综合平衡的对象由物资供求平衡转向社会总供给和社会总需求的平衡，物资平衡是“基础”这一提法已不符合实际。不过，“三平”理论中从国民经济总体、全社会资金的角度研究财政平衡，以总量平衡为主，兼顾结构平衡，重视资金运动与物资运动相结合等研究方法和观点，对当前经济工作仍有指导意义。值得指出的是，目前我国经济学界对财政收支平衡理论的研究和实践的运用也取得一些可喜的进步。

复习与思考

1. 如何理解财政平衡?
2. 试比较与财政赤字相关的几个概念的差异。
3. 简析预算赤字的弥补方法。
4. 简析财政赤字对社会经济的影响。
5. 简析控制财政赤字的途径。
6. 理解财政平衡与总量平衡的关系。

14. 财政政策

14.1 财政政策概述

14.1.1 财政政策的涵义

财政政策（fiscal policy）是指一国政府为实现一定的宏观经济目标而调整财政收支规模、结构和收支平衡的指导原则及其相应的措施。财政政策是财政理论运用于实践的中介，贯穿于整个财政工作过程。在社会主义市场经济条件下，财政功能的正常发挥主要取决于财政政策的适当运用。

我国古代的理财思想家早就提出“量入为出”、“轻徭薄赋”等朴素的财政政策思想，但这种思想是在自然经济条件下形成的，对经济发展的影响不大。现代意义的财政政策始于20世纪30年代的资本主义经济大萧条之后。当时，凯恩斯经济理论受到政府的重视，美国罗斯福政府一反过去不干预经济的做法，通过改变财政收支的财政政策来管理总需求，运用扩张性财政政策刺激经济的回升。随后的高通货膨胀时期，各国都主张运用后凯恩斯主流学派中新古典综合派的紧缩性财政政策。针对 20 世纪 70 年代的滞胀，又出现了松紧搭配的财政政策，以及供给学派的以减税为主的财政政策。从财政政策的演变来看，它不仅成为各国干预经济的重要经济杠杆，也成为财政学研究的重点内容。

在传统的计划经济体制下我国财政政策对宏观经济的调节基本上包揽国民收入的分配过程。随着社会主义市场经济体制的建立，财政政策的内容、手段和目标得到了丰富，政府运用财政政策间接调节宏观经济的技术也日趋成熟。1998 年亚洲金融危机和 2008 年美国金融危机后，我国政府采取的积极财政政策，取得了明显的效果。

14.1.2 财政政策的功能

我国财政政策具有两大基本功能，即稳定功能和发展功能。

(1) **稳定功能**

经济稳定可以看作是在某一时点上总供求处于均衡的状态（含内部均衡和外部均衡）。经济的发展主要是指经济增长以及社会生活质量的提高等。经济的稳定和发展往往是不可分的，经济稳定促进经济发展，而经济发展也有助于实现经济稳定。从时间上看，经济的稳定表现为相对静止的状态，经济的发展表现为一个连续运动的过程。在财政政策的权衡中，需要将两者有机地结合起来。

财政政策的稳定功能主要表现为政府能够运用财政政策对经济进行有目的的干预。当经济出现膨胀性缺口的时候，政府可采取减少支出或增加税收等政策手段，减少社会总需求，减小通货膨胀的压力；当出现紧缩性缺口时，政府可采取增加支出或减少税收等方法刺激社会总需求。

(2) **发展功能**

财政政策的发展功能主要通过三个方面体现出来。

①通过推进结构调整，促进经济发展

结构调整，是指资源重新按比例合理配置，使结构扭曲的生产潜能充分释放出来。财政政策对结构调整的作用体现在多方面，例如，通过对需要限制发展的行业实施高税收政策，减少资源流入这个行业。再如，财政政策通过税收、财政补贴等方式扶持高新技术产业，促使产业结构优化，或通过增加某些领域如基础设施公共支出的方式达到结构调整的目的。

②对社会经济发展过程中的利益分配失衡状态进行调节

财政政策具有调节的作用，是由财政的收入分配职能的本质属性决定的。税收政策、财政投资政策、转移支付政策等，可从多方面调节地区之间、行业之间、部门之间、阶层之间的利益分配关系。

③推动技术创新和制度创新

财政政策通过建立鼓励企业从事技术创新的税收制度，增加对基础科学研究和教育的财政支出等措施，可以促进技术创新。此外，制定财政政策时，要立足于让市场机制对资源起决定性作用，采取灵活的财政制度安排，以推动经济体制的创新和完善。

14.1.3 财政政策的主体

财政政策主体是指政策的制定者和执行者，在我国现行体制下财政政策主体是指各级政府。其行为的规范与否，对于财政政策功能的发挥和目标的实现起着至关重要的作用。在财政政策分析中重视对财政政策主体行为的研究，有利于分析出政策偏差的原因，也有利于找出问题的症结。

我国财政政策主体的位置“错位”现象严重。在基础教育、基本医疗、公共卫生、住房保障等民生领域，政府“缺位”现象较严重，影响了财政政策效应的发挥。

我国财政政策主体之间的利益摩擦也在发生变化。在统收统支财政体制时期，由于政府间权责明确，中央政府处于财政政策制定者的身份，地方政府处于政策执行者的地位，地方政府和中央政府之间的利益摩擦不大。改革开放以来，实行了“分灶吃饭”和“分税制”的财政体制，地方政府自主权增大，不仅成为一个政策执行者，也成为一个地区的政策制定者，这种双重地位使地方政府对中央政府政策的执行发生了变化。有些地方政府在中央财政政策对自己有利时就执行，不利时就抵制，甚至通过地方政府隐性债务形成政策“倒逼机制”，在一定程度上加大了中央政府的宏观调控难度。

14.1.4 财政政策的目标

财政政策目标，是政府希望通过预定的政策实施所能实现的目的。财政政策目标应具有连续性和一致性的特点，这就要求中短期财政政策在导向上与长期财政政策保持一致，各种财政政策的目标取向在总体上一致。当然，政策目标的确定，受到国家的职能、财政在国民经济中的地位、经济形势等各种因素的制约和影响。

财政政策的目标，既可以是单一的，也可是多元的。从历史的发展来看，财政政策目标经历了由单一到多元的发展过程。20 世纪 40 年代中期，英、美等国把凯恩斯主义奉为制定财政政策的指导思想，财政政策的目标是实现充分就业。20 世纪 50 年代末和 60 年代，资本主义国家把经济增长看成了主要目标，形成了以高增长率为目标的财政政策。“滞胀”出现后，各个资本主义国家纷纷改弦更张，以多元的财政政策目标代替了单一目标。围绕着财政政策目标，不同的西方经济流派提出了不同的经济理论和财政政策主张。

我国的财政政策目标也是随着政治经济形势的变化而变化的。目前，中国经济目标为保持经济在新常态下可持续稳定增长，调整经济结构，保持物价稳定等，当前，财政政策的目标就应服务于这个总目标。

结合财政政策的基本特点，我国的财政政策目标可具体归结为以下几个方面。

(1) **经济适度增长**

经济增长要求经济的发展保持较高的速度，即一国的国内生产总值或国民收入要有实际增加，一国的人均国内生产总值或国民收入也要有一定的增长。经济的适度增长离不开合理的投资和消费比率以及经济结构的优化。因此，财政政策在推进经济增长的过程中，一方面应处理好社会投资和消费之间的关系，保持适度的社会储蓄率；另一方面应注意运用公共投资支出和税收杠杆，发挥财政在结构调整和推进技术创新中的作用。

(2) **充分就业**

充分就业是指一切生产要素都有机会以自己愿意的报酬实现就业的状态。财政政策对充分就业目标的影响主要在于减少居民周期性失业，即由于周期性爆发的经济衰退引起的社会总需求下降造成对劳动力需求的不足引起的失业。

居民就业率提高，其他生产要素的充分利用也就容易实现。所以，当经济萧条时，政府应该通过财政政策，提高社会总需求规模，缓和经济衰退，降低失业率。

（3）**物价稳定**

物价稳定的目标，是财政政策稳定功能的基本要求。物价稳定，并不是指物价稳定不变，而是要求将价格的变动幅度控制在一定范围内，避免过度的通货膨胀或通货紧缩。当物价持续上涨或持续下降需要采取财政政策时，必须首先分清造成物价不稳的具体原因，如果是结构性摩擦造成的，则必须调整经济结构；如果是需求过大或需求不足造成的，需要调整财政投资支出、转移性支出或通过税收控制个人收入的增长幅度。

（4）**收入合理分配**

收入差距过大，容易造成有效需求不足，不利于社会的稳定和经济的发展，因此，收入分配公平与否关系到经济增长的效率、质量以及政治的稳定。实现收入合理分配，既要防止两极分化带来的贫富悬殊，又要避免平均主义分配对劳动者的劳动积极性的伤害，实现公平与效率的协调。制定财政政策时，可以通过累进的个人所得税税收制度和完善的社会保障体系来实现这一目标。

（5）**社会生活质量逐步提高**

经济系统的最终目标是满足社会全体成员的需要。需要满足的程度不仅取决于个人消费需求的实现，而且取决于社会公共需要的实现。这种社会公共需要的满足，综合表现为社会生活质量的提高。比如，社会和谐、公共安全、环境质量、基础科学研究、教育和公共卫生等水平的提高都标志着社会生活质量的提高。财政政策把社会生活质量的提高作为政策目标之一，是因为提高社会生活质量仅靠市场是远远不够的，还必须依靠政府部门提供足够的和高质量的社会公共物品。

14.1.5 财政政策的工具

财政政策工具是财政政策主体所选择的用于达到政策目标的各种政策手段。一般把财政政策工具分为三类，即国家预算、财政收入和财政支出。财政收入类的政策工具有税收和国债，支出类政策工具包括公共支出和政府投资。

国家预算作为国家的年度财政收支计划，可以通过预先制定的收支规模和收支差额，以及在执行过程中的收支追加变动实现其调控功能。通过预算可以确定政府可支配的收入规模，可以确定政府的投资规模和消费规模，影响经济中的货币流量，从而对整个社会的总需求以及供求关系产生影响。

税收是财政政策的一个有力工具，主要用来实现经济稳定的目标和收入合理分配的目标。税收调节社会总供求的方式有两种：一是在自动稳定机制作用下，税收随经济的波动自动增减，减小经济波动的幅度；另一种是政府根据经济形势的发展变化，采取相机抉择的税收政策，通过选择税种、税率、税收优惠和税收惩罚等调节工具和作用力度的变化，主动实现供求平衡，并且通过税收鼓励或限制某些行业和产品的发展，实现调节经济结构的目的。此外，通过累进所得税制和财产税制，对高收入者和拥有较多财产的家庭征收更多的税，有利于实现收入公平分配。

国债最初是政府组织收入弥补财政赤字的重要手段。随着信用制度的发展，国债已成为调节货币供求、协调财政与金融关系的重要政策工具。一方面，国家可以利用长期建设国债资金用于基础产业的发展，有利于产业结构的优化；另一方面，国债政策的运用，可以调节社会供求总量平衡，实现经济稳定目标。当经济萧条时，政府可以通过以下的国债政策来扩大总需求：A. 增加短期国债的发行来提高社会资金的流动。B. 通过向银行发行国债，促使银行扩大信贷规模。C. 调低国债的发行利率，带动金融市场利率水平下降。这些措施都有利于刺激投资需求和消费需求，实现供求平衡。当然，当经济处于繁荣时，也可采取相反措施进行调节。值得一提的是，国债不仅是财政政策工具，而且日益显示出金融资产属性，在其流转运行中联系着宏观层次和微观层次的经济运行。

公共支出主要指政府满足纯社会公共需要的一般性支出，它包括购买性支出和转移性支出两大部分。购买性支出包括商品和劳务的购买，它是一种政府的直接消费支出，由政府用于维持国防、行政事业费开支等支出构成。政府消费可以直接变动总需求，也可以通过消费的变化间接影响民间部门的投资和消费行为。政府消费支出对基本公共服务水平的提升起着至关重要的作用。转移性支出主要包括社会保障支出和财政补贴支出。在经济萧条和经济繁荣时期，社会保障和社会福利的增减变化，可以增加或减少居民的可支配收入，影响社会有效需求，实现对经济的调节作用。社会保障和社会福利方面的转移性支出是实现收入合理分配、经济稳定目标的主要工具。财政补贴可分为生产性补贴和消费性补贴，它们都在一定程度上缓和供求矛盾。在有效需求不足时增加消费性补贴，增加消费者的可支配收入；在总供给相对不足时，增加生产性补贴，提高生产者的投资和供给能力。

政府投资是指财政用于资本项目的建设支出，它最终将形成各种类型的固定资产。在市场经济条件下，政府投资的项目主要是指那些具有自然垄断特征、外部效应大、产业关联度高、具有示范和引导作用的公共设施、基础性产业和高新技术产业。因此。政府投资可以调整产业结构、技术结构、资源结构，对经济结构的调整起关键性作用。在经济萧条时期，政府可以通过“汲水政策”，进行诱发性投资，激发私人投资活力，增加社会的总投资，使经济逐步走出衰退。政府投资是政府对需求管理的重要手段，在经济萧条和繁荣时期，可以通过“补偿政策”，从经济状态的反方向调节，利用乘数效应迅速扩大或缩小社会总需求，从而实现稳定经济增长的目标。

14.1.6 财政政策的类型

(1) 相机抉择的财政政策和内在稳定器

根据财政政策在调节社会总需求过程中发挥作用方式的不同，可将财政政策分为相机抉择的财政政策和内在稳定器。

①相机抉择的财政政策

它是指政府根据不同时期的经济形势，相应采取变动财政支出和税收的措施，以减缓经济波动，实现低失业率和低通货膨胀的稳定增长目标。这种财政政策不能依靠政策本身自动发挥作用，而必须由政府对客观经济形势分析判断后有意识地采取措施干预经济运行。按照财政政策早期理论，相机抉择的财政政策包括汲水政策和补偿政策。汲水政策的涵义引自于汲水现象——要恢复水泵抽取地下水的功能，必须得先往水泵里注入少许水。也就是说，在经济萧条时要靠一定的公共投资才能使经济自动恢复活力（启动私人投资），这样的政策就是汲水政策。20 世纪 30 年代美国的罗斯福政府实施的财政政策，就是汲水政策的一个典范。补偿政策是政府为了稳定经济，有意识地从当时经济状态的反方向进行调节的财政政策。在经济繁荣时期，为了减少通货膨胀，政府可通过增收减支等方法，来减少消费和投资，抑制社会有效需求；而在经济衰退时期，政府可通过减收增支的方法来增加消费和投资需求，促进社会有效需求的增加。

虽然补偿政策和汲水政策都是政府有意识地调节经济的政策，但两者的区别是明显的。汲水政策是一种短期的财政政策，它借助公共投资以刺激私人投资的增加，是医治经济衰退的处方，经济萧条消失后就不能再使用；它的调节对象是民间投资，政策载体只有公共投资，且公共投资不能超额运用。补偿政策则是一种全面干预经济的政策，经济繁荣和萧条时都能运用；它的调节对象是经济的有效需求，实现工具除公共投资以外，还包括税收、转移性支出、财政补贴等。

②内在稳定器

它又称“自动稳定器”，是指随着经济形势的周期性变化，一些政府支出和税收会自动发生增减变化，从而对经济的波动发挥自动的调节作用。这种政策不是政府斟酌经济形势后决定的，而是依靠财政税收制度本身所具有的内在机制自行发挥作用。内在稳定器的自动稳定性主要表现在三个方面：第一，税收的自动稳定性。税收制度具有调节社会总需求的内在稳定机制，这主要表现在累进所得税制度上。在萧条时期，个人收入会减少，因而适用较高税率的税基缩小，这时税收就会自动减少，超过个人收入减少的幅度，税收就会减小经济萎缩超过个人收入增加的幅度；反之，在膨胀时期，税收自动增加，税收就会抑制通货膨胀。如果企业所得税的课征有起征点并采用一定的累进税率，其作用机理与个人所得税的作用机理大致相同，也具有内在稳定作用。第二，政府支出的自动稳定性。在经济萧条时期，随着国民收入下降，失业人数增多，公共支出中的各种转移性支出如失业救济金的发放和福利支出倾向于自动增加，从而抑制消费支出的下降，防止经济衰退进一步恶化；如果经济繁荣，就业人数增多，政府的各种福利支出倾向于自动减少，从而抑制过于旺盛的社会总需求。第三，农产品价格管制的自动稳定性。当经济繁荣时，农产品价格会快速上涨，政府通过抛售农产品抑制农产品价格。当经济衰退时，农产品价格会下降，政府通过收购农产品稳定农产品价格。通过政府对价格的干预，可以稳定农民的收入，同时可以避免农产品价格的过度波动，有助于缓和经济的波动。

需要指出的是，内在稳定器只能配合相机抉择的财政政策来稳定经济，它只能改变经济萧条或膨胀的程度，但不能改变其总趋势。

（2）**扩张性政策、紧缩性政策和中性政策**

根据财政政策在调节国民经济总量方面的不同功能，财政政策可分为扩张性政策、紧缩性政策和中性政策。

①扩张性财政政策

它是指通过财政分配活动来增加和刺激社会总需求促使供求达到平衡的财政政策。扩张性财政政策的作用机理是，通过减税和增加财政支出规模扩大社会的投资需求和消费需求。当同时减少税收和增加财政支出时，扩张性财政政策一般会导致财政赤字。我国 1998—2004 年实行的积极财政政策，以及自 2008 年 11 月开始实施的新一轮积极财政政策，都可理解为是扩张性财政政策。

②紧缩性财政政策

它是指通过财政分配活动来减少和抑制社会总需求的财政政策。在社会总需求大于社会总供给时，可以通过紧缩性财政政策减少需求，达到供求平衡。紧缩性财政政策的作用机理是：通过增税和减少财政支出规模减少社会的投资需求和消费需求。在同时采用增加税收和减少财政支出时，紧缩性财政政策一般会导致财政结余。

③中性财政政策

它亦称平衡预算政策，是指财政的分配活动对社会总需求的影响保持中性，对总需求既不产生明显的扩张性效应，也不产生紧缩性效应的政策。一般情况下，它要求财政收支量入为出、自求平衡。我国财政实践中曾经实行过的稳健的财政政策，强调在总量上维持财政收支基本平衡，在结构上“有松有紧，有保有控”，就是一种中性财政政策。值得指出的是，实现预算收支平衡的政策并不等于中性财政政策。当预算收支平衡时，根据乘数效应，财政政策仍然会对经济产生影响。

此外，按照财政政策作用的时间长短划分，可分为长期财政政策和中短期财政政策。长期财政政策又称基本财政政策，是在一个较长时期内发挥作用的政策。中短期财政政策又称为一般性财政政策，是在一个较短时期或在一年内发挥作用的财政政策。按财政政策作用的空间划分，财政政策还可分为总量调节的财政政策和结构调节的财政政策。

14.2 财政政策的传导机制和效应

14.2.1 财政政策的传导机制

财政政策的实施存在着如何从政策工具变量到中介目标再到政策目标的转变过程，这一过程需要特定的传导媒介的作用，使政策系统与经济系统进行信息交流，并通过传导媒介的作用，实现财政政策目标。当然，这一过程的实现是由财政政策的传导机制来进行的。

财政政策的传导机制是财政政策在实现财政政策目标的过程中，各个政策工具通过某些媒介体相互作用而形成的一个有机整体。对财政政策的传导机制的分析，有利于分析财政政策的作用机理，找出政策效应偏差的原因。

财政政策传导机制中的媒介体主要是收入分配、货币供应和价格。财政政策工具主要通过以上媒介体的作用来达到预期的目标。

(1) **收入分配为媒介体的财政政策传导过程**

首先，通过个人所得税税收的调整，可以减少高收入者的可支配收入，缩小居民收入差距；而通过社会保障支出或消费性财政补贴，可以增加低收入者的个人收入，增加其购买能力，扩大社会有效需求。增加政府在保障性住房中的支出责任，减少居民在教育、医疗等方面的支出，加大政府在民生领域中的支出，缩小城乡、地区、个人之间生活水平和质量上的差异，逐步提高社会生活质量。此外，税收如消费税、个人所得税等都会在一定程度上影响居民的储蓄、消费行为和劳动者的劳动积极性，对社会总供求产生影响。

其次，税收工具的调整对企业利润分配会产生影响。国有企业的盈利在上缴所得税给国家后才能自主分配，税收上缴越多，企业的留利就越少。所以，税收的调整体现了企业与国家之间的分配关系。当然，国家也可以通过所得税的各种优惠政策引导企业的投资方向。因此，税收对企业的投资行为、生产经营活动产生重要的影响。通过对企业利润分配的影响，可以实现经济增长、经济结构优化的财政政策目标。

总之，推动社会总需求变化的决定因素是各种收入要素，这些收入是分配的结果，或者说是国家、企业、劳动者三者之间利益格局调整的结果。财政政策工具正是通过对利益的调整来实现充分就业、经济增长、收入合理分配和社会生活质量提高等政策目标的。

(2) **货币供应为媒介体的财政政策传导过程**

我们暂且不看财政政策对货币流通速度、货币存量结构变化的影响，只从国债与货币供应之间的关系，就能找出我国财政政策工具与货币供应的密切关系。居民或企业包括商业银行购买国债，一般说只是购买力的转移或替代，不会引起增加货币供应的效应。但由中央银行认购国债或财政向中央银行借款时，极有可能增加货币供给。虽然只要央行的国债认购量或财政借款不超过经济增长所需的货币量，不打破年度信贷总规模，就不会引发通货膨胀，但这一点在现实经济中很难做到。因此，政府预算、国债等政策工具极易通过改变货币供应量影响企业的信贷行为、投资行为和物价变动，最终影响到充分就业、经济增长等政策目标。

(3) **价格为媒介体的财政政策传导过程**

在我国，许多财政政策工具的作用是通过价格机制体现出来的，或者是与价格共同发挥调节作用的。比如，税收、财政补贴等财政政策工具，就通过对价格较低的农业、基础产业和价格较高的加工行业的产品价格的调整，实现物价稳定和经济适度增长的目标。当然，市场价格逐步放开，是经济体制改革的必然趋势。但是，由于必要的行政手段（如管制部分商品的物价）和经济手段（税收、补贴等）有助于稳定物价、促进经济协调发展，这些手段在今后较长一段时间内还不能放弃。

14.2.2 财政政策效应及评价标准

财政政策效应是指财政政策作用的结果，政策的执行达到了预期的目标即为有效，反之则无效。一般地说，对政策效应的评价可通过政策成本与政策效益之间的对比关系判断。当效益大于成本时，政策的有效性就高；当效益小于成本时，政策的有效性就低。

首先，我们应弄清楚政府为实现财政政策目标所付出的代价（成本）包括的内容。我们知道，政府在制定一项政策措施时是非常谨慎的，要组织专家进行调研和讨论，有时还需在一些地方进行试点后才予以推行。这其中花费的资金可以近似地看作“研究费用”。而政策的执行，如政府投资、社会保障和财政补贴支出、税收优惠等，以及财政机关执行政策时相关人员的薪金支出、办公费用以及在执行政策中花费的其他费用，都会增加政府的财政支出，产生政策的“执行费用”。此外，实施某项政策可能给企业、个人利益造成损害以及给社会效益造成损失，对受损者的必要补偿费用和由此带来的社会效益损失（如所得税增加引起的个人劳动积极性和企业投资热情的降低）形成了财政政策的“补偿费用”。因此，政府为推进某项政策而付出的研究费用、执行费用和补偿费用构成了该项政策的“成本”。

其次，我们应清楚财政政策效益的涵义。一般而言，某项政策实施后所产生的积极作用是该项政策的“效益”。例如，国内生产总值的增加、居民购买力的提高、产业结构的优化等。这些收益中既有经济效益也有社会效益，经济效益易于量化，而社会效益却难以量化。

对某项财政政策效应的高低作出评价是非常必要的，但也是十分困难的，其主要原因在于政策中很多的“效益”和“费用”因素难于用货币量化。因此，财政政策的有效性不适宜用绝对值比较，而只能借助一个简单的逻辑表达式来分析：

$$\text{政策的有效性}=\frac{\text{财政政策效益}}{\text{政策研究费用}+\text{政策执行费用}+\text{政策补偿费用}}$$

14.2.3 财政政策效应的偏差

政策效应偏差是指政策在实施过程中实际效应与预期效应之间的背离。政策效应偏差包括两种类型：一类是政策实施过程中非人为因素造成的偏差，也称自然偏差；另一类是政策实施过程中人为因素造成的偏差，又称人为偏差。

财政政策的自然偏差与财政政策自身的完善过程有关。任何一项财政政策的实施总有一个生命周期。这一生命周期大致可以区分为四个阶段：政策出台阶段、政策完善阶段、政策成熟阶段和政策蜕化阶段。通常在政策演变的初期和晚期，即政策出台阶段和政策蜕化阶段，政策效果要差一点；而政策演变的中期，即政策完善阶段和政策成熟阶段，政策效果要好一些。从而，在财政政策的实施过程中，会出现阶段性的政策效应偏差。此外，由于中央政府作出的财政政策是基于一个时期全国经济总体的情况，而各个区域经济的发展不是平衡的，存在一些个性差别，因此，一项带有全局性的财政政策在其实施过程中会产生政策实际效果的地区差别，这种因素引起的偏差也可视为自然偏差。

财政政策的人为偏差其实与政策的制定者、执行者的行为不当有关。其形成的原因主要在于：①政策设计时对客观经济现象判断不准确，设计脱离实际，期望过高或过低；②选择的财政政策工具不能实现预定的政策目标，或政策工具搭配不当；③政策主体行为不规范。

在现实生活中，财政政策效应的自然偏差与人为偏差往往是交织在一起的，这需要我们找出引起偏差的正确原因，及时采取措施予以纠正。

14.2.4 财政乘数

我们知道，政府支出和税收是决定国民收入的重要力量，它们的变动会引起国民收入均衡水平的相应变动。但是，政府支出和税收的变动对国民收入增加或减少的影响到底有多大？这就需要用财政乘数的概念来理解了。

乘数表示国民收入（或GDP）的变动与引起这种变动的最初注入量之间的比率。财政乘数是政府购买性支出乘数、税收乘数、政府转移性支出乘数和平衡预算乘数的统称。

（1）**购买性支出乘数**

购买性支出乘数 K_g 表示政府购买性支出的变化引起的国民收入变化额与购买性支出的变化额之间的比值。为了剔除物价因素的影响，用 Y、C、I、G 分别表示实际的产出、消费、投资和政府支出。

我们可以依据凯恩斯经济学的国民收入的决定方程式对之进行分析。

设消费函数为 $C=\alpha+\beta Y_d$，其中 Y_d 为可支配收入，T 为税收（假定为定量税），从而 $Y_d=Y-T$。假定在考察期内，没有对外贸易，政府的转移性支出为零，投资为外生变量，则均衡的收入水平应满足：

$$Y=AE=C+I+G=\alpha+\beta(Y-T)+I+G$$

即

$$Y=\frac{(\alpha-\beta T+I+G)}{(1-\beta)} \tag{1}$$

为了说明政府购买性支出对均衡收入的影响，假定 $\alpha=10$，$\beta=0.75$，$I=20$，当 $G=T=20$ 时，根据（1）式可计算得出均衡的收入水平为140。现在假定 $G=35$，$T=20$，根据（1）式，可知新的均衡收入水平为200，比前一收入水平高出 60。

税收不变，政府购买性支出增加 15 而均衡的收入水平增加 60 的原因在于，由于政府购买性支出增加以后，可以用之购买一定单位的产品和服务，从而以工资、利息、租金等形式变为各种形式的收入，而这些收入的某些部分（通过边际消费倾向 β 计算得出）又会以某种方式用于购买物品和服务，而消费支出又会以工资、利息、租金等形式流入到一些人手中，使收入增加并有一部分收入再用于消费，如此类推，最终使国民收入的增加数倍于初始的政府购买性支出。

根据公式（1）可求得政府购买支出乘数 K_g。

$$K_g=\frac{\Delta Y}{\Delta G}=\frac{1}{(1-\beta)} \tag{2}$$

我们可以验证上面的例子，已知 $\beta=0.75$，则 $K_g=4$，增加的政府购买性支出 $\Delta G=15$，故 $\Delta Y=\Delta G\times K_g=60$，这与前面的结论一致。由于边际消费倾向介于 0 和 1 之间，故知政府购买支出乘数 $K_g>1$，这意味着政府购买支出的增加会引起国民收入多倍增加，而政府购买性支出的减少会引起收入多倍减少。所以，一个单位的政府购买性支出的增加（或减少）会以 K_g 的规模提高（或降低）国民收入水平。

（2）**税收乘数**

税收乘数 K_T 表示税收变化引起的国民收入的变化额与税收变化额之间的比率。当政府税收增加时，会减少纳税人可支配收入，其购买商品的支出会减少，进而导致商品生产者的可支配收入减少，以此类推。政府增加税收后，整个国民收入会数倍地减少，反之亦然。

根据以上方法，可以推导出税收乘数 K_T。

$$K_T=\frac{\Delta Y}{\Delta T}=-\frac{\beta}{(1-\beta)} \tag{3}$$

由于边际消费倾向 β 介于 0 和 1 之间，故税收乘数为负值，这表示国民收入随税收量的增加而减少，随税收量的减少而增加。

（3）**平衡预算乘数**

平衡预算乘数 K_b 是指政府税收与政府购买性支出同时以相等的数量增加或减少时（$\Delta G=\Delta T$），国民收入变化额与政府购买性支出（或税收）变化额的比率，平衡预算乘数的数值等于 1。其推导过程如下：

$$K_b = \frac{\Delta Y}{\Delta G}$$

而 $$\Delta Y = K_g \Delta G + K_T \Delta T = \frac{\Delta G}{(1-\beta)} + \frac{\Delta T\ (-\beta)}{(1-\beta)} = \Delta G$$

将 ΔY 代入 K_b 计算式，

$$K_b = \frac{\Delta G}{\Delta G} = 1 \tag{4}$$

这意味着，即使增加税收（定量税）会减少国民收入，但若同时等额地增加政府购买支出，则不仅不会影响到预算平衡，还使国民收入最终以相等于政府购买性支出（或税收）变化额的数量增加。

我们可以从另一个角度来理解。比较 K_g 与 K_T，可知 $K_g > |K_T|$，这意味着改变政府购买支出水平对宏观经济活动的影响效果（使收入水平变动的大小）大于改变税收量对宏观经济活动的影响效果。例如，若上例中同时增加 15 个单位的政府购买支出和税收，虽然不影响预算平衡，但收入仍然增加了 15，这就清楚验证了平衡预算原理：当政府支出与税收收入相等时，国民收入（或 GDP）增加的数额正好是政府购买性支出或税收变动的数额。也就是说，在平衡预算的情况下，政府支出的变动仍对收入水平有影响，收入增加的数额就是政府购买性支出增加的数额，收入减少的数额也就是政府购买性支出减少的数额。

14.3 财政政策与货币政策的协调配合

14.3.1 财政政策与货币政策的政策体系

货币政策，是指一国政府为实现一定的宏观经济目标所制定的关于调节货币供给量或者利率的基本方针及其相应的措施。财政政策和货币政策都是通过影响总需求而起作用的宏观经济政策，两者的最终目标基本一致，但在调控经济的过程中，两者的功能和作用有较大的差异性。

我国的财政政策与货币政策的政策体系是一个由政策工具、中介目标和最终目标组成的有机体系。这一体系归纳为表 14－1。

表 14－1　财政政策与货币政策的政策体系

<table>
<tr><th>政策</th><th colspan="2">政策工具</th><th>中介目标</th><th>最终目标</th></tr>
<tr><td rowspan="5">财政政策</td><td rowspan="3">财政收入</td><td>税　收</td><td rowspan="2">预算平衡</td><td rowspan="5">经济增长
物价稳定</td></tr>
<tr><td>非税收入、利润、股息、红利</td></tr>
<tr><td>国　债</td><td>预算盈余</td></tr>
<tr><td rowspan="2">财政支出</td><td>购买性支出</td><td rowspan="2">预算赤字</td></tr>
<tr><td>转移性支出</td></tr>
<tr><td rowspan="4">货币政策</td><td colspan="2">存款准备金率</td><td rowspan="2">货币供给</td><td rowspan="4">稳定货币
经济增长
基准存贷利率</td></tr>
<tr><td colspan="2">再贴现率</td></tr>
<tr><td colspan="2">公开市场操作</td><td rowspan="2">利　率</td></tr>
<tr><td colspan="2">基准存贷利率</td></tr>
</table>

货币政策工具是中央银行为实现货币政策目标而采取的措施和手段。货币政策工具主要包括以下几种。

①存款准备金率

商业银行要按照存款准备金率的要求把一部分存款缴存给中央银行。中央银行改变存款准备金率，可以改变银行创造派生货币的能力，即改变货币乘数，进而影响到货币总供给。

②再贴现率

商业银行把未到期票据贴现给中央银行，从而获得信贷的利率。中央银行改变再贴现率，可以改变银行的超额准备金，进而影响到货币总供给。

③公开市场操作

这是指中央银行在金融市场上买卖有价证券。中央银行可以通过买卖有价证券，调节市场流动性，进而影响到货币总供给。

④利率

这是指金融机构法定存贷利率。中央银行可以通过确定金融机构法定基准存款和贷款利率，影响到商业银行的存贷利率水平，进而改变整个金融市场的利率水平。

货币政策的核心是通过改变货币总供给和利率水平，进而调节整个社会的总需求和总供给。

从以上体系可看出，财政政策工具具有行政性和强制性的特征，对经济的调节作用较为直接，弹性差。货币政策工具弹性好，灵活性强，市场性强，是间接调控经济的重要手段。相比较而言，货币政策运用起来比财政政策更为灵活。

14.3.2 财政政策与货币政策的时滞

经济学家认为，财政政策与货币政策在实施过程中，需把握好运用政策的时机，考虑政策时滞（time lag）问题。财政政策和货币政策的时滞一般分为两大类：内在时滞和外在时滞。内在时滞包括了认识时滞和行政时滞。认识时滞是指从经济现象发生变化到决策者对这种需要调整的变化有所认识所经过的时间。行政时滞是指管理当局制定采取何种政策之前对经济问题调查研究所需要的时间。这两种时滞与决策单位没有直接关系，故称为内在时滞。外在时滞是指从管理当局采取措施到这些措施对经济体系产生影响的这一段时间，包括了决策时滞、执行时滞和效果时滞。决策时滞是指管理当局将分析结果提交立法机构审议通过所经过的时间；执行时滞是指政策议案通过后交付实施所经历的时间；效果时滞是指政策正式实施到对经济产生影响所需的时间。由于内在时滞只涉及经济问题的发现和调查研究，故财政政策和货币政策的内在时滞大体一致，但两者的外在时滞就不一样了。财政政策的重大变动都必须经过最高权力机关批准，并且要交付有关单位具体实施，政策的决策时滞和执行时滞较长。而货币政策的决定无须经过冗长的决策程序，可由中央银行运用货币政策工具直接影响货币供给和利率，决策时滞和执行时滞较短。从效果时滞来看，由于财政政策对总需求的调节一般能够立竿见影，而货币政策对社会的总需求影响比较间接，还需要金融部门、企业等经济主体的配合，因而货币政策的效果时滞比财政政策要长得多。

财政政策与货币政策的时滞如图 14－1 所示。

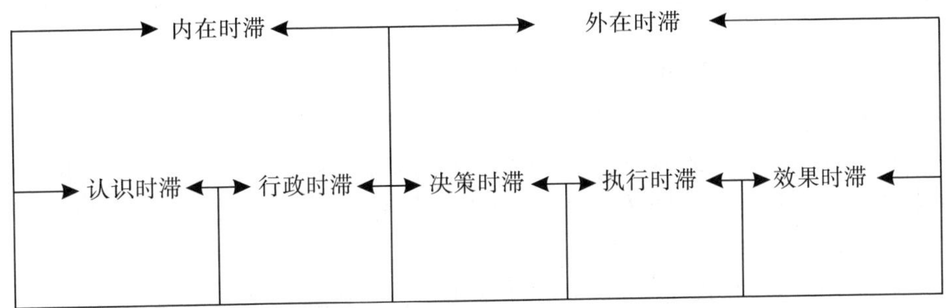

图 14—1 财政政策与货币政策的时滞

14.3.3 财政政策与货币政策的配合

(1) 财政政策与货币政策相互配合的必要性

国家财政和银行信贷是国家从宏观上分配资金的两种不同的渠道，两者均能调节社会总供求，但两者在参与国民收入分配的方式、对社会总需求的作用方向和力度、适用的经济前提等方面各有不同。为实现宏观调控目标，需要两者协调配合。

①两者参与国民收入分配的方式不同

财政是国家集中一部分社会产品用于满足社会需要的政府收支活动。财政直接参加国民收入的分配，并对集中起来的国民收入在社会范围内进行再分配，表现为从财政收入和支出两个方向影响社会需求的形成。具体而言，财政政策通过税收、财政投资、财政补贴等政策工具影响居民和企业的消费和投资行为，直接和间接影响社会总需求。银行是国家再分配货币资金的主要渠道，除了收取利息，并不直接参加国民收入分配，是在国民收入初次分配和财政再分配基础上的一种再分配。由于银行信贷主要是在资金盈余部门和资金短缺部门之间进行余缺的调剂，因此信贷主要通过信贷支出规模的伸缩影响消费需求和投资需求，而信贷收入对需求的影响也需要通过信贷支出才能产生。

②两者对社会总需求影响的侧重点不同

社会总需求包括了投资需求、消费需求和出口需求。为简化分析，仅分析财政政策与货币政策对投资需求和消费需求（含社会消费需求和个人消费需求）的影响。

社会消费需求主要是通过财政支出中的社会消费性支出形成的，财政通过调整公共部门的购买支出从而在社会消费需求形成中起决定作用，而银行信贷对社会消费需求的影响则非常小。

个人消费需求受到财政、信贷两方面的影响。财政通过个人所得税和财政补贴、社会保障支出等杠杆影响个人消费，银行则通过消费信贷利率以及现金投放控制间接地影响个人消费需求。

投资需求受到财政、信贷两方面的影响。财政在形成投资需求方面的作用，主要是政府投资、财政贴息等手段调整产业结构，促进国民经济结构的合理化；而银行资金运用的重点是保证流动资金的供应和短期固定资产投资的贷款，其作用主要在于调整总量和产品结构。

③两者在创造需求方面的作用不同

财政与信贷在创造需求方面的作用是有区别的。财政赤字可以扩张需求，财政盈余可以紧缩需求，但财政本身不具有直接“创造”货币从而创造需求的能力，唯一能够创造需求的是一国的中央银行。因此，财政的扩张和紧缩效应一定要通过信贷机制的传导才能发生。如果财政实行扩张性或紧缩性政策时，银行相应压缩或扩大信贷规模，完全可以抵消财政政策的效应。换言之，当财政实现扩张和紧缩政策时，银行相应扩大或收缩货币量，财政政策的扩张和紧缩效应才能真正实现。除了调节基础货币以外，中央银行还通过信贷规模的扩张和收缩来起到扩张和紧缩需求的作用。因此，中央银行货币政策是扩张或紧缩需求的“总闸门”。

④两者在不同经济时期对总需求的作用效果不同

货币政策和财政政策在经济繁荣时期和萧条时期的作用效果有差异。在经济繁荣时，央行通过减少货币供给或提高利率，可以对抑制总需求起到立竿见影的效果；如果经济进入衰退期，由于投资和消费预期、货币政策的时滞等因素的影响，中央银行固然可以降低利率，但不一定能立即刺激投资和消费。因此，当出现经济萧条时，政府宜通过减税和增加财政投资的扩张性财政政策来启动需求。

正是由于财政政策和货币政策在社会总需求形成中的作用方向、力度和适用前提等因素各有不同，则要求财政政策与货币政策在运用时必须取长补短，相互协调配合。

（2）**财政政策和货币政策不同的协调配合方式**

一般情况下，一种宏观经济政策在一定时期只能解决某一特定问题。例如，货币政策有利于总量调节和经济稳定，财政政策对结构调整和经济增长的作用较为明显。但是现实经济往往不只出现某一问题。这样，在实现宏观调控目标的过程中，需要对货币政策和财政政策采取不同的协调配合方式：

A. 扩张性财政政策和扩张性货币政策的组合，即“双松”政策组合。扩张性财政政策通过减少税收、扩大财政投资、增加社会保障支出、增加财政贴息等措施来增加社会有效需求；扩张性货币政策通过降低法定存款准备金率、降低再贷款率、中央银行买进国债和降低基准存贷利率等措施来扩大信贷支出的规模、增加货币供给量以及降低利率水平。在社会总需求严重不足、生产要素和生产能力未充分利用、解决失业和刺激经济增长成为宏观调控的首要目标时，宜采取“双松”的政策组合。但是，这样的政策组合在扩大社会总需求、扩大就业的同时，带来通货膨胀的风险很大。

B. 紧缩性财政政策和紧缩性货币政策的组合，即“双紧”政策组合。紧缩性财政政策通过提高税率和削减政府支出等方式来压缩社会总需求；紧缩性货币政策通过提高法定存款准备金率、提高再贷款率、中央银行卖出国债以及提高基准存贷利率等方式来抑制投资和消费，减少货币供给，提高利率水平。在社会总需求极度膨胀、社会总供给严重不足和政府面临强大的通货膨胀压力时，宜采取这种政策组合。但是，这种组合虽然可以有效地抑制需求膨胀与通货膨胀，但容易矫枉过正，带来经济停滞的后果。

C. 扩张性财政政策和紧缩性货币政策的组合。当经济萧条但又不太严重时，可采取这种组合模式。减税和增加政府支出等扩张性财政政策对于刺激需求，克服经济萧条，调整经济结构比较有效；紧缩性货币政策可以抑制由于货币供给量过多引起的通货膨胀。但长期使用这种政策组合，会增大财政赤字，积累大量的国家债务。

D. 紧缩性财政政策和扩张性货币政策的组合。当经济中出现通货膨胀又不太严重时，可采用这种组合。紧缩性财政政策可以减少政府开支，抑制需求过旺和物价上涨；而用降低利率等方式实施的扩张性货币政策，可防止财政过度紧缩引起衰退，保持经济的适度增长。不过，用适度的扩张性货币政策治理通货膨胀在操作上有一定难度。

在中国的宏观调控实践中，还出现过稳健的财政政策和货币政策，稳健的财政政策和从紧的货币政策，积极的财政政策和适度宽松的货币政策等政策组合类型。

正确理解以上政策组合方式需要注意以下几点：

第一，宏观经济变量多而且复杂，财政政策和货币政策实现宏观经济政策目标的工具富有多样性，以上的政策组合不是解决相关问题的唯一选择。在财政政策与货币政策组合的实际运用中，宏观经济政策以财政政策或是货币政策为主，政策组合的方向和力度应随着客观经济形势的变化而改变。

第二，在混合使用两种政策时，由于不同政策措施会影响消费、投资、政府购买在GDP组成中比例的变化，进而影响各行各业、各个阶层人群的利益，政策组合不仅要看当时的经济形势，还要考虑政治上的需要。

第三，由于财政政策与货币政策在调节总需求的时候也调节着供给，故选择政策组合时还应兼顾供给的一面，将供给和需求结合起来进行分析。在社会总需求大于总供给的时候，既可用紧缩性财政或货币政策措施来抑制需求的增长，也可用扩张性政策措施来促进供给的增长。不仅如此，当社会供求总量平衡而结构失衡时，采取或松或紧的调节方法从总供给和总需求的角度共同促进供求平衡也是非常有效的。我国实施的供给侧结构性改革就是政策组合的有益探索。

（3）**财政政策与货币政策配合要考虑的一些因素**

财政政策与货币政策各有所长，也各有所短。运用政策时要能够做到扬长避短，还必须充分认识两者的局限性。

①财政政策的局限性

分析财政政策的局限性可从其主要的政策工具税收和公共支出入手。

税收政策的局限性表现为：A. 提高税率容易遭到公众的反对，实行起来必须慎重。B. 减税虽然受到欢迎，但减税方式不是在任何时候都能启动需求，在萧条时期即使减税，人们可能把减少的税款用于储蓄而不是消费。C. 税收的决策时滞和执行时滞较长，等到政策具体发挥作用时，客观形势与提出方案时相比可能已时过境迁，税收政策甚至会加重经济困难。D. 税收具有强制性、固定性的特点，受法律制定规则的约束，税收政策缺乏随经济形势的变动而变动的灵活性。

财政支出政策的局限性表现为：A. 由于政府支出具有刚性特征（国防支出、债务的还本付息、社会保障开支等支出难以压缩），实行紧缩性财政政策操作起来有难度。B. 在经济萧条时期，政府增加转移性支出，人们可能把钱用于储蓄，转移性支出并不能有效地增加消费和投资。C. 增加政府支出可能对民间投资产生挤出效应。而且财政支出只能影响社会需求的有限部分，乘数效应带动有限。D. 增加财政支出水平，易削弱政府的成本意识，破坏政府财经纪律，降低公共服务的效率。而且，财政投资效率较差，若管理不严，易滋生腐败。

在有效需求严重不足时，通过增加政府投资辅之以贴息和减税手段启动投资需求，以及提高中低收入者的收入水平的政策选择，对启动需求效果较为明显。但应避免新的“投资饥渴症”的出现，减少经济对政府主导投资行为的依赖。应指出的是，选择政策应分清主要问题，根据形势的变化及时调整政策措施，对症下药，才能提高政策的实施效果。

②货币政策的局限性

货币政策的局限性主要表现为：A. 在经济萧条时期，一方面，商业银行从减少风险的角度出发，对贷款会很慎重，即使中央采取各种措施鼓励银行贷款，企业也难以获取资金；另一方面，受预期不佳的影响，即使贷款利率不高，企业可能并不会增加贷款。B. 在经济繁荣时期，尽管央行采取提高利率等措施限制企业贷款，但企业也会在良好预期的鼓舞下置高利率于不顾而增大贷款。C. 货币政策主要用于总量调节，对结构调整的效果不明显。综上所述，货币政策的调节作用也有较大限制。

需要指出的是，财政政策、货币政策对经济总量的调节效果比较明显，但结构、体制问题不能依赖财政政策、货币政策来消除。需求不足时采取扩张性宏观经济政策，或需求膨胀时采取紧缩性宏观经济政策，都只能治标而不能治本。因此，我国在采取财政货币政策措施进行产业结构和地区经济结构调整的同时，应加快金融领域的市场化改革，通过以市场为导向调整经济结构、提高经济发展质量和效益、深化经济体制改革、培育要素市场、保障和改善民生等措施来实现经济目标。

14.3.4 开放经济条件下的财政政策与货币政策的配合

在开放经济条件下，各国国内的经济均衡不仅要受到国内各种经济因素的影响，而且还要受到国际物品与资本往来的影响。国内经济的各种变动不仅影响国内的经济均衡，而且还影响其他与该国有贸易关系的国家的经济，而后者的经济变动还会进一步影响本国经济。因此，一国经济调控的目标不仅是实现充分就业和物价稳定（内在均衡），还要实现国际收支平衡（外在均衡），这使得财政政策和货币政策的搭配更为复杂，其政策效应更具有不确定性。

（1）**认识汇率制度和国际资本流动**

在开放经济下，不同的汇率制度和资本流动情况对经济政策的选用和政策效应的发挥起着不同的作用。

①汇率制度

汇率制度一般分为两种：固定汇率制和浮动汇率制。固定汇率制是指一国同其他国家货币的汇率基本固定，其波动限于一定的幅度之内，当基本经济结构失衡时才能改变其汇率。在这种制度下，中央银行作为外汇价格的固定者必须弥补外汇的过度需求和吸收外汇的过度供给。这意味着，为了维持固定汇率，当国际收支有盈余时，即从国外收进的全部货币资金大于向国外支付的全部货币资金时，中央银行应购入外汇；当国际收支有赤字时中央银行应售出外汇，这样才能维持固定汇率。浮动汇率制是指一国中央银行不规定本国货币与他国货币的官方汇率，任由汇率在外汇市场上由供求关系自发决定。西方各国在 20 世纪 70 年代之前实行固定汇率制，此后大都实行浮动汇率制。目前，各国主要采取管理浮动汇率制，也就是实行浮动汇率制的国家并不听任汇率的自由浮动，中央银行对外汇市场要进行各种形式的干预活动，通过影响外汇的供求来调节汇率。在不同的汇率制度下，财政政策和货币政策的政策效应各有不同。

②资本的流动性

目前各国的资本市场已趋于一体化。如果各国的金融资产收益有了差别，资本就会迅速流动，从收益低的国家流向收益高的国家，最终各国的金融资产收益率趋于一致。加入 WTO 后，我国的资本市场逐步有限度地对外开放，资本在我国与世界其他国家之间的流动性逐步增强。

（2）**固定汇率制下“财政—货币”政策的相对有效性**

在完全资本流动与固定汇率制之下，货币政策无效而财政政策有效。这是因为，在固定汇率制下，如果资本具有完全的流动性，一国将无法实行独立的货币政策。当货币量变动引起本国利率变动时，资本在各国间的迅速流动，使得国际收支平衡发生变化，迫使中央银行进行干预以保持汇率稳定。这种干预最终只能使得本国利率回到最初水平，与世界利率一致，货币政策起不到明显作用。即在开放经济下，货币量是一种外生变量，它的变动要取决于为了维护固定汇率而进行的外汇买卖，因而货币政策的作用受到很大的限制。相反，财政政策就有极其重要的作用。比如，政府为了制止通货紧缩，采取扩张性财政政策，税率的降低和财政支出的增加将导致国民收入增加和利率上升。由于国内利率超过世界利率将引起国外资本流入，造成货币升值的压力。为维护固定汇率，中央银行只能购买外汇、增大外汇储备，而这同时又增大了货币供给，使国民收入增加。反之亦然。需要指出的是，财政政策的这种作用只有在完全资本流动与固定汇率制下才能实现。但现实经济中，由于种种经济和非经济因素，各国之间资本的完全流动是不存在的，所以财政政策不是完全有效，货币政策也不是完全无效。

(3) **浮动汇率制下“财政—货币”政策的相对有效性**

在完全资本流动与浮动汇率制之下，财政政策无效而货币政策有效。这是因为在浮动汇率制下财政政策具有完全的挤出效应。当财政支出增加时，将引起国民收入增加和利率上升，从而导致国际资本的流入，使本国货币升值，造成贸易收支赤字，进而由于出口的减少和进口的增加使国民收入减少至初始状态。所以，扩张性财政政策起不到增加国民收入的作用。相反，在浮动汇率制下，国际收支变动与货币供给量的变动之间不存在某种关系，扩张性货币政策所引起的货币供应量的增加会增加国民收入并改善国际收支状况，货币政策可以充分发挥其效应。

表 14—2　完全资本流动下财政政策与货币政策的不同效应

	固定汇率	浮动汇率
扩张性财政政策	国民收入增加 贸易平衡恶化	国民收入不变 净出口减少 货币升值
扩张性货币政策	国民收入不变 外汇储备减少 货币量增加	国民收入增加 贸易平衡改善 货币贬值

在现实经济中，资本的流动是不完全的（在经济出现均衡时仍会存在一定的利率差异），汇率也不是完全自由浮动的（有管理的浮动汇率制），所以各国仍需采取财政政策与货币政策相配合来调节经济。这两种政策效应的大小要取

决于资本流动对利率差异的反应程度。资本流动性越大，财政政策的作用越小，而货币政策的作用越大；资本流动性越小，财政政策的作用越大，而货币政策的作用越小。由于各国多采取有管理的浮动汇率制，财政政策的挤出效应不会为零，货币政策的作用也不会最大。

（4）**内外均衡与“财政—货币”政策的配合**

在开放经济中，某些条件下往往出现要实现国际收支平衡但会破坏已有的内在均衡，或实现充分就业但会破坏原来的外在均衡的情况，即外在均衡和内在均衡难以同时实现。这样，就需要寻找最优的政策配合方案，使所用的一种政策的积极作用大于另一种政策的消极作用，并运用其他政策来抵消该政策的消极作用，以使政策效应达到最优。在促使内在均衡和外在均衡达到最优时，财政政策与货币政策的搭配就是应该考虑的重点。一般而言，由于资本不可能实现完全流动，而汇率制度采取的多为有管理的浮动汇率，则财政政策对内在均衡的影响大于对外在均衡的影响，货币政策对外在均衡的影响大于对内在均衡的影响。其原因主要在于政府支出变动对国民收入变动的影响大于对进口变动的影响，而货币量变动引起的利率变动和对资本流动的影响大于对国民收入变动的影响。可以说，财政政策是解决内部失衡的有力武器，货币政策是解决外部失衡的有效工具。当然，如果两个均衡难以同时实现，则需要分清要解决的主要问题并采取对策。例如，如果同时存在失业和国际收支赤字但主要问题是失业，那么就把重点放在运用扩张性财政政策来刺激国内经济上。

复习与思考

1. 试论财政政策的功能。
2. 简述财政政策的类型。
3. 简述各财政乘数的内涵。
4. 简述当前我国财政政策的目标。
5. 简述财政政策与货币政策相互配合的必要性。
6. 财政政策与货币政策有哪些协调配合方式？
7. 试评述中国近期的财政政策。

主要参考文献

1. 哈维. S. 罗森，特德. 盖亚. 财政学（第十版）[M]. 北京：中国人民大学出版社，2015.
2. 王传伦，高培勇. 当代西方财政经济理论[M]. 北京：商务印书馆，1995.
3. 陈共. 财政学（第八版）[M]. 北京：中国人民大学出版社，2015.
4. 萨缪尔森. 经济学（第十九版）上册 [M]. 北京：商务印书馆，2012.
5. 付志宇，陈龙. 现代财政学 [M]. 北京：机械工业出版社，2016.
6. 张小军. 财政学原理及应用 [M]. 广州. 华南理工大学出版社，2016.
7. 李燕. 政府预算管理（第二版）[M]. 北京：北京大学出版社，2016.
8. 刘溶沧，杨之刚. 财政学论纲 [M]. 北京：经济科学出版社，1998.
9. 詹姆斯. M. 布坎南. 民主过程中的财政 [M]. 上海：上海三联书店，1992.
10. 刘小怡，夏丹阳. 财政政策与货币政策 [M]. 北京：中国经济出版社，1997.

11. 孙凯. 财政学 [M]. 北京：经济科学出版社，1998.
12. 许建国，等. 西方税收思想 [M]. 北京：中国财政经济出版社，1994.
13. A. 埃克斯坦. 公共财政学 [M]. 北京：中国财政经济出版社，1983.
14. A. 哈耶克. 个人主义与经济秩序 [M]. 北京：北京经济学院出版社，1989.
15. D. 李嘉图. 政治经济学及赋税原理 [M]. 北京：商务印书馆，1976.
16. J. M. 凯恩斯. 就业、利息和货币通论 [M]. 北京：商务印书馆，1996.
17. J. 布坎南. 自由市场和国家 [M]. 北京：北京经济学院出版社，1989.
18. M. 奥尔森. 集体行动的逻辑 [M]. 上海：上海人民出版社，上海三联书店，1995.
19. P. A. 马斯格雷夫，等. 美国财政理论与实践 [M]. 北京：中国财政经济出版社，1987.
20. S. 詹姆斯，等. 税收经济学 [M]. 北京：中国财政经济出版社，1989.
21. 阿特金森，斯蒂格里茨. 公共经济学 [M]. 上海：上海三联书店，1994.
22. 伯恩斯坦. 国债和赤字 [M]. 北京：中国经济出版社，1993.
23. 曹立瀛. 西方财政理论与政策 [M]. 中国财政经济出版社，1993.
24. 崔维. 西方财政宏观调控的理论与实践 [M]. 北京：中国物价出版社，1992.
25. 张志超，李平，等. 现代财政政策的国际比较 [M]. 北京：经济科学出版社，2001.
26. 理查德. A. 马斯格雷夫. 比较财政分析 [M]. 上海：上海三联书店，1996.
27. 厉以宁. 宏观经济学的产生和发展 [M]. 长沙：湖南人民出版社，1996.